集人文社科之思　刊专业学术之声

集 刊 名：北大新闻与传播评论
主　　编：师曾志
主办单位：北京大学新闻与传播学院

Journalism and Communication Review (PKU)

编辑委员会

主　任：陈　刚

副主任：刘德寰　陆绍阳

编　委：
唐金楠　程曼丽　谢新洲　李　玮
吴　靖　师曾志　陈开和　王维佳

编辑部成员

李　堃　温志宏　刘　欣　付砾乐
唐　倩　肖　键　梁　晨

第15辑

集刊序列号：PIJ-2023-490
中国集刊网：www.jikan.com.cn/ 北大新闻与传播评论
集刊投约稿平台：www.iedol.cn

北大新闻与传播评论

JOURNALISM AND COMMUNICATION REVIEW (PKU)

（第十五辑）

历史与未来
媒介、叙事与智能

师曾志 / 主编

社会科学文献出版社
SOCIAL SCIENCES ACADEMIC PRESS (CHINA)

北大新闻与传播评论

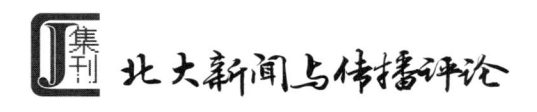

（第十五辑）
2024年9月出版

·数智时代的国际传播·

融合与互嵌：生成式人工智能技术助力中华文化对外传播
.... 刘德寰　赵竞鹤 / 1
数智时代国际传播从"主体本位"向"关系本位"中"主体
再造"的转向 .... 师曾志 / 11

·传播实践研究·

应急响应中的信息传播网络与组织适应
——基于河南暴雨的探索性案例研究 .... 王锡苓　刘艺淳 / 21
短视频平台农村中老年女性用户的互动规则
——基于扎根理论的质性研究 .... 何雪聪 / 39
互联网何以赋能？
——基于平台劳动视角的青年残疾人就业研究
.... 李敏锐　周如南 / 56

·传播范式、治理与自主创新·

范式转型与共享框架：数智时代传播学学科建设的修辞路径重思
.... 赵　蕾 / 73
从技术依附到技术自主
——中国式现代化与20世纪90年代通信技术的自主创新
.... 陈昱坤　张慧瑜 / 85
中国语境下DTC概念辨析与DTC模式的4C分析 .... 张可玉 / 103

元治理：网络生态治理现代化的模式选择 ………… 罗坤瑾　许嘉馨 / 115

·媒介、文化与美学·

失落的空间媒介：北京报刊亭的媒介生命史（1904—2022 年）
　　　　………… 蒋　梅　李艾锶　张艺菲　王　艺　王洪喆 / 129

从本体论到价值论：三维电影美学研究的视野转向与中国路径
　　　　………………………………………………… 苏月奂 / 143

礼"书"往来：古今中外作为礼文化符号的赠书仪式
　　　　………………………………………… 杨蕙嘉　赵　晟 / 157

AI 生成式绘画之反思：去物质、观念与"艺术家终结论"
　　　　………………………………………………… 王子畅 / 170

从优秀出版人的著述实践看数智时代出版人的"笔力"
　　　　………………………………………… 杨　虎　周丽锦 / 187

·数字广告与购物决策·

中国青年汽车消费者购物决策风格研究
　　　　………………………………… 徐金灿　刘　念　李　诗 / 201

我国数字广告研究进展与分析框架探究 ………………… 高腾飞 / 217

·生命传播与生命叙事·

死也生之始：影视作品的生命叙事与"死亡"的意义建构
　　　　………………………………………… 何天平　严梓瑄 / 233

西方游戏理论中"游戏"观念的流变与未来 …………… 刘　欣 / 246

自媒体叙事：一项嵌入日常生活的自我技术 …………… 付砾乐 / 261

·北大-燕大：百年历史与未来·

燕东园左邻右舍
　　——记林启武、洪谦、高名凯、邢其毅四位先生 ………… 徐　泓 / 274

埃德加·斯诺与燕京大学 ………………………………… 孙　华 / 297
职业与科学之争：燕大新闻系对"新闻学"的本土理念探索
　　……………………………………………………… 张萌秋 / 312

Table of Contents & Abstracts ………………………………… / 325
附录1　征稿启事 ………………………………………… / 338
附录2　稿件规范 ………………………………………… / 341
附录3　稿件规范范例 …………………………………… / 343

·数智时代的国际传播·

融合与互嵌：生成式人工智能技术助力中华文化对外传播

刘德寰　赵竞鹤*

摘　要　在人工智能时代，生成式人工智能技术已经应用于各个领域，中华文化对外传播也需要更新传播路径来应对新时代的挑战。本文提出，在新时代的中华文化对外传播过程中，要持续重视内容生产，通过生成式人工智能技术创造更优质的中华文化；要把握多模态技术，融合各种内容形式，调动多感官传播，并针对不同文化语境下受众特点实现情感导向的精准传播；要将生成式人工智能技术与中华文化融合互嵌，打造中华文化对外传播新的创造力。

关键词　生成式人工智能；中华文化；对外传播；融合互嵌

党的二十大报告指出：加强国际传播能力建设，全面提升国际传播效能，形成同我国综合国力和国际地位相匹配的国际话语权[1]。加强我国对外传播能力建设既是我国应对西方国家遏制和打压的必然要求，同时也是提升我国国际话语权力的必然选择。随着2022年11月ChatGPT（Chat Generative Pre-trained Transformer）的横空出世，世界已经进入人工智能生成内容（Artificial Intelligence Generated Content）的时代。在当今这样虚实结合的世界，技术进步带来设备和终端的迁移，更推动着社会和文化的变迁，对于政治、经济、文化、教育等多个领域来讲，机遇与挑战并存。人工智能生成内容的洪流已经席卷各行各业，传播学中的智能传播也应势崛起，技术变革意味着全球传播格局面临变动，在这样的新格局形成的关键时刻，

---

* 作者刘德寰，系北京大学新闻与传播学院教授、副院长，北京大学新媒体研究院副院长；赵竞鹤，系北京大学新媒体研究院博士研究生。本文系国家社会科学基金重大项目"建立全媒体传播体系研究"（项目编号：20ZDA057）的阶段性成果。

中国也应顺势而为，抓住技术赋能带来的机遇，深深植根于中华文化，将技术与文化交织互嵌，中华文化对外传播焕发新的生命力。

作为全球第二大经济体，中国的国际地位和影响力与日俱增。相较于经济领域的硬实力，中国对外传播能力尚未得到国际社会的广泛认同，对外文化传播的软实力有待提升，在国际话语权力上也有明显劣势。2023年3月，我国首次提出全球文明倡议，倡导各国尊重世界文明多样性、弘扬全人类共同价值、重视文明传承和创新、加强国际人文交流合作。这是近年来中国为国际社会提供的又一重要公共产品[2]。在我国对外传播过程中，优秀的中华文化经过创造性转化和创新性发展，将成为不可忽视的助推力量。中华文化是一个具有跨越时空意涵的符号系统，凝结着中国人的身份认同与情感归属，悄然融入中国人的日常生活[3]。正是它连续、包容、平和的特性铸就了中华民族的特质，同时也为我们提供了强大的精神支撑。中华文化与对外传播的有机结合，就是把具有中国文化特质的中国故事讲给世界[4]。在人工智能时代，无论是对内还是对外传播都将发生翻天覆地的变化，包括技术赋能带来的传播内容生产、传播渠道、传播策略、传播路径等的变化，原有的模式必然面临解构和重塑，新的意义和新的可能值得我们去探索。

一　中华文化对外传播面临的挑战

自20世纪90年代起，软实力理论逐渐成为各个国家对外传播的支撑理论，强化国家软实力建设被视为提升综合国力的重中之重。我国于2002年提出了文化"走出去"战略。2013年8月在全国宣传思想工作会议上，"讲好中国故事"这一概念被首次提出。党的十八大以来，我国积极推进中华优秀传统文化传播，向世界介绍和弘扬中华文明，塑造了积极、正面的中国国家形象；在过去的中华文化对外传播过程中，我国采取多种形式，包括输出电影、图书、动漫等文化产品，推进武术及中医等的国际交流。

互联网的飞速发展最大限度地突破了时空限制，以往物理空间对中华文化对外传播的限制慢慢被打破，时间维度上存在的障碍也被逐个击破。

互联网技术带来了短视频传播空前的影响力,"去中心化"的传播关系、多维度的信息传播方式刷新了过去十年间的传播模式,以往面向大众的传播形式已经不能满足个体的需求。在人工智能时代,中华文化对外传播面临新的挑战。

第一,移动互联网时代的传播模式不能适应人工智能时代的传播要求。以 ChatGPT 为例的生成式人工智能产品,一方面提供"类人体验"的高度仿真性,给受众带来最真实的交流感,另一方面凭借其超强算力和更多层的功能维度深度融入社会,这些都在强烈冲击着原有的传播渠道。如果将其视为一个深度交互的人工智能系统,ChatGPT 发布后 2 个月内月活跃用户就超过 1 亿人,超越 Facebook、微信等头部社交软件,创造了 AI 软件应用的新纪录,成为有史以来用户数量增长速度最快的社交软件。在科技强势冲击下,我国基于生成式人工智能技术的中华文化对外传播存在短板,而这可能会使中国在全球新传播格局下处于被动地位。生成式人工智能技术能够最大限度地降低传播过程中的成本,特别是内容采编人员成本。AI 创作无论速度还是体量都是传统人工所不能比拟的,所以我们要首先认清生成式人工智能技术对中华文化对外传播的重要性。

第二,生成式人工智能技术垄断也是中华文化对外传播的阻碍。在认清生成式人工智能技术对中华文化对外传播的重要性后,紧随而来的是思考如何发展技术、如何实现技术和中华文化对外传播的融合。生成式人工智能产品在技术层面有三个关键特性,分别是预训练、大模型和生成性。算力资源、数据采集能力和工程能力支撑着其发展,而这些也最能体现技术垄断优势。事实上,自 1978 年以来 40 多年间我国人工智能研发在推进,特别是在近年来人工智能技术全球性蓬勃发展的背景下,国家在政策上给予更多支持,学界、业界也加大科研投入。ChatGPT 问世后,2023 年 3 月百度发布了新一代知识增强大语言模型"文心一言"的测试版本,这是扎根于中国市场和中华文化的生成式人工智能产品,因此其中文语言理解能力及多模态生成能力表现得更为优异。然而,数字技术垄断导致数字平台霸权、数据殖民行径以及数字帝国主义是人工智能时代面临的宏观问题[5]。我国生成式人工智能技术极有可能面临自主技术不足带来的安全隐患,在技术自主研发的过程中,强大的技术渗透性很可能会导致全球信息和内容

"再垄断"的新趋势,这也或将使我国生成式人工智能发展陷入困境。

第三,生成式人工智能技术为算法偏见和算法"茧房"提供了生长沃土。生成式人工智能技术的发展离不开海量数据训练,目前以 ChatGPT 为代表的产品训练数据均以英文为主,生成内容也以英文为主体。一方面,这在无形之中强化了英文及其所内嵌话语权力的优势,弱化了其他语言的话语地位;另一方面,算法设计者的偏见会通过算法设计(问题的理解、数据的选取、数据关系的权重分配、结果的解读等)注入算法,造成不同程度的算法偏见和算法"茧房",算法在输出敏感问题时,会表现出明显的双重标准和偏见[6]。当前,拥有优势算法技术的国家正在积累大规模用户数据,争夺数据传播主动权,传播主动权对舆论引导与话语表达有很大助力,这也会直接或间接地影响中国对外的国际形象和国际话语权。文化本身应该是公平的,但当技术和意识形态掺入其中时,"他者"视角的传递和输出可能会为中华文化对外传播带来负面影响,因而非但不能全面、公平地传播中华文化,展现中华优秀文化的魅力,反而会将海外用户与中华优秀文化和先进的国际理念隔绝开来,阻碍中国的国际叙事与形象表达,不利于中国在对外传播中呈现真实客观的形象[7]。

第四,文化差异带来中华文化对外传播壁垒。在移动互联网时代,对外传播已经具有个体化、民众化的特征[8],这就意味着对外传播的主体对象是鲜活的"人",其本质是向世界上的每一个人讲中国故事,这是一个交流和叙述的过程。在这个过程中,传播效果会因为传播对象的异质性呈现很大程度的差异,而且中华文化和世界上的其他文化存在天然壁垒,传播对象基于不同的个人经历和文化背景,对于传播内容的理解也很可能与原本的传播意图相差甚远。异质文化圈层间的文化障碍、东西文化鸿沟、不同文化语境的"排异反应"等都会带来中华文化对外传播的困境,这些困境也会成为西方发达国家构建的国际舆论壁垒、束缚中华文化对外传播的手段[4]。在人工智能时代,基于受众的"数字画像"可以有针对性地生成其专属内容,这样的内容更符合受众认知逻辑和文化认同。因此,中华文化对外传播应精准地把握受众需求,利用海量数据和算法迭代不断升级、加强针对性。然而,从现实层面上来说,我国在这方面仍有很大的提升空间。

二 生成式人工智能技术与中华文化对外传播互融的可行性

中华文化对外传播亟待应对在新时代面临的挑战，我国只有拥抱新技术、把握新技术并运用新技术服务中华文化对外传播，才能实现更稳固、长久的发展。生成式人工智能技术之所以能够与中华文化对外传播互融并提升创造力，一方面是依赖技术的天然优势，另一方面是因为二者在动态发展过程中有众多契合点。此外，在生成式人工智能技术问世前，弱人工智能技术与中华文化传播已有耦合基础，在传播效果上表现优异，这也给我国推进强人工智能技术与中华文化对外传播融合互嵌带来更多信心。

人工智能根据类型可以分为狭义人工智能、通用人工智能和超级人工智能，根据阶段可以分为机器智能、计算机智能和仿生机器人智能。当前前沿的生成式人工智能产品具有超强的技术迭代功能，其影响不亚于互联网和个人电脑的诞生。生成式人工智能技术有预训练、大模型和生成性三个关键特性，基于这些特性，其表现远远超过以往所有技术和产品[10]。以ChatGPT为例，它基于大型语言模型预训练并依托GPT-3.5模型，利用互联网可用数据训练的文本生成深度学习模型，并"利用人类反馈中强化学习"（RLHF）的训练方式，实现与人类的互动，通过不断迭代训练出能够对生成答案做出评判的模型[11]。将生成式人工智能技术与中华文化对外传播相结合，选择凸显中华文化优势和特性的语料库，并赋予算法训练模型正确的价值逻辑，这将为中华文化对外传播插上技术"翅膀"，同时也能为其指引方向。

生成式人工智能技术与中华文化对外传播互融的过程，也是我们对中华文化对外传播再次思考的过程，这种文化传播智能化的变革与我国倡导的运用多模态技术推进中华优秀传统文化传承的思想不谋而合。在生成式人工智能技术与中华文化对外传播互融时，技术的进步引导我们对中华民族文化共同体建设进行思考。中华民族文化共同体并非静止抽象的概念，而是流动历史的产物[12]。技术的迭代升级从未停歇，文化的流动也生生不息，这种动态的默契也为二者耦合提供更多机会和沟通的可能性。

事实上，中华文化与弱人工智能技术的融合已经起步，比如故宫博物院和腾讯建立联合创新实验室，推进游戏、动漫、表情包等与中华文化融合；国家文物局与百度联合实施"AI博物馆计划"，目的是实现博物馆内的智能搜索、智能地图、图像识别、语音交互导览、机器翻译、AI教育等功能；秦始皇陵博物馆与百度联合完成的"AI文化遗产复原计划"，利用AR技术对兵马俑进行复原，打造秦始皇兵马俑数字博物馆。除此之外，敦煌研究院、人民日报出版社也纷纷和业界联合推出融合人工智能技术的新项目和计划。以往的探索已有一定基础，但大多集中于弱人工智能技术，而且主要采用文化事业单位和人工智能企业合作的方式，在形式上大多局限于在互动游戏、音乐中植入中华传统文化，这种结合相对机械化且对中华传统文化内涵的诠释不够，很容易使中华传统文化的双向传播流于表面，陷入庸俗化、浅显化的困境。这是由于技术发展不够成熟，合作的深度仍需拓展。而生成式人工智能技术能够有效克服原有的技术局限，为与中华文化融合提供更多前所未有的方式。同时，从过往的合作来看，政府部门和相关单位始终对人工智能技术与文化传播的混融互构持积极的态度，稳固的合作基础更能够加强技术与文化的融合，必将有助于推出更多行之有效的中华文化对外传播方案。

三 人工智能时代中华文化对外传播的新路径

学者史安斌、俞雅芸曾提出，"智能传播时代的人机共生既是国际传播的模式更迭，也将成为全球话语的关键议题，这一人类共同关切为中国构建自主叙事体系带来了机遇"。[13]面对全球化语境应对和生成式人工智能技术发展的双重要求，中华文化对外传播虽面临各种困难，但应运而生的机遇也不言而喻。在未来，我国的中华文化对外传播可以在内容生成、多模态技术融合及针对受众需求分群传播三个方面做更多尝试，高效推进生成式人工智能技术与中华文化对外传播的融合互构，并发现新的传播机遇。

（一）基于人工智能，坚持内容为王

技术创新的目的是应用，其本质是技术应用与社会选择的"互构"，生成式人工智能技术赋能中华文化对外传播同样遵循此逻辑，坚持技术应用

与中华文化的共融互构。生成式人工智能技术最大的优势就是基于深度学习创造新内容，比如 GPT-4 在学习完大量毕加索的画作之后，便可创作出类似毕加索风格的作品。因此，我们可以借助生成式人工智能技术，向国产生成式人工智能产品"投喂"海量优质中华文化数据和内容，以此更有效率地产出优质的中华文化内容，助力中华文化对外传播。以文心一言为代表的我国本土生成式人工智能产品立足中华文化，通过丰富的中文数据池，在预训练中培养机器人理解地道的中文语言的能力，在对外传播中公正、正确地传递中华文化，这是对中华文化的尊重，基于此我们也能扭转以往发达国家对中国形象和文化恶意传播的局面。未来，全球范围内的文化交流会更加广泛，中华文化在向外传播的同时，西方主流文化和价值观也在向我国传输，带来一定的冲击与挑战。巧用生成式人工智能技术和产品，在数据训练过程中将社会主义核心价值观注入算法，这既能够避免算法偏见下恶意内容的传播，也能够通过海量数据突破茧房效应，向全球受众输出中华优秀文化。

（二）挖掘多种形式，丰富感官体验

生成式人工智能技术具有较强的采集能力与分析能力，相关方联合多方媒介技术平台构建全媒体系统，能够实现"全程、全息、全员、全效"一体化传播，同时能够借助智能技术将叙事话语穿插在不同的场景与情境中[7]。随着数字技术和智能技术发展，传播形态由融合移动传播走向多模态传播[14]。与单模态相比，多模态处理技术有强大的语言理解、逻辑推理能力，能充分调用人类的感知通道和多维符号，在有效提升中华文化内容生产力的同时，也能丰富内容传播形式，并能最大限度地提高传播效率。通过基于全媒介形式（文字、图像、声音、视频等）生成和输出中华文化，多模态技术能够让过去呆板的文化内容变得生动活泼、易于理解，同时能够在多领域以多维度进行叙事表达，打破传播边界，多方面呈现我国的国际形象[9]。基于多模态视角，中华文化对外传播可以采用更多形式，除了上面提到的利用生成式人工智能技术生成丰富、准确的内容，也可以挖掘和融合更多输出形式，充分调动受众感官。比如，融合文字、音乐、游戏、短视频、表情包等形成一种新交汇的内容，调动多感官并全方位地向世界

输出中华文化,这种传播更生动、更具有穿透力。在中华文化对外传播过程中,还可以运用 AR 和 VR 等多种计算机视觉技术,丰富文化场景,聚焦新的叙事模式,这可以将移动互联网时代的"现场感"发展为人工智能时代的"在场感",从而有效强化受众的共情感,提升传播效果[15]。

(三)洞察受众需求,分群精准触达

传播者与受众文化立场不同,传播者无法深刻洞察受众心理,容易产生传播主客体间的"不可沟通性"[16]。在中华文化对外传播过程中,天然存在由意识形态、认知隔阂甚至文化冲突造成的壁垒。由于文化情境的差异,传受双方在情感和话语沟通上存在错位。缺少话语共情力、观念差异都会极大地影响对外传播效果。在人工智能时代,技术的加持更使文化间、国家间的传播转向个人叙事。因此,我们需要通过智能技术采集受众行为数据,根据其生活环境和成长轨迹,描绘受众画像,精准地完成受众分群并洞察受众需求,使不同群体在情感上实现共鸣;针对不同文化背景的受众,通过生成式人工智能技术添加更具体、更真实的场景模拟,按照区域化、分众化的特点实现差异化表达,从而突破文化、语言、地域的壁垒,并通过"文化—定位—技术"三位一体的模式实现精准的中华文化对外传播。

四 结语

在人工智能技术突飞猛进的大变革时代,中国势必要顺势而为,抓住时代机遇和技术红利,助力中华文化对外传播,重塑中国在新一轮国际传播格局中的自主叙事体系和地位,在国际传播舞台上提升话语声量。在新的全球化语境形成和人工智能技术发展的双重背景下,中国需要回首过往对外传播的经验,吸取教训,深刻反思,在新一轮发展中构建新的传播路径,找到最适合的传播发力点。在智能传播时代,中华文化对外传播要重视内容生产,输出优质内容,借助生成式人工智能技术传播绚丽、独特的中华文化;同时深耕技术并积极尝试将新技术与中华文化对外传播相结合,把握多模态技术、融合各种形式、调动多感官,为受众提供全方位沉浸式的文化"盛宴";要针对不同文化语境下受众特点实现情感导向的精准传

播，以内容为核心，通过情感这一共通语言突破传播中存在的文化壁垒，并借助生成式人工智能技术载体，形成"文化—定位—技术"三位一体传播模式，提升中华文化对外传播的创造力。

参考文献

[1] 习近平：《高举中国特色社会主义伟大旗帜　为全面建设中国特色社会主义现代化国家而团结奋斗——在中国共产党第二十次全国代表大会上的报告》，人民出版社2022年版。

[2] 邢丽菊：《全球文明倡议视域下中华文明的对外传播》，《人民论坛·学术前沿》2023年第24期，第39—46页。

[3] 周鑫慈、范红：《身份·媒介·情感：中华文化全球传播的逻辑与方向》，《出版广角》2022年第15期，第42—46+52页。

[4] 袁靖华、韩嘉一：《互嵌混融：中国故事全球传播的文化破壁》，《中国出版》2023年第15期，第41—46页。

[5] 韦路、陈曦：《AIGC时代国际传播的新挑战与新机遇》，《中国出版》2023年第17期，第13—20页。

[6] 何军：《智能时代国际政治谣言传播趋向及应对研究》，《中国广播电视学刊》2021年第11期，第16—20页。

[7] 张卓：《智能传播时代我国国际传播探究》，《传媒》2022年第5期，第59—61页。

[8] 高金萍：《中国国际传播的故事思维转向》，《中国编辑》2022年第1期，第10—14页。

[9] 魏晓光、韩立新：《生成式人工智能与中华文化智慧传承——基于ChatGPT的讨论》，《中国广播电视学刊》2023年第9期，第13—16页。

[10] 喻国明、苏健威：《生成式人工智能浪潮下的传播革命与媒介生态——从ChatGPT到全面智能化时代的未来》，《新疆师范大学学报（哲学社会科学版）》2023年第5期，第81—90页。

[11] 顾理平：《技术的工具性与人的成长性：智能技术进展中的伦理问题——以ChatGPT智能应用为例》，《传媒观察》2023年第3期，第36—41页。

[12] 黄松、谭腾：《生成式人工智能时代的中华民族文化共同体建设走向：技

术驱动与范式创新》,《学术交流》2023年第9期,第20—42页。

[13] 史安斌、俞雅芸:《人机共生时代国际传播的理念升维与自主叙事体系构建》,《对外传播》2023年第4期,第9—13页。

[14] 陆小华:《多模态传播与多维度竞争:智能传播新阶段》,《青年记者》2023年第17期,第60—63页。

[15] 童清艳、刘璐:《网络与数字传播:增强中华文化全球影响力的有效途径》,《现代传播(中国传媒大学学报)》2019年第6期,第11—16页。

[16] 孟达、周建新:《社会参与视角下人工智能传播中华优秀传统文化的机遇与路径》,《福建论坛(人文社会科学版)》2019年第6期,第41—47页。

数智时代国际传播从"主体本位"向"关系本位"中"主体再造"的转向

师曾志[*]

摘　要　本文在肯定以国家为主体的国际传播力量不是减弱而是加强的同时，体认到技术迭代所带来的社会加速、认知韧性及审美共情的重要性，提出在数智时代面对全球传播新秩序我们需要从理论上沉思从"主体本位"转向"关系本位"中的"主体再造"对国际传播的重大实践意义。在"技术作为真理的发生方式"思想导引下，本文提出国际传播本体论研究范式的改变。国际传播者在澄明的"无知"中展开自我认知革命，使得自我在与他者关系中产生观念与意义的不断延伸与反转，显现出国际传播还存在另一种可能性，即在涉及国家主义、民族主义等宏大叙事之外还存在由共同感觉与共同感受所构建的交谈与对话空间；建构在人心、人性之上的政治美学，在微小叙事中增强对不同文化与文明的尊重与理解，在危险、危机产生之前努力摒弃思想与行动中的傲慢与偏见，将"和平、发展、合作、共赢""人心所向、大势所趋"的思想落实在灵活、有效的具身性交谈与交流之中，在切实面向与解决未来的无知与问题中，尽可能避免人类惨烈的暴力甚至战争的发生。

关键词　国际传播；政治美学；主体本位；关系本位；主体再造

习近平总书记在党的二十大报告中指出："当前，世界之变、时代之变、历史之变正以前所未有的方式展开。一方面，和平、发展、合作、共赢的历史潮流不可阻挡，人心所向、大势所趋决定了人类前途终归光明。另一方面，恃强凌弱、巧取豪夺、零和博弈等霸权霸道霸凌行径危害深重……人类社会面临前所未有的挑战。"[1] 从国际传播的视角观察，我们不

---

[*] 作者师曾志，系北京大学新闻与传播学院教授。

得不加入现代传播技术不断迭代对社会发展影响的维度，认识到全球传播呈现的数字化、智能化、智慧化等趋势，人类不可逆转地进入数智时代。这是一个集数字、智能、智慧、技术与人性、人道、人文为一体的交相辉映又相互制衡的时代，数智治理在全球政治、经济、文化、军事、生态环境等方面展开，我们只有认识到具身性交谈与交流对理解差异性以及超越差异性从而取得同一性的重要性，方能剖释国际传播与构建人类命运共同体贯通一体的可能性。

一 传播即权力

近年来由公共事件所形成的各种舆论推动着社会变革已成为社会基本事实，其背后实则是公众在跨媒介叙事中的卷入与参与，它凸显个人以及个人连接与联结所汇聚的力量对国内外传播的巨大影响。站在时代的交汇点上，我们愈发认识到越是科技的，也越是人性的、人道的、人文的这一时代总体特征。传播作为权力对传统的权力、权利以及道德伦理等在更大的时空中进行着如其所是、如其所能的延展，权力愈来愈作为资源、作为能力、作为实现登堂入室，成为国际传播效能与效果的题中之义。

数字文明与全球传播新秩序中的文明交流互鉴正推动中华文化走向世界。从媒介研究以及传播学研究的视界看，国际文明新秩序愈来愈凸显出人性与人道交往秩序的情势与势能。2023年9月国家主席习近平总书记在人民大会堂会见红十字国际委员会主席斯波利亚里茨时提出"人道主义是能够凝聚不同文明的最大共识"[2]。在社会不断媒介化以及媒介持续社会化的过程中，传播已浸入日常生活乃至社会关系、社会制度、社会结构的方方面面。社会媒介化意味着传播中媒介形式与内容同等重要，它们都可能成为组织甚至变革社会的力量；媒介社会化则是旧媒介的形式变成了新媒介的内容，直接或间接转化为社会现实的权力、制度等，技术正是在自我认知、社会结构以及人类未来之间交互作用从而发挥其效用与效能的。

二 "技术作为真理的发生方式"

在此，我们理解的技术是德国哲学家马丁·海德格尔所说的"技术作为真理的发生方式"意义上的技术,即技术作为认识事物的途径或道路,具有由已知信息不断带出未知信息进而逼近真理或事物本质的能力,并在技术作用的具体场景、场域以及归属中成其久远。在大家迫切想知道技术将人类带向何方时,海德格尔技术哲学思想却告诉人们应"泰然任之",他甚至用荷尔德林的诗"哪里有危险,哪里就有救赎"来回应此类问题。

现代信息技术提供的跨越时空传播的快捷便利,导致国际传播不仅是国家、地区政治、经济等发展的需要,也成为人们共同感觉、共同感受之共情与审美的必然,根植于日常生活的伦理实践难以被宗教、法律、政治、经济、技术、风俗、道德等因素所遮蔽。法国哲学家米歇尔·福柯晚年在围绕自我技术展开对主体谱系的研究中发现,希腊伦理中"人们更关注的是他们的道德行为,他们的伦理,他们与自我的关系,与他人的关系",这是因为希腊人"操心的主题是去构造一种伦理学,即一种生存美学"[3]144-145 生存美学摆脱了传统主体归因为权力规训等宏大叙事等的困境,洞察到主体关注自身并在日常生活实践中创造美好生活的可能性。这就意味着伦理首先是自我之间的关系,是一种自我生存美学的行动主体建构过程。福柯将主体塑造模式分为真理塑造、权力塑造与伦理塑造,尤其是福柯将主体置于权力关系之中,将主体自我生命对象化于真理,发现了自我生命的内在结构,主体正是在真理、权力以及伦理之间的复杂博弈中解构与再造着自身。

生存美学强调关注自我以及自我技术改变着交流互动的内容与形式,也变革着国际传播话语结构与权力关系,共情传播与审美政治成为不可逆转的、命运式的存在。党的二十大报告中指出要"加快构建中国话语和中国叙事体系,讲好中国故事、传播好中国声音",应"加强国际传播能力建设,全面提升国家传播效能,形成同我国综合国力和国际地位相匹配的国际话语权"[1],这也阐释了讲好中国故事本身就是政治美学中不可分割的部分。例如,"一带一路"作为新时代重要的国家倡议,离不开丝绸之路悠远的历史,离不开历史与人文的交相辉映与诗意审美,丝绸之路已深深印刻在人类的记忆中,印刻在当下挚诚感人的国际传播叙事中,引发共情与共鸣,最终在获得各国人民内心的信任与认同时,促进人类命运共同体的持续构建。

人类命运共同体构建的政治美学思想,有助于我们厘清当下与未来全球数智治理的基本理念和价值取向，它一再警醒我们在跨时空传播中，不断脱域与嵌入式的矛盾斗争与权力博弈在具体场域、情境、情态等中释放一种事物同时具有的两种互相对立性质的二重性，揭示国际传播中象征世界的语言暴力遮蔽和疏漏了交流与对话中必要的人性与人道的连接与通达。激烈的论战少能引向问题本身以及问题的切实解决，却极易倒向泛道德化以及国家主义、民族主义的自我亢奋。舆论斗争没有终止，玄妙的张力却是植根于现实权力以及怀有诚意正心下家国情怀之间的作用与反作用力，它们让一切得以敞开，一切皆有可能。

三 国际传播本体论研究范式的转型

马克思在《路易·波拿巴的雾月十八日》中指出："在不同的占有形式上，在社会生存条件上，耸立着由各种不同的、表现独特的情感、幻想、思想方式和人生观构成的整个上层建筑。整个阶级在它的物质条件和相应的社会关系的基础上创造和构成这一切，通过传统和教育承受了这些情感和观点的个人，会以为这些情感和观点就是他的行为的真实动机和出发点。"[4]498 在技术发展所引发的人类大变局中，国际传播表面上围绕利益以及物质的互利互惠展开，实则揭开了人类深刻的精神性差异的遮蔽物，其矛盾冲突所产生的憎恨与难以理解的破坏力是强大的。我们极易将其暴力、愚昧等解释为人们的宗教信仰使然而使自我安心，殊不知，宗教本身就能产生行动，它是人们与生俱来的维持自我生存与尊严的精神力量。它很难以宏大叙事触及本质，反而是个人及群体间的微小叙事显露出其在超越精神性差异中同一的效力与效能。

随着 AI、5G 等技术发展推动数智时代的到来，传播速度加快、时空交互阔达与反馈机制革新，直接或间接地引发社会发展加速中的失序与变革，这也愈发显现出科技与人性的不可分割性，考验着人的自我感知与认知的能力。科技赋权与人心向善冲击着长久以来传播学以主体本位为其本体论的研究范式。近些年不断涌现的人道传播、认知传播、情感传播、周边传播乃至生命传播等都彰显出传播中认知韧性下关系本位与主体再造思想的意义及其对实践的指导。

传播学本体论本身不是概念化的静态存在，而是其自身蕴含的无穷要素在具体时空中相互游戏而成为其自身。国际传播中不同国家、地区的信仰、语言、风俗、习惯等迥异，交谈与对话往往是在具体而微的差别间进行的，它需要我们不被自我的主观认识所遮蔽，更不被隐蔽在认知中的二元对立的宏大叙事思维模式所蒙蔽。国际传播实现文明互鉴的首要前提变成了自我对自我与问题的认知与理解，这考验的是自我思维方式与认知韧性。

在当前国际传播中我们看到世界处于激烈的动荡与失衡中，其越来越体现出多元文化与多元价值的矛盾与冲突，跨文化交流越来越揭示出跨媒介叙事中人的价值与尊严。互联网世界在跨时空异质性传播的社会交往网络中所形成的权力、权威以及地位等在承认宏大叙事依然发挥着不可替代的作用的同时，展现出微小叙事邻近交谈与情感势力的力量。人们共同的情趣、爱好所引发的审美共情进行着人心所向的聚合与分化，亚文化等不同圈层的形成与不断破圈、再造，让我们不得不注意到大时代中的小叙事越来越成为公共事件的爆发点，平台、资本与消费者的审美、品位在共情中生产与实现着自我的权力，并与现实权力、资源、资本等进行着共情与合谋。这里所谈的政治审美共情归根结底指向的是权力更多地与审美认同、情感信任等相关，共情传播作为权力是在表达、行动中作用于社会交往网络乃至公共政策、制度、结构等的改变。

四 从"主体本位"向"关系本位"中"主体再造"的转向

马克思在感叹"一切等级的和固定的东西都烟消云散了"后立即指出"一切神圣的东西都被亵渎了"，由此"人们终于不得不用冷静的眼光来看他们的生活地位、他们的相互关系"。[4]33-35 现代性对传统的祛魅带来主体性的深刻危机，由规矩、习俗、规则、组织所建立起来的原则边界在人性与人道作用中不断瓦解与消融。

法国哲学家阿兰·巴迪欧认识到现代性中最重要的是"对传统世界的摒弃，这是真正对人性的风暴"，几百年资本主义的发展"横扫了持续了数千年的组织形式，它开创了主体的危机，我们今天所看到的主体危机的原因和程度，以及其中最辉煌的方面就是年轻人在寻找他们在新世界中的位置时，体验到了极大的且越来越大的困难"。[5]30 情感、神秘、幻想、敬畏等在组织社会与日常生活中失效，人与人之间变成了赤裸裸的金钱与利益关系，传统社会等级体系复杂与分明，使得除了利益关系外，神秘、敬畏、神圣等作为结构性的存在对组织社会与日常生活起着重要的作用。与对空洞自由的呐喊与企图返回传统不同的是，当下个体进入觉醒与自省的时代，意识到顺应现有生活、工作的同时，有着面向未来在技术所提供的各种时空中对自我潜能深挖与延展的可能性。总之，主体性的危机是由等级、性别、语言、意识形态、权力等相对结构性的固化所带来的，互联网平台社会为人们尤其是年轻人自我表达、跨界交往与审美消费等提供了有所作为的空间，动摇着传统的社会关系，解构与重构着社会制度与社会结构，随之带来组织社会与日常生活方式的根本变化。

巴迪欧"事件哲学"在主体、事件、真理三个概念的讨论中试图重返哲学本体论以回应很多哲学家对哲学终结的悲观论调，我们希望借由这三个概念重返传播学自身的本体论，在不断追问中为国际传播提供思想的底色与行动的方向。巴迪欧认为事件首先是属于其自身的，它能对意义进行悬置，意义在断裂与例外中不断敞开。事件面向未来生产着真理，揭示着问题，警醒着无知。事件表达中的语言与命名让事件不至于彻底消逝，但也在其中退隐与遮蔽了某些含义，它们在意义的集合中等待着关系恰当时意义的重现。主体是此时此地的具体行为者，以事件的介入重新界定了自身。事件表现出主体关系的断裂与转向，正是在这种主体关系的断裂与转向中显现关系本位与主体再造对事物本质认知的扩张，真理在晦暗不明中闪现，被感受与觉知的主体接近与解蔽其存在与意义。

巴迪欧认为关系本位中的真理不再是启蒙之初那种绝对存在，传播速度加快的变动世界很难是后结构主义、解构主义所认为的虚无、碎片、差异以及没有真理的存在，而是在不断生成的一系列真理集合，其特征主要表现在：首先，普遍真理是不断被生产与生成的；其次，真理绝非唯一不变的，其产生是有前提的；最后，随着事件的变化，真理也会出现多层次的样貌。人类存在的瞬时性显示出真理存在的永久性特征，共识难以达成的背后却显现出日常生活中微小叙事对真理生成的无穷力量，真理存在的方式不仅表现为二元对立，而且它是在不断超越差异性的基础上实现同一性的，这成为人类命运共同体与生命一体化的源头活水。

事件是传播学研究的重要范畴，也是巴迪欧重要的哲学概念。随着事件的不断展开，事件也越来越显露出通过主体的介入而不断主体化的过程。巴迪欧认为，一旦主体将事件的名称推入新的情势之中，不完全依赖于经验、权威、地位的事件随着情势变化而悄然发生了主体自我转向，事件不断主体化就是在主体接续断裂与蜕变中发生的。事件是对事物存在与发展的断裂与例外，事件成为真理产生的动因，也是真理产生的基础，它为真理的产生提供了可能。

我们以关系本位的思想方式看到国际传播中科技赋权与人心向善成为推动社会发展之动力的可能性，也让人们对普遍、永恒之真理充满信心。国际传播中多元异质间的共处、共情、共鸣、共生对个体认知以及其他社会主体存在都提出了挑战。我们对各类事件的认识应超越支持或反对、悲观或乐观的层面，意识到断裂、反思、转向等对主体与真理生成的意义，为后现代碎片化、离散化、差异化、不可预测的虚无不稳定的思想提供了另一种认识的视角，从抽象的本体论回到了关系本位主体再造与真理发生间具体场域之中，意识到真理直抵人心，在主体再造的情势权力中持续超越差异性而不断取得同一性的可行性。

从网络事件发展的视角来看，人们对事件的认识已然从过去的绝对之姿态、上帝之视角的随性批评甚至谩骂，转变为现在的有所忌惮与反思，在真相不明之际，愈发懂得"让子弹多飞一会儿"的玄妙，人们也在一次次舆论危机的逆转中被影响与改变自我认知。人们越来越认识到自由、平等、独立、博爱、正义等不仅是口头上的，更需要自我在行动中的精微知觉与分析判断。道德伦理绑架似乎从人们的视野中消失了，词语表达却处处体现在基于人性的行动中，在自我认知基础上，交流、对话与实践能力有了更为深阔的发展空间。

五　澄明的"无知"对自我认知革命的意义

国际传播若将主体本位放在主体、事件与真理的关系本位的思考框架中，事件表面上泾渭分明的主体与主体、主体与客体、客体与客体之间的相持与对峙，通过交流、对话是能够激发其在差异化中的同一化的，它让主体再造过程中的权力斗争回归到人性与人道的基础上，在交流与对话中深入博弈并逼近真理。交流、对话中传播时机的把握以及问责力的自我担当，都与个体自我生命底色相关，在其延展、扩张中凸显有知过去的深远与无知未来的可能。

数智时代传播技术低成本所释放的个体自由及其所在群体连接与联结中产生的高势能深刻影响着全球化发展格局，个体认知韧性以及审美共情意识与能力的提升，使得"共识更多的是一种后验的'情感'调整的结果，而不是一种先验的理性调节的结果"。[6]202 新媒介赋权的当今，大众创造了更多的自我表达新形式以显现自我的卓尔不凡，并在共同感受与感觉中形成虚拟和漂移的情感共同体。随着人们感受与感觉的变化，情感共同体没有边界，时时处于变动之中。这种共同体的绵延不绝使得世界弥漫着太多的感性与情感因素，审美共情已成为政治家战略中必要的思考因素，社会如何在本能与信仰中得以可能，交流、对话何以成为传播的基石并化作社会变迁的核心竞争力，这些问题需要我们认真思索。

自我认知革命是时代赋予每个人的责任与使命。长期以来，人们在认知与思维基质上习惯于主客体二分模式，往往忽略了将主体认知与实践能力作为讨论问题的前提，人作为社会的行动者在法国思想家米歇尔·马费索利看来"每个社会行动者更多的是行动的对象，而不是行动的主体。根据正确的契机，每个人都被无限衍射，机遇和情境呈现在了面前"。[5]205 从行动的主体转为行动的对象需要人们在事件中不断打破自我成见，意识到退隐在主体有知后面的无知是人们无法忽略的存在，这里所言的是面向未来的"无知"，无知连接着过去、现在与未来，是从"主体本位"转为"关系本位"以及在"关系本位"中进行"主体再造"的源泉。它需要自我对其不断进行感觉、感知、觉知与警醒，在不断调试与校准中将其化作认识与行动的动力。

美国斯坦福大学科技史教授罗伯特·N. 普罗克特在1995年出版的《癌症战争：政治如何形塑着我们对癌症的认知》一书的脚注中提出了"无知学"这一概念，他意识到"科学史家和科学哲学家一直将无知视作不断扩大的真空地带，它将知识（已知）全都卷吸进来了"。对无知的重新阐释让我们认识到"人知道的越多,也越会延时作出选择与判断,目的是尽力避免人盲目相信、盲目服从所带来的盲目行动的不堪后果。人们在无知中保持着对信息的敞开与对逆转的接纳,从而不断校准自我的选择与判断"。[7]无知是面向解决问题的无知。我们应重视人在提出问题与解决问题中不断调适自我的自觉意识与自主性。人无法摆脱直面自我存在的责任,自我的信仰与勇气成为实现善的应有条件,它们直逼生死却分秒不空地体现在日常生活的琐碎之中。在国际传播中人需要自我对自我的肯定,这种肯定不仅来自自我的审美与感觉之中,也需要在自我现实伦理世界中获得,更要求自我从审美境界通过伦理境界达到信仰境界的努力与实践,深刻体会与洞明人事的复杂与无可奈何,理解人在不断完成自我中成就人自身的道理,由此方能影响与联合他人,其传播的奥妙之处在于语言越隐而不露,越自觉于人自身之中,传播的力量就越强大。

小　结

人类文明新秩序永远在失序与有序的更迭之中,在现代传播技术的支撑下,国际传播的即时性、具身性、生成性、流变性及有机性已成为其不断变动与游戏的内在法则与规则。随着国际交往法则与规则的改变,我们看得见的世界已变得如此陌生,而看不见的世界是如此真实与狂烈。在荒诞的世界中人的价值与人的尊严每每涌现出活力,彰显了人道主义的深远意义,利益集团的意志与宣传很难对全球传播的战略格局进行全面的掌控。国际传播中有其荒诞的一面,有人支持,就会有人反对;有人接纳,就会有人拒绝;有人抱怨,就会有人改变。人们在自我认知革命的基础上方能逐渐看清问题本身,方能实行富有成效的交流与对话,并据此以行动带来改变,否则,交流非但无效,反而会使问题不断问题化。正是在这种认知与观念的延宕中,个人的尊严、价值在对暴力与战争的反感与抗争中凸显出来。它拒斥意识形态的宏大叙事,也拒绝单纯的道德优越感与说教,它不仅是空洞地对他者的凝视,更是在自我认知与思维方式指引下跨时空的行动与改变,在行动中察悉自我的诚心正意,把握不可更改的过去中的现在,不断创造未来。

综上所述，国际传播从"主体本位"转向"关系本位"中"主体再造"的视域，在肯定国家、社会制度、社会结构以及组织机制的力量不是减弱而是加强的同时，体认到技术所带来的社会加速、认知韧性及审美共情的重要性。在数字文明与全球传播新秩序的建构中，行动主体转变为行动对象，意义与真理在关系本位中以互为主体的整体集合方式而存在，其思想与行动越来越在自我认知革命与他者中不断延展与反转，它使得国际传播还存在另一种可能性，即在涉及国家主义、民族主义等宏大叙事之中也存在由共同感觉与共同感受所构建的交谈与对话空间，它使我们能在危险、危机产生之前努力摒弃偏见，将"和平、发展、合作、共赢""人心所向、大势所趋"的思想落实在灵活、有效的具身性交谈与交流之中，在切实面向与解决未来的无知与问题中，尽可能避免人类惨烈的暴力甚至战争的发生，这也是国际传播的核心与应有之义。

参考文献

[1] 习近平：《高举中国特色社会主义伟大旗帜，为全面建设社会主义现代化国家而团结奋斗——在中国共产党第二十次全国代表大会上的报告》，2022年10月25日，https://www.gov.cn/xinwen/2022-10/25/content_5721685.htm，2024年5月19日访问。

[2] 新华社：《习近平会见红十字国际委员会主席斯波利亚里茨》，2023年9月5日，https://www.gov.cn/yaowen/liebiao/202309/content_6902243.htm，2024年8月2日访问。

[3] 〔法〕米歇尔·福柯著，汪民安编：《自我技术：福柯文选Ⅲ》，北京大学出版社2016年版。

[4] 马克思、恩格斯：《马克思恩格斯文集（第2卷）》，人民出版社2009年版。

[5] 〔法〕阿兰·巴迪欧：《何为真正生活》，蓝江译，中国人民大学出版社2019年版。

[6] 〔法〕米歇尔·马费索利：《部落时代：个体主义在后现代社会的衰落》，许轶冰译，上海人民出版社2022年版。

[7] 师曾志：《数智时代认知加速中面向未来的无知与生命绵延》，《台州学院学报》2022年第2期，第42—53页。

·传播实践研究·

应急响应中的信息传播网络与组织适应

——基于河南暴雨的探索性案例研究

王锡苓 刘艺淳[*]

摘 要 我国灾害治理格局呈现政府主导、多方参与、协调联动的特征。行动主体有地方政府、媒体等应急响应常设组织，以及市民群体、民间救援力量等突生组织。二者的适应程度、彼此间的灾害信息传播效率深刻影响着救灾成效。本文以2021年发生在河南郑州的"7·20"特大暴雨灾害为例，基于复杂适应系统、组织代偿理论与信息论综合提出了应急响应问题的研究框架，同时利用观察、访谈及公开数据进行三角测量，构建郑州"7·20"特大暴雨灾害期间多主体的灾害信息传播与救灾行动网络，从组织适应与信息流动的角度，提出信息管理与流转的建议。

关键词 救灾信息；救灾行动；社会网络；应急响应

一 问题提出

在社会风险日趋可见、突发灾害愈发频仍的当前社会，对如何提升应急管理效能这一问题的回答关系着国家治理能力建设[1]。衡量应急管理效能的直接标准是突发灾害中的应急响应效率，应急响应表现为基于跨层次、

---

[*] 作者王锡苓，系中国传媒大学新闻学院教授、博士生导师；刘艺淳，系新华通讯社辽宁分社记者。本文系国家社科基金重点项目"重大突发公共卫生事件社交媒体传播评价体系及社会公众政治认同"（项目编号：20AXW002）的阶段性成果。
中国传媒大学新闻学院博士生崔家勇、刘千才，硕士生李岩峰、洪东方、顾晓妍等同学参与了访谈工作，在此致以诚挚感谢！

多主体间的信息互通与资源流动，以协调、合作的方式为救灾行动赋能[2]。由此，应急协同网络及其行动者是应急响应研究的重点。

于2021年7月20日发生的河南郑州特大暴雨事件造成重大人员伤亡和财产损失，灾难救助涉及党政军群等多领域的参与和行动。我们从中能够透视政府、企业、公益组织等多个主体资源整合、信息共享、利益协调和功能转换的状况，也能以此为研究案例，反思信息传播网络"淤塞"、信息匹配效能不足的问题。

在灾害应急响应议题中，应急协同网络的行动主体既包括制度化的应急组织，也包括事件发生后的突生组织。应急响应的协同效率问题实则可以转化为制度化的应急管理部门和突生的非政府组织、个体之间的组织适应问题，并由此讨论信息传播推进组织适应的意义。本文关注2021年河南郑州"7·20"特大暴雨灾害的救助信息传播网络，探求应急组织网络协调运转、功能发挥时的信息传播路径和制约因素，丰富灾害和应急响应管理的组织适应与信息传播研究。

本文的研究问题为：

第一，河南郑州"7·20"特大暴雨事件应急响应中有哪些行动者？他们通过何种行动路径维持系统的救灾功能？

第二，河南郑州"7·20"特大暴雨事件应急响应中存在哪些信息传播问题？它们如何影响各突生组织与常态化应急组织的适应过程？

二 文献述评

肇始于20世纪60年代的灾害社会学研究包括应急响应管理的组织适应与信息传播相关研究，具有不同的问题取向。比如以应急管理组织为主体，分析制度化的应急管理部门在某突发情况下的应急响应，比较其"突生"特征与"计划性"应急预案的差异[3]；总结应急组织系统在紧急状态下整合协调的特定规律[4]；基于某灾害事件分析当地政府与自发加入救援的非政府组织之间的协调[5]。此类议题揭示了组织适应研究的行动主体，即常态化的应急管理组织与非常态化的突生应急组织[6]。前者具有制度化、稳定的特点，后者被界定为应急响应中非预期的社会组织。故而应急响应的效率问题也是原有应急管理结构在突发情境下如何纳入突生关系，形成复杂适应系统的问题。

不同于上述管理视角，另一种研究路径是运用网络化思维描述应急响应网络的动态发展，通过网络分析方法识别行动者、连接路径等，进而论述组织适应效能。如分析动态环境中公共网络、私人网络与非营利组织网络关系交互的协调进程[7]；介绍新兴灾害中各组织信息交流的渠道、对象、内容，组织间合作情况以及诸如微信等媒介在救灾中的运用情况[8]；发掘应急网络中以 NGO 为代表的突生组织网络，从社会价值、社会关系和资源能力三维度论述突生组织网络构成及其与制度化组织网络的互动现状[9]。此类研究对组织适应效能的评定主要是评定行动者在抢险救援、新闻宣传、社会动员等方面的成效。

当地政府、媒体与公众等多主体应急响应时，最为常见的问题是信息过载、信息缺乏和信息质量不确定[10]。为达成组织适应效能，管理者需对灾害信息的传播过程加以控制，即通过准确、有效的信息沟通，减少"噪声"干扰[11]99。在传播途径层面，研究者强调应急响应时依托信息基础设施，形成跨组织信息交互的自适应状态[12]，如在 SARS 疫情、汶川地震等灾害事件中一些学者呼吁以传统媒体为基础，建立应急广播体系[13]，结合互联网发展发挥社交媒体促进应急信息传播、应急关键组织间相互适应的积极作用。

综上，应急响应组织网络相关研究大多围绕具体案例，对其中的系统运作机制少有提及，少有研究从组织适应维度，对常态化组织网络、突生组织网络的嵌合互动给予了特定解释，也未进一步研究众多行动者在应急响应中的协调与互动。

三　理论框架

本文基于灾害应急响应情境下的复杂适应系统理论、信息论、应急组织内涵，综合提出了应急响应组织适应与信息传播的分析框架，如图 1 所示。

在公共治理领域，政府、市场、社会组织等构建应急管理的整体系统。在应急情境下，存在"系统组织失能—组织应急功能发挥—系统稳态再建立"的组织适应过程，强调多元主体协调互动、力量整合与资源共享。因此在具体情境下，需要说明组织结构的适应与转化、信息资源的承接与流动、系统功能的恢复与维系等过程[14]。

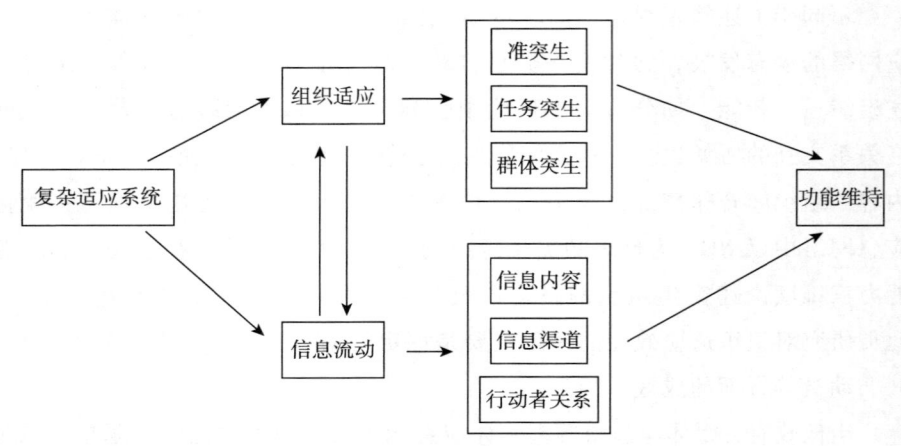

图 1　组织适应与信息流动研究框架

本文将复杂适应系统加入分析框架[15]。复杂适应系统是指系统中组织行动的变化由行动者内生动力引起，系统有重新分配资源和行动的能力[16]。该理论适用于研究社会系统，包括网络结构和信息传播两个维度。

极端灾害应急响应相关议题中，网络结构表现为以政府为行动主体的应急管理组织与其他应急主体的互动及其后续的救灾行动，这也是常态化组织与突生组织在应急情境下的调适过程，对应分析框架中的"组织适应"。而信息传播分析能够说明应急响应中影响治理成效的信息传播因素。常态化组织和突生组织的互动呈现了河南郑州"7·20"特大暴雨事件中灾情应对的有益尝试与结构性症结。

信息论在20世纪60年代便已应用于传播系统、传播过程等研究中，其认为信息传播涵盖信息内容、发送者、信道、接收者、噪音等，常常作为一种方法论综合考察信息传播的过程[17]。在应急响应网络的组织适应研究中，"信息源—信息渠道"的分析框架能够解释信息的传播路径，如灾情信息的多渠道传播、有序聚合有利于精准救援。但与传统的"信源—信道—信宿"的信息传播过程不同，在突发事件应急响应情境下，信源突出表现为突发事件本身的属性、特征和内容，而不单指信息发布者[18]，如暴雨受灾地、受灾人数、救援实时信息等。在多主体、多阶段、多层级的应急决策过程中，只有信息内容清晰、信息渠道畅通并且二者恰当匹配，应急决策方能合理、高效。本文将河南郑州"7·20"特大暴雨灾害应急响应中的信息流动划分为信息内容、信息渠道与行动者关系三部分，发掘各行动主体参与信息传播与资源承接的全过程。

组织结构的适应具体表现为突生组织的形成与发展、制度化组织与突生组织网络的功能整合与协同，转化的目标结果是维持、更迭应急组织网络的功能。既往研究将灾难情境下的突生组织分为四类。一是任务突生（task emergence），即组织在应急情境下增设新任务，如部分基层治理组织增设了暴雨信息发布、疏散受灾群众的非常态任务；二是准突生（quasi emergence），指组织的基本结构和原有功能维持稳定，仅仅在应急情境下做些许调整，如部分媒体依赖灾情播报惯习进行相应报道；三是群体突生（group emergence），指应急状态下尚未形成正式组织的临时性群体，如民间救援组织与群体通过组织救援、发布灾情信息共享文档参与协同救灾；四是组织整体结构发生变动的结构突生（structural emergence）[19]。受政府主导的应急响应模式影响，我国突发事件应对过程中很少产生结构变动的案例，故而本文仅选取前三种突生类型纳入分析框架。

本文将信息论与组织适应的解释维度纳入复杂适应系统，结合信息流动的实际状况探究应急响应中的优势与不足。该分析框架的落脚点在于将欲改善的应急效率问题转化成制度化的常设应急管理部门和突生的非政府组织、个体之间如何适应的问题。理想状态下，三种组织适应状况分别在不同的应急场景中得以应用，维持救灾部署、沟通协作、补充式救援等功能，如群体突生组织可为常设应急管理部门提供救援信息整合、补充救援力量等，规避信息损耗与冗杂、应急响应迟滞、组织间壁垒影响沟通效率等问题。换句话说，信息流动影响组织适应的类型与成效，各行动主体的协同效率又在信息内容、信息渠道、互动关系上有所表现。这一综合的理论视角能够回应应急响应中的信息传播问题和组织适应问题。

四 研究方法

本文采用探索性案例研究。案例研究路径适合探究正在发生的无法控制的事件，通过观察事件过程、与参与者对谈来获取更广泛的经验资料，解释"是什么""为什么"等问题[20]13-16。本文以郑州"7·20"特大暴雨灾害为案例，通过访谈、实地调查与线上调查的方式收集了暴雨灾害发生后的第一手资料，使用质性数据编码与社会网络分析法进行分析。

（一）案例介绍

郑州"7·20"特大暴雨灾害发生于 2021 年 7 月 17 日至 23 日，受灾地区集中于郑州、新乡等地。20 日 16—17 时，郑州中心城区最大降水量为 201.9 毫米/小时，突破中国大陆气象观测记录的历史极值[21]。强降雨使郑州中心城区发生严重内涝，地铁因站内进水、线路受损而停运。灾害发生前后，郑州市气象部门发布了 5 次暴雨灾害红色预警，当地媒体也对受灾、救灾进行持续性报道。

与国外研究者观测到的情况类似[22]，微信、微博等中文社交媒体平台出现了大量暴雨灾害信息，网络救灾群组、线上互助平台相继建立，大量志愿者与社会组织通过社交媒体建立起联系，开展应急救灾行动。政府救助、媒体报道、民间个人和支援团队共同参与的救灾行动是本文关注的研究对象。

（二）资料收集

案例研究无法收集到灾害事件的全部细节，也不能完全排除研究者对经验材料的偏见。为避免研究者及灾害亲历者的视野局限，本文通过三类质性资料进行三角测量（triangulation）[23]226。第一，郑州"7·20"特大暴雨发生后，笔者团队积极组织赴实地调研，因报备未批准，转而通过电话、微信群聊等形式对基层政府官员、消防队员、媒体记者、灾民及民间救援者等共 19 人（见表 1）进行访谈。访谈内容包括受访者暴雨灾害期间的信息传播、危机感知与救灾参与情况。第二，本研究团队一名河南籍成员亲赴郑州、焦作等地进行实地调查，对 5 个救灾互助群组的线上互动进行参与式观察（微信群信息见表 2）。第三，本研究团队收集了官方调查报告与新闻报道，以佐证访谈观察等一手资料。

表 1　受访者基本信息

编号	性别	年龄（岁）	访谈形式	职业/社会身份
001	男	34	电话	媒体记者/省防指宣传小组成员
002	女	35	线上	灾民/妈妈
003	男	35	电话	志愿者/某校友会成员
004	男	30	电话	摄影师
005	男	30	电话	街道办工作人员
……				
015	男	31	线上	消防官兵
016	女	29	电话	海滩寺地铁站附近居民
017	女	32	电话	猛犸救援队志愿者/志愿者微信群群主
018	女	33	面对面	河南省自然资源厅公务员
019	男	34	面对面	村支部书记

表 2　线上观察的微信群基本信息

微信群名称	观察起始时间	观察结束时间	群成员人数（人）
郑州志愿者匹配二群	7月23日	8月31日	294
郑州西南郊贾峪马寨等地灾后重建群	7月25日	8月31日	91
点滴成爱汇聚成海群	7月27日	8月31日	279
"7·28"新乡水灾志愿者信息传递转发6群	7月28日	8月31日	121
河南志愿者信息共享群	7月28日	8月31日	120

（三）资料分析

基于访谈资料，本文借助计算机辅助编码软件 Nvivo，探寻郑州"7·20"特大暴雨灾害中的信息传播网络，分析灾害救助行动和灾害信息传播情况。

本研究团队 5 名编码员根据受访者表述，进行了描述性编码与过程编码。根据前文分析框架，本文拟从行动者与行动关系维度勾勒多元主体的信息传播网络，探索信息传播对各行动者的影响及其对救灾功能的维持。

1. 行动者与行动者关系

分析行动者及其基本关系是认识信息传播网络与组织适应状况的基础。

通过描述性编码，共析出政府、媒体①、民众、企业与社会组织五类参与暴雨灾害救助的行动者，编码结构及其解释如表3所示。其中，各级政府与部队、媒体、慈善协会等社会组织属于救灾常设机构，维持着信息传播效率与救灾功能；诸如民间救援队的非官方救援组织作为突生组织自发参与救灾工作，或与救灾常设机构展开沟通协作；灾民、好心人等作为突生元素，通过信息传播嵌入组织适应过程，如借助救灾文档接力传播，借助微信、微博等社交媒体平台发布信息参与救助。信息传播与救灾行动编码及其解释如表4所示。

表3 行动者的编码结构及其解释

概念类别	概念	解释
政府	中央政府	全国事务主管机构的总称
	省政府	省级国家行政管理部门（如省厅类部门）
	地方政府	市及以下级别国家行政管理部门
	政府（不详）	无明确指向的政府管理部门
	政府部队	武警、消防部队等
媒体	中央媒体	中国记协名录中的18家主要新闻单位
	地方媒体	河南省内媒体
	媒体（不详）	无明确指向的媒体
民众	灾民	因特大暴雨灾害受到人身损害、财产损失的民众
	好心人	参与救灾的民众
	一般民众	除灾民、好心人以外的民众
企业	国企央企	由政府出资创办的国有企业
	民间企业	非政府出资创办的民间企业
	企业（不详）	无明确指向的企业
社会组织	慈善协会	各类慈善协会
	红十字会	各级红十字会分支组织
	民间救援队	拥有专业救援设备的非官方救援组织
	其他社会组织	其他非官方组织

① 基于受访者的讲述，"媒体"指代官方媒体，即协助各级政府发布官方信息的"代言人"。自媒体与个人社交媒体账号通常缺乏身份信息与组织标签，其主体身份通常是网络上的个体用户，我们将其纳入民众一类。

表 4　信息传播与救灾行动编码及其解释

概念类别	概念	解释
救灾行动	信息传递	转发求助与救援信息
	物资捐助	通过各种渠道捐款、捐物
	应急救援	深入一线，营救被困人员，或抢修基础设施
	避灾减灾	个人或集体避免或减轻暴雨灾害造成的恶劣影响
信息内容	救灾信息	关于紧急救援、物资捐赠、市政抢修等描述，例如"谁——在哪里——为救灾做了什么事情"
	预警信息	提醒可能发生的灾害，例如"未来可能发生……请大家做好……的准备"
	受灾信息	描述灾民或灾区情况，例如"谁——在哪里——受到了暴雨怎样的影响"
	求助信息	请求应急救援或物资、人力支持的信息，例如"谁——在哪里——需要什么帮助"
	评论信息	对于暴雨事件中某些人或事的看法，例如"谁——做了什么——怎么样"
传播渠道	社交媒体	微信朋友圈、微博、抖音、快手
	广播电视	广播、电视
	即时通信	电话、短信、对讲机
	周遭世界	个人经历、面对面
	新闻推送	新闻客户端、浏览器、新闻公众号
	渠道不详	受访者不记得或不清楚信息互动的渠道
	协作文档	多主体共同参与编辑、维护的在线求助文档

2. 灾害信息传播与功能维持

救灾功能是应急响应系统的主要功能。通过过程编码，从访谈、观察资料厘出信息传递、物资捐助等救灾行动类别，提取信息传播的内容与传播渠道类别。基于文本信息，使用社会网络分析软件 Gephi 绘制行动者间的有向关系网络，网络中的节点指各类行动者，节点之间的连线指两节点勾连的关系，节点面积越大、节点之间连线越粗，表示受访者越频繁提及信息。

五 研究发现

(一) 信息传播与救灾行动网络的总体特征

基于质性数据编码建构信息内容、传播渠道与救灾行动网络，说明各类行动者参与灾害信息传播与救灾行动的总体特征，如图 2 所示。从官方的信息发布与救灾行动看，信息内容网络（图 2A）中民众收到了来自政府与媒体发布的预警、受灾与救灾信息，主要类型为受灾、救灾、预警、求助与评论信息；传播渠道网络（图 2B）中政府与民众、政府与媒体之间的面对面传播被受访者多次提及；救灾行动网络（图 2C）中受访者也能普遍感知到政府、部队、国企央企等承担了大量应急救灾任务。

网络分析方法中的重要指标为衡量整体网络的网络密度与衡量节点关系的度中心性、中介中心性与接近中心性，分别代表网络内节点联系的频繁程度、节点在网络中的重要程度、节点的沟通桥作用与几何位置上的中心程度。在网络密度层面，信息内容网络的密度最高（0.219），其次是传播渠道网络（0.173），最后是救灾行动网络（0.129），三者的网络密度都处于较低水平。相比于信息内容网络，救灾行动网络中的行动者连接较为松散，可见传播救灾信息和产生救灾行动之间存在损耗。

在信息传播与救灾行动网络中，地方政府、地方媒体、灾民的度中心性较高，说明灾情与救助相关的即时信息多来源于地域接近性较高的当地行动者，在网络中占据重要位置。区别于一般认识，政府部队作为官方救援力量虽被提及，但并未排在度中心性前列。民间救援队作为突生组织自发形成，借助信息聚合填补制度化组织救灾行动的空缺。结合出度、入度关系来看，地方政府、地方媒体、灾民之间存在信息的双向传播。随着灾情演变，信息传导机制处于变动与修正状态，可见信息流动与组织结构的适应程度并不稳定。

若一个行动者处于其他两点之间的路径上，则具有控制其他两个行动者之间交往能力的关键作用，亦即其对信息资源的控制程度强。诸如好心人、一般民众等市民群体通过社交媒体接收救灾信息，成为信息传播网络和救灾行动的中介，虽未直接参与组织适应过程，但其发挥救灾信息扩散与信息传

应急响应中的信息传播网络与组织适应

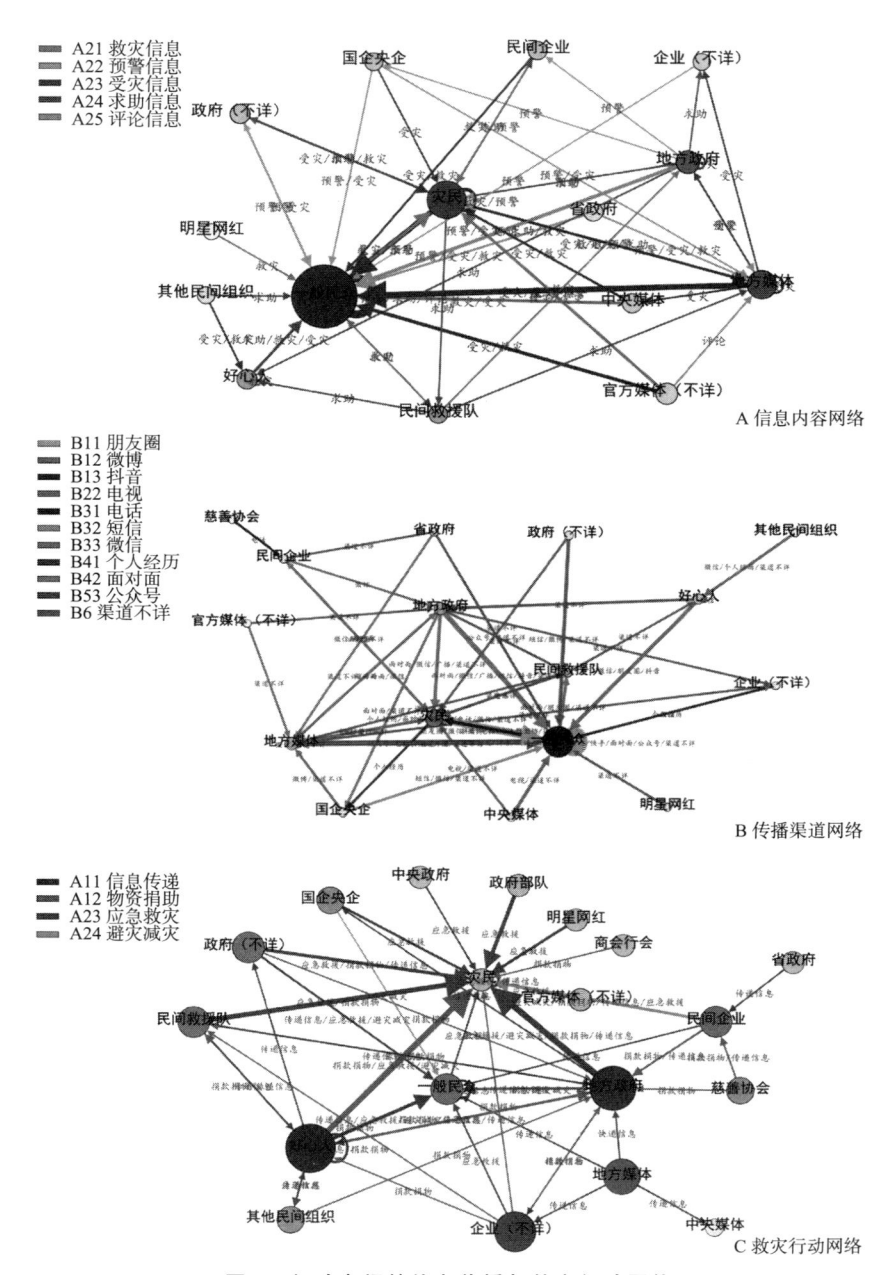

图 2 行动者间的信息传播与救灾行动网络

播渠道的作用，维持着组织网络的救灾功能。需注意，联通、移动等通信运营商，即中介中心性排行前列的企业，是预警信息到达用户终端的重要途径。

除当地政府与媒体外，明星网红、商会行会在救灾行动网络中具有较高的接近中心性，表明其通过信息传播加强了此网络的紧密程度。因其与其他节点的距离较近，这些非常态行动者的传递效率较高，被控制的程度较弱。

具体指标的测量结果如表5所示。

表5 信息传播与救灾行动网络主要指标

	入度中心性		出度中心性		中介中心性		接近中心性	
	行动者	加权数	行动者	加权数	行动者	加权数	行动者	加权数
信息内容	一般民众	125	地方政府	50	一般民众	59.80	地方政府	0.77
	灾民	39	一般民众	46	地方政府	28.70	灾民	0.71
	地方媒体	18	灾民	39	地方媒体	24.57	一般民众	0.67
	地方政府	5	地方媒体	27	灾民	24.30	地方媒体	0.67
	好心人	5	民间救援队	4	民间救援队	4.63	民间救援队	0.63
传播渠道	一般民众	145	一般民众	65	一般民众	33.37	地方政府	0.80
	灾民	39	灾民	48	灾民	29.43	灾民	0.73
	地方媒体	18	地方政府	31	地方政府	20.57	一般民众	0.67
	地方政府	8	地方媒体	24	地方媒体	13.40	地方媒体	0.62
	好心人	7	好心人	15	民间救援队	13.00	民间救援队	0.62
救灾行动	灾民	89	好心人	40	地方政府	47.33	政府部队	1.00
	一般民众	23	地方政府	27	好心人	22.00	明星网红	1.00
	地方政府	15	民间救援队	15	民间企业	10.00	官方媒体	1.00
	好心人	9	民间企业	11	一般民众	6.33	中央政府	1.00
	民间救援队	6	政府	11	企业	2.33	商会行会	1.00

注：根据受访者提到某类行动者的次数，三个网络独立进行加权处理。

（二）突生预警任务：预警与响应一体化的组织管理体系需要加强

防汛、抗旱一贯是各级政府应急管理部门每年暑期的重点工作，灾害预警已从必要的提示演变为一种惯习。河南暴雨预警信息网络中，各级政府与联通、移动等通信运营商是主要行动者，传播渠道为手机短信，信息内容为简短的灾情介绍及提示。如郑州"7·20"特大暴雨灾害前，河南省气象局高频次、递进式发布红色暴雨预警,并由通信运营商通过手机短信传达给当地居民[24]。

作为信息接收者(入度中心性较高)的灾民虽已接收到预警信息,但对他们而言,夏季正处极端天气高发季节,各类高温、暴雨预警信息"已经发了很多",因此"对这信息比较麻痹",并未达成预期预警效果。可见,常态化的灾害预警工作在信息传播中产生损耗,预警实效有待强化。有关部门的灾害预警与媒体的备灾宣传效果有限。

部分基层政府通过面对面传播与社区传播强化了信息预警。如有受访者称,"灾害发生前2—3天就有社区、村两委的工作人员上门",或通过大喇叭等传递预警与撤离信息。鹤壁某驻村书记称,自己在接到上级政府通知后制定了应急预案,自7月17日开始转移群众,称"效果还是比较好的"。

(三)准突生组织适应模式的局限:层级化的信息链条难以嵌入应急响应体系

灾情、救援相关报道是各级媒体的常见议题,属于准突生组织适应模式。郑州"7·20"特大暴雨事件中,地方媒体报道存在议程程式化、影像资料依赖当地群众、建设性不强的问题。如播报临时召开的10场"河南省防汛救灾"新闻发布会(7月21日至8月2日),但基于访谈资料我们发现,灾民认为新闻发布会总体上"跟自己关系不大",提供的信息有限。这反映出地方政府在信息发布中延续了层级化的单向灾害沟通观念。

为规避社会恐慌,媒体通常以维护社会秩序为目标设定灾后报道议程。在沿河地区洪涝灾害频仍、"城中看海"屡屡上演的背景下,地方媒体记者熟悉暴雨新闻报道流程:"先是预警,然后报道积水点、险情、危机,最后是'暖新闻',感谢在一线为我们遮风挡雨的人。"在略显程式化、以宏大叙事为特征的暴雨报道议程中,受灾区域的不少民众认为"媒体正儿八经的抗洪救灾方法介绍比较少"。

灾害发生初期,媒体传递的灾害信息依赖于网民拍摄的照片和视频,使民众认为媒体提供的信息自己"已经看过了"。媒体机构的通信网络与电力保障也在灾害中受到严重影响。因此，"全集团所有系列媒体的网、服务器都没办法运作，《××日报》都在用传统的手法人工编发"。

（四）官方应急体系与松散的民间突生群体难以整合

在复合的河南暴雨应急响应组织网络中，专业救援组织、公民志愿组织与市民、自发救援团队等民间突生群体难以被整合进常设机构，并且受制于信息传递与更新效率不足，在灾情救助方面存在协调迟滞、少数民众负面情绪扩散、专业救援组织与公民志愿组织沟通不畅的现象。

民间突生群体通过新兴通信技术，线上更新灾情进展、组织救援行动、抒发抗灾情绪，但信息快速更迭令各类在线求助通道的有效性存疑。同时，民众之间传递的冗杂信息反而会引发负面情绪的迅速扩散。受访者坦言，"恐惧情绪的滋生源于未知"，消除恐惧的方式"还是要靠官方的提示与安全警戒"。

外地驰援的民间救援队对受灾区域的地理环境与社会环境缺乏了解，很难配合政府应急管理部门开展救援任务。由于民间救援队与官方救援力量之间缺乏沟通与协作，部分河南商会行会、地方企业成为衔接外地救援队与当地灾民的中介性主体，加入救援的行动网络。如为救援队提供临时驻地、介绍当地的地理区位分布与各地受灾状况等。

民间突生群体与官方应急体系难以整合，原因在于二者具有差异化的组织关系。相比官方应急体系的垂直体系结构，民间突生救援群体、信息扩散群体较为松散，能够通过微信、电话建立信息传播渠道、招募志愿者、协调救援物资。河南暴雨的特殊性虽使得有关部门罕见地突破官方应急体系，向全国发出了公开求助信息[25]，进行官民联动的有益尝试，但救援成效仍有较大的提升空间。

六　应急响应中组织适应与信息流动的对策及建议

（一）转变组织适应思维，建立协同救灾的信息管理机制

研究发现，组织间已有的制度和权力结构影响着复杂适应系统中的信息流动，基层组织也会对总体决策进行选择性编码，导致预警与救灾行动

依赖于个别基层领导干部的风险意识与应急能力，救援实效不一。

同时，地方政府与媒体、通信运营商与地方政府的信息传播工作仍未脱离行业惯习主导的行动框架。为避免预警、救援与信息传播流于表面，各级组织机构应基于突生预警任务的思维，建立信息联动的协同救灾系统，确保组织间信息流动的高度通约。

此外，基层指挥中心往往重视垂直向上的信息汇报工作与本地区的灾情进展，这种垂直的组织管理模式会大幅提高救援成本，衍生救援不足、过度救援等问题。故而应加强跨组织、跨部门的沟通协作，加强信息流转。比如强化横向信息共享，简化垂直上报流程，提升其与民间救援组织的协调效率；相关部门统筹、调度救灾行动，将专业救援组织与灵活机动的民间救援组织加以整合。

（二）探索政府主导、媒体助力、公众参与的信息整合与流转模式

河南郑州"7·20"特大暴雨灾害中，民间救援组织、企业、公众等民间救援力量作为突生组织与当地政府、媒体等形成了小型交互网络。但由于信息沟通的障碍，部分突生组织难以融入既定的应急响应系统。故而应急响应的关键在于利用新兴媒体，将民间救援组织、企业、公众间的信息流动整合进协同救灾过程，也就是探索出政府主导、媒体助力、公众参与的信息整合与流转模式。

从信息内容与传播渠道来看，地方媒体在准确传递官方预警、救灾信息之余，仍需反思目前"转引式生产"的新闻运作模式[26]，注重第一手信息的获取。同时，线上收集受灾信息与救灾信息的共享文档虽能弥补各级媒体信源不及时、专业救援机构负荷过重的问题，但其核实难度大、不确定性过强，难以发挥信息共享的优势。从行动者关系而言，消防部队需加强与民间救援队的直接联络，重视对民间救援队的专业指导，建立常态化的沟通协作机制。为此，国家还可优化现有应急管理平台，减少求助信息与救灾信息的无序流转，提升官方行动者的可见性，促进官方救援力量、民间救援组织及志愿者等开展协同救灾。

结合实地访谈资料与既往研究，我们发现，官方应急响应组织已在探索信息整合平台，以通话、文本编辑方式在各职能救援机构、民间救援组

织间传递灾情信息，信息共享模式已具雏形。当下发展瓶颈在受灾地区信息流动的技术方面，需要解决如下两个问题：一是如何对公众生产的海量求助信息进行即时核对与转发、合理调度救助资源？二是如何在电力、通信系统瘫痪的情况下利用传统媒介与人际传播方式补充信息，使公众发挥互助功能？

参考文献

[1] 范如国：《"全球风险社会"治理：复杂性范式与中国参与》，《中国社会科学》2017年第2期，第65—83页。

[2] 周利敏、谭妙萍：《中国灾害治理：组织、制度与过程研究综述》，《理论探讨》2021年第6期，第138—146页。

[3] 童星、陶鹏：《灾害危机的组织适应：规范、自发及其平衡》，《四川大学学报（哲学社会科学版）》2012年第5期，第129—137页。

[4] Rune Rimstad, Ove Njå, et al., "Incident Command and Information Flows in a Large-scale Emergency Operation," *Journal of Contingencies and Crisis Management*, Vol. 22, 2014, pp. 29-38.

[5] T. E. Drabek, "Managing the Emergency Response," *Public Administration Review*, Vol. 45, 1985, pp. 85-92.

[6] 张桂蓉、雷雨、周付军：《社会网络视角下政府应急组织协同治理网络结构研究——以中央层面联合发文政策为例》，《暨南学报（哲学社会科学版）》2021年第11期，第90—104页。

[7] Kapucu Naim, "Interorganizational Coordination in Dynamic Context," *Networks in Emergency Response Management*, Vol. 26, No. 2, 2005, pp. 33-48.

[8] 陈武、张海波：《极端灾难应急响应中的组织适应与信息流动——阜宁龙卷风案例研究》，《西南民族大学学报（人文社科版）》2018年第6期，第33—40页。

[9] 张海波、尹铭磊：《应急响应中的突生组织网络——"鲁甸地震"案例研究》，《公共管理学报》2016年第2期，第84—86页。

[10] Rune Rimstad, Ove Njå, et al., "Incident Command and Information Flows in a Large-scale Emergency Operation," *Journal of Contingencies and Crisis Man-*

agement, Vol. 22, 2014, pp. 29-38.

[10] 〔美〕罗伯特·希斯：《危机管理》，王成、宋炳辉、金瑛译，中信出版社 2004 年版。

[12] Kapucu Naim, "Collaborative Emergency Management: Better Community Organising, Better Public Preparedness and Response," *Disasters*, Vol. 32, No. 2, 2008, pp. 239-262.

[13] 张亮、戴婷：《从国内外实例漫谈国内"应急广播"建设》，《中国广播》 2013 年第 1 期，第 88 页。

[14] 陈长坤、李智、孙云凤：《基于复杂网络的灾害信息传播特征研究》，《灾害学》2008 年第 4 期，第 126—129 页。

[15] 钟开斌：《信息与应急决策：一个解释框架》，《中国行政管理》2013 年第 8 期，第 106—111 页。

[16] 韩莹莹、王峥：《组织代偿：理解应急组织网络结构演化与功能实现的新视角》，《甘肃行政学院学报》2021 年第 5 期，第 79—91 页。

[17] 谭跃进、邓宏钟：《复杂适应系统理论及其应用研究》，《系统工程》2001 年第 5 期，第 1—6 页。

[18] Laura G. Militello, Emily S. Patterson, et al., "Information Flow during Crisis Management: Challenges to Coordination in the Emergency Operations Center," *Cognition, Technology & Work*, Vol. 9, No. 1, 2007, pp. 25-31.

[19] E. L. Quarantelli, "Emergent Behaviors and Groups in the Crisis Time Periods of Disaster", 1994.

[20] 〔美〕罗伯特·K. 殷：《案例研究：设计与方法》，周海涛、史少杰译，重庆大学出版社 2017 年版。

[21] 国务院灾害调查组：《河南郑州"7·20"特大暴雨灾害调查报告》，2022 年。

[22] Prasadi K. Jayasekara, "Role of Facebook as a Disaster Communication Media," *International Journal of Emergency Services*, Vol. 8, No. 2, 2019, pp. 191-204.

[23] 〔美〕约翰·W. 克雷斯威尔：《质性研究技能三十项》，王锡苓译，格致出版社 2018 年版，第 226 页。

[24] 国务院灾害调查组：《河南郑州"7·20"特大暴雨灾害调查报告》，2022 年。

[25] 孙冰:《专访蓝天救援队总指挥张勇——河南水灾救援中的感动与无奈》,《中国经济周刊》2021年第15期,第30—33页。
[26] 王辰瑶、汪子钰、苑明:《内爆:不确定时代新闻生产的逻辑——从马航客机失联报道谈起》,《新闻记者》2014年第5期,第52—57页。

短视频平台农村中老年女性用户的互动规则

——基于扎根理论的质性研究

何雪聪[*]

摘　要　短视频平台已成为中老年群体形成社交连接的新工具，理解这一群体如何在短视频平台形成社交连接，对于反思新媒体在促进积极老龄化方面的作用十分重要。本文基于互动仪式理论，通过对抖音平台上20名农村中老年女性用户的半结构式访谈，并结合扎根理论，来探索这一群体在短视频平台的互动规则。研究发现，这一群体发展出三重互动规则来形成紧密有序的社交连接：首先，"关赞必回"指回复每一个关注和点赞，农村中老年女性通过广泛的"互关互赞"结构起庞大的社交圈；其次，"美评"指通过正能量评论进行互动，农村中老年女性在"美评"中回应彼此的娱乐和情感需求，形成"情感的共同体"；最后，"拒绝私聊"指拒绝私信交流，农村中老年女性通过不同程度的"拒绝私聊"界定了线上社交的边界。基于此，本文认为中老年群体在短视频平台表现出一定的能动性与主体性，关于中老年群体的"数字歧视"应当被打破，正视中老年群体需求和反思老化观念是改善中老年群体数字生存状况的前提。

关键词　农村中老年女性；互动规则；扎根理论

一　问题的提出

在下沉到中老年群体的过程中，短视频平台逐步成为中老年群体社会交往的平台。根据《中老年人短视频使用情况调查报告》，短视频平台降低

---

[*] 作者何雪聪，系北京大学新闻与传播学院博士研究生。

了中老年群体社交连接的门槛，是中老年人与家人和朋友互动交流以及产生新连接的工具[1]。抖音平台的数据显示，50岁以上的中老年人刷短视频时给好友点赞的频率远高于年轻人[2]，说明短视频平台的互动功能为中老年群体提供了维护熟人关系的渠道。《老年人情感关怀与短视频使用价值研究报告》补充指出，老年人在短视频平台上的点赞、评论和转发等交流不限于熟人之间，还扩展到了更广泛的社区和群体，能够帮助老年人参与更多元的社会交往[3]。这些报告均印证了短视频平台对中老年群体拓展社交关系的重要性，并提示了中老年群体能够充分利用平台的互动工具形成丰富而广泛的社交连接。

欧文·戈夫曼的互动仪式理论认为在面对面的互动中存在各种显在或潜在的互动规则，这些规则确保了陌生人世界也能形成稳定有序的互动[4]。互动仪式理论有着显著的功能主义倾向，关注日常互动中外在于个体的规则在维护社会团结和社交秩序中的作用，网络空间的人际交往亦是如此，身体不在场的虚拟社交更需要仪式性规则将个体整合到社交关系和连接中。不难发现，即便是谙熟网络文化语境的青年群体也会在不同平台和社群中发展出"签到""轮博"等不同规范，来保持社群的活力和有序。那么，中老年群体如果确实在短视频平台形成了广泛的社交连接，他们生成了什么样的互动规则来形成和维护社交连接？这些互动规则发挥了什么样的作用？笔者认为，对这一问题的考察能够细致描绘出中老年群体的网络社交状况，有助于理解和反思新媒体在推动中老年群体社会融入等方面的作用。因此，本文试图通过扎根理论对中老年女性在短视频平台上的互动行为进行分析，来探索这一群体的互动规则。

需要注意的是，中老年群体是一个庞大的群体，不同性别、学历和媒介经验的中老年可能存在不同的互动行为，因而对以上问题的回答只能建立在对特定小群体的研究之上。本文将研究对象聚焦抖音平台上粉丝数达千位的农村中老年女性用户（非主播）。选择这一群体进行研究有两重考量。第一，相较于同年龄层的城市群体或男性用户，农村中老年女性在社交资本等方面处于劣势，她们利用短视频平台进行社交，对于丰富她们的生命体验十分重要。因此，农村中老年女性群体更应被关注。第二，粉丝数达千位的农村中老年女性（非主播）在短视频使用中兼具朴素性和经验性。一方面,这一群体不是主播,只是平台的普通用户,有着相对朴素和普遍的使用模式;另一方面,短视频平台上存在数量庞大的粉丝数达千位的中老年用户,这一群体有一定的粉丝数代表他们是短视频平台的活跃用户,在视频创作和社交互动中积累了较为丰富的社交经验和关系。因此,对这一群体的研究将得到更具典型性、代表性和启示性的结论。

二 文献综述

(一)网络平台的社交连接

"连接的演进"是互联网发展的内在逻辑[5]3,从前 Web 时代机器与机器的连接,到 Web 1.0 时代的超链接构成人与内容的关系,再到 Web 2.0 时代以人为中心构成网络关系,社交连接成为互联网发展过程中提供的核心服务之一。

社交连接存在关系强度的差异,美国社会学家格兰诺维特提出的"强弱关系"理论通过关系的紧密程度划分出"强关系"和"弱关系"两种关系网络。不同网络平台依据自身逻辑在不同程度上延伸和丰富了个体的社会网络关系,也分化出基于强弱关系的社交媒体平台。其中,微信和 OICQ 等基于现实关系的社交媒体被认为是强关系平台,抖音、快手和微博等基于兴趣爱好和信息发布进行连接的平台则被认为是弱关系平台。随着弱关系平台上"微博超话""豆瓣小组""知乎圈子"等的出现,开放式弱关系也逐渐圈群化,弱关系平台也具备提供强连接的可能性。

网络技术发展是网络社交连接形态演变的技术隐线,在以大数据为代表的 Web 3.0 时代,智能推荐为个体构建起了一种不易察觉的连接线索,这被视为一种隐性连接[6]。不同于 Web 1.0 时代和 Web 2.0 时代,关系的建立依靠用户的主动搜索,在使用个性化推荐的平台上,用户的身份属性、兴趣爱好和使用习惯被平台打成标签,平台依据对用户的持续监测,遵循大数据模型将具有相同属性的用户进行连接。这种连接既可能是具有相似偏好的人在推流中相互可见,进而形成不同圈层,也可能是通过协同过滤将具体内容推送至相似的用户,原本陌生的用户在某一推送、词条、话题或标签下通过点赞、评论、转发或创作等多种方式聚集起来，形成一种隐性社群[6]。尽管这类社群可能是短暂、松散或阵发的，但用户确实在兴趣爱好或多种目下聚集起来，通过相互间的多样互动形成连接，并存在由此主动建立起显性连接的机会。可以说，基于大数据推荐的逻辑，网络平台的社交连接在"强弱关系"的显性连接之外提供了隐性连接的可能。尽管隐性连接的稳定性并不强，但提供了一种在算法推荐中"交错、掠过、触碰，建立互动"[7]99的方式。

（二）互动仪式与互动规则

现代社会的高度分工导致了个体差异和社会分裂，在社会团结的基础滑落之际如何重建规范性秩序成为社会学家关注的问题，迪尔凯姆的宗教社会学将灵肉二分的"个体神圣性"视为社会团结与道德的基础，戈夫曼则在面对面的互动中发现了神圣自我观得以存续和社会秩序得以维持的基础[8]，即"互动仪式"。

在戈夫曼"互动仪式"的意义中，"仪式"是"一种个体必须守卫和设计的其行动的符号意义的方式"[9]38，也就是说，"仪式"指向了一种对行动者具有规范与约束作用的程序化规则[10]。戈夫曼区分了实质性规则与仪式性规则，实质性规则构成法律、道德和伦理，仪式性规则便是礼仪[11]55，个体在日常的互动仪式中遵循的正是用于修辞、展演和表意的仪式性规则。规则内在于互动仪式之中，是具备情境性的，不同情境生成不同规则，进而通过规则维系互动系统的运转。在关于互动仪式的研究中，戈夫曼显然受到莫斯"礼物交换"理论的影响，正如礼物交换需要在"呈献"与"回献"的礼尚往来中才能达成圆满的意义，神圣自我观的形成正是基于在某一互动时刻或场域中双方对仪式性规则的共识。自我是仪式性的事物，是必须给予适当仪式观照的神圣客体[11]91，个体通过特定的表演和行动投射出理想的自我形象，在具备特定规范和道德的互动系统中，参与者倾向于提供情境性支持，每一次自我行动与他者反馈才能形成对个体的肯定，个体的神圣性也得以在仪式性互动中被激活，个体的脸面便得以被照拂和保全。

不同于迪尔凯姆对"个体神圣性"的论断预设了一种历时性的超验主义力量，戈夫曼认为"个体神圣性"依赖于与具体他人的交往，而互动过程中只有遵循特定情境下规则的个体才能与参与者共享情境，形成具体的关系。这也代表着，仪式性规则是进入互动系统和建立关系的机制，通过对个体施加道德的影响将个体拉入团结的领地[12]。当然，个体沿着社会规则的既定路径进行表演，并不一定在道德的确证中形成真诚的团结，也可能游走于规则间成为精于算计的利己者[12]。但不可否认的是，日常互动充斥琐碎和频繁的互动规则，个体通过遵从或规避其中的规则进入或退出社会关系。尽管仪式性规则能否带来真诚交往难以确定，但社交关系和连接得以形成和维系正是由于诸多不言自明的规则为个体提供了一种外在和显性的指引。

三 研究设计

（一）基于访谈法的数据收集

本文采用访谈法收集经验材料。为保证采访对象的代表性，通过以下界定筛选研究对象：第一，对年龄范围进行界定，将中老年群体的年龄范围界定为50岁及以上[13] 12；第二，对于农村身份进行界定，将"农村女性"界定为户口类型为农村户口的女性。基于此界定，共访谈了20位用户，信息见表1。

表1 受访者基本信息

受访者	年龄	粉丝数（人）	关注数（人）	采访时长（分钟）	受教育程度	工作情况
LA	71	5068	3802	65	自述较低	开推拿店
X	70	6340	8825	42	小学	务农
S	59	5601	687	52	初中	务农
F	53	1530	2371	32	小学	务农
LU	52	4342	5439	27	小学	工地打工
H	55	5554	5271	53	小学	婚姻介绍
T	58	1945	3490	21	小学	务农
XU	61	5541	9999	54	小学	务农
YU	59	1953	307	41	小学	务农

续表

受访者	年龄	粉丝数（人）	关注数（人）	采访时长（分钟）	受教育程度	工作情况
LI	64	2564	2299	54	小学	务农
ZJ	67	1960	3644	27	小学	务农
P	61	5802	3730	134	初中	务农
Y	58	4485	3993	21	小学	务农
C	68	2066	4733	21	小学	开棋牌室
W	66	5656	5922	27	初中	务农
YY	53	2816	1560	27	初中	打工
ZH	56	4821	10000	29	文盲	务农
B	58	3316	1092	40	小学	开服装店
K	53	2681	761	33	初中	务农
L	56	4808	3361	32	高中	打工

注：数据信息均为采访时采集。

访谈围绕"农村中老年女性在短视频平台的互动行为"这一核心议题展开，以提炼和概括这一群体的互动规则，为基于扎根理论的分析做准备。访谈基于半结构式原则展开，根据不同受访者的访谈状况进行及时调整和追踪。

（二）基于扎根理论的数据分析

数据分析过程由两位编码员共同完成。首先，将访谈录音转为文字，形成10万余字的文字稿。其次，将16位受访者的访谈文本进行编码。最后，将其余4位受访者的访谈文本用于理论饱和度检验。

1. 开放式编码

在开放式编码过程中，研究者从农村中老年女性的互动行为讲述中提炼和概括共性。为减少研究者主观意识对扎根结果的影响，研究多从访谈者原话中发现和提炼初始概念，根据类似、因果等关系类型将重复3次以上的初始概念进行归类[14]52，共抽象出21个初始概念（a1—a21）和7个初始范畴。

2. 主轴式编码

在主轴式编码过程中，研究者将初始范畴归纳为3个更高阶的主范畴，即"关赞必回""美评""拒绝私聊"，为理论构建做准备。具体操作程序如下（见表2）。

表2 三级编码

原始资料语句（初始概念）	初始范畴	主范畴
S：在抖音里（相遇）是个缘分、福气，遇到就关注一下。（福气想象a1）ZJ：你关注了我，我回关了你，我们都是缘分。（缘分想象a2）LA：遇见就是缘分，我很感激他们……打开抖音看到他们，我马上就会点赞。（感恩心态a3）	缘分关赞	关赞必回
X：人家给我点一下赞，我就要给人家点一下赞，我们的礼貌就是这样的。（社交礼仪a4）YY：（点赞）是对大家的礼貌，很多人对人很虚，你给他点赞，他不给你点赞。（a5界定不礼貌）LI：别人给我点一个红心，我就要跟人家点两个，我不欠别人的。（双倍礼仪a6）	互关互赞	
H：别人玩抖音都希望有人点赞，没人点赞玩得没劲，（点赞）是一种鼓励。（娱乐鼓励a7）P：他关注我了，我玩抖音，我不关注干嘛？抖音就互相都是玩。（娱乐初衷a8）YY：没人给你点赞，就不好玩了。（娱乐目的a9）	娱乐关赞	
LA：她们有些理解我的、懂我的就说"姐姐，你心里又难过了"……所以我不拍哭的。（情绪安慰a10）LU：有别人给你评论了，你要回复别人，就像摆龙门阵一样的，聊了就像忘了好多烦恼一样。（情绪价值a11）XU：我就说，姐妹啊……我也是经历过大难的人，我活得这么精彩，因为把一切的烦恼抛开，往好处想。（情感安慰a12）	慰藉型美评	美评
C：夸奖和赞赏之类的，基本都是正面的，我没有反面的。（夸奖赞赏a13）LI：她也是才学的，她必定能学会，我刚开始也不会。我还是要说她的好，我还是要夸她，我不得说她的不好。（包容夸奖a14）ZJ：一个人不能小看了别人，夸奖、努力就行了。（鼓励评论a15）	鼓励型美评	
F：我不跟人家男的私聊，有人玩抖音也会妻离子散。（私聊避嫌a16）LI：他说过来见面，还说些下流话，我就把他拉黑了。（社交越界a17）P：我们那个年代男生跟女生不讲话，都不怎么接触。（避嫌思维a18）	社交避嫌	拒绝私聊
YU：（骗子）都是男同志，有的还蛮年轻的。（社交担忧a19）S：我看到有个些男性，他总是找我说加微信，我没有答应他们，我说我从来不跟别人打交道，就怕他人不好。（私聊担忧a20）Y：你别看看我年龄大了，任何人不容易骗到我，叫我加微信，我都不会加。（社交规避a21）	社交避险	

注：大写字母为受访者代称，后接受访者回答的原始语句。每句话末尾括号中内容表示对该原始语句进行归纳得到的初始概念。

3. 选择式编码

研究者通过探索核心范畴与其他范畴之间的逻辑关系，建立"农村中老年女性社交连接的互动规则模型"（见图1），将关系结构描述为："关赞必回"作为结构性规则，是农村中老年女性形成社交连接的基础，起到结构社交圈的作用；"美评"作为功能性规则，提供了乌托邦式的情感交流方式，回应了农村中老年女性娱乐和情感的需求；"拒绝私聊"作为排斥性规则，限制了线上社交的限度，是农村中老年女性界定社交边界的方式。

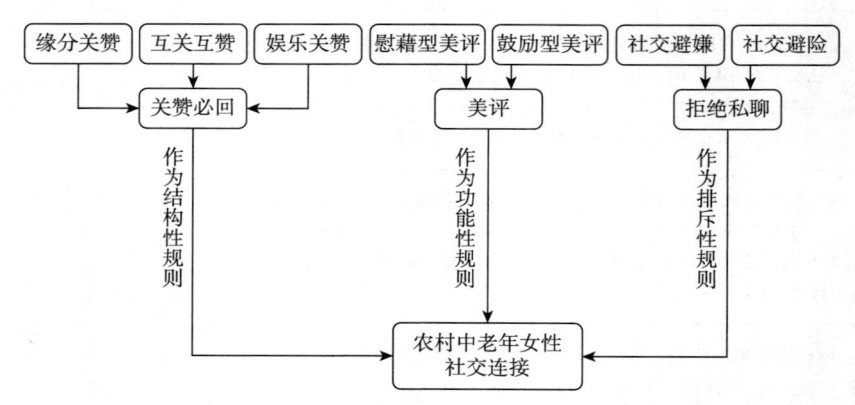

图 1　农村中老年女性社交连接的互动规则模型

四　研究发现

不同于一般的中老年用户，粉丝数达千位的农村中老年女性在短视频平台进行着活跃的视频创作和社交互动。研究发现，这一群体在短视频平台的广泛社交中发展出"关赞必回""美评""拒绝私聊"三重互动规则，这三重规则也在不同层面促进了这一群体形成紧密和有序的社交连接。

（一）"关赞必回"：作为结构性规则

对于青年群体来说，在抖音等弱关系社交媒体上的关注和点赞行为更大程度受到信息有用性和娱乐性等方面的影响，而对于粉丝数达千位的农村中老年女性来说，这两种互动行为已转化为形成社交连接的方式，并在广泛实践中上升为互动的规范、礼仪和道德，起到建构自身社交圈的作用。

视频创作水准是引发两种互动行为的因素之一。"看到你跳得好，我就会跳同款，我就可以关注。"（受访者 X）看到同辈群体的优秀作品，关注和点赞后拍同款是常见的操作。然而，对于中老年群体来说，视频创作质量是关注和点赞的标准，但并非唯一标准。受访者 T 和受访者 LI 都表示："看到同龄人拍得不太好的，就点个赞和红心，不给他评论就是了。""只要他关注我了，我就关注他。"此类广泛和对等的关注和点赞行为被她们称为"关赞必回""互关互赞"（受访者 H），这一行为背后恰恰是农村中老年女性对于技术的独特想象和需求。

算法推荐是抖音平台的信息分发机制，平台通过对用户视听习惯、偏好的持续监测，圈定不同话语空间[15]，这也使得具有相同创作和观看爱好的农村中老年女性在短视频平台能迅速与同辈群体相遇。在使用中，农村中老年女性已清晰感受到平台将自己和同辈群体连接了起来，产生了一种"这个抖音平台大半都是 50 多岁的老年人玩"（采访者 H）、"都是像我们这些乡下老太太玩"（受访者 P）的错觉，但是这一群体往往不能理解算法背后的科学话语，仍会被村落生活中自然秩序和技术复魅的经验影响，将算法推荐带来的同辈社交关系指认为"缘分"。受访者 LA 就在个人简介中表明"感恩，遇见就是缘分"，认为来自五湖四海的同辈人能在网络上关注或点赞自己就是一种缘分，因而以一种珍惜与感恩的心态尊重由算法机制带来的社交关系，乐于通过相互关注和点赞来维系缘分。"在抖音里（相遇）是个缘分、福气，遇到就关注一下"（受访者 S），"就是一个缘分嘛，你关注了我，我也要回关你，关注了就经常能看到你了"（受访者 ZJ），这也说明了"算法缘分论"作为一种潜在的意识引导着这些农村中老年女性，促使她们发展出"关赞必回"等仪式性规则来维系社交关系。

同时，对于务农与留守的农村中老年女性来说，充足或间歇的空闲时间是她们使用短视频的先决条件之一。在新媒体体验中，短视频平台的推荐功能为她们带来广泛的关注和互动，使她们第一次获得大量来自外界的访问。她们欣喜于获得同辈的关注、点赞，将被关注、点赞视为一种珍贵的收获和富足的体验，因而乐于通过"关赞必回"等规则来筛选和寻觅好友。本质上，农村中老年女性知晓这些互动是一种相互恭维，但仍愿意卷入其中，以关注和点赞他人为交换，来获得源源不断的娱乐感。"别人玩抖音都希望有人点赞，没人点赞玩得没劲"，对于受访者 H 来说，获得点赞能提高娱乐的积极性。如果一天是空闲的，受访者 H 和受访者 Y 会为刷到的每一条同辈视频点赞，并关注很多人，在关注和点赞没有得到回应时，她们会取消对对方的关注和点赞。在这一过程中，两位受访者自主选择能够"关赞必回"的好友，有意识地建构起有回应的社交圈。

笔者通过访谈发现，大部分粉丝数达千位的农村中老年女性保持着"互关互赞"的习惯，也有诸多农村中老年女性将"关赞必回"附在昵称或简介中，标识自己的互动态度。"关赞必回"等规则也在群体演绎中不断上升为互动的礼仪与道德，"别人给我点一个红心，我就要跟人家点两个，我不欠别人的"（受访者 LI）、"发出去就要回复，人家看得起我，不能做不道德的事情"（受访者 LA）都说明"互关互赞"已成为这一群体不言自明的互动规则。

正是在"关赞必回"的动力下，农村中老年女性不断被卷入并结识更多同辈好友，社交连接的规模不断扩大。从访谈对象来看，农村中老年女性账号的平均粉丝数和关注数分别为 3942 个和 4064 个，表明她们在"关赞必回"的互动规则下建构了庞大的同辈社交圈。由于好友较多，"关赞必回"要耗费大量时间，在遇到身体抱恙、农务繁忙等情况时，她们无法回应每一次关注和点赞，这时多数中老年女性会通过统一评论的方式说明自己未能及时"回关""回赞"的原因。受访者 YU 就表示"好友太多了，我工作太忙了，就在文案上打字，说我很忙，没有时间回复大家"，这也再一次确证了对于她们来说，"关赞必回"是重要的互动规则，为她们建构起庞大的社交圈。

（二）"美评"：作为功能性规则

农村中老年女性将夸奖、友好和温情的评论称为"美评"，这一评论方式也广泛流行开来。通过在受访者账号中立意抽样 120 个视频，抓取 1735 条评论，借助"微词云"进行词频分析，依据 TF-IDF[①] 值排序，筛选有效词制作关键词网络关系图，可以发现，农村中老年女性间的"美评"是模板化的。这一群体以"美亲""漂亮妹妹"等词互称，通过"早上好"等词进行礼貌性问候，用"作品""优秀""表演""精彩""能干""辛苦

---

① TF-IDF（Term Frequency-Inverse Document Frequency），一种用于信息检索与文本挖掘的常用加权技术，一般而言，TF-IDF 值越大，该词在文本中的重要性会越高。

了"等词进行夸奖和慰藉，这些词也构成最基本的评论模板。其中，部分识字程度较低的女性会用表情进行回复，在这些评论中［玫瑰］［鼓掌］［爱心］［比心］［666］［感谢］等具有正能量的表情出现频率最高，分别出现1108次、903次、660次、382次、188次和133次。这些高度同质化的评论提示了这一群体在评论中暗藏着一种友好和互助的互动规则，而"美评"则是对这一评论规则的统称。尽管评论内容是同质的，但对于受教育程度较低的农村中老年女性来说，这些看似简单的"美评"是她们所能表达的最大限度的夸奖和慰藉，能够承担起鼓励和情感抚慰的重要功能，回应了她们在短视频使用中的娱乐和情感需求，使得这一群体能够在"美评"中抱团取暖，形成"情感的共同体"。

在访谈中，较多农村中老年女性表示自己"爱唱歌、爱跳舞"，将抖音视为唱歌、跳舞的娱乐场域。抖音平台的道具和特效为她们的创作提供了便利，然而，与创作便利性相对的，是她们对自身创作局限性的内在焦虑。尽管农村中老年女性高频率创作视频，但仍有多位受访者表示"我是个农村人，又没文化，我也不会玩抖音"（受访者YU）。兴趣生产的低门槛与文化资本的匮乏是事实，这也使得这一群体在短视频创作中表现出不自信，产生了身份焦虑与认同困境。同样作为技术弱势群体，共同的经历让农村中老年女性更能由己及人，高度理解同辈在短视频使用中面临的困境，自觉通过"美评"形成鼓励、夸奖和问候。例如，"我几个好姐妹，每一个作品都来评论很多条，我很开心。"（受访者YY）"我刚开始也不会，我还是要说她的好，我还是要夸她。"（受访者LI）作为一种底层文化实践，农村中老年女性的短视频创作与互联网文化语境割裂，无法得到外界的回应，她们也因此在内部加深对彼此的认同和包容。在这些"美评"中，她们以"好姐妹"相称，在身份互认和情感互通中抱团取暖。

唱歌、跳舞、哲理段子等短视频是农村中老年女性最常见的创作，但在这些创作背后暗藏着情绪宣泄的需求。一方面，部分农村中老年女性通过短视频拍摄讲述自身的悲伤故事，"美评"提供了直接的情感安慰。在访谈中，受访者LU与受访者LA明确将短视频使用初衷与丈夫生病和离世时排解情绪的需求关联。其中，受访者LA表示自己在丈夫中风离世后，长时间待在房间里不愿意出门，偶然接触短视频平台，在视频创作中才走出亲人离世的痛苦。在这一过程中，同辈的"美评"起到重要的情感抚慰作用，"她们有些理解我的、懂我的就说'姐姐，你心里又难过了'。我哭得真的难受。她们安慰我呀，所以我不拍哭的了"。

另一方面，"丢了儿女的丑"（受访者 H）、家丑外扬等顾虑使得她们不敢将情感问题放置于前台，抖音平台庞大的歌曲库和特效道具为她们提供了情绪表达的掩体，"美评"从一个侧面为她们提供了情感支撑。受访者 H 表示："我心情不好的时候就唱一段孟姜女哭长城，你就可以把真心眼泪哭出来。唱到伤心的时候，眼泪真的出来了。他们都说你演技好，看了也开心点。"尽管在视频下方，同辈群体常常针对表演进行夸奖，但不对称的夸奖同样抚慰了受访者 H 生活中的悲伤。受访者 F 也表示自己在婚变时拍摄了很多讲述女性不易的视频，许多陌生好友在视频下方给予安慰和赞美，让她也受到鼓舞和宽慰。受访者 F 在婚姻和心情状况好转后删除了这些视频，在这样的视频管理方式中，局外人很难观测到农村中老年女性在短视频创作中的情绪诉求，但看到这些视频的好友或附和或安慰或夸奖表演，切实回应了彼此的情感需求。

正如受访者 XU 和 LU 所说，"我们都是同路人、同龄人，我也是经历过大难的人"，"有别人给你评论了，你要回复别人，好像就像摆龙门阵一样的，聊了就像忘了好多烦恼一样"。相似的生活经验和情感体验让农村中老年女性有着较强的共情能力，她们自发形成"美评"这一互动规则，积极在"美评"中抱团取暖。尽管身体是缺席的，话语是简易的，但情感的在场依然使得集体感情成为具身化力量，让农村中老年女性得以在这一互动规则中形成更紧密的情感连接。

（三）"拒绝私聊"：作为排斥性规则

"拒绝私聊"是部分农村中老年女性用户标识在昵称后的说明，出于对网络社交安全的担忧，部分农村中老年女性会选择拒绝与陌生人私信交流，以保持安全社交距离。而另一部分农村中老年女性则对私信交流持开放态度，但也会在遇到越轨的陌生异性和骗子时通过不理会私信和拉黑等一系列操作将这些人限制在社交外。

"拒绝私聊"首先是一种强硬的避险行为。担心上当受骗是影响农村中老年女性网络社交的重要因素，这也使得部分农村中老年女性将线上社交限定于关注、点赞和评论，而拒绝与陌生人私信聊天。农村中老年女性在短视频平台的社交中感受到愉快，发出"我在抖音上认识了好多好姐妹"（受访者Y）的感慨，但同时又存在"骗子也多"（受访者YY）的担心。受访者F就表示，在抖音上常常有陌生人通过私信发送信息，她难以辨别新的社交关系是否安全，只希望通过点赞和评论等方式进行社交，而回避私下的聊天，她联想到有好友在昵称后标识了"拒绝私聊"四个字，也学习这一方式在昵称后进行标识。尽管受访者X没有标识"拒绝私聊"，但也表示因为担心隐私暴露和社交安全，而选择不理会私信信息。这也说明了尽管农村中老年女性乐于在短视频平台进行社交，但是对于部分农村中老年女性来说，这种社交仅限于点赞和评论等较为公开的互动场景，而尚未深入私下聊天。

同时，农村中老年女性对于异性社交是敏感的，她们往往通过拉黑和无视等"拒绝私聊"的方式与越轨陌生男性保持距离，而对同性间的私信交流更为宽容。短视频平台的匿名性和性别差异让她们始终保持对欲望性观看和异性私聊的警惕，受访者H就提到"正经八百的人都没有播放量，你穿衣服拉斜一点，播放量就高一点"，这意味着部分农村中老年女性明确意识到视频背后的来自异性的欲望性观看，这类体验也让她们更容易在与陌生异性的社交中感到不适。受访者LI就表示自己曾遇到言辞越轨的男性，"我那天遇到一个男人，跟我开玩笑，他说他要过来见面，我就把他拉黑了"。对于受访者LI来说，网络中同性和异性社交的差异是明显的，女性间的玩笑、关心和赞美更为真诚，男性如果讲出过于亲密的话语则是"下流话"，她也更乐意在与女性的私聊中建立友谊，"有个女师傅，我就跟她两个人把微信加起来。隔那么几天，我就打个电话关心她"。受访者YU也表示，"（骗子）都是男同志，有的还蛮年轻的。我刚开始拍抖音不是都拍得很年轻，那几个我都删掉了，因为拍得太年轻了"。在受访者YU的视野中，"骗子"不一定是钱财和隐私的窃取者，越界交往或抱有私欲的男性也是"社交骗子"。这也说明农村中老年女性对同性更信赖，而对陌生异性更警惕，"拒绝私聊"也表现出性别差异，农村中老年女性更容易对男性表现出强硬的"拒绝私聊"态度，而在同性社交中则更容易形成私下社交的关系。

农村中老年女性在短视频平台的社交和互动具有复杂的面向，她们能够在公开互动中表现出热情、共情和礼貌,然而,一旦社交进入私人领域,又表现出冷静、选择和疏离。"拒绝私聊"作为排斥性规则也成为这一群体识别陌生人、排斥危险者、选择深交者的工具。

五 结论与启示

本文聚焦抖音平台上粉丝数达千位的农村中老年女性用户(非主播),发现了这一群体自下而上发展出"关赞必回""美评""拒绝私聊"等互动规则,在这些规则的实践和指引中,农村中老年女性也形成了更为有序和紧密的社交连接。这一发现也说明,尽管农村中老年女性通常被视为新媒体空间的"数字移民",但这一群体不是沉默、无趣和面目模糊的,她们有着生动真实的生命需求,表现出学习和创造的主体性。当下,关于中老年群体的刻板印象需要被反思,只有正确理解中老年群体的媒介使用方式和需求,中老年群体所面对的"数字污名化""数字排斥"等困境才能够被缓解。

(一)反思老化观念:从"技术弱势"到"能动主体"的印象转变

在青年中心主义的赛博空间,"中老年人"与"技术弱势群体"是一个常见的搭配,然而,对于短视频平台上农村中老年女性互动规则的研究展现了她们在短视频平台上积极连接、真诚互助和群体团结的面向。这也说明尽管中老年群体处于"技术弱势"地位,却不是无能和无用的主体。随着短视频平台等新媒体技术的不断下沉,中老年群体也在代际反哺、同辈交流和个人学习中不断成长,甚至部分中老年人短视频使用的活力和创造力高于青年人。

研究显示,粉丝数达千位的农村中老年女性能够充分利用短视频平台提供的关注、点赞和评论等互动功能,并将这些简单的功能转换为"关赞必回""美评""拒绝私聊"等互动规则,这在一定程度上体现了她们具有争取自身需求得到满足的活力和能力。除了这些显著的互动规则,农村中老年女性也不断在创造互动规则的实践中学习。正如受访者Y所说:"我原来给人点赞点很多的,这个抖音平台不可以点赞超过三个,超过了别人的流量就降低了,所以给人家点赞,不好超过三个。"受访者Y在与线上好友的交流中了解到"限流""完播率""播放量"等概念,知晓了在为好友点赞超过三个后会被系统判定为"恶意点赞",因此改变了互动习惯,发展出"赞不过三"的规则来应对视频限流。在研究中,笔者也发现有诸多中老年人将"赞不过三"标注在个人介绍中,希望能以此规范好友的点赞行为。这些都印证了在新媒体平台上中老年人是具有一定学习能力和能动性的主体,能在不断的学习中进行策略性互动,形成更适应平台逻辑的互动规则。

在这一语境下,将中老年人统一划分为"技术弱势群体"显然是不合时宜的。中老年作为"数字移民"是不可否认的事实,但这一群体的学习能力也会使他们的数字身份发生变化。因此,需要以发展和反思的眼光来理解中老年人的数字生存状态。

(二)正视中老年人需求:从"创收创作"到"情感连接"的多元需要

一直以来,新媒体在推动中老年群体创作和创收方面的作用被凸显,社交连接和情感关系对于中老年群体的重要性却被忽略。从外部来看,在短视频平台下沉到中老年群体的过程中,中老年群体的"数字接入"和生产创作是重要的表征,"银发网红"所创造的经济效益、普通中老年开始创作短视频均是可见的新现象,这也使得提升中老年群体的媒介可见性[16]、推动中老年群体的数字融入[17]和创造银发经济[18]被视为短视频平台在推动积极老龄化方面的主要作用。正是基于这类观点,短视频平台的"本地视联"式改造[19]、"银发网红"的个人IP打造及代际"数字反哺"弥合"数字鸿沟"[20]等一系列措施成为促进中老年群体自我表达和融入数字生活的主要思路。

然而,从中老年群体的内在体会和生命历程来看,这一群体面临着社会网络衰退等问题[21],存在身心分离、关怀缺失等多重困境[22],而更期望在新媒体平台的互动中缓解焦虑,形成情感关系。从农村中老年女性互动规则的研究中可以发现,这一群体共享了相似的生命经验和现实阵痛,期望在新媒体平台抱团取暖,形成互助、互联的情感共同体。"关赞必回""美评"等互动规则为农村中老年女性创造了一个虚拟的线上空间,使得她们能够在好友的共在、共情和共鸣中获得情感支持和慰藉,虚拟空间与现实世界也在互动规则所迸发的情感能量中形成呼应,让她们有了更好地走下去的信念。这都说明了中老年群体在媒介使用中表现出不可忽视的情感需求，而新媒体平台提供的社交、互动和连接等功能对于这一群体有着重要的情感观照。中老年群体的情感需要不仅体现在同辈互动中，"秀才""一笑倾城"等中老年偶像的出现成为青年群体猎奇的笑料，然而，这些偶像正是中老年群体在情感贫瘠甚至缺位状态下获得情感慰藉的窗口。从中老年群体内部看，他们有着发声、情感和融入等多元需求，看似陈旧和猎奇的现象背后可能正是中老年群体鲜活的生命需求。

因此，我们在探讨中老年群体的数字生存状况和新媒体的适老化建设时，不应被"技术弱势群体"等污名化称谓所束缚，也不应局限于"银发经济"等外在效益，正确认识数字时代的中老年人、正视中老年人需求和反思老龄化观念是改善中老年数字生存状况的前提。

参考文献

[1] 中国人民大学人口与发展研究中心：《中老年人短视频使用情况调查报告》，2021年8月27日，http://pdsc.ruc.edu.cn/jdjx/05613f8799554f41892094073d935d2f.htm，2023年12月11日访问。

[2]《老年人"沉迷"短视频背后是家庭陪伴的缺失》，中国青年网，2023年10月23日，https://www.chinairn.com/news/20231023/150057718.shtml，2023年12月11日访问。

[3] 北京师范大学心理学部：《老年人情感关怀与短视频使用价值研究报告》，2023年11月17日，https://psych.bnu.edu.cn/xwzx/xwdt/98a7e42f98b3486fbcb812e9b0c138b6.htm，2023年12月11日访问。

[4] 王晴锋：《超越绝望：欧文·戈夫曼的人性论与秩序观》，《湖北社会科学》2022年第9期，第45—54页。

[5] 彭兰：《网络传播概论》，中国人民大学出版社2017年版。

[6] 喻国明、曾佩佩、张雅丽等：《趣缘：互联网连接的新兴范式——试论算法逻辑下的隐性连接与隐性社群》，《新闻爱好者》2020年第1期，第9—13页。

[7]〔法〕米歇尔·马菲索利：《部落时代：个体主义在后现代社会的衰落》，许轶冰译，上海人民出版社2022年版。

[8] 王晴锋:《从涂尔干到戈夫曼:仪式与秩序观念的继承发展》,《北方民族大学学报》2022年第1期,第100—107页。

[9] 〔美〕兰德尔·柯林斯:《互动仪式链》,林聚任等译,商务印书馆2017年版。

[10] 郑丹丹、董珂含:《移动互联时代的互动规则变迁——以微信聊天中的语音—文字选择为例》,《社会》2023年第1期,第138—172页。

[11] Erving Goffman, *Interaction Ritual: Essays on Face-to-Face Behavior*, New York: Pantheon, 1967, pp. 55, 91.

[12] 杜月:《神圣个体:从涂尔干到戈夫曼》,《社会学研究》2022年第1期,第90—111+228页。

[13] 高文珺、何祎金、朱迪等:《中老年社会心态与互联网生活》,社会科学文献出版社2019年版。

[14] 汪雅倩、杨莉明:《短视频平台准社会交往影响因素模型——基于扎根理论的研究发现》,《新闻记者》2019年第11期,第48—59页。

[15] 张梦园:《凝视与狂欢:景观社会视域下短视频的生成逻辑探析》,《视听》2021年第8期,第139—140页。

[16] 王欣彤:《数字鸿沟视阈下"银发网红"的价值构建与发展进路》,《科技传播》2022年第15期,第81—83页。

[17] 肖冰燃:《后喻文化视角下老年群体的短视频使用行为探析》,《新闻前哨》2023年第17期,第75—77页。

[18] 苏玲:《"破壁"出圈、重塑形象与创造经济——短视频空间中银发网红的叙事价值探究》,《视听》2022年第9期,第153—155页。

[19] 朱政德、马爱芳:《从移动私藏到本地视联:空巢老人的短视频沉迷问题与纾解路径》,《天津行政学院学报》2023年第5期,第64—72页。

[20] 程文静:《后喻文化视域下老年群体短视频创作的自我呈现解读——以抖音平台短视频为例》,《新闻前哨》2021年第11期,第123—124页。

[21] 张驰、向晶:《短视频对老年人生活质量的影响——基于社会网络视角》,《西安交通大学学报(社会科学版)》,网络首发,http://kns.cnki.net/kcms/detail/61.1329.C.20230920.1844.002.html。

[22] 刘佳欣:《中年农村女性"数字移民"群体研究》,《新闻研究导刊》2021年第5期,第74—75页。

互联网何以赋能？

——基于平台劳动视角的青年残疾人就业研究

李敏锐　周如南[*]

摘　要　数字技术与数字经济的发展拓宽了我国残疾人就业渠道，增加了残疾人的就业机会。互联网平台劳动大多实行众包制生产方式和计件制薪酬，劳动者的劳动地点的时间弹性化，残疾人在互联网平台劳动过程中，可以暂时摆脱残疾人的身份，实现工作的合法性与提高获得感。同时，在具体工作过程中，残疾人巧妙地将残障这一缺陷融入其情感劳动过程中，使其成为一种劳动策略，从而实现个人劳动收益最大化。残疾人在互联网平台就业过程中，充分利用了互联网平台的社交属性，不但获得了收入，还降低了现实生活中社会关系逐渐萎缩的风险。互联网平台劳动与社交媒介紧密"捆绑"，残疾人在数字劳动过程中不断凝聚集体归属感与身份认同感。

关键词　平台劳动；情感劳动；身份认同；残疾人就业

一　问题提出

就业，是残疾人自强自立、摆脱贫困的有效途径，亦是残疾人参与社

---

[*] 作者李敏锐，系广东财经大学人文与传播学院讲师，大湾区网络传播与治理研究中心研究员；周如南（通讯作者），系中山大学新闻传播学院副教授，中山大学中国残疾人事业研究中心副主任，广东省残疾人事业发展研究会副会长，中国残疾人事业发展研究会理事。本文系国家社会科学基金重大项目"健康中国战略背景下残疾人社会组织创新发展研究"（项目编号：22&ZD185）、2023 年度中国残联课题"数字经济背景下残疾人互联网就业研究"、广州市社科规划共建课题"平台劳动的实践困境及治理路径研究：基于广州市新业态从业人员调查"（项目编号：2023GZGJ250）的研究成果。

会发展及融入社会生活的重要途径。2018年,中国残联联合14个部门印发《关于扶持残疾人自主就业创业的意见》,明确提出要支持残疾人群体进行"互联网+"创业。2021年,国务院印发的《"十四五"残疾人保障和发展规划》,将"帮扶城乡残疾人就业创业,帮助残疾人通过生产劳动过上更好更有尊严的生活"作为"十四五"时期残疾人事业发展的主要目标,并将"新就业形态扶持项目"列入残疾人就业服务重点项目。同传统劳动相比,建立在数字技术基础上的互联网平台劳动以碎片化、灵活的工作时间和地点为显著特征,重体力劳动在数字劳动中的重要性不断降低,为逐步弥合残健就业鸿沟提供无限可能,由此引发残疾人就业市场的深度革命。

2010年阿里巴巴"云客服"项目实施,阿里官方数据显示,在其众包客服平台"蚂蚁云客服"群体中,残疾人占比约为4%。阿里巴巴旗下的云客服项目为许多残疾人提供了就业机会。通过远程工作的方式,残疾人可以在家中为客户提供服务,这不仅避免了通勤的困扰,还使他们能够在舒适的环境中工作。残疾人在这个项目中找到了稳定的收入来源,同时也获得了与同事和客户交流的机会,提升了他们的社交能力。此外,阿里巴巴还在字幕翻译、编程与美编、饿了么骑手等岗位设置残疾人专岗。以饿了么听障骑手为例,公司为听障人士提供了骑手的工作岗位。通过配备专门的通信设备,这些听障骑手能够与其他骑手和顾客进行有效的沟通,确保送餐服务的顺利进行。这不仅为听障人士提供了一个稳定的工作机会,也使他们能够参与社会经济活动,实现自我价值。互联网平台劳动的发展为残疾人就业提供了机会,亦带来了挑战。首先,互联网平台劳动与情感劳动紧密结合,习惯在日常生活中隐匿情感表达的残疾人群体从事这项工作存在难度。其次,残疾人群体大多文化水平不高,信息接收相对闭塞,对于互联网就业了解甚少。甚至,部分残疾人还停留在旧的残疾观层面,把自己看作需要政府和社会救助、保护的弱者和怜悯的对象[1],没有就业意愿。最后,互联网平台企业是否愿意给残疾人提供岗位、收入支持并非消除就业残疾的直接干预措施。收入支持保障残疾人的基本生活需求,消除残疾人在就业时所遇到的特定工作内容、工作环境以及个人技能所面临的各类排斥或限制则是残疾人就业支持内容的应有之义,也是进一步提升残疾人福利的关键[2]。

基于此，本文以广州残疾人互联网平台就业为切入点，从平台劳动视角探究数媒时代残疾人互联网就业微观实践过程，从而重新审视如何促进残疾人互联网就业，为今后残疾人高质量就业研究拓宽思路及提供理论基础。

二 相关研究

（一）平台劳动与情感劳动

研究残疾人互联网平台劳动，需要对平台劳动相关概念进行明晰，只有深度了解互联网平台劳动者的劳动过程，才能更准确地为残疾人互联网就业"把脉开药"。劳动过程理论最早可以追溯至马克思，马克思揭示了劳动过程理论中的核心议题，即控制与反抗[3]。布雷弗曼在马克思的基础上进一步指出，因为技术的发展，劳动过程的控制权从劳工本身转移到资本控制之下[4]。不过，布雷弗曼的分析思路只呈现资本如何攫取剩余价值，未注意到资本掩饰剩余价值、建构合法性的一面，甚至他只关注到资本对劳动过程的控制，未关注到劳动者的体验与反抗[5]。而后，布若威在《制造同意——垄断资本主义劳动过程的变迁》一书中通过对芝加哥机械工厂的调查发现弥补了布雷弗曼研究上的不足，劳动者从"被强制"转向"甘愿"劳动，这恰恰掩饰了资本家的剥削本质[6]。布若威认为随着垄断资本主义的到来，资本主义企业的生存和发展不再仅依赖强制，如市场专制，而更依赖其诱使工人同意出卖工资劳动的能力[7]。由于布若威所处的时代特点，他未对性别、公民身份、社会关系特别是互联网等因素对劳动过程的影响做出阐述。

随着互联网技术的迅猛发展，特别是数字经济的兴起与壮大，新兴行业与劳动的发展不断冲击着传统劳动过程研究，关于数字劳动的研究开始涌现。在传播与劳动领域，最早提出数字劳动理论的是意大利学者蒂兹纳·特拉诺瓦（Tiziana Terranov），她认为网络用户组成一类被资本剥削的无偿劳工，即"网奴"，"网奴"在网络上的娱乐活动与社交活动实质上是"免费劳动"（free labour），这种免费劳动是一种被当成生产性活动的知识性消费行为，助力资本积累和增值，但同时又被资本无偿占有[8]。数字劳动模糊了生产与消费的界限，是个体自愿在社交网络上进行的创造性且自由免费的工作,它使得互联网既像是游乐场又像是"社会工厂"[9]。沿着以上两种研究思路,福克斯提出"产消商品"(Prosumer Commodity)论,他认为互联网用户作为数字劳动"产消者"的劳动价值实现方式主要是通过线上制造内容,用户是平台使用者,也是消费者,同时还是平台广告用户,而劳动时间即媒介使用时间[10]。福克斯将数字劳动的外延从"免费劳动"领域扩展到数字经济全域,提出互联网数字劳工主体性的问题,扩宽了马克思主义政治经济学批判视野。

国内政治传播学领域对数字劳工的研究主要集中在理论引介与个案研究方面。随着中国数字经济不断发展,一大批有别于传统职业的新兴职业衍生出来,关于数字劳工的个案研究逐渐丰富。国内个案研究主要围绕平台劳动控制及资本剥削的隐蔽性展开,以网约车司机、外卖骑手、网络主播、移动游戏陪练等为其研究对象[11][12][13][14]。国内相关研究主要集中在以下四个方面:劳动环境和雇佣关系的恶化、劳动控制的隐蔽与不平等的强化、社会关系的牺牲和情感的压榨、数字劳动过程中的资本增值[15]。

随着平台经济不断扩大,平台数字劳动群体得到极大的扩张,数字劳动中的情感问题越来越受到研究者的关注。情感劳动(Emotional Labour)的概念最早由霍克希尔德(A. R. Hochschild)提出,她认为当私人情感体系的要素被置于市场上作为劳动出售时,它们就被塑造成标准化的社会形式,即所谓的"情感劳动"[16]。国内关于情感劳动的研究多聚焦传统服务行业,比如以家政工、美容美发师、酒店服务员、月嫂等为研究对象[17][18][19][20]。通过分析研究者的研究,我们可发现这些情感劳动的趋势、"劳—资—客"三方关系、情感劳动多与性别角色相关[21]。进入数字经济主导的时代,以情感劳动为主的数字劳动在生产性活动中的地位愈发突出[22]。比如,外卖骑手自主性的情感劳动被用于对抗资本、争夺劳动时间控制权[23]。网络主播的劳动过程代表了一种新兴的情感劳动方式,情感劳动不再必然导致主体的自我异化,劳动者在数字媒介实践中的情感劳动也可能是劳动主体自我满足与自我享受的过程[24]。女性主播在直播过程中的情感管理和情感表达是其劳动过程中的核心任务[25]。

(二)残疾人互联网就业研究

目前,关于残疾人互联网就业的研究主要集中在以下两点。第一,探讨残疾人互联网就业的障碍与可能性。互联网赋权残疾人、构建了无障碍世界、增加了残疾人进入就业市场的机会，同时残疾人数字鸿沟可能导致新的就业不平等[26]。"互联网+"残疾人居家就业模式仍面临政策缺失、功能错位、供需矛盾以及就业培训体系不健全等问题，需要发挥政府主导作用，引入多元主体合作参与，推动信息无障碍建设，以确保"互联网+"残疾人居家就业模式能够持续发展[27]。只有利用平台经济的发展红利，加强残疾人灵活就业的法律保障，提升他们的技术能力与综合素质，才能把握当前数字经济带来的就业机会，提升就业质量[28]。第二，研究互联网影响残疾人就业的作用机制。"城乡二元结构"是影响残疾人就业的重要因素，互联网有扩大残疾人就业城乡差异的潜在风险，互联网对职业的变革使得身体缺陷对残疾人就业的限制作用被削弱，同时残疾等级与社会福利间存在联动效应，互联网能够帮助残疾人更好地利用家庭禀赋，帮助残疾人就业[29]。将残疾人的需求、互联网的本质属性和对市场的把控有机结合，从思维、人力资本、技术、平台、服务五个方面进行分析，探索网络化、信息技术背景下残疾人就业培训模式，推动"互联网+"残疾人就业服务体系建设[30]。

上述研究文献与研究结果，为残疾人互联网就业相关研究提供了理论参照和学术视角，同时从这些研究中我们也可以发现，目前残疾人就业相关研究大多聚焦互联网有利于残疾人就业的宏观领域，极少从互联网平台劳动概念本身出发分析残疾人互联网就业中的个体融入问题。此外，部分残疾人互联网就业研究并未探析互联网平台劳动的特点。在数字生产方式下，传统劳动过程正在向数字劳动过程转变，这种转变将会深刻影响雇佣关系、劳动的控制过程和劳动报酬支付形式等[31]。因此，需要从平台劳动的特点出发，找出实现残疾人就业的可能性与切入点，这样才能获得更加贴合现实的研究结论。

三 研究方法与案例选择

广东省残联2022年官方数据显示，截至2022年，广东省残疾人口约172万人，广州市残疾人数量在省内地级市中最多，约17.80万人。广州市重度残疾人比例达到53.9%，超过一半。其中，肢体类残疾人数量占比

44.58%；言语类残疾人最少，占比1.70%。此外，25.83%的残疾人的学历在高中（含中专）及以上，1.91%的在本科及以上。广东省残疾人就业比例为30.36%，广州市为34.93%，略高于广东省残疾人就业比例。研究者主要采用参与式观察法和访谈法进行研究，形成网络民族志文本。本文采用目的性抽样，确定一位熟识的互联网残疾人劳动者作为第一位研究对象，然后使用滚雪球的方法，请该研究对象邀请其相识的同样是残疾人的劳动者参与研究，调查时间从2023年1月开始，至2024年3月结束，共收集18名访谈对象，其中7名来自抖音快手平台社交媒体，4名来自网络文学平台，3名来自外卖平台，3名是线上客服，还有1名是兼职字幕翻译。

表1 访谈对象概况

编号	性别	年龄（岁）	受教育程度	婚姻情况	家庭成员	致残原因	工作状况
A1	男	33	大学	已婚	父母、妻子、两个儿子	车祸，下半身瘫痪	自媒体作者
A2	女	23	小学	未婚	父母、妹妹	意外受伤，失去双臂	自媒体作者
A3	女	29	未告知	已婚	丈夫、一孩	下肢畸形	自媒体作者
A4	男	23	高职	未婚	父母、弟弟	出生时脑缺氧，运动神经受损，下半身瘫痪	自媒体作者
A5	女	32	大专	已婚	公婆、丈夫、儿子	意外烧伤，面部、手指残缺	网文作者
A6	女	29	大专	未婚	父母	左腿残疾	网文作者
A7	男	33	大专	离异	父母、儿子	聋哑	网文作者
A8	男	26	大专	未婚	父母	发烧后打针，导致聋哑	骑手
A9	男	27	大专	未婚	独居	左眼失明	骑手
A10	男	23	大专	未婚	独居	车祸，左脚有点跛	骑手
A11	男	26	高中	未婚	父母	疾病，瘫痪	客服
A12	女	23	初中	已婚	父母、丈夫、儿子	车祸，瘫痪	客服
A13	男	32	高中	离异	父母	视障	客服

续表

编号	性别	年龄（岁）	受教育程度	婚姻情况	家庭成员	致残原因	工作状况
A14	男	31	硕士在读	未婚	父母、弟弟	右脚残疾	字幕翻译（兼职）
A15	女	35	大专	未婚	父母	车祸，双腿截肢	网文作家
A16	男	35	大专	再婚	妻子、儿子（与前妻所生）、父母	聋哑人	自媒体作者
A17	女	26	本科	未婚	独居	生病，截肢（左腿）	自媒体作者
A18	女	30	本科	未婚	父母	意外，截肢（右手）	自媒体作者

四 劳动主体：从弱势群体到服务者

平台通过用户的反馈对平台劳动实行隐形控制，用户是平台劳动者的"隐形"雇主。因此，在基础服务之上，平台劳动者还需要付出大量的情感劳动，才能让用户拥有良好的消费体验，从而收获好评。作为平台劳动者，残疾人必须把自己摆在服务者的位置，但是在日常生活中，残疾人又是一个需要获得社会帮助的弱势群体。在传统认知中，残疾常以一种污名化的形式存在，隐藏着各种消极的先验认知，例如"晦气""低能""废物""罪恶"等[32]。在这种惯有思维下，残疾人群体被赋予了"不名誉"的特征，被贴上"异类"的社会标签，建构出一种"边缘人"角色[33]。因此，在平台劳动过程中，残疾人平台劳动者需要在"服务者"与"弱势群体"两种身份中不断调适，取得一个平衡值。一旦调适不好，工作效率则会受到直接影响。

我是听障人士，没有办法与客户电话沟通，美团总部会替我提前给客户打电话告知，但总部电话有时候会被误认为是骚扰电话而遭到屏蔽。客户不停地给我打电话，我接听不了，只能按掉，然后发短信解释，有些客户脾气不好，就会投诉我，甚至还有人质问为什么要聘

用一个残疾人。（田野调查 202303 线上 A8）

我一开始是想直播卖货，但效果不好，后来我就拍摄自媒体视频，内容围绕我的日常生活：洗菜、做饭、洗衣、搞卫生等，流量一下就起来了。一些亲戚看到我的视频，给我妈发微信，说我在网上丢人，我妈把微信给我看，那又如何？我不卖惨就没人看，卖惨就会来钱，我肯定选后者。（田野调查 202403 线上 A3）

在调查过程中，很多残疾人并不会因为自己是残疾人而表现出对工作的抗拒，相反大多残疾人愿意自食其力，希望可以通过工作获得一份收入，从而摆脱"弱势"的角色。社会认同是建立在社会交往之上的，[34] 工作是实现社会交往最快捷的方式，平台劳动的劳动过程兼具匿名性与社交属性，残疾人在工作过程中收获互动与交流，从而拥有了重建自信心的机会。

我的读者几乎不知道我是残疾人，我也不想为了噱头去揭自己的伤疤，我和其他网文作者也没有什么差别。（田野调查 202304 线上 A6）

作为特殊群体，残疾人在日常生活中的情感表达倾向于保持在隐匿状态。尽管借助数字技术，残疾人可以打破因躯体残缺而造成的沟通障碍，促进自身融入社会及提高社会参与度。当残疾人参与公共虚拟社区活动时，他们敢于表达自己特定的需求和感情，这与他们在现实物理社区中的行为表现完全不同[35]。但是，这种主动情感表达行为是否可以提供给用户情感支持，并说服客户进行情感消费？对于本身存在情感交流障碍的残疾人，这是一项挑战。不过，在问及在平台就业过程中是否会因为残疾人身份遭受歧视，绝大部分残疾人表示没有这种情况。笔者也曾就残疾人就业问题访谈过某些平台企业，比如某网络文学平台编辑表示，她只关心作品质量和交稿时间，至于作者的私生活，她并不会过问，更不会主动询问作者是不是残障人士。互联网平台企业大多实行计件制薪酬与任务众包制，平台企业与员工的关系不是传统的企业与员工的关系，而是平台与个人的新型劳动关系，平台通过算法和顾客反馈控制劳动者的劳动过程及实施奖惩。平台劳动者看似工作自由，实则被数据与算法严格控制。

以外卖骑手的劳动过程为例，平台系统会根据送外卖中涉及的各类主体、自然环境、突发状况等生成的数据来维系劳动秩序，并将其运用到匹配骑手、预计时间、规划线路、时空监督、量化绩效等管理行为中[36]。外卖骑手需要先在平台注册一个账号，还须向站长缴纳一定"押金"①，才能进入骑手行业。用户点单后，平台根据算法，将订单分配给骑手。用户会对骑手服务进行评价，如果出现差评，平台会对骑手进行相应的惩罚，大多惩罚是扣钱。而且，随着骑手数量增多，骑手还需要"抢单"，否则没有办法获取订单。骑手在送单过程中如果受伤，是否可以按照工伤进行赔付？作为平台劳动者，骑手工作时间的地点自由，如何界定骑手的上班时间？这些问题，至今还处在一个法律灰色地带。平台并不会因为骑手的残疾人身份进行偏袒，残疾人骑手如果想获得与正常骑手相等的报酬，就需要付出加倍的努力，同时在心理上也需要不断调适，把自己放到一个正常服务者的位置。

我还是能开电动车（腿部残疾），配送不成问题，但是有些楼梯楼，我爬上去要花很多时间，上个月我就收了五个差评，站长照样扣钱，还说要辞退我。（田野调查 202301 线下 A10）

五 劳动策略：从"示弱劳动"到"优势劳动"

在调查过程中，尽管大部分残疾人强调自己能够应付当下的工作，并不希望大家抱着怜悯心态看待自己，但是，这并不意味残疾人完全抛弃残缺带来的自卑心理。对于残疾人而言，残疾作为一种"痛苦"或"缺陷"的消极影响会贯穿其整个生命历程。[37] 因此，在平台劳动过程中，部分残疾人劳动者会下意识利用弱势群体的身份去博得客户同情，通过"卖惨"行为实现另一种情感营销，将残疾缺陷转化为自身营销点，从而为自己赢得更多的流量或者打赏。

---

① 有些站点还需要骑手购买统一的送外卖的电动车，如果无法付全款，可以分期付款。基本上骑手第一个月的收入都要用来购买送外卖的装备。

> 一开始我收到打赏，会有点不好意思，好像是人家可怜我，而不是因为我的工作认真，但是做了一段时间，我还挺渴望被人打赏，因为打赏是全部给我们骑手，平台不抽成。（田野调查 202301 线下 A8）

> 每次进小区时，我都会给保安亮出残疾证，好处就是保安不会问三问四，很快放行，有时候还会好心地给我指路。（田野调查 202301 线下 A9）

出于对残疾人特殊困难的感性印象和人类的向善取向，社会对残疾人的情感认同一般高于理性认同，即"同情"水平一般先于或高于"同理"水平。[38] 平台通过算法精准控制平台劳动者的劳动过程，作为劳动个体如果想要获得高薪高酬，必须在有限的时间里吸引更多的情感支持，因此，部分残疾人会利用自身劣势来获取用户的同情，残疾反而成为"优势劳动"。

> 我一边在街边卖唱，一边在网上直播，因为我是残疾人，大家多少有些同情心理，有时候遇到城管，他们也不会太为难我。（田野调查 202303 线下 A1）

在调查过程中，也有部分残疾人的自身缺陷导致其在工作过程中极度敏感，在与客户交流的过程中无法正常提供服务，甚至导致情感服务失败。由于"社会融合"的需要，残疾人群体在自身成长中不得不接受社会的暗示，即将身体缺陷部分剥离开来，利用健全且功能完好的另一部分寻找自我价值。[39] 这样的成长环境使部分残疾人对于身体残缺部分格外敏感。笔者曾采访过一名餐厅服务员，她曾与一名残疾人骑手有过争执，残疾人骑手怀疑这名餐厅服务员骂他"瘸子"，一气之下把餐厅门口的桌子推倒在地。绝大部分平台劳动与情感劳动挂钩，倘若无法调适服务者与弱者之间的角色和情绪，残疾人恐怕极难适应平台劳动，这也是残疾人互联网就业过程中一个难题。

六 劳动结果：身份认同与社会情感认同

在现代社会中，非残疾人与残疾人通常是二元对立的两大群体，前者通常被视作社会中的正项，而后者由于身体、精神、智力缺陷而被视为异项，被文化标出。[40] 有研究者表示，来自身体的障碍让残障人觉得自己与众不同，而来自社会排斥的排斥感则加深了他们的残疾感[41]。社会排斥既是一种既定的社会机制，又是一个排斥与被排斥的动态过程，它是造成脆弱群体社会支持丧失的根源[42]。群体认同则有助于改善残疾人在现实生活中的不适性，"我从小就没有什么朋友，等到弟弟出生后，才有人跟我玩，但是弟弟长大后，也不太爱和我玩"（田野调查 202308 线下 A4）。A4 因为下半身瘫痪，活动范围仅限小区内，母亲虽然全职在家照顾他，但他还是会感受到孤独，自从开始网络直播后，他结识了很多朋友，这些朋友有正常人，也有残疾人。在与他们交流的过程中，A4 有两点收获：第一个收获是他有了收入；第二个收获是他有了固定社交圈，会有人在他的社交账号上点赞，还会有人留言，他第一次感受到互动的快乐，这是一种来自群体的认同感。对于残疾程度较低的人，特别是年轻人，他们其实更愿意融入正常人的群体，甚至还在线上社交圈里表现很积极，同时他们也不大愿意接受他人帮助，更愿意自食其力。

身份认同是个体对自我身份的确认和对所归属群体的认知以及对所伴随的情感体验及行为模式进行整合的心理过程，用以回答"我是谁""我属于哪个群体"两个问题[43]。长期以来，残疾作为个体属性是残疾人身份认同中重要的一部分，当残疾人通过互联网平台实现就业，并获得相应收入之后，他们的身份认同也会发生相应变化。个体为了强化自尊，会倾向于展现自己在某一方面的卓越才能，反过来，个体争取积极的社会认同，其实也是源于个体对积极自尊的渴望。通过这种方式，个体能够满足自身对于认可和尊重的内在需要。自尊的需要激发了个体的社会认同和群体行为，社会认同亦是满足自尊的需要[44]。通过社会身份的认同和建构，残疾人不仅可以增强自尊，还可以减弱无常感或增强认知安全感，满足归属感与个性的需要，消除对死亡的恐惧并找到存在的意义等[45]。在调查过程中，大部分已就业的残疾人还是会积极主动地融入社会，主动获取群体认同。不过，平台就业成功并不意味着残疾人真正地实现社会融合。

> 我感觉他们还是把我当残疾人吧，除非是站长喊聚餐，否则他们私底下聚会都不会喊我，我觉得是怕我花钱，毕竟我的家境不好。有一次站长说想给他的侄女找男友，A 说我们站还有 4 个单身，小 B、小 C、小 D、小 E，他没有把我算进去，其实我也知道，不管平时在微信群里怎么称兄道弟，现实里还是把我排除在他们朋友圈之外。（田野调查 202301 线下 A9）

值得注意的是，在访谈过程中，很多残疾人表达出对职场未来的担忧。平台企业给予平台劳动者的职业培训较少，给予残疾人的职业培训更少，很多经验要靠自己摸索，因为竞争关系，同行也不想把自己经验传授给他人，残疾人劳动者如果想要在该行业长期发展，需要自己去主动学习，实际情况是这种主动学习都因找不到学习渠道而处于失败状态。

> 我做了半年自媒体，主要是分享我的日常生活，有专业团队帮忙拍摄、剪辑，都不用我操心，现在陆续接到一些广告订单，不多，上个月分到我手里，大概有 3000 元。我还没想好下一步怎么做，感觉这样纯粹分享自己的生活，似乎有些单调，走一步算一步吧。（田野调查 202403 线上 A17）

七　对策建议

通过田野观察和访谈我们发现，数字技术与数字经济的发展拓宽了我国残疾人就业渠道，增加了残疾人的就业机会。互联网平台劳动大多实行众包制生产方式和计件制薪酬，劳动者的劳动地点和时间弹性化，残疾人在互联网平台劳动过程中可以暂时摆脱残疾人的身份，获得工作的合法性和提升成就感。同时，在具体工作过程中，残疾人巧妙地将残障这一缺陷融入其情感劳动过程,使其成为一种劳动策略,从而实现个人劳动收益最大化。残疾人在互联网平台就业过程中,充分利用了互联网平台的社交属性,不但获得了收入,还降低了现实生活中社会关系逐渐萎缩的风险。互联网平台劳动与社交媒介紧密"捆绑",残疾人在数字劳动过程中不断凝聚集体归属感与身份认同感。同时,这也带来一系列的问题,比如残疾人在"服务者"与"弱者"之间如何调适,残疾人如何获得身份认同,如何进行职场融入,残疾人如何进行职业培训与职业规划,等等。

值得注意的是,尽管国家在解决残疾人就业问题上出台了很多政策,比如2019年广东省人民政府颁布《广东省残疾人就业办法》,规定用人单位应当按照国家规定比例安排残疾人就业,安排残疾人就业达不到规定比例的,应当缴纳残疾人就业保障金。这种政策保障了残疾人就业,但是在政策执行过程中出现了一些与政策制定相悖的现象。笔者在对一些社工进行访谈时得知,有些残疾人为了拿钱,故意去企业挂靠,实际上并没有上班,这就是所谓的"钻空子"。这些现象值得反思。

基于此,笔者认为促进残疾人互联网就业需从以下四个角度出发。

其一,加强政策支持。首先,出台针对残疾人互联网就业的税收优惠政策,减轻残疾人就业群体的经济负担,增加其可支配收入,从而激发残疾人群体的就业热情。其次,政府可以设立专项基金,支持残疾人互联网创业项目,提供启动资金、技术支持和市场推广等方面的帮助,降低创业门槛,帮助残疾人群体实现自主创业的梦想。此外,政府还可以与互联网企业合作,共同打造残疾人互联网就业平台,提供更多的就业机会和职业培训,帮助他们提升技能水平和就业竞争力。同时,政府应加强对这些平台的监管,确保信息的真实性和有效性,保障残疾人的合法权益,实现其更高质量的就业。

其二,加强监管与保障。规范互联网平台企业劳动用工管理,对残疾人劳动者采取积极的劳动保护措施,为残疾人劳动者提供预见性就业保障。互联网平台通过算法和用户反馈实现大规模劳动控制,这种机械化控制模式可以节省企业人力成本,也会导致在现实生活中无法因地制宜地处理劳动纠纷及保障就业者的合法权益。此外,政府应加强对平台内交易行为的监督,防止虚假交易、欺诈等行为的发生。通过建立投诉举报机制,及时受理和处理残疾人的投诉和举报，对违法行为进行严厉打击，维护残疾人的合法权益。

其三，完善培训体系，培养残疾人数字人才。完善培训体系是促进残疾人互联网就业质量提升的关键环节。政府和社会组织应当形成紧密的合作关系，共同致力于建立完善的残疾人互联网就业培训体系。这个体系应以提升残疾人的就业竞争力为核心，结合市场需求和残疾人的实际情况，提供从基础技能到专业技能的全方位培训。除了培训课程本身，这个培训体系还应包括实习机会和职业指导。通过与互联网企业建立合作关系，为残疾人提供实习岗位，让他们在实际工作环境中锻炼和提升自己的技能。同时，职业指导服务可以帮助残疾人明确职业目标，规划职业发展路径，提高就业成功率。此外，政府和社会组织还可以通过举办各类竞赛、活动等方式，激发残疾人的学习热情和提高其创新能力，展示他们的才华和潜力，为他们在互联网就业市场中赢得更多的机会。

其四，营造友好氛围，鼓励残疾人参与互联网就业。一方面，要提升社会对残疾人的认知度与包容度。通过宣传和教育活动，提高公众对残疾人互联网就业的认知度和接纳度，打破对残疾人的刻板印象和偏见，营造一个更加包容和友善的社会环境。另一方面，对于残疾人来说，实现就业并非只增加经济收入，更多的是实现生产、交往、归属等社会功能的康复[46]。互联网平台劳动降低劳动过程对体力的要求，残疾人可以通过竞争而不是社会赠予获得劳动收入，增强了残疾人的生活信心与自尊心，拓宽了残疾人的社交圈。同时，用户在消费过程中可以更加全面地了解残疾人劳动者，改变过往对残疾人的成见与误解，推动残疾人融入社会，有利于社会稳定，共建和谐社会。

参考文献

[1] 梁德友、谢琼立：《新时代农村残疾人福利需求变化及政策调适》，《经济问题》2020年第10期，第99—104页。

[2] 肖日葵、郝玉玲：《残疾人社会保障策略优化：弥合收入支持与就业融入的结构性张力》，《南京社会科学》2022年第2期，第71—79页。

[3]〔德〕马克思:《资本论(第一卷)》,郭大力、王亚南译,人民出版社1963年版。

[4]〔美〕哈里·布雷弗曼:《劳动与垄断资本:二十世纪劳动的退化》,方生等译,商务印书馆1979年版。

[5]汪建华:《劳动过程理论在中国的运用与反思》,《社会发展研究》2018年第4期,第191—209页。

[6]〔美〕迈克尔·布若威:《制造同意:垄断资本主义劳动过程的变迁》,李荣荣译,商务印书馆2008年版。

[7]郑广怀、孙慧、万向东:《从"赶工游戏"到"老板游戏"——非正式就业中的劳动控制》,《社会学研究》2015年第3期,第170—195页。

[8] Tiiana Terranova, "Free Labour: Producing Culture for the Digital Economy," *Social Text*, No.2, 2000, pp.33-58.

[9] T. Scholz, Introduction: Why Does Digital Labor Matter Now? In Scholz T (ed.), *Digital Labor: The Internet as Playground and Factory*, New York: Routledge, 2013, pp.4, 9-11, 8-16.

[10]〔美〕克里斯蒂安·福克斯:《数字劳动与卡尔·马克思》,周岩云译,人民出版社2020年版。

[11]吴清军、李贞:《分享经济下的劳动控制与工作自主性——关于网约车司机工作的混合研究》,《社会学研究》2018年第4期,第137—162页。

[12]陈龙:《"数字控制"下的劳动秩序——外卖骑手的劳动控制研究》,《社会学研究》2020年第6期,第113—135页。

[13]徐林枫、张恒宇:《"人气游戏":网络直播行业的薪资制度与劳动控制》,《社会》2019年第4期,第61—83页。

[14]燕道成、蒋青桃、陈蓉:《数字劳动视域下的移动游戏陪练:剥削、异化与反抗》,《新闻与传播研究》2022年第5期,第60—73页。

[15]张志安、姚尧:《互联网平台劳动的社会影响及研究启示》,《新闻与写作》2020年第12期,第65—69页。

[16]〔法〕阿莉·拉塞尔·霍克希尔德:《心灵的整饰:人类情感的商业化》,成伯清、淡卫军、王佳鹏译,上海三联书店2020年版。

[17]苏熠慧:《控制与抵抗:雇主与家政工在家务劳动过程中的博弈》,《社会》2011年第6期,第178—205页。

[18] 施芸卿：《制造熟客：劳动过程中的情感经营——以女性美容师群体为例》，《学术研究》2016年第7期，第60—68页。

[19] 叶文振、奂倩：《劳动空间、青年女性与情感的生产和消费》，《中国青年研究》2019年第2期，第5—13页。

[20] 梅笑：《情感劳动中的积极体验：深层表演、象征性秩序与劳动自主性》，《社会》2020年第2期，第111—136页。

[21] 汪建华：《劳动过程理论在中国的运用与反思》，《社会发展研究》2018年第4期，第191—209页。

[22] 姚建华、徐偲骕：《传播政治经济学视域下的数字劳动研究》，《新闻与写作》2021年第2期，第5—13页。

[23] 李胜蓝、江立华：《新型劳动时间控制与虚假自由——外卖骑手的劳动过程研究》，《社会学研究》2020年第6期，第91—112页。

[24] 胡鹏辉、余富强：《网络主播与情感劳动：一项探索性研究》，《新闻与传播研究》2019年第2期，第38—61页。

[25] 涂永前、熊赟：《情感制造：泛娱乐直播中女主播的劳动过程研究》，《青年研究》2019年第4期，第1—12+94页。

[26] 焦若水、李国权：《残疾人就业：互联网时代的机遇与挑战》，《残疾人研究》2019年第4期，第45—53页。

[27] 高圆圆、范绍丰：《"互联网+"背景下我国重度残疾人居家就业模式的现状及对策》，《残疾人研究》2018年第4期，第72—78页。

[28] 徐宁、李艳、李长安：《我国残疾人灵活就业：现状、挑战与政策建议》，《残疾人研究》2023年第1期，第79—86页。

[29] 王晓峰、赵腾腾：《互联网影响残疾人就业的作用机制研究》，《人口学刊》2021年第1期，第96—112页。

[30] 张甜甜、邓涛：《"互联网+"背景下残疾人就业培训模式探析》，《长春理工大学学报（社会科学版）》2020年第6期，第53—58页。

[31] 韩文龙、刘璐：《数字劳动过程及其四种表现形式》，《财经科学》2020年第1期，第67—79页。

[32] 关文军、颜廷睿、邓猛：《社会建构论视阈下残疾污名的形成及消解》，《中国特殊教育》2017年第10期，第12—18页。

[33] 黄剑：《"边缘人"角色的建构——身体缺陷者社会歧视的文化社会学分

析》，《江西师范大学学报（哲学社会科学版）》2009年第1期，第30—36页。

[34] 王春光：《新生代农村流动人口的社会认同与城乡融合的关系》，《社会学研究》2001年第3期，第63—76页。

[35] 焦若水、李国权：《残疾人就业：互联网时代的机遇与挑战》，《残疾人研究》2019年第4期，第45—53页。

[36] 陈龙：《"数字控制"下的劳动秩序——外卖骑手的劳动控制研究》，《社会学研究》2020年第6期，第113—135页。

[35] 贺灵敏：《认同建构与关系重塑：网络化时代农村残疾人的社会融合路径》，《浙江学刊》2022年第3期，第118—126页。

[38] 张九童：《残疾人价值认同的人学意蕴》，《残疾人研究》2021年第4期，第36—43页。

[39] Carol J. Gill, "Four Types of Integration in Disability Identity Development," *Journal of Vocational Rehabilitation*, Vol. 9, No. 1, 1997, pp. 39-46.

[40] 胥秋童：《融入与歧视：符号学视域下残疾人就创业新闻案例分析》，《传媒论坛》2022年第18期，第80—83页。

[41] 于淼、陶兆铭：《被排斥与自我排斥的身份认同——一项深圳市残疾青年的经验研究》，《青年研究》2017年第4期，第11—22页。

[42] 周林刚：《社会排斥理论与残疾人问题研究》，《青年研究》2003年第5期，第32—38页。

[43] 张淑华、李海莹、刘芳：《身份认同研究综述》，《心理研究》2012年第1期，第21—27页。

[44] 张莹瑞、佐斌：《社会认同理论及其发展》，《心理科学进展》2006年第3期，第475—480页。

[45] 赵志裕、温静、谭俭邦：《社会认同的基本心理历程——香港回归中国的研究范例》，《社会学研究》2005年第5期，第202—227页。

[46] 朱健刚、严国威：《从庇护性就业到支持性就业——对广东省残疾人工作整合型社会企业的多个案研究》，《残疾人研究》2019年第1期，第48—57页。

·传播范式、治理与自主创新·

范式转型与共享框架：数智时代传播学学科建设的修辞路径重思

赵 蕾[*]

摘 要 作为传播学的源头之一，修辞路径是人类获得共识、思考相互关系的基本方法之一，古老的修辞学在信息技术飞速更新迭代的数智时代依旧有其价值。本文系统分析修辞在传播研究中的角色与功能，认为传播学研究中的修辞路径不容忽视，尤其是在数智时代，面对文本新样态等诸多技术挑战，数字修辞路径为传播学应对当下挑战提供助力。在数智时代，传播研究中需要修辞路径的复兴与发展，修辞需要在多个维度上重新得到重视，对传播研究中修辞路径的重新发现也是应对数智时代挑战、参与全球话语实践的必要条件之一。

关键字 数智时代；数字修辞；文本

一 交流共识与理解框架：传播研究中的修辞路径

一提到修辞学，人们往往想到的是古希腊哲辩师的唇枪舌战、中世纪学者的旁征博引、现代美文学者的枯燥文法，似乎古老的修辞学只关注辩论、文章、辞藻，看似与数智时代的传播研究相去甚远。然而从学科建设角度看并非如此，修辞学是传播研究的学科源头之一，在传播研究中，修辞路径关注共识的交流与意义理解框架的形成。

---

[*] 作者赵蕾，系北京大学新闻传播学院博雅博士后。

（一）交际范式：传播研究中修辞路径的开端

追溯传播研究中的修辞路径我们可以发现，早在1968年，美国的传播学者詹姆斯·麦克罗斯基（James C. McCroskey）就著有《修辞传播导论》并提出"修辞传播学"（Rhetorical Communication），将修辞传播划归人际传播领域。麦克罗斯基将"修辞传播学"定义为以政治修辞实践为对象的传播学，是"信息接收者受到语言和非语言信息的刺激，在头脑中选择意义的过程"[1]6。他认为人际传播过程中修辞具有重要作用，他借鉴传统修辞理论形成了一套用于指导人际传播实践的分析体系。这套分析体系的主要研究对象是当时热门的总统竞选演讲。麦克罗斯基将演讲等政治实践活动视为修辞文本，引入可信度（ethos）等古希腊修辞学术语，目的是运用修辞理论分析当代美国政治传播的交际规律。麦克罗斯基这一套基于修辞基础理论的人际传播实践分析体系面向政治传播问题，成为当时比较热门的传播研究方法。例如在分析乔治·布什的宣战演说、约翰·肯尼迪的就职演讲等热点政治传播现象时，麦克罗斯基的这套修辞传播研究方法有效地分析了这些政治案例的内在传播规律，例如总结了总统等政治人物的修辞策略，分析该修辞策略如何成功建立理解框架，使民众达成共识，实现其政治目标。

麦克罗斯基的修辞传播分析体系在政治传播分析实践中展现出勃勃生机，成功地将当时几乎已经被遗忘的传统修辞学理论融合进新兴的传播学建设，探寻了一条传播研究的修辞路径。其中，该修辞路径的核心要点是发现修辞在传播实践中具有生成意义、改变受众态度等功能。传统修辞学中的许多思想对当代的传播学学科建设有深远的启发，例如麦克罗斯基借鉴古罗马西塞罗修辞学的修辞五艺思想，如"修辞发明"（Rhetoric Invention）、"修辞传达"（Rhetoric Delivery）等传统修辞学术语来建构传播文本，分析演讲中的劝说、胁迫等传播关系，并用"修辞风格"（Rhetoric Style）来评价讽刺、幽默等的传播效果。在此类人际传播的应用研究中，修辞的功能被逐步挖掘，其应用范畴还有巨大的发展空间。20世纪60年代以来学者们运用修辞理论解读传播学现象，归纳了一系列人际传播准则，逐渐形成关注政治与社会生活的修辞交际范式，修辞交际范式成为传播学修辞路径的基本范式。

（二）修辞转向：构建理解的共享框架

在1984年爱荷华人文科学修辞大会上，美国的实用主义哲学家理查德·罗蒂断言人文学科出现了"语言转向"（Linguistic Turn）、"阐释转向"（Interpretive Turn）与"修辞转向"（Rhetorical Turn）[2]Ⅶ 三个发展趋势。罗蒂的断言建立在20世纪60年代以来语言学、文学、哲学等多个人文学科历史性的思潮转变这一现实基础上。

20世纪60年代以来，欧美等学界出现新修辞复兴运动，该运动将长期处在被误解与贬低境遇的修辞重新置入主流学术视野，修辞不再只是高尔吉亚式的用于城邦生活和社交劝服的语言工具，也不再是彼得·拉姆斯（Petrus Ramus）式的用于装饰的文体学技巧，新修辞运动挖掘了修辞能够分析当代社会的现实问题的新功能。修辞重新焕发了光彩，以往被视为教条的传统修辞理论被重新置于新语境，在不断的阐释中拥有了新角色，甚至长期与现实脱节的文体学研究也演变出观照大众文化的"修辞风格研究"，学者们不断重新阐释传统修辞理论，并在此基础上从功能、应用场域以及传播关系等方面对修辞理论进行重塑与拓展，甚至有学者将这一修辞复兴热潮归纳为"20世纪可以被刻画为一个修辞学的世纪"[3]Ⅺ。

在这至少持续了30年的修辞转向浪潮中，修辞路径从基本的交际范式拓展出文化、批评等新的范式。回溯不同时期修辞观念与范式的转变历程我们可以发现，在几乎所有的社会科学领域，修辞都是一个重要概念和核心术语。修辞转向正是在人文学科中发掘不同的修辞路径，以交际、文化、批评等不同范式进行共识的交流与意义框架的建构。麦克罗斯基等人的交际范式继承修辞传统，主要以政治演讲、言语行为、人际交往为研究对象。伴随新修辞复兴运动出现的批评范式将修辞置于日常生活中，对生活现象进行批判与分析，展现修辞路径强烈的批判精神。人文学科中的修辞路径还存在吸收符号学、哲学、美学等理论，关注文化研究领域的文化范式，例如新修辞学首倡者佩雷尔曼（Chaim Perelman）认为，修辞能够消除"绝对知识"等论辩霸权的困扰，通过共同假设和说服性修辞产生相对客观公允的观点，即逐渐形成知识与文化。[4]14 伯格查特（Carl R. Burgchardt）在《修辞批评经典》中将修辞批评范式概括为传统批评、戏剧主义批评、叙事批评、隐喻批评、社会运动批评、类型批评、意识形态批评、女性主义批评以及文本细读分析等九种批评范式类型[5],将修辞批评视为人文学科的基本分析工具。在这一理论迭代的新修辞复兴运动的热潮中,博采众长的修辞批评(Rhetorical Criticism)最终成为当代修辞研究的核心内容。

新修辞复兴运动拓展了修辞路径的范式类别,从传统的关于人际传播的交际范式,逐步发展至关于反思社会现象的批评范式与促进共识交流的文化范式。无论哪一种范式,修辞路径本质上都是交流共识和构建理解的共享框架。交际范式致力于建立和影响不同社会规则与社交关系;文化范式通过知识与观点的交流,创造和改变意义;批评范式反思理解框架的构建策略,以及揭露交流共识时意义的遮蔽技巧。修辞路径的多元范式交织融合,在丰富的日常生活实践中,影响处于广阔社会场域的修辞主体对自身、对关系和对世界的理解。

二 数字修辞:数智时代的文本困境

进入20世纪,一度如火如荼的新修辞复兴运动并未如预想的那样继续蓬勃发展,究其原因,在科技迭代发展的当代,修辞路径已有的三种理论范式在现实应用场域中面临新的挑战。数智时代的修辞路径需要解决的首要问题正是不同于以往文本形式的数字文本问题,这是新修辞复兴运动与修辞转向思潮始料未及的,新技术对已有修辞范式的最大挑战可以归结为文本困境。然而范式多元的修辞路径并未因为这一困境而故步自封,反而在数智时代出现了"数字修辞"(Digital Rhetoric)等新的研究趋势。

(一)数字修辞:赋予生产性的艺术以框架

当1945年第一台数字计算机ENIAC出现时,克劳德·香农认为任何信息的基本内容都可以由1和0的信息流表示,人类文明书写世界的方式由此产生巨大的改变。文字不再囿于笔画与纸墨,语言也不再限于声音与肢体,一切信息成为一串数字与一道电流。与口头、印刷媒介不同,这种由数字组成的数据信息流更容易被复制、压缩与传递,成为具有无限生产性的物质。与迅速发展的计算机技术不断迭代更新一样,与信息密切相关的修辞

范式转型与共享框架：数智时代传播学学科建设的修辞路径重思

路径也悄然发生改变。在以往的三种修辞范式中，修辞路径的对象是政治演说、文化现象、被遮蔽的现实，而在数智时代，传统的文本形式早已被无线信息流替代，数字修辞理论为应对此挑战而产生，其核心功能是为生产性的信息流提供分析框架。

数字修辞概念与相关理论最早可以追溯至理查德·兰汉姆（Richard Lanham）的《数字修辞与数字艺术》（1993）等著作，兰汉姆认为计算机技术同样影响传播学和修辞学，甚至计算机技术使二者联系更为紧密。因为如果将修辞与关于计算、逻辑和人工智能的哲学理论联系起来，我们会发现修辞思想对计算机技术同样也有巨大的影响。兰汉姆认为，"在实践中，计算机往往是一种修辞手段，也是一种逻辑手段，它的美学来源于西方思想和教育中哲学的伟大历史汇聚，即修辞学的世界"[6]221。

兰汉姆的浪漫表述反映了数字修辞的基本特征，即从诞生开始就具有了跨学科的共享特征，共享的汇聚点依旧是意义框架的构建。从修辞生产角度看，数字修辞处理的依旧是意义的创造，正如玛丽·霍克斯（Mary Hocks）断言的，"数字修辞侧重于使用新的沟通和信息技术创造意义的多种模式"[7]632。然而数字修辞的跨学科属性更多在于其数字技术部分。与以口头、印刷媒介为载体的传统修辞学相比，数字修辞是通过编码等数字技术方式进行意义的创造。与文字书写等修辞方式不同，由于其二进制的信息编码，数字修辞的内容可以被拆分为极小的数据元素，从而能够超越不同的媒介载体更为灵活地参与意义创造。

除此之外，数字修辞涉及的不仅是意义框架的创造，而且受到多模态合成、社交媒体、新媒体技术等众多因素的影响。数字修辞涉及的领域和应用的范围早已超出三种已有的修辞路径，其获得极大拓展的关键就在于数字修辞创造的意义框架同样也是技术的产物，具备生产性的特征。这种同样具备无限生产性的载体就是数字修辞的文本。在无限信息流中，数字修辞的文本范畴同样也得到了极大的拓展。

实际上文本形态可以被视为区分新媒体与旧媒体的重要依据之一，"数字化"并不是简单地区分物质载体的标准，而是突出信息传递、意义创造过程中的技术革新，新的意义组织原则已经出现。在数智时代，由于文本形态的游移，文本所产生的意义也更为碎片化、粒子化。同时，与口头修辞等传统修辞路径不同，数字修辞的复制与重建能力加速了修辞效果的变革。数字化成为信息和通信技术促成的一种有关意义的新的生产形式，也是对人类文本生产，如书写、印刷等书面通信方式的突破。数字化的数据元素如同物理粒子一样，可以重新组合形成新的隐喻意义，这是传统书写完全无法达到的灵活的意义生产，也是一种伴随信息和通信技术而出现的全新的生产性艺术。

因此，对数字文本的意义解读与重建需要创造一种数字修辞路径。新媒体学者列夫·马诺维奇（Lev Manovich）将这种数字修辞路径比喻为"新媒体的语言"。他在《新媒体的语言》[8]一书中总结了新媒体技术对语言赋予的修辞新规则。具体来说包括数据表示、模块化、自动化、可变性、代码转换五个方面。

数据表示是指新媒体信息由数字代码构成，受算法操纵，因此新媒体的语言由数据构成，数据成为数字修辞的基础。模块化是指新媒体文本以分散的模块为单元，这种模块化的分散数据可以更自由地组合，并且每一个模块都有其独立性，可以聚集为更丰富的信息，也可以单独显示。例如电子文档或者网页中嵌入的图表与图像不仅可以作为信息的一部分组合生产意义，也可以单独显示。数据表示和模块化两个规则保证了自动化规则的实现。自动化是指在数字化的新媒体网络中，数值和模块化的结构能够自由地创建、操作和访问。在自动化基础上，数字修辞呈现可变性，并且这些变化由计算机自动生成，很难预测，充满未知，例如丰富多变的人工智能语言对话在相同条件和要求下往往会产生难以重复的新副本，体现了数字化世界的生产性。然而无论是数据表示、模块化的修辞基础，还是自动化和可变性的修辞实践，这些灵活多变的数字化作为根源是一种代码转换，即新媒体文化和计算机技术两个层面的相互转化，新媒体的根源依旧是代码信息流。

正如古罗马西塞罗的修辞五艺一样，马诺维奇的新媒体修辞新规则共同重塑了意义生产的认知框架，源源不断的数据信息流在看似纷繁无序的庞大计算生成中仍具有可以捉摸的规律，数字修辞正是新媒体技术重塑意义框架的途径之一。

（二）文本困境：物质载体的游移

从计算机 ENIAC 产生第一条数据信息流开始，作为意义载体的信息文本就革命性地超脱了原有的物质形态，然而也出现了难以摆脱的固有困境。在重塑意义框架与规则的过程中，数字修辞最基础的问题依旧是文本问题。数字修辞研究者兰汉姆的理论起点也是文本问题。理解数字修辞文本的起点是与传统的文学印刷文本形式相对应的"超文本"数字文本形式。

实际上超文本概念并不是一个崭新的概念，早在20世纪80年代，就有诸如罗兰·巴特等大批文学理论家关注过此类概念，早期考虑数字文本修辞的理论家专注于超文本，将超文本作品与印刷文本进行对比，并研究在数字网络中连接电子文档的含义。早期的超文本概念实际上类似罗兰·巴特关于个体文本作为网络中心的概念，数字超文本将曾经抽象的文学理论具象化。例如乔治·兰登（George Landow）从文学与修辞学角度汇总了早期超文本理论的主要观点，他将印刷品和数字作品进行了对比，认为印刷技术强调了每一个文本的物理分离性，与之相对应，超文本将作品之间的联系具体化，从而将每一个作品呈现为与其他作品的根本联系。

兰汉姆和兰登等人的超文本研究对数字修辞路径的最大启发是发现了超文本链接对传统修辞规则的革新，电子链接促使数字修辞超文本的基本特征发生改变，并与印刷文本产生区别，以往的印刷文本拥有实体和物理区隔，然而数字修辞依托的超文本通过将单个文本插入其他文本的网络，创建了一种新的文本实体，即元文本或超媒体语料库。

但是超文本问题不能完全等同于数字修辞问题，超文本只是数字修辞的一个较为基础的概念，不能将超文本理论和数字修辞简单等同。随着数字技术的不断发展，网络超文本构建的内容早已不限于视频、音频、动画和互动行为，多姿多彩的超文本作品使得人们逐渐背离印刷文本的传统修辞概念，数字修辞的视觉等多感官问题也逐步受到关注。甚至早在1997年，已有学者提出"超修辞"概念，加里·赫巴（Gary Heba）将超文本的修辞理论与视觉修辞联系起来，建议开发一种基于多媒体的"超修辞"，认为这种超修辞是"一种通过用户、开发者、电子内容及其在多媒体环境中的存在之间的长期谈判不断发明和重塑自己的交流形式"[9]22。赫巴从符号学的角度拓展超修辞的应用范围，认为单词、图像、声音、纹理、气味、味道和数据标记代码都能够产生有意义的信息。这种多感官交流的思想、伴随它们的文字与产生和传输信息所需的技术相结合，形成了超修辞的基本条件。无论是超文本还是超修辞，与以往传统修辞路径相比，数字修辞路径依旧需要考虑其物质性载体。

三 共享的邀请：传播学学科建设的修辞路径展望

当下蓬勃发展的数字修辞理论伴随新兴迭代的计算机技术不断地变革，又一次力证了修辞路径在人文与科学学科中的灵活适应性，展现了处于信息科学、传播学等位置的交叉学科的强大生命力。不断新生的修辞路径对同样在不断开拓发展的传播学学科具有现实的启发意义。数智时代的传播学学科建设的修辞路径要点在于正确理解文本问题，策略性地把握数字修辞文本，应邀进入修辞意义的共享框架。

（一）共享的文本：马赛克的拼图世界

结合修辞路径的不同范式我们可以发现，无论是传统修辞学还新修辞学，抑或是数智时代的数字修辞，文本依旧是修辞的中心，是理解修辞路径的关键要素。文本可以化作演讲者触及听众的澎湃发言、诠释者塑造读者思维的缜密文字、祛魅者解读社会问题的行动与抗争，是看似杂乱无序却又能传递意义的数据信息流。文本是存在于修辞者（rhetor）与受众（audience）之间的中介物，文本是运用修辞分析社会规则的前提。

如果将研究视阈拉回修辞路径最具现实关怀的批判范式，我们可发现修辞的文本观念不仅可以以超文本形态为依托分析科技进步中的数字修辞问题，还可以分析在技术迭代、信息冲击的当代社会，人们如何构建对世界的看法与对彼此的理解。新修辞批评流派的文本观认为现代人生活在一个文本、符号和图像的世界里，文本给经验赋予形式，文本是许多因素相互作用的基础。社会生活的文本可以定义为"相互关联的符号，这些符号相互作用，目的在于产生相同的效果或功能"[10] 117。修辞批评范式将日常生活文本化，即把社会和文化现象看作文本，研究文本内部相关联的符号关系相互作用的机制。文本也具有组织和连接的功能，例如社交媒体的群体组织就是以文本为连接纽带的。由于数智时代多元媒介载体不断发展，修辞文本发生了变化。

目前大众文化领域的文本形式归纳为"离散文本"（discrete text）与"弥散文本"（diffuse text）两种类型。在文本应用层面，传统修辞文本多以演讲、辩论等话语形式存在，而大众文化修辞文本更多的是图像、声音、动作等非语言的形式。传统修辞文本更多突出演讲者个人的展示，例如总统就职演说；而大众文化修辞文本重视修辞关系的建立。传统修辞的离散文本各部分是分离的，互不影响；而大众文化的修辞文本是弥散的，是源于同一个或者相关的修辞影响的符号集合，与语境并没有分离。传统修辞文本的受众是被动的信息接收者；而大众修辞文本的受众可以主动参与话语建构。在古希腊修辞学和精英主义的修辞理论中，描述个别具体事件的修辞文本可以被视为离散文本，这种文本观念在当代早已不适用，离散文本忽视了修辞共享意义的功能。

当代修辞学家巴里·布鲁梅特（Barry Brummett）提出分析社会问题的"马赛克"（mosaic）文本观念。马赛克文本是一种弥散文本，在数智时代的修辞情境中，人们能够遇到的文本是呈马赛克状态的信息拼图。我们生活在一个信息马赛克的环境中。媒体广播、海报、看到或听到的评论、麦片盒上的文字、建筑物或街道的物理条件、天气等中都是马赛克信息拼图。当人们处于信息环境时，接触的信息并不是第一手的，经常是道听途说的马赛克消息。这些马赛克由不确定的、零散流动的信息碎片组成。必须将对马赛克消息的阐释与理解置于特定修辞情境中，因为必须从特定的角度观看，我们才能发现马赛克拼图的形状。以马赛克拼图为代表的弥散文本观念突出了文本的碎片化与流动性。这些马赛克文本碎片成为文化抵抗和权力斗争的见证，也是大众文化的意义生成、表达、交流机制的修辞载体。马赛克拼图构想的核心在于"意义管理"，即对流动的信息源进行意义的管理。"文本通过影响人们赋予世界的意义而发挥其修辞影响，文本往往是关于世界意义的斗争场所"[11]121，解读这种马赛克文本则需要特定的修辞视角与修辞策略。如同破译密码一样，解读马赛克文本实际上是针对传播信息进行说服和互动。数智时代需要具备一定的文本观念，拥有收集马赛克文本的能力和信息处理的能力。

（二）共享的实现：修辞同质

传播研究中的修辞路径在数智时代不仅要面临技术的挑战，还需要展现其人文关怀。数字修辞研究者道格拉斯·艾曼（Douglas Eyman）曾经归纳过当下数字修辞实践需要涉及的重要行动，其中最重要的是数字身份的形成与寻找建立网络社群的修辞策略。[12]44 无论技术对修辞路径有怎样的影响，以文本问题为基础的修辞路径最终要达到共识的交流与理解。

实际上对文本的重视是新修辞复兴运动以来修辞学者的核心追求。新修辞复兴运动的先驱、美国修辞学家肯尼思·伯克（Kenneth Burke）曾经提出过"同质"（consubstantiality）概念，在《动机修辞》这部著作中，伯克提出了一个著名的认同公式，"如果A和B意识到彼此同质，他们就会产生认同感"。同质来源于结构相似，A与B的共享的认同感源于A与B形式同质。"只有当我们认同这个人的言谈方式时，我们才能说服他。"[13]56 新修辞学者将这种同质理念建立在"文本实体"（contextual substance）的基础上，将世界看作文本，将人置于文本中，用修辞方法分析处于同质状态下的人的行为。

受伯克影响，布鲁梅特也提出了修辞同源性，并探索出应用于分析社会问题的修辞同源性理论。布鲁梅特提出"同源性假设"（Homology Hypothesis），认为在大众传播领域存在同源性的形式思维。在传播研究和大众文化领域，同源思维能够发现不同事物之间的相似性、寻找并建立不同事物之间的形式关联的研究方法，探索传播规律与意义关系。他认为，"媒介内容之所以能够在形式层面上对现实生活经验作出反应，并能够提供面对这些生活经验的动机的能力，其中一个要素在于这一特定媒介在一定程度上具有联系内容和经验的形式特征"。[14]202 这种修辞同源性理论承接传统修辞观念，吸收了高尔吉亚等智者学派的修辞逻辑思想，汇集了传统修辞学家韦恩·布斯、瑞恰慈等新修辞批评流派的理论资源，将文本理论拓展至社会理论。

无论在数智时代对共同体的文本构建还会存在何种挑战，可以肯定的是，修辞路径可以被视为一种共享的邀请，即按照修辞路径的文本中心观念，寻找人们共享的文本是构建人们意义共享框架的基础。数字技术为这种文本共享提供了可能性，数字修辞的文本困境又对共同体的构建提出了挑战，这是一种开放的邀请，也是一种身处数智时代无法抗拒的邀请。

四 结语

在数智时代，古老的修辞学离我们并不遥远，修辞路径早已从单一的劝服范式逐渐拓展，具备创造性的新功能，修辞路径的多元范式提供了不同的修辞策略，其终极任务就是促进共识交流，形成意义共享框架，达到共同理解，这也是修辞这一古老学科在当代重新阐释后焕发的新力量，即发现意义生成机制，重新承担社会责任。

新修辞复兴运动以来，修辞理论主要形成了三种范式。修辞的交际范式运用策略能有效地沟通观念、实现意图，达到政治传播目的；修辞批评范式主要应用于大众文化研究，针对特定的现象，总结文化规律，具有强烈的批判精神；修辞文化范式重视发现日常生活中隐藏的文化形式规律，归纳当代大众文化的秩序与结构，关注大众文化的权力关系、主客体地位以及意识形态困境，展现人文关怀。当下蓬勃发展的数字修辞理论挑战了以上三种范式，从超文本革新到数字化的五个修辞规则，数字修辞开启了数智时代对马赛克拼图世界的解读之旅。数字修辞面对无限生产的信息流，寻找一种整理观念、组织群体、看待世界的艺术，目的依旧在于揭示身处数智时代的受众受信息影响的规律。无论何种修辞范式，其共通点在于通过不同的文本类型将群体、观念、世界整合和组织在一起，为达成共识和共同行动提供一种视角，最终目的是处理现实问题，这也是在传播研究中重新发掘修辞路径的价值所在。

参考文献

[1] James C. McCroskey, *An Introduction to Rhetorical Communication*, Englewood Cliffs, NJ.: Prentice-Hall, 1982.

[2] Herbert W. Simons, *The Rhetorical Turn: Invention and Persuasion in the Conduct of Inquire*, IL: The University of Chicago Press, 1990.

[3] Michael Moran and Michelle Ballif, *Twentieth-Century Rhetorics and Rhetoricans: Critical Studies and Sources*, Westport, CT: Greenwood Press, 2000.

［4］ Chaim Perelman, *The Realm of Rhetoric*. Notre Dame, IN: University of Notre Dame Press, 1982.

［5］ Carl R. Burgchardt, *Readings In Rhetorical Criticism*, Strata Publishing, 4th edition, 2010.

［6］ Richard Lanham, *Digital Rhetoric: Theory, Practice, and Property*, In Myron Tuman (Ed.), *Literacy Online: The Promise of Reading and Writing with Computers*, Pittsburgh, PA: University of Pittsburgh Press, 1992.

［7］ Mary E. Hocks, "Understanding Visual Rhetoric in Digital Writing Environments", *College Composition and Communication*, Vol. 54, No. 4, 2003.

［8］ Lev Manovich, *The Language of New Media*, Cambridge, MA: MIT Press, 2001.

［9］ Gary Heba, *Hyperrhetoric: Multimedia, Literacy, and the Future of Composition*, Computers and Composition, 1997.

［10］ Barry Brummett, *A Rhetoric of Style*, Carbondale: Southern Illinois University Press, 2008.

［11］ Barry Brummett, *Rhetoric in Popular Culture*. 4th ed, Thousand Oaks, CA: Sage, 2014.

［12］ Douglas Eyman, *Digital Rhetoric: Theory, Method, Practice*. Ann Arbor: University of Michigan Press, 2015.

［13］ Kenneth Burke, *A Rhetoric of Motives*, Berkeley: University of California Press, 1962.

［14］ Barry Brummett, "The Homology Hypothesis: Pornography on the VCR", *Critical Studies in Mass Communication*, No. 5, 1988.

从技术依附到技术自主

——中国式现代化与20世纪90年代通信技术的自主创新

陈昱坤　张慧瑜[*]

摘　要　20世纪80年代，中国开始从国外引进程控电话交换机，催生了多种吸收外来技术的经营模式，它们在电话交换技术的研发与组织机制上呈现了不同的发展思路，也经历了从技术依附到技术自主的过程。本文通过考察90年代中国电话程控交换技术研发中的政府作为和代表企业，提出技术创新的采纳者不仅要定位发展的本体论问题，更要通过自主创新实践来识别组织机制、国家政策、社会多方互动的关键作用，在技术转让中完成自身的创新能力积累。本文希冀以历史反思中国式现代化语境下的通信技术在全球南方国家传播中扮演的角色，拓展其更广博的理论想象空间。

关键词　程控交换机；通信技术；自主创新；中国式现代化

作为改革开放后首批"市场换技术"的部门，中国程控电话交换技术[①]经历了"七国八制"[②]的困局，却又在20世纪90年代率先摆脱了这种技术依附，形成以华为、中兴为代表的自主创新型通信产业集群，并成长为引

---

[*]　作者陈昱坤，系北京大学新闻与传播学院博士研究生；张慧瑜，系北京大学新闻与传播学院研究员，博士生导师。

[①]　电话交换机作为电话通信时代的关键设备，主要处理区域内多部电话同时在线的通话质量和稳定性问题。现代通信史中，电话交换机经历了人工手摇式、步进制、纵横制、电子式到数字程控式交换机的发展历程。交换机的"门数"是能够决定某个区域内电话通信承载数量和质量的关键指标，用户交换机（200门以下）只能服务于小型矿山、医院、公司等具体单位，达到2000门的局用交换机便可以服务更大面积的区域（如县、乡、镇），达到10000门则可以服务跨省市级的区域。

[②]　"七国八制"指的是在20世纪80年代中国电信网上，各省（区、市）的邮电管理局从国外引进大量程控交换设备，北京、上海、广东、辽宁等地所使用的交换机全部是各种进口品牌如富士通、朗讯、爱立信等，掌握中国通信秩序的交换机设备全部是进口产品，由于设备制式的问题，跨省（区、市）拨打电话需要经历海外服务器的转换，对国家信息主权造成了严重威胁。

领国际通信技术创新的企业。从政府角度看，起初是 60 年代发达国家启动了以电子通信为主要内容的国家发展规划，关于新传播技术在社会推广中的制度壁垒、资源配置和市场模式成为公共政策的重要议题，投资主体的多元化和受众市场的差异化浮出水面[1]。比如丹·席勒（Dan Shiller）指出美国将信息基础设施建设纳入国家政策继而干预社会市场，平衡多方组织，政府对资本的支持使其被迫解决现实问题[2]41-42。而从企业角度看，承接政策后的发展面临组织机构内部和外部环境的双重压力，比如市场策略、技术研发方向、投资项目的资金配比、生产单位效率等方面的压力。埃里克·哈维（Eric Harwit）曾将中国研发电话交换机的基本路径概括为中外合资、军工联合企业、民营企业三种模式[3]。洪宇在分析中国在经济改革与社会转型的双向过程中邮电体制的变化时，阐释了信息产业兴起与国家体制变动中存在的复杂张力[4]。文韵则把华为放在更长时段考察，她将华为研发历程贯穿于中国长时段的技术积累与邮电体制变化中，并提出改革开放"打造的以信息通信技术为主导的数字经济的市场改革，塑造了公司的生产、研发和市场开拓战略，造就了国家、企业与跨国资本之间的紧密关系"[5]。这些研究让我们把注意力拉回交换机技术创新与中国邮电政策、企业发展之间的联系，探析创新主体的真实发展样态。

本文梳理了 20 世纪 80—90 年代中国程控电话交换技术研发进程中的政府行为和代表企业，对二者在中国电话交换系统创新中起到的关键作用做粗浅阐发，希冀反思中国式现代化语境下的通信技术在全球南方国家传播中扮演的角色，拓展其更广博的理论想象空间。

一　80 年代邮电经济热与技术依附困局

"引进—消化吸收—自主创新"（俗称"三段式"）是中国 20 世纪 80 年代吸收先进技术的主要策略，"引进来"是第一步，主要是想通过外来资本与管理机制携带技术专利引进搭建起初步生产体系，在该过程中积累自身能力，完成本土生产转型，最终实现独立发展[6]。中国"三段式"的通信技术吸收经历了从发展观念到具体实践的革新过程，也革新了中国搭建电话传播系统的组织样态。

（一）观念转变：发展邮电经济

许多研究指出了科学技术发展与政治的紧密联系[7][8][9]。斯迈思（Dallas Smythe）认为，技术的不自主体现在"任何时空中，组成科学的要素必定反映了特定社会文化中的世界观和政治结构"[9]。从 20 世纪 70 年代开始，中国加大对科技的引进力度，邓小平于访日期间提出"将交通问题中的通信发展放在首位""搞现代化企业管理"[10]722。回到国内后，邓小平确立了"通信是发展一切现代化经济的起点"[11]52，党的十一届三中全会前后对通信在发展经济中的重要地位和作用的论述，扭转了"通信是无产阶级专政工具"的观点，对全国发展邮电经济赋予了合法性①。

国内对"发展邮电通信是生产力"与"发展现代化"话语的传播也是同步的②。方晓恬考察了当时新闻界的"信息热"现象，所谓"现代化""信息经济""信息社会"等诸多以"信息"为观念桥梁的话语正是当时在社会广泛传播开来，它在某种程度上可以被视为改革开放对技术、生产与传播观念的转变，"随着经济体制改革、新产业革命浪潮对新闻界的影响，'信息'从被批判的对象转型为一种先进、现代化的意识形态……'信息'借助与'信息论'的关联成为社会科学的重要概念"[12]。而在国内有关"信息"的报道中，美国的信息高速公路计划作为典范被广泛传播，为了满足剧增的电话通信需求，1980 年福州邮电局引进了日本 NEC 程控电话交换设备，引发全国进口热潮，导致邮电部"把原先定于到 2000 年电话机数量比 1980 年翻两番改为翻三番"[13]。各地先后引进美国、日本、瑞典、德国等国不同厂商的程控交换机，1986 年，全国总

---

① 1979 年 1 月 6 日，邓小平同余秋里、王震、谷牧、康世恩四位副总理谈经济工作时指出，投资的重点要放到电、煤、石油、交通、电信、建材上来。1980 年 3 月 19 日，邓小平找胡耀邦、胡乔木、邓力群研究规划时说："日本土光敏夫来中国访问，我征求他对搞长远规划的意见，他希望把交通问题放在首要位置，尤其是邮电通信，这确实对整个经济发展关系极大。"1984 年 2 月 24 日，邓小平在视察广东、福建、上海等地回京后同几位中央负责同志谈话时指出："中国发展经济从何入手？先把交通、通信搞起来，这是经济发展的起点。"见吴基传主编《大跨越——中国电信业三十春秋》，人民出版社 2008 年版，第 46—48 页。

② 比如《人民日报》1979 年 10 月 17 日的长篇社论《切实加强邮电通信建设》说道："邮电通信是社会生产力，这是马克思主义历来的观点。早在一百多年以前，马克思在《资本论》中就明确地把邮电通信和交通运输并列为'社会生产过程的一般条件'。"社论引用《马克思恩格斯全集》第二十三卷第 421 页，提出马克思、恩格斯在《共产党宣言》里也说过："资产阶级争得自己的阶级统治地位还不到一百年，它所造成的生产力却比过去世世代代总共造成的生产力还要大，还要多。"

共开通程控电话线路27万门[14]。在1990年之前，中国程控交换机市场份额中纯进口设备占比71%，其余也有23%以外资主导的中外合资企业所占[3]。

邮电体制改革进一步助推了新经济形态的发展。1979年中央重新设立邮电部，邮电部后来逐渐采取了中央与地方相结合的管理模式[15]，形成了从省到乡镇的独立邮电市场。通过释放地方权力，通信设备制造商便与邮电管理部门之间建立了市场购买关系，因此成为80年代诸多通信设备商业务的直接来源。在过去三十年里，"中国的电信网络被反复重组、吸纳回所谓的市场化机制中，以吸引跨国资本，支持中国出口加工带来的 GDP 增长……而这又直接导致了通信资源的不平衡"[4]72-73。无论是新成立的通信设备制造商还是改组后的国营邮电器材厂，它们在引进设备、技术研发、市场效益策略上都扩大了自主权利，也不可避免地带有地域特点和市场导向。虽然"洋跃进"①后，国家在交换机领域持续采取"市场换技术"策略，但"全国邮电资源的分配不均恰恰给中国通信设备制造业的民营经济提供了施展空间，80年代发展邮电经济激活了国内海量的电话通信需求"[4]73。1977年至1993年，中国电子信息工业总产值从25.9亿元猛增至290.5亿元。②总体来说，邮电体制的变化给中国邮电经济的活跃提供了制度基础，也为国产信息通信技术研发的复杂进程埋下了伏笔。

（二）"市场换技术"：技术依附的发展悖论

《1976—1985年发展国民经济十年规划纲要（草案）》充分强调了技术引进对发展国民经济的作用。在技术引进热潮下，仅1978年最后两个月，各个工业部委与外国投资方签订的合同总值就高达78亿美元，相当于1950—1977年技术进口总额的89.2%[16]648，但执行部署的时候国家发现根本没有外汇支付能力来推进这些项目，这迫使中央探索新的道路。考虑到当时中国进口设备成本远高于国际市场平均价格，为了减轻外债压力，中国开始转向寻求中外合资企业的组建形式。

---

① 1977年后，中央继"四三方案"后更大规模地引入外国尤其是西方国家的工业技术及成套设备，在1978年党的十一届三中全会之前，已经造成了数百亿美元的财政赤字，此举后被称为"洋跃进"。

② 本数据来源中国知网：中国工业经济与经济社会发展数据统计库，http://cnki.nbsti.net/CSYDMirror/trade/Yearbook/Single/N2008050055? z=Z012。

这一思路的最早产物是上海贝尔公司。在"市场换技术"思路下，上海贝尔公司与比利时贝尔公司（BTM）合作，执行程控交换机 S1240 引进及集成电路生产线的国内组装①。合资企业的优势在于用国有资本购买外来技术和国家政策扶持，整个 80—90 年代，源于"外资带来技术和现代化管理经验"[17]的信念，国家出台了一系列政策扶持外资和合资企业②，不仅豁免了外资企业进口关税与增值税，还对合资企业实施工业保护。比如上海贝尔公司开办合肥市电话局时，日本厂商为争夺订单打"价格战"，使得 S1240 价格比日本高出接近 50%，比利时要求中方提供价格保护以对抗日本设备[18]254-261。1988 年，为激励购买，邮电部和财政部还各提供 3000 万元补贴，而后又实行对上海贝尔产品按美元计算售价，以人民币进行币值 1∶1 的补贴。邮电部多次召开协调会，发动参会的邮电管理局认购上海贝尔设备[18]18-24。

如此大力度支持，换来的是 2001 年上海贝尔公司成为全球产量最高的程控交换机制造商，S1240 当时可占到全国局用程控交换机数量的 1/3，甚至长途固话交换机由于国家统一制式全部采用 S1240[18]149,427，但是，刚抵达巅峰的上海贝尔公司仅过了几年市场份额就被华为、中兴等本土厂商超越，上海贝尔公司真正独立自主研发的专利不及华为、中兴的 1/3③，并且上海贝尔公司

---

① 作为没有加入"巴统"的国家，比利时愿意就最先进的 S1240 程控交换机转让部分关键技术和大规模集成电路，这是当时世界所有设备商都不会满足的要求。"巴统"即 1949 年二战结束后总部设在巴黎，成员包括西方 17 个主要工业国的输出管制统筹委员会。在"巴统"的禁运清单上，明确写着程控电话交换机以及大规模集成电路。见于崔丕《美国的冷战战略和巴黎统筹委员会、中国委员会（1945—1994）》，中华书局 2005 年版。

② 如：1987 年 11 月《国务院批转国家经委关于推动引进技术消化吸收和国产化工作报告的通知》，明确对列入国家重点支持的引进技术消化吸收和国产化项目予以包括减免税收、产品内销可以收取部分外汇、减免进口关税和产品税。1991 年，中国出台《外商投资企业和外国企业所得税法》，外商实际所得税率只有 11%—15%，而国内私营企业的所得税率为 23%，大型国有企业所得税率超过 30%，见于《朱镕基上海讲话实录》编辑组《朱镕基上海讲话实录》，人民出版社 2013 年版，第 1—12 页。

③ 华为和中兴 1980—2022 年在中国累计申请专利分别达到 43626 项和 30234 项，在国内遥遥领先于其他竞争对手。专利申请数排名前五的自主创新企业专利申请的平均数为 17085 项，甚至多于三星的专利申请数，而跨国公司排名前五的企业专利申请的平均数为 5328 项。1980—2022 年除了上海贝尔公司累计专利申请数为 2396 项，其他中外合资企业累计专利申请数都没有超过 100 项。即便是上海贝尔公司，其绝大多数专利申请也是在 2001 年企业的控股权交给阿尔卡特之后才实现的。这充分说明了自主创新和"市场换技术"两条道路在发展本土技术能力上的明显差异。见封凯栋《潮起——中国创新型企业的诞生》，中国人民大学出版社 2023 年版，第 115 页。

在母公司频繁的股权变动中丧失了经营自主权,很快就从中国市场销声匿迹,而造成这种结果最主要的原因就是合资公司的技术依附和自主能力欠缺。

第一,技术让渡方会控制受让方的研发进程,不允许其自行发挥,因为"技术转让方只想创造市场而不是竞争对手,所以一旦上海贝尔跳出框架,势必就会干预技术转让的进程"[19]113。1993年,上海贝尔公司内部新老员工出现了两次关于研发的重要争论,这两次争论的核心点是:"投资于不带来直接经济效益的基础研发还是应该利用外企资源进一步促进生产本地化"[19]102-113,当时上海贝尔公司已经为S1240开发出远端自治交换模组,能够大大拓展电话通信的覆盖范围,尤其适用于区乡分散的农村地区,比如1992年江苏无锡邮电局率先在农村通信建设中采用上海贝尔公司的模块组网,这极大地促进了农村通信事业发展。但最终,这些争论在公司高管以"经济上的困难、更好的财务回报"为由选择了后者,即继续采用生产本地化的策略,放弃了自主研发。

第二,合资企业要求整套设备和管理模式的引入,但本土化问题时刻存在。在合资体制下,"外资方并不开放关于系统设置、产品架构技术方面的讨论,中方在生产实践中所积累的知识其实都是专业化地切割开的"[20]201-203,这套体系总是以给定的设计标准来约束本土企业,任何对原有设计的质疑或改造都会被拒绝。此外,比利时贝尔公司还预设了中国电信网的理想结构,它们"追求已开发好的技术在中国适用,但彼时中国不存在标准制式,信号条件因地而异"[21],不同制式的交换机在中国通信网上并存,导致S1240不能识别不同种类的信号,无法完成通畅的电话连线,因此上海贝尔公司总是受制于母公司的"标准"。

第三,长期谋求生产本地化改变了组织内部的价值取向,营造了一种利益短视的文化氛围,它无形中在公司内传播并改变了员工的发展信念,故两次关于自主研发争论之后,上海贝尔公司再也没有过类似的讨论[19]102-113,代表技术开发内部力量的工程师在大型企业中失去了话语权,转而变成"本土化生产活动占用了主要的战略资源和高素质人力资源,并且成为企业的主要收入来源,负责制造、质量控制、工厂管理、营销甚至融资的经理和工程师得到了更多晋升机会"[20]204。

这些原因既是"市场换技术"的缩影,也是发展研究长期争论的一个问题根源——依靠技术让渡，现代化技术导入未能引发消化技术主体的创新，相反，它导入的动因本身就是技术优势方追求差异化市场的结果，这种运作逻辑上的颠倒是"市场换技术""三段式"技术发展将果倒推为因的症结所在，即使它们在经济表现上可能是颇为让人满意的。上海贝尔公司的式微是"市场换技术"策略下"发展"与"增长"混淆的事实例证。

二　从巨龙到华为：技术自主创新中的先发者与后发者

"六五"期间，程控交换技术被国家确立为重点攻关项目，邮电一所和十所相继推出自主研发的 DS 程控交换技术，1991 年，邬江兴团队研发出 HJD-04（04 机）万门数字程控交换机，成为我国首个独立自主研发的大型局用交换机，破除了这项技术长期的外国垄断。1993 年后，以华为、中兴为代表的民营设备商崛起，中国出现了组织逻辑与"市场换技术"完全不同的创新组织，它们依靠自身力量来解决技术集成和产品开发等问题，作为自主创新中的先发者和后发者，巨龙与华为等组织的技术扩散、知识流动展现了消化技术创新的主体在后续发展上的多样性。

（一）巨龙与华为的创新吸收策略比较

20 世纪 70 年代末，邬江兴作为计算机专家参与了我国第一台百万次运算计算机的研发任务[22]，后来他提出开发更大量级的项目，但该项目因预算的削减而"流产"。回归学院的邬江兴选择进行程控交换机研发，最终成功开发出 04 机，运用了"逐级分布控制结构"和"自我复制 T 型交换网络"等典型的计算机技术，这种技术架构恰好是当时程控交换机的发展前沿，S1240 就是如此，只是 S1240 的芯片经过封装，中方人员一直无法破解其工作原理。由于贸易限制，当时团队不能从国际市场获得高端芯片，04 机系统里的中央处理器采用了常见的摩托罗拉中低端芯片[20]237。这些芯片是开发者从深圳二手电子元件市场"淘"过来的香港旧芯片。正如文韵指出的，借鉴所谓"前店后厂"的模式，深圳在改革开放初期成为出口加工和通信设备制造的中心，香港则充当技术流动的交易和金融中心[5]。尽管香港流出的芯片大多是淘汰芯片，但确实为内地研发带来了关键启发，开发者通过拆解这些芯片积累了原始的产品开发知识，因此，负责技术攻关的专家构建了一种以工程师主导的技术创新组织样态，这种模式强调以研发为中心来配置资源，而04机不拘泥于交换机技术黑箱的底层逻辑更是为其他也在做交换机的企业提供了设计思路与研发信心。

再来看1987年成立的华为，公司起初通过代理香港的小型用户交换机获取了原始资本。华为于1991年前后开始自主研发交换机，通过与高校、研究机构合作初步构建了一个工学联合体模式，完成了自主研发梯队建设，这只需要对华为最早的研发团队做一个简单的背景梳理就可以知道（见表1）。

表1 华为早期研发团队

华科系（加入华为时间）		邮电所体制系（加入华为时间）	
郭平[①] （1988—1989年）	郑宝用[②] （1988—1989年）	曹贻安[③] （1991年）	毛生江[④] （1992年）
李一男[⑤] （1992—1993年）	余承东 （1993年）	刘平[⑥] （1993年）	余厚林[⑦] （1993年）
洪天峰 （1993）	陈珠芳[⑧] （1995年）	……	……

注：①任正非拿着华为最早的交换机到华科当时交换机领域的专家周细教授指导（邬江兴也曾在他门下学习），周细介绍当时还是学生的郭平到华为实习。
②华为早期最为核心的工程师之一，郭平返校后，周细教授介绍郑宝用接替郭平。
③最早是华为生产线上的技术工，后任华为副总工程师以及市场部副总经理等职。曹贻安于北京邮电大学函授班毕业，曾在长沙邮电局核心的科室传真室工作，接触了当时先进的西门子万门局用交换机，并见识过图纸。后自己脱离体制，独立承包邮电四厂株洲分厂做模拟交换机，在南下深圳寻找数字程控交换机芯片的过程中入职华为。
④曾是长春通信设备厂邮电系统的技术专家，在邮电研究所召开的技术交流会上被曹贻安挖到华为，后成为C&C08项目经理，接替曹贻安负责万门机项目推进。
⑤华科少年班的计算机天才，是华为早期万门机项目的核心骨干，他经郑宝用介绍毕业后直接进入华为。1993年，华为在华科开始扩招。
⑥1993年加入华为，任C&C08万门机项目软件总经理，在制定万门机方案的同时，也被安排参加2000门交换机开发。担任2000门交换机单板软件项目经理，开发了主节点软件，后任华为副总工程师、华为北研所所长、中央研究部常务副总裁。刘平在上海交通大学读完本科、硕士后，和导师一起创办了上海交大计算机网络研究所。刘平是国内最早一批从事计算机网络研究的人，在读书期间就参加了国家重点攻关项目"军用数据网"的研发以及上海市公共数据网的建设。
⑦直接加入C&C08万门机项目任硬件总经理，曾是武汉邮电研究所的资深硬件工程师。
⑧1995年从华中科技大学退休后加入华为，曾任华科经济管理学院党委书记，后任华为人力资源总监，并负责华为90年代中后期大量的高校招聘会和宣讲工作。

资料来源：根据公开资料整理。

今天业界着墨较多的一般是华为"以客户为中心"的公司价值观以及专注农村边缘市场的开拓,但所谓"能力建设"[23][20]的核心,必须通过持续投资于基础研发,锻造自主开发能力[23],它除了符合工程师主导的技术创新组织样态,还与发展传播参与式范式体现的扁平化协作传播特点有关。早在二战期间,美国军事机构中工作的管理者、技术人员等就成立了联合项目制的技术研发小组,不同领域的专家共同协作,重视横向工作的经济民主机制深刻影响了后来互联网早期的创业者和扁平化工作氛围的塑造者[24]。王洪喆和孔煜也在对中华人民共和国成立初期军工业发展路线争论的研究中也指出,钱学森提倡的路线"避免各部门之间的分散责任和无效竞争,要建立一个对整个工程进行把握和咨询的'总体设计部',系统组织架构要尽量扁平化……"[25],经过斗争,"中国放弃了常规武器+常规民用工业的发展路线,转而寻求一种独立自主的、集中力量办大事的水平式协作、边干边学的生产和组织方式"[25],这种组织和发展方式从武器部门延伸到了地方民用工业领域。而所谓的"工程师主导型"企业即在这种传播逻辑的基础上打通了企业各研发部门间的沟通壁垒,以项目共同负责制和知识共享解决了技术创新面临的矛盾。

从大学退休后来到华为担任人力资源总监的陈珠芳说:"关于学生招聘,给了个很诱惑的条件,就是跟学校建立科研联合实验室。我们只要想法,这一点非常重要。"[26]158因此,"如果企业的主要资源是员工拥有的知识,那么企业就更有可能去选择或创造一种在更广泛的组织范围内分享权力的模式"[27]。华为和中兴与原邮电系统的附属机构开展广泛的合作①,它们成功整合了工业系统中研发部门此前积累的智力资源,与政府、高校、地方邮电系统等建立深度联系,这种联系将"人才、政企关系等资源放置在共同构造的场域中进行流动,形成了技术骨干的工学联合体流动以及政企的隐形联盟"[28],它帮助企业在初创时期取得了许多重点大学的信任。

---

① 比如,华为在1991年开发小型用户交换机HJD48时与清华大学和华中科技大学建立了合作关系。中兴通讯早期阶段也与陕西省邮电器材厂、北京邮电大学等合作开发产品。华为的ISDN数字通信服务产品是与北京邮电大学合作开发的,ATM产品则是与西安电子科技大学合作开发的。

（二）技术扩散：先发与后发的辩证关系

从技术扩散的相对位置来看，巨龙是国产交换机领域的技术先发者，但巨龙成立之前，邮电部重组了多家国营生产单位，将它们归到新成立的中国邮电工业总公司（PTIC）名下，总公司掌握生产权，邬江兴团队以技术入股方式分红。总公司授权下属8家单位生产04机，然而，围绕04机开发的技术合作"并不是基于研发单位与央企之间的商业合同，而是基于双方对各自角色重要性的相互理解"[19]152。随着合作走向商业化，各方为了维持或增强自身实力导致了一系列冲突。1996年，投入市场运行的04机突然有十几台机器出现不同程度的故障，致使巨龙公司停产调查了7个多月，严重影响了公司的业务开展与市场计划[29]。而其中更深刻的原因是"巨龙无法在其成员中形成共识或制定行动方案来解决技术漏洞，研发中心当时已经没有充足资金，诸多生产单位又迟迟没有就如何分摊成本达成一致，巨龙因此遭受停业整顿惩罚"[20]246。邬江兴认为，巨龙没有成功崛起，与此次打击有很大关系，中兴、华为、金鹏电子等利用这几个月的窗口期迅速扩张[30]。

但是，从技术后发者的角度来看，巨龙也有其独特的历史价值。宋磊指出，"华为早期最核心的交换机C&C08为什么可以从2000门冒险上马万门研发项目，一定程度上就源于04机的成功为国产交换技术提供了实例，这项技术范例成为国内企业争相学习的对象"[28]。华为、中兴等在04机实验之前均是代理贸易业务，并没有研发大型数字交换机的经验，这些后发者在早期的研发思路上是不甚清晰的，华为在1991年开发了JK1000局用交换机，它是一款基于模拟空分制的电子交换机，实际上已经落后数字程控技术一个世代，华为开办许多农话技术交流会在很大程度上是为了消化JK1000的库存。曹贻安后来在访谈里也承认，农话技术交流会上华为员工承担的任务就是尽量收回成本："邮电局的人有的选择，不缺你这个，当时市场已经有了强烈的数字机需求……老板总说邮电部的一步到位是错的，但大趋势就是这样……如果还抱着做JK1000空分机，肯定是死路一条。"[26]

因此，后发企业在技术上的启发是一个创新扩散过程，它极大地受益于先发企业的知识共享、传播平台以及技术开源。1991年邮电部通过组织技术评审、组织培训班、编制培训手册等形式推广04机经验,形成了04机技术扩散的重要机制。邬江兴团队没有刻意保守技术秘密,04机的技术细节被前来学习的国企、大学和研究机构的技术专家充分了解。而最为直接的技术扩散是在1992—1995年,华为邀请邬江兴团队到深圳为其工程师做指导,邬江兴团队欣然应允并到场分享了他们的经验,尽管酬劳不过数千元,"可见,至少在巨龙组建之前,邬江兴等开发者完全将自己视为国家全额支持的科学家,并没有刻意将技术成果据为己有"[20]242-243。04机的研发始终贯穿于冷战地缘政治格局下,中国被西方国家实施科技封锁的环境中①,即"04机首要研发动力并不是追求商业化,而是一个军事科学家从大国政治角度做出的战略攻关行为"[31]78-79。相比通过申请专利来获利,"开发者更热衷于解决各类'首台首套'的技术瓶颈问题,他们没有太多动机,也没有经过系统的训练来使得自身技术发明的收益内部化"[20]241,这也说明了为什么巨龙在实际运行中有诸多在今天看来不符合商业策略的"幼稚"行为。

巨龙和华为这样的企业所导向的不同结果,显示出创新中的先发者与后发者就是一种辩证关系。首先,作为先发者,巨龙可以在一定时间内表现为创新扩散理论中的"创新者",但这并不意味着市场制度性地保障了这种先发优势,其也可能因内部机制的漏洞率先暴露弱点;其次,作为先发者,巨龙投产时分散的授权方式导致了生产厂家之间激烈的内向竞争,在一个被称为自由竞争的背景下,各厂为了获得标的竞相压低价格,巨龙也在兼顾产品、利润、管理中,以及与外国厂商的对抗中消耗了技术研发的动力。而以市面上普遍的技术为蓝本,华为在之后自己的产品序列中进行了适应性改造,从而兼顾自身农村市场需求,这是一个技术采纳的先后顺序问题,因为技术研发的可能性,华为能够在资金严重短缺的情况下完成

---

① 这种说法不无道理,1997年,军事作家李鸣生出版了一部名为《中国863》的报告文学作品,这部作品通过访谈当事人,记录了我国863计划中众多科学家攻坚克难的光辉故事,其中有对邬江兴研发04机过程中遭到的"外国厂商打价格战、技术收买"等现实压力的描述。书里写道:"一旦发生战争,外国只需要改几个数字就能切断中国通信网络……过去中国的科学家们主要是在保家卫国上做文章,今天的科学家们难道不同样有'保家卫国'的义务和责任吗?眼下,外国的程控交换机已经抢占了中国的不少市场……那国家的利益该受到多大的损失啊!作为军人,邬江兴认为应该在关键时刻挺身而出。"见李鸣生《中国863》,山西教育出版社1997年版,第352—353页。

冒险的投资研发工作。因此，这段历史有助于我们反思创新扩散理论中技术创新主体的后续发展问题[11]，我们需要将其放置在具体的社会经济条件下做历时性考察，从而更加全面地考虑发展主体对创新事物的吸纳效率及其他各种微观因素。

三 中国式现代化的技术创新与独立自主的通信技术发展路线

（一）历史向我们展示了什么？

整个20世纪90年代，中国通信设备制造业在"国际传播霸权与全球市场体系中摸索出一条保持主权独立的技术发展思路"[5]47。在"市场换技术"的理念下，所谓的核心科技并没有如预想般顺滑嫁接到本土，它们后来的历史也表现了把"发展"与"增长"[32]混淆的后果。不过，同样需要指出的是，中国从"市场换技术"走向"自主创新"这一过程并不是自发的，无论是决策者、研发者还是创业者，在当时的历史条件下都有着不可避免的时代局限性，面临着现实问题。比如，从设计到投产的问题。04机的主要生产单位洛阳电话厂曾试图引进职业管理者来处理全生产链的质量问题，但是厂家暂时不能负担自动化设备，且工人们也不适应这种严格的自动化管理模式[19]167。这种现象在当时的上海贝尔公司也出现过，它们都对自动化设备有着除经济效益之外的其他考量（如保住工人"饭碗"[19]）。创新技术的吸纳，需要更加微观的生产转化机制来实现，王洪喆在考察中国80年代计算机引入工厂监视的"电子包公"现象时提出，"泰勒主义无法真正在中国完全展开，工人的积极性经常与他们创造性的工作及其获得的成就联系起来"[33]，因为自动化设备的引入势必会带来管理层以及工人工作方式的变化，它消解了工人主体性，这种主体性可以在必要时刻激励社会全体完成大生产，而不是单纯地应对绩效考核压力。近年来学界开始回归对中华人民共和国成立初期的鞍钢宪法的讨论，探索一种基于实践的、平等的、再技能化、各部门信息协调与共享的生产关系[34][35]。从消化技术创新的发展维度上说，无论是工业经济总结的"工程师主导型"，还是发展传播范式中的"参与式""受众主体性"塑造，它们共同指向的一大核心是基于生产平台的"交往性或关联性"，它"是将人与人之间的交往行为置于集体行动分析的核心，而非仅基于个体主义视角寻找边际效应的均衡解"[35]，而这些问题势必会触及组织内生产单位更加微观的具体要素互动，以及再造新质生产关系的问题。

中国式自主创新技术的生成是吸收创新的组织在生产模式、研发模式、市场模式等领域相互融合试错的过程，故企业组织一旦被拉入所谓市场竞争，就不得不考虑诸多现实因素——劳动成本控制、投资/回报收益、后续研发工作、组织结构管理，等等。哈维认为中国电子信息产业的发展路径是"国家从大批量地引进外来设备中展示出开放的姿态，并'巧妙'地转变为合资，最后通过本土培育的国企、民企技术创新能力完成追赶超越，实现通信技术领域的独立自主"[3]。关键就在于不存在一个线性过程，而是所有要素同时进行、融合，使存续的自主生产能力与创新动力接轨市场竞争[36]，这在很大程度上得益于中国在改革开放前就已基本建成的完整工业体系，它也充分融合了改革开放后的市场竞争样态，使不同性质企业间的研发活力被激发，最后汇聚成主流企业传记史中浓墨重彩的"企业家精神"[37][38]。

（二）中国式现代化：技术创新与独立自主

今天的华为、中兴等在广大亚非拉国家成为领先的通信设备商，为全球提供通信解决方案。2021年，以传音、华为、OPPO为代表的中资厂商占有了肯尼亚52.2%的移动设备市场份额[39]，在更加底层的交换机等信息基础设施领域则更甚[40]。传播系统建设的组织是必不可少的一环，华为已成为全球下一代通信技术标准的潜在领导者，我们应该重新思考其中的可持续性与中国式逻辑的内在价值，因为任何国家在引进信息技术后将其服务于经济发展的目的不会自然启动。技术转让的结果是否有利于受惠者在很大程度上取决于过程是如何进行的，以及技术转让项目如何进行战略规划等重要问题。

构建人类命运共同体与人类文明新形态，是中国式现代化的本质要求。今天的亚非拉国家，"七国八制"和上海贝尔公司模式仍然是采纳创新技术的主流模式，甚至上文所涉的中资企业也加入这种不对等的技术资源争夺中。中国科技企业通过发展尖端的信息技术走向世界，在南南合作的大框架下，它们所代表的应该是后发国家实现数字信息产业去依附化发展的一种范式，而不是效仿当年外资进入中国继续复制资本无序化扩张的"中国版本"。因为它们有着比信息技术更为本质化的国家内涵，这些企业在海外的经营活动就是最直接的中国形象体现，所以，"国家海外投资应该让民营企业能够整合成集中化的资本运作和市场开拓"[41]，如此一来，"既能防止重复出现资本无序化扩张，又能在当地培育良好的政府和企业形象，以提升国家形象在当地民众心智中的地位，一旦有市场根基深厚的企业主体承担形象宣传，中国的对外传播可能就会遇到较小的文化政治阻力。"[42]。

中国已从传播技术的弱势方升级为技术相对优势方，全球南方的视角成就了重新链接第三世界的新的可能性。后发者"从模仿到创新"的关键在于，本土企业在从事生产制造活动时，要借助生产活动的经验积累和接触产品的便利，形成对产品的系统认识，以及通过创新、试错和持续的"互动-反馈"机制，形成本土开发者对于细节与整体、部件与产品、设计与性能之间关系的认识[20]204。它启示后发国家在明确最高发展目标的前提下，时刻警惕技术转让的依附过程，充分尊重、激发本土具体组织的创新活力，灵活做出最符合国家战略的选择。

参考文献

[1]〔法〕西蒙·诺拉、〔法〕阿兰·孟克:《社会的信息化》，施以方、迟路译，商务印书馆1985年版。

[2]〔美〕丹·席勒:《信息资本主义的兴起与扩张——网络与尼克松时代》，翟秀凤译，王维佳校译，北京大学出版社2018年版。

[3] Eric Harwit, "Building China's Telecommunications Network: Industrial Policy and the Role of Chinese State-Owned, Foreign and Private Domestic Enterprises," *The China Quarterly*, Vol. 190, 2007, pp. 311-332.

[4] Yu Hong, *Networking China: The Digital Transformation of the Chinese Economy*, Chicago: University of Illinois Press, 2017.

[5] Yun Wen, *The Huawei Model: The Rise of China's Technology Giant*, Chicago: University of Illinois Press, 2020.

[6] 苏振兴、张勇:《从"进口替代"到"出口导向":拉美国家工业化模式的

转型》,《拉丁美洲研究》2011年第4期,第3—13+79页。

[7] Daniel Lerner, *The Passing of Traditional Society Modernizing the Middle East*, London: The Free Press of Glencoe Collier-Macmillan Limited, 1958.

[8] 〔美〕韦尔伯·施拉姆:《大众传播媒介与社会发展》,金燕宁等译,华夏出版社1990年版。

[9] Dallas Smythe, After Bicycles, What?, Simon Fraser University Archives and Records Management Department, F-16-6-1-0-178, 1973, http://atom.archives.sfu.ca/f-16-6-1-0-178.

[10] 中共中央文献研究室编:《邓小平年谱(一九七五——一九九七)》,中央文献出版社2004年版。

[11] 人民出版社编:《邓小平文选(第三卷)》,人民出版社1994年版。

[12] 方晓恬:《走向现代化:"信息"在中国新闻界的转型与传播学的兴起(1978—1992)》,《国际新闻界》2019年第7期,第110—127页。

[13] 尼阳尼雅、那丹珠:《中国通信史》(第三卷),北京邮电大学出版社2019年版。

[14] 杨泰芳、吴基传主编:《当代中国的邮电事业》,当代中国出版社1993年版。

[15] 邹家华:《统筹规划 条块结合 分层负责 联合建设——国务委员邹家华同志在全国电信工作会议上的讲话摘要》,《邮电企业管理》1988年第4期,第2—5页。

[16] 李健、黄开亮主编:《中国机械工业技术发展史》,机械工业出版社2001年版。

[17] 路风:《光变:一个企业及其工业史》,当代中国出版社2016年版。

[18] 吴基传、奚国华主编:《改革 开放 创新——上海贝尔发展之路》,人民出版社2008年版。

[19] Xiaobai Shen, *The Chinese Road to High Technology: Telecommunications Switching Technology in the Economic Transition*, London: Palgrave Macmillan, 1999.

[20] 封凯栋:《潮起——中国创新型企业的诞生》,中国人民大学出版社2023年版。

[21] Z. Huasheng, M. Kerkofs, "System 12 Technology Transfer to the People's Re-

public of China," *International Journal of Technology Management*. Vol. 3, No. 1-2, 1988, pp. 186-205.

[22] 河南科学技术协会：《邬江兴——科技人物》，2017年2月7日，https://www.hast.net.cn/personnel?id=6274，2023年9月8日访问。

[23] Sanjaya Lall, *Learning to Industrialize: The Acquisition of Technological Capability by India*, Basingstoke: Macmillan, 1987.

[24] 〔美〕托马斯·斯特里特：《网络效应：浪漫主义、资本主义与互联网》，王星、裴苒迪译，吴靖、卢南峰校译，华东师范大学出版社2020年版。

[25] 王洪喆、孔煜也：《"潮汐车道"：冷战、中国式现代化与西方发展研究的第三世界源流》，《开放时代》2023年第4期，第61—78+7页。

[26] 田涛编：《华为访谈录》，中信出版社2021年版。

[27] R. M. Grant, "Toward A Knowledge-based Theory of the Firm," *Strategic Management Journal*, Vol. 17, No. S2, 1996, pp. 109-122.

[28] 宋磊：《进行中的开创：华为实践的工业史意义》，《文化纵横》2020年第5期。

[29] 陈祖甲：《建行向"巨龙"提供巨额贷款》，《人民日报》1996年11月18日，第9版。

[30] 人民网：《对话邬江兴：我也就算是半个英雄》，2013年12月3日，http://politics.people.com.cn/n/2013/1203/c70731-23732754.html，2024年4月27日访问。

[31] 陈昱坤：《传播政治经济学视域下通信企业的技术选择研究——以华为交换机为例（1987—1998）》，北京大学硕士学位论文，2022年7月。

[32] 李培林：《新发展社会学：理论框架的构建》，《社会》2022年第6期，第2—14页。

[33] 王洪喆：《从"赤脚电工"到"电子包公"：中国电子信息产业的技术与劳动政治》，《开放时代》2015年第3期，第34—48+5—6页。

[34] 蒋余浩：《数字经济、参与式发展和技术路线可选择性——共同富裕战略的初步思考》，《开放时代》2023年第5期，第49—61+6页。

[35] 贾开：《"数字福特"与"数字后福特"——共同富裕视野下数字生产组织结构的再选择》，《开放时代》2023年第5期，第31—48+5—6页。

[36] 宋磊：《后发优势论的隐形结构及其中国意义》，《开放时代》2020年第6

期,第147—161+9页。

[37] 宋磊：《发展型国家论的研究传统与中国悖论》，《公共行政评论》2021年第2期，第1—19+228页。

[38] 路风：《光变：一个企业及其工业史》，当代中国出版社2016年版。

[39] Stat Counter, "Mobile Vendor Market Share Kenya Feb 2020-Feb 2021," https://gs.statcounter.com/vendor-market-share/mobile/kenya.

[40] The Times, "Huawei And ICT Authority To Provide Digital Training," *The Times*, Feb. 22, 2021 https://thetimes.co.ke/2021/02/22/huawei-and-ICT-authority-to-provide-digital-training-2/.

[41] 王维佳：《中国故事的讲法：展望后疫情时代的对外传播》，《对外传播》2021年第1期，第14—17页。

[42] 张慧瑜、陈昱坤：《中国式现代化的叙事体系与国际传播策略》，《对外传播》2023年第3期，第13—17页。

[43] 王洪喆：《中苏控制论革命与社会主义信息传播技术政治的转型：一项基于文献的历史比较》，转引自汪晖、王中忱编《区域》（第5辑），社会科学文献出版社2016年版。

[44] 李鸣生：《中国863》，山西教育出版社1997年版。

[45] 《邬江兴：将门之子"剑走弓弦"》，2015年12月16日，http://www.jiaxing.cc/Article/zhuantigushi/jiaxingyuanshi/2015/121D14520158145.html，2023年9月1日访问。

[46] 〔美〕E.M.罗杰斯：《创新的扩散》（第4版），辛欣译，中央编译出版社2002年版。

[47] 〔美〕E.M.罗杰斯：《创新的扩散》（第5版），唐兴通等译，中国工信出版集团、电子工业出版社2016年版。

[48] 〔加〕文森特·莫斯可：《传播：在政治和经济的张力下》，胡正荣等译，华夏出版社2000年版。

[49] 〔法〕阿芒·马特拉：《全球传播的起源》，朱振明译，清华大学出版社2015年版。

[50] 〔法〕阿芒·马特拉：《世界传播与文化霸权——思想与战略的历史》，陈卫星译，中央编译出版社2001年版。

[51] 陈卫星：《关于发展传播理论的范式转换》，《南京社会科学》2011年第1

期，第 104—110+117 页。

[52] 本书编委会：《大跨越——中国电信业三十春秋》，人民出版社 2008 年版。

[53] 《朱镕基上海讲话实录》编辑组：《朱镕基上海讲话实录》，人民出版社 2013 年版。

[54] 崔丕：《美国的冷战战略和巴黎统筹委员会、中国委员会（1945—1994）》，中华书局 2005 年版。

[55] Sanjaya Lall, "Understanding Technology Development," *Development and Change*, Vol. 24, No. 4, 1993, pp. 719-753.

[56] Franco Malerba, "Sectoral Systems of Innovation and Production", *Research Policy*, Vol. 31, No. 2, 2002, pp. 247-264.

[57] Sanjaya Lall, "Technological Capabilities and Industrialization," *World Development*, Vol. 20, No. 2, 1992, pp. 165-186.

[58] Dororthy Leonard-Barton, "Core Capabilities and Core Rigidities: A Paradox in Managing New Product Development," *Strategic Management Journal*, Vol. 13 (S1), 1992, pp. 111-125.

中国语境下 DTC 概念辨析与 DTC 模式的 4C 分析

张可玉[*]

摘 要 随着互联网社交媒体的进一步发展，DTC（Direct-to-Consumer）模式借助私域流量于近年来在中国的营销领域火热发展起来。但是学界尚缺乏对 DTC 概念的建构和意义辨析。同时，DTC 模式在实际应用中还存在简单化和随意化问题，需要进一步发展成熟。本文在对 DTC 社群的参与式观察和对相关行业人员访谈的基础上，拟运用 4C 理论对 DTC 进行分析，探讨中国语境下围绕 DTC 的诸多概念是否成立、DTC 模式是否具有优势、如何发挥其优势等问题。

关键词 DTC；私域流量；4C 理论；概念辨析；定性研究

一 引言

（一） DTC 的源起和发展

1. 美国医药领域的 DTC 营销

DTC（Direct-to-Consumer）意为"直面消费者"，"指由品牌商不通过中间商，直接向消费者售卖商品"[1]8。通过 DTC 模式触达的广告最早应用于美国的医药领域，"美国食品与药品局（FDA）提出的患者说明书（Patient Package Insert，简称 PPI）带来了 DTC"[2]。1982 年，FDA 废除了 PPI 法规，转而支持一项计划，该计划"允许药品制造商直接通过医生、电话、网站或印刷广告来替代性地提供额外的信息"[3]252，这些行为实际上发挥了广

---

[*] 作者张可玉，系北京大学新闻与传播学院硕士研究生。

告的作用。为了获得更好的营销效果，这种直接面向消费者的广告形式广泛应用于医药领域。FDA对医药DTC模式的宣传内容做了相对明确的规定，一些主要行业组织也对DTC广告表示了支持，药企大幅提升DTC模式的广告费用，将其他促销活动的预算转到了DTC上[3]253。

在美国医药行业的土壤中成长起来的DTC模式受到更多的政策影响，是在公域流量使用受限的情况下开辟私域流量的一种方式。在公共卫生方面，DTC模式的医药宣传同时也承担着普及健康知识、促进消费者了解药品使用方法的作用。

2. 中国私域流量的发展与DTC在其他行业的兴起

随着社交媒体的发展，DTC开始被应用于中国多种行业的品牌宣传中。DTC能够发展壮大，一是因为内容营销在互联网社交媒体上得以通过视频方式广泛开展，二是品牌方拓展私域流量①的需求增加。

很多学者认为公域流量价格的提高是企业谋求私域流量的原因和动机。丁俊杰认为，电商平台的垄断性使得平台上的企业难以有自己的主导权，只能服从平台的分配与管理规则，失去议价权[4]。当企业无法承受过高的平台服务费时，就不得不去开辟私域流量，实现和消费者的直接对话。段淳林认为："公域流量基本被垄断且价格日益攀升，使得其性价比急剧降低，迫使企业寻求更高效、更高性价比的导流渠道和工具。"[5] 李正良、韩利君认为："基于公域流量的痛点，企业需要培育可自主掌控的、用户关系私有化的私域流量。"[6] 公域流量价格的提高是私域流量大规模发展的背景之一，但这些学者的观察未从企业本身出发认识到私域流量对于企业发展一直以来的重要性。可以说，公域流量价格的提高倒逼企业开辟私域流量，但私域流量自身建立技术成熟、难度降低、价格降低也是其勃兴的重要原因。

3. 4C理论与DTC营销

中国语境下的DTC理论基底是薄弱的，很多学者跳过了DTC品牌这一概念能否建构的问题，直接走向了DTC品牌营销效果、方法等的研究。

要考察DTC的相关概念是否成立，就需要关注其是否具有特殊性。4C

---

① "私域流量"是一个相对于"公域流量"的新概念，指的是基于信任关系的封闭性平台上的流量池。公域流量代表的是流量思想，私域流量体现的则是用户思维。参见易艳刚《"私域流量"崛起?》，《青年记者》2019年第24期。

理论是由美国营销专家劳特朋教授在1990年提出的，与传统营销以产品为中心的4P理论①相对应，4C理论以消费者需求为导向，重新设定了市场营销组合的四个基本要素——消费者（Consumer）、成本（Cost）、便利（Convenience）和沟通（Communication）。它强调企业首先应把追求消费者满意放在第一位；其次是努力降低消费者的购买成本；再次应充分注意到消费者购买过程中的便利性，而不是从企业的角度来决定销售渠道策略；最后还应以消费者为中心实施有效的营销沟通。潘振将4C理论运用于我国医药营销领域，指出医药市场份额的不断提高、政策的转变和医药市场信息不对称的现状要求"以消费者为中心"的营销策略[7]。4C理论更有用户思维，更适用于对强调直面消费者的DTC概念进行分析。

（二）研究方法

本文采用网络民族志、参与式观察和访谈法。笔者选取了4个DTC微信社群进行了为期3个月的参与式观察，4个社群分别涉及美食、美妆、服装和商超零售，这些社群的品牌影响力都比较大，群内有专人利用企业微信进行管理，定期通过群聊、私信或朋友圈推送广告内容，社群运营成熟度和活性较高。同时，这些社群的用户数达到了100人以上（群组最多200人），用户基数较大，代表性较强。通过观察群内信息内容、品牌方与用户在群内的互动行为以及分析商家的朋友圈广告内容，笔者对目前DTC微信社群的运营情况有了较深刻的了解。

同时，笔者还对互联网广告业的相关从业人士展开访谈，了解了品牌在选择开展DTC营销时面临的市场环境。基于此，本文拟探讨中国语境下围绕DTC的诸多概念是否成立、DTC模式是否具有优势、如何发挥其优势等问题。

二 DTC流行的背景：公私域流量在中国的发展

（一）私域流量运用难度的降低

谈DTC不能不谈私域流量。品牌直面消费者的营销能够以稳定的方式重

---

① 4P即产品（Product）、价格（Price）、推广（Promotion）、渠道（Place）。

复开展，往往需要稳定的私域流量池。"私域流量的概念源于电商行业，通过多种线上平台，完成粉丝流量转化，可实现与用户直接对话，基于人际间的情感链接完成'信任变现'。"[8] 康彧指出，"私域流量的早期来源为购买+导入，流量多因各平台KOL/KOC吸引而聚集，后基于信任在微信个人号、企业号等私人性社交平台形成以信息传递方为中心的半封闭流量环"[9]10。与"私域流量"概念相对的是"公域流量"，"公域流量是指初次主动或被动参与到开放平台的内容曝光中的流量"[10]10，在电商环境下表现为具有较强传播力的各大开放性互联网媒体平台的流量。公域流量是各大品牌互相竞争的公共赛道，而私域流量则是品牌不被分享的私有资源，也就被贴上了"便宜""超前"等标签，但私域流量火热的原因真的仅仅在于此吗？

首先，私域流量并不便宜，私域流量的初期构建需要依靠公域流量进行转化，其构建和维护需要花费大量精力。从表面来看，私域流量依托信任关系，一旦一名用户进入品牌的私域流量池，品牌方就可以不断地进行广告触达，触达可通过朋友圈广告、微信消息等手段达成，比起公域流量一次触达、一次收费的获取流量方式，私域流量确实便宜许多。但要构建起一个私域流量池却是不便宜的，且私域流量的构建往往有赖于公域流量的转化。在发展前期，品牌依旧需要在平台上发布大量广告，以此获得"种子用户"，宣传费用并不便宜。再者，私域流量需要大量的后期维护，要始终保持流量池中用户的活性，以持续发挥其价值，这也需要长期的人力投入。所以私域流量并不一定比公域流量更便宜，价格并不是私域流量的突出优势。

其次，私域流量不是一个超前的概念，在过去品牌也希望获取私域流量，是互联网社交媒体的发展让品牌能够更轻松地建立私域流量。私域流量并不是一个新鲜的名词，会员制、熟人拉客其实都是一种早期的私域流量，只是构建和维护私域流量的难度大、成本高，即使建立也很难扩展到大范围，而只能呈现为地方性的、小规模的私域流量。而随着互联网技术的发展，通过线上邀请入群的方式就可以方便地建立起一个品牌门店的粉丝群体，通过线上聊天、网络支付、线上红包福利等方式，品牌方可以便利地向会员进行产品介绍、举行优惠活动以及达成消费行为。在口碑传播上，会员可以通过线上方式邀请其他会员，私域流量扩展迅速、便利。运用私域流量的难度降低了，品牌自然纷纷转向开辟私域流量。

（二）公域流量限制的增多

审核规则的不透明性和平台间壁垒的增加是品牌在利用公域流量时的主要痛点。笔者对互联网广告公司的从业人员进行了访谈，受访对象表示在帮助品牌方在短视频平台发布广告内容时需要在很多方面注意文字表达。一位业务负责人表示："对于因人而异的效果不能做大众化宣传，比如不能宣传化妆品有美白功效，而只能说让皮肤'透亮'了。"为了在规定之下获得宣传效果，短视频广告常常要利用"同音不同字""代替词"等来逃避审核，比如将"最"字换成"蕞"，将直播间称为"啵啵间"，将钱称为"米"，等等。这些对广告宣传语的限制还在进一步收紧，企业在利用公域流量时不得不寻求专业机构的帮助。甚至广告公司在研究审核规则时也常常碰壁，不得不花费较多精力和平台方建立私下联系以获取规则的最新信息。所以，品牌在运用公域流量时要花费大量精力和财力用于通过合法合规审查。相比之下，通过互联网建立的私域流量在广告宣传上具有更大的灵活性，较少受到合法合规审查的限制。同时，基于平台垄断的现实，品牌方利用公域流量时的竞争加剧，获得的流量池却在缩小，这也是品牌方开始重视私域流量的原因之一。

三 "DTC品牌""DTC广告"的概念误用

在学界和业界，目前涉及DTC的概念较多但释义不清，"DTC""DTC品牌""DTC模式""DTC广告"等存在误用、混用的情况，有待厘清。

概念是人类在认识事物的过程中，从感性认识上升到理性认识，对所感知事物的共同本质特点的抽象概括。在分析DTC的相关概念时我们首先要思考两方面问题。第一，如果以"直接触达"用户为标准来定义DTC广告或DTC品牌，那么这部分广告或品牌是否还存在其他本质共性，使其能够被抽象为一个学术概念？第二，这部分广告或品牌是否已经具有了相关的定义？这些定义在解释它们时是否力度不足，以使新概念的产生成为必然？

针对以上两方面问题，笔者认为DTC品牌、DTC广告都是不成立的概念,DTC 模式是较为准确的表达方式。因为 DTC 是一种营销的模式,而不是一种品牌或广告存在的样态,或者说即使某个品牌或广告运用了 DTC 的营销模式,其并没有产生与其他品牌或广告相比的特殊性。

(一)"DTC 品牌"是伪命题

是否有只使用"直接触达"一种方式来获客的品牌呢?答案是否定的。如前文所述,DTC 依托私域流量,其获客需要通过其他渠道流量的转化,所以一个品牌不会只使用 DTC 模式来触达客户,也很难真正存在所谓的"DTC 品牌"。目前,国货美妆品牌"完美日记"是被学界分析较多的所谓"DTC 品牌",杜若玄指出"完美日记"运用微博、小红书、抖音等平台的种草博文、笔记、视频实现了公域向私域的流量转化[1]8,这其实从侧面说明"完美日记"也充分利用公域流量资源获客,并无法被定义为"DTC 品牌"。推而广之,目前众多被冠以"DTC 品牌"之名的品牌都不成立。

(二)"DTC 广告"并无特殊性

以 DTC 模式进行投放的广告种类多样,在中国的语境下集中表现为微信平台的社交类广告。关于网络社交媒体的使用行为,伯克(Burke)等人将其分为一对一定向交流行为、一对多非定向广播行为和享用内容行为[10],而随着社交媒体电商功能的进一步扩展,电商经济行为也被纳入其中。根据微信的平台功能,品牌方可以通过群组、企业号、私聊、朋友圈、小程序等多种方式进行广告投放,主要表现为发布文字消息(一对一定向交流行为)、发布朋友圈图文内容(一对多非定向广播行为和享用内容行为)和应用小程序微商城(经济行为)。

文字消息一般采用播报或私聊的方式,由品牌方的运营人员定期发送给消费者,实现直接触达;朋友圈广告则通过展示的方式,对浏览到并对内容感兴趣的用户起宣传作用;小程序微商城则实现了由兴趣到购买的直接转化,而不需要用户再进入公域流量完成消费,缩短了营销的路径。根据对四个品牌(涉及服装、美妆、食品领域)的微信粉丝群的观察笔者发现:第一,群组中的文字消息主要是优惠活动的简报,简报中会添加祝福语、表情符号等吸引用户注意力;第二,朋友圈和群组中发布的图片、视频等内容来自品牌方在其他公域流量平台发布的内容,采用转发的形式再次发布,但是会在文案上呈现更强的社交互动性;第三,群组内的消息主要由品牌方的企业账号发布,消费者偶尔会进行互动。

由此可知,以DTC模式触达的广告具有多样态,且在广告呈现上与公域流量平台并无很大差别,且可以用社群营销、口碑传播等已有概念较好地概括,故尚无法提出"DTC广告"的概念。

四 话语纠偏:"DTC模式"的概念建构

通过以上分析我们发现,被广泛使用的DTC品牌、DTC广告其实并不能形成完整的概念。事实上,DTC是一种营销模式,称"DTC模式"较为可行。当然,"DTC模式"的概念同样应该建立在对上述问题回答的基础上。在DTC模式的概念之外,其实存在诸如口碑营销、社群营销、私域营销等概念。但在解释力上,它们的概念外延都不如DTC模式宽泛;在指涉最关键的直接触达用户这一概念上,它们都不如DTC模式精准。

首先,DTC模式的说法能够拓展概念应用的外延。从DTC的概念缘起来看,DTC一开始并不完全是营销领域的产物,而更接近一种知识普及方式,是美国政府为了让消费者了解药品的使用而采取的科普方式。广告营销领域并非DTC应用的唯一场域,将DTC定义为一种模式有利于将DTC概念迁移至更多传播场景中,而非仅仅局限在商业场景下。比如政府开展的直接面向民众的反诈宣传亦可以表达为一种DTC模式下的政策宣传。

其次,DTC模式的说法能够整合碎片化的营销术语。口碑营销、直接触达、社群营销、私域营销等营销用语与直接触达用户的DTC模式有相似性,也有不同,在用词上注重的维度并不统一,口碑营销指涉营销传播的渠道和扩大营销效果的方式,社群营销指涉营销场景,私域营销强调营销渠道。然而,这些名词在学术交流中一直被混淆使用,造成意义的误读。所以,在描述直接触达用户的这一营销方法时,使用DTC模式这一概念来强调渠道的直接性,能够整合较为碎片化的营销术语,也更便于在相同语义的基础上进行学术交流。

五　基于 4C 理论的 DTC 模式分析及发展建议

基于以上辨析，DTC 模式的概念更为合适。那么 DTC 是否可以解决品牌发展的困境？DTC 还应该在哪些方面发展提升？

在商品过剩和竞争加剧的背景下，品牌方想要单纯通过价格优势、增加推广和抢占渠道等方式来吸引用户，将面临高昂的竞争成本。同时，广告公司也发现消费者产生消费行为并不总是出于理性判断，诉诸情感成为品牌方在新的市场环境下竞争的新手段。这时，以产品为中心的 4P 理论在营销方面捉襟见肘，而以消费者为中心的 4C 理论则能更好地促进营销。

对于 DTC 模式而言，其面向消费者、注重人际关系的特征更适合运用 4C 理论进行分析。4C 理论中降低消费者成本、为消费者带来便利和加强与消费者沟通的理念，与 DTC 模式的优势不谋而合。基于此，笔者拟对直接触达用户的 DTC 模式进行 4C 分析，对 DTC 模式的未来发展提出建议。

（一）分析

1. 消费者（Consumer）

4C 理论中的"Consumer"（消费者）要求品牌方瞄准消费者需求，而非单方面提供商品。在大数据技术的驱动下，品牌方虽能通过平台投放精准定向的广告，但这些广告往往只能实现一次触达，其灵活性和可操作性依然十分有限。大数据的定向投放只实现了渠道定向、标签定向，尚无法实现创意定向、内容定向。曾琼、马源指出程序化广告"还只是一种基于广告产品的内容生产，而不是针对目标消费者的内容生产，更不是针对目标消费者个性化的内容生产"[11]。DTC 模式则能方便地为消费者提供个性化内容，在广告一次触达不成功的情况下快速展开第二次、第三次触达，提高交易的成功率。根据观察，品牌方在社群中发布内容后，如果有消费者对该商品不感兴趣但希望获得其他同类商品时，就会在群内询问是否有其他推荐，而品牌方可以快速搜寻其他商品来满足消费者的个性化需求。由此可见，DTC 模式在获取消费者需求和满足消费者需求方面，都有公域媒体营销所不具备的优势。

2. 成本（Cost）

4C 理论认为，面向消费者的营销要努力降低消费者的成本。虽然品牌方利用平台进行基于大数据广告的推送在一定程度上可以契合消费者的喜好，但大数据不是"全数据"，大数据的洞察也更多是"行为的"而非"情感的"，定向投放广告在了解消费者方面仍然存在困难。消费者在信息爆炸的环境下往往需要花费大量的时间成本检索需要的商品、了解商品的具体参数信息。DTC 模式则添加了更多人性化的因素，消费者可以和群组的管理员展开直接交流，快速了解商品。同时，将公域流量平台高额的广告费挪用到 DTC 营销后，品牌方也愿意提供更多优惠维护核心消费者，实际减少了消费者的购买成本。根据观察，品牌在粉丝群中发布的商品，一般拥有比其他渠道更多的优惠活动，且优惠使用方法更加清晰。DTC 模式可以降低消费者的金钱成本和时间成本，从而使消费者更愿意通过私域渠道购买商品，有利于进一步培养黏性和活性更高的私域流量池。

3. 便利（Convenience）

4C 理论要求品牌方注意消费者购买过程中的便利性。DTC 直接触达的特点为品牌方和消费者都带来了便利，并集中体现为商品信息的提前过滤和购买链路的缩短。消费者可以在 DTC 群组中看到被品牌方筛选过的优惠商品和热门商品，品牌方可以通过私聊为客户单独推荐个性商品，比起在公域流量平台进行搜索，DTC 模式的营销在信息获取上更加便利。同时，消费者获取商品信息后可以通过小程序链接直接下单完成购买，环节简单便利。

4. 沟通（Communication）

4C 理论强调以消费者为中心实施有效的营销沟通。通过 DTC 社群，品牌方可以充分利用社交媒体沟通的便利性直接与消费者沟通；消费者也可以直接在群组中反馈自己的需求，达成品牌方和消费者之间直接、高效的信息交换，而这正是品牌方在利用公域流量时需要花费较高成本获取的。

（二） DTC 模式发展问题及建议

1. 问题

笔者根据对四个 DTC 社群的参与式观察，发现 DTC 营销仍存在很多问题，往往只存在直接触达的形式，而不具备区别公域营销的实质，集中体现为只注重"拉新"而难实现"留存"和"转化"。主要表现在信息触达不畅、内容缺乏定向和用户定位不准上。

第一，信息触达不畅。笔者通过观察发现，虽然DTC社群内人数不少，但群组内的互动比较少，基本是品牌方单方面发布消息而无人回复。虽然品牌方通过DTC社群与消费者建立了直接的社交关系，但信息的形式呈现为单一的文字、图片，缺乏吸引力和互动性。同时，消费者能够采取设置免打扰、屏蔽等方式进行回避，相较于公域流量自动推送的广告模式，此种情境下的DTC模式的触达率可能更低。

第二，内容缺乏定向。由于私域流量开发的隐私问题和技术问题，其尚无法像公域平台一样抓取人群大数据并实施精准定向。所以DTC模式在对消费者进行内容定向方面存在局限，其仅仅能够在消费者询问具体商品时做到定向的内容投放，其余的信息则都采取统一群发，与公域流量平台投放的广告区别不大，并没有真正做到以消费者需求为中心。

第三，用户定位不准。"私域流量的底层逻辑是对用户关系的精细化运营"[6][43]，"私域流量需要实现由弱关系过渡到为用户创造价值的强关系"[12]，这意味着私域流量池内的消费者并不能被简单地"机械团结"在社群中，而需要品牌方有意识地通过各种营销活动强化DTC社群内的情感连接，从而建立起稳定而强大的认同感。然而目前的DTC社群只是单纯通过福利获客，在"扫码入群"后并没有认真培养消费者心智。

2. 建议

综上所述，从4C理论的四个方面来看，笔者认为品牌方运用DTC模式进行广告宣传比传统的公域流量营销具有优势，但是品牌在运用DTC模式的过程中容易出现简单化、随意化的问题，没有把获取的私域流量充分调动起来，也就无法真正发挥DTC的优势。

品牌方提升DTC的营销技能，不能只希求通过单方面的消息播报、朋友圈展示来触达用户。根据笔者的参与式观察，品牌方在群组内发布的优惠活动消息虽然运用了表情符号等来增强可读性，但受限于文字消息的展现形式，其依旧难以引起消费者的关注，这使得品牌方看似发布了很多消息，但实际被消费者认真阅读的很少。品牌方通过DTC渠道进行的优惠活动也比较单一，基本表现为发红包、价格优惠等，缺乏新颖的营销方式来使消费者和品牌方建立更紧密的联系。这要求品牌方更多地调动线上线下资源、丰富活动形式，增强与消费者的沟通交流。比如通过社群组织会员线下活动等，增强消费者与品牌、消费者与消费者之间的情感连接。

同时，也需要有更多的专业分析工具对私域流量的链路和转化成果进行多元化分析，使品牌方对流量池内的消费者能够有针对性地制定促活方案。虽然 DTC 模式缩短了品牌方和消费者之间的社交距离，提供了社交便利，但是多数品牌方并没有很好地利用这一机会来收集消费者的需求，在营销节奏上只是单纯地将公域流量的活动和营销内容转发至私域，而没有针对消费者的需求进行定制，发挥 DTC 和消费者直接沟通的优势。针对这个问题，品牌方应该利用社群的便利性定期收集消费者的意见，对种子用户进行访谈和回访，并根据不同社群的用户需求制定有针对性的活动，提高营销的效率。同时，DTC 社群应有意识地根据不同地区、不同门店做有针对性的活动推荐，增强精准投放的能力。目前，业界已经出现一些针对私域流量运营的数字化分析工具，能够实现设置用户标签和更多元的数据追踪及分析。但考虑到微信作为社交平台和交易平台的私密性，品牌方收集消费者隐私的合法性有待讨论。

六 结论

通过辨析可知，技术的发展和公域流量限制的增多，为私域流量和 DTC 模式的开展提供动机。DTC 模式本土化的过程中，存在概念的误用和混用，所谓的 DTC 品牌、DTC 广告的概念并不具有抽象的共同本质，也缺乏抽象出来的价值，目前并不成立，DTC 模式的概念则在外延拓展和概念整合上有更好的表现。在运用 4C 理论对 DTC 模式进行分析后我们可以发现，其在消费者、成本、便利和沟通四个方面比公域流量营销更有优势，品牌方可以运用 DTC 模式对自己的营销渠道进行补充。但与此同时，通过对行业的参与式观察我们也可以发现，中国的品牌在运用 DTC 模式进行营销时，存在简单化和随意化的问题，这使得 DTC 模式往往形式强于内容。这要求品牌方在运用私域流量时更加注重玩法的多样性，加强和消费者的交流沟通,并且需要更加专业的工具对私域流量的转化链路做精准化分析,这样才能将 DTC 的优势充分发挥出来。

参考文献

[1] 杜若玄:《DTC 品牌完美日记——基于社交媒体的内容营销分析》,北京外国语大学硕士学位论文,2022 年 3 月。

[2] Wayne L. Pines, "A History and Perspective on Direct-to-consumer Promotion," *Food and Drug Law Journal*, Vol. 54, No. 4, 1999, p. 489.

[3] Lawrence S. Silver, Robert E. Stevens and David Loudon, "Direct-to-consumer Advertising of Pharmaceuticals: Concepts, Issues, and Research," *Health Marketing Quarterly*, Vol. 26, No. 4, 2009, pp. 251-258.

[4] 丁俊杰:《公私流量的照妖镜》,《中国广告》2020 年第 1 期,第 93—94 页。

[5] 段淳林:《KOC:私域流量时代的营销新风口》,《中国广告》2019 年第 11 期,第 115—116 页。

[6] 李正良、韩利君:《从弱关系到强关系:私域流量中的用户关系新建构》,《现代广告》2020 年第 20 期,第 42—46+64 页。

[7] 潘振:《4C 营销理论在我国医药营销的应用研究》,河南大学硕士学位论文,2010 年 5 月。

[8] 赵哲超、郝静:《私域流量在环境传播预警系统内的"自我呈现"》,《新闻与写作》2019 年第 11 期,第 95—98 页。

[9] 康彧:《私域流量:概念辨析、运营模式与运营策略》,《现代商业》2020 年第 23 期,第 10—12 页。

[10] Moira Burke, Robert Kraut, Cameron Marlow. C, "Social Capital on Facebook: Differentiating Uses and Users," paper delivered to Proceedings of the SIGCHI Conference on Human Factors in Computing Systems, 2011, pp. 571-580.

[11] 曾琼、马源:《计算技术对广告产业发展的嵌入——基于技术可供性的视角》,《现代传播(中国传媒大学学报)》2022 年第 7 期,第 128—136 页。

[12] 喻国明、朱烊枢、张曼琦、汪之岸:《网络交往中的弱关系研究:控制模式与路径效能——以陌生人社交 APP 的考察与探究为例》,《西南民族大学学报(人文社科版)》2019 年第 9 期,第 141—146 页。

元治理：网络生态治理现代化的模式选择

罗坤瑾　许嘉馨[*]

摘　要　网络生态治理现代化是中国式现代化的重要组成。当前我国网络生态治理视角主要包括科层式管理、多主体共管、规制性严管等，科层式监管在时空"脱域"的 Web 2.0 时代存在不适的问题；多主体共管存在部门间及主体间的不协调；规制性严管重底线思维而缺乏预防疏导和软性约束。整体上看，我国网络生态治理长效机制不足。元治理理论在价值导向、现实条件、实践经验三方面适应我国网络生态治理现状。本文尝试从元治理理论出发构建以党的价值为顶层统摄，以政府部署为中层安排，互联网平台及行业组织、网络社群、网民个体等多主体各司其职的网络生态元治理模式。

关键词　网络生态治理现代化；网络生态治理；互联网治理；元治理

党的二十大报告中多次强调要推动形成良好网络生态，积极健康、生态良好的网络空间能为我国实现高质量发展、丰富人民精神世界、创造人类文明新形态提供更广泛的物质与精神动力。本文从剖析当前我国网络生态治理的主要视角出发，探讨元治理与现有治理条件的契合性，并提出元治理视域下我国网络生态治理现代化的发展模式。

---

[*] 作者罗坤瑾，系广东外语外贸大学新闻与传播学院教授、副院长；许嘉馨，系暨南大学新闻与传播学院博士研究生。
本文系国家社科基金一般项目"人类命运共同体视域下中国推动塑造国际传播新秩序的战略叙事研究"（项目编号：22BXW024）、广州市哲学社科规划 2023 年度课题"城市舆情治理在粤港澳区域协调发展中的作用与影响机制研究"（项目编号：2023GZYB51）的资助成果。

一　我国网络生态治理的主要视角及其困境

（一）科层式管理：传统管理存在短板

马克斯·韦伯认为对比其他管理体制，科层制有着显著优势，"精确、迅速、明确、精通档案、持续性、保密、统一性、严格的服从、减少摩擦、节约物资费用和人力"[1]296。当前我国网络生态治理思路在很大程度上延续了科层管理模式。如2020年7月，中央网信办发布《关于开展2020"清朗"未成年人暑期网络环境专项整治的通知》，强调属地管网治网。但在互联网发展过程中，从横向上看，互联网扁平、开放的赋权特质使得网络生态治理客体增多；从纵向上看，治理客体的时空分离与"脱域"使网络生态治理的层次愈加复杂。二者共同暴露出传统科层式管理运用于网络生态治理的局限性。

首先，互联网的赋权特质与扁平形态在横向上增加了科层式管理的对象，制约了科层式管理的运行效果。互联网的发展变革了人类的生产方式与交往方式，重塑了社会结构。网络社会不同于传统现实社会，现实社会中行为主体的行动及其相互关系存在客观的、明确的权力结构，网络社会尽管脱胎于现实，但网络空间中的行为主体呈原子化，这客观上弱化了现实社会权力结构在网络中的映射。网络社会的组成分为三方行为体：国家层面行为体、数字平台层面行为体及公众层面行为体[2]41。多元行为体共存于网络空间，现实社会自下而上的权力结构弱化，科层式管理对象增多，局部指向的科层式管理无法完全覆盖散点展开的网络生态治理，纵向的纯科层管理模式被应用于横向、扁平的互联网治理具有功能性不适。

其次，治理客体的"脱域"增加了科层式管理的维度，提升了治理复杂性。吉登斯在《现代性的后果》中用"脱域"概念阐释现代社会系统的变化，他指出："所谓脱域（disembeding），我指的是社会关系从彼此互动的地域关联中，从通过对不确定的时间的无限穿越而被重构的关联中'脱离出来'。"[3]18互联网催化了时空分离，是脱域加速发展的产物。网络行为主体从过往相对固定的社会关系中解放，"散落"的行动者通过互联网跨越时空限制相互连接，人的经济行为、社交关系、社会身份等都实现了从现实空间到网络空间的"脱离"。科层式管理虽然呈纵向结构，但受信息资源的不对等及管理资源的有限性制约，单一治理主体能够深入的治理层级与能够拓展的治理覆盖面仍然相对有限。可见，无论从横向主体层面还是从纵向维度层面，单纯的传统科层式管理都存在明显局限性。

（二）多主体共管：权责不清引发紊乱

我国网络生态治理的合作模式包括部门间协作与主体间协作，但两种模式在实际运行中都出现了一定的不协调。

从部门间协作看，当前网络生态治理涉及多职能部门，但整体来看职能交叉问题仍然存在，各子系统"单打独斗"多而齐抓共管少。以网络文娱治理为例，当前网络文娱领域组成多样、形式多元，形成了各类线上社群，且社群成员具有跨领域特征，在各类网络平台游移，借助平台功能满足特定需求，因此网络文娱领域治理必然涉及多个职能部门。例如《关于规范网络直播打赏 加强未成年人保护的意见》由中央文明办、文化和旅游部、国家广播电视总局、国家互联网信息办公室四部门联合发布，各部门都在其中发挥重要作用，但由于网络空间和新技术环境的特殊性，部门业务在具体的治理环节及治理领域容易出现交叉。

从主体间协作看，我国初步形成了中央网络安全和信息化委员会领导、国家互联网信息办公室（中央网信办）主导和协调、各级政府网络管理部门负责具体实施的互联网管理体制。[4]这样的制度设计保证了国家在网络治理中的整体把控，但正如前文所述，仅依靠国家力量对互联网施行治理几乎不可能实现，因此在实践中我国的互联网管理模式正走向政府、数字平台、社会公众多方共同参与的路径，但就实际效果来看，当前互联网多方共治模式尚不完善。其一，平台参与网络生态治理的制度、规则、标准等尚不明确，且治理客体对规则的普遍认同尚未完全形成。首先，平台参与网络生态治理的制度规则不够明确。如当前数字平台参与网络治理实践中常出现规则"朝令夕改"、处罚方式不统一的问题，这些问题本身易引发公众质疑，影响平台参与网络生态治理的稳定性与权威性。其次，平台参与网络生态治理的制度、规则并不为治理客体普遍认同。制度的有效贯彻离不开对制度、规则的普遍认同，这种认同包括对制度、规则及其价值理念的正式、非正式的认可，但当前平台参与网络生态治理容易受到质疑。如哔哩哔哩弹幕网设置了"小黑屋"这一面向全站用户的处罚公示平台，管理员视违规者情节严重程度给予其相应的封禁处罚并进行公示。但平台与用户间的矛盾始终存在，受封禁的用户质疑平台处置手段的合法性、标准的科学性，封禁期间付费项目的费用处置问题等也缺乏公平可行的方案。

其二，网络生态治理存量开发不完全，具体表现为当前缺乏权威且较独立的社会组织参与网络生态治理，同时公众参与网络生态治理的公共意识不足。首先，社会组织参与网络生态治理存在自主性与实际效力的双重不足。当前我国互联网相关社会组织多有政府背景，在有关部门要求框架内开展工作，如中国网络社会组织联合会的主管单位为国家互联网信息办公室。在实际治理工作中，真正的"一线"治理主体是互联网企业，但企业参与网络治理尤其是参与治理机制及治理规则建构的主动性和参与度又相对较低。同时，行业组织出台的声明、行业公约、自律准则等多为倡议性、引导性文件，缺乏具体可行的条款，进而缺乏实际约束效力。其次，当前公众参与网络生态治理的公共性思维不足。我国鼓励公众参与网络生态治理实践，设立了中央网信办违法和不良信息举报中心、中国互联网联合辟谣平台等面向公众的网络不良信息反映、举报途径。但以"饭圈"为例，举报常常成为粉丝群体清除"对家"观点的公权力武器，此时的举报行为背离了公共性，反而会侵蚀公共空间的信任基础，易引发潜在的道德忧虑。

（三）规制性严管：长效治理出现梗阻

当前我国网络生态治理多为事后治理与运动式治理，总体来看手段偏"硬"，长效治理机制与柔性引导机制存在不足。

第一，当前我国网络生态治理多为事后治理，缺乏事前引导与干预。2021年6月"为偶像打投倒牛奶"视频曝光后中央网信办集中开展"清朗·'饭圈'乱象整治"专项行动；2022年11月，"女教师上网课遭网暴后猝死"事件后中央网信办印发《关于切实加强网络暴力治理的通知》对网络暴力开展集中治理。毋庸讳言，网络生态乱象的爆发并非一日之功，而是存在较长的矛盾酝酿期，尽管运动式治理可以在短时间内取得明显成效,但专项整治依赖指令层层下达与行动逐级部署,在实践中常常"计划赶不上变化",滞后于网络生态乱象发展,整体行动较为被动。事前引导与干预的缺乏不利于解决系统性、整体性的网络生态治理问题,单点的、刚性的、运动式的手段很难实现标本兼治的治理预期。

第二,我国网络生态治理柔性引导机制不足。网络空间横向上存在多元主体,纵向上形成了复杂群体,网络生态状况在很大程度上是社会现实与社会心理在技术加持下的表征显现,网络生态治理若仅运用刚性手段消除表面乱象,不仅难以消除乱象之"根",更可能带来社会分歧深化乃至诱发对治理政策的解构性理解,降低公信力。日裔美籍学者弗朗西斯·福山(Francis Fukuyama)指出当代西方的身份政治问题,他认为身份政治是一种时代症候,社会中各个群体都认为自己的身份没有得到来自外部世界的足够认可,这种身份感演化为身份政治,群体间的诉求日益缺少公约数,最终走向个体原子化、群体极化、社会碎片化。[5] 互联网压缩了时空距离,为群体的形成与发展提供前所未有条件的同时也让矛盾暴露得更加明显。硬性的"封禁""关停"可能会诱发抵触心理,反而加速网络群体"想象的共同体"的巩固,不利于提升群体可渗透性及群体间可对话性。

总而言之,我国网络生态治理模式经历了科层式管理、多主体共管、规制性严管等探索,但尚未形成长期可持续的治理模式。当代著名马克思主义政治学家鲍勃·杰索普(Bob Jessop)认为在社会结构、社会矛盾日益复杂的当代,传统的治理模式面临失灵,治理过程存在竞争与合作、开放与封闭、责任与效率、政府权能与弹性四重困境。[6]79-80 也正是在此背景下,杰索普提出了"元治理"(Metagovernance)理论。

二 元治理理论与我国网络生态治理的契合性

杰索普将元治理定义为"治理的治理"(governance of governance)或"自组织的组织"(organization of self-organization),其目的是寻求治理体系、治理主体、治理方式的动态平衡。"元治理是为了克服治理失灵而进行的对自我治理的治理或自我组织的组织,追求科层制、市场和网络三种治理的协调。"[7] 元治理有制度和战略两个维度的主要功能:"制度上,它要提供各种机制，促使有关各方协调不同地点和行动领域之间的功能联系和物质上的相互依存关系。战略上，元治理促进建立共同的愿景，从而鼓励新的制度安排和（或）新的活动，以便补充和（或）充实现有治理模式之不足。"[8]

元治理理论最显著的特点是"将国家请回中心"，强调国家（政府）在治理中的中心地位。元治理理论认为，国家作为元治理的核心，应当在治理过程中担任治理主体间对话的组织者、治理制度与标准的制定者、具体治理执行的监督者。但值得注意的是，元治理不同于传统科层式管理，强调国家的中心地位与核心作用不等同于国家事无巨细、包办一切，而是由国家承担思想引导、制度设计、愿景构想等职责。"元治理包含以协商的方式促进直接自我管制的互动治理过程，没有颠覆官僚制的规则制定和必要命令。"[9]

党的二十大报告指出，中国式现代化是中国共产党领导的社会主义现代化，既有各国现代化的共同特征，更有基于中国国情的中国特色。我国网络生态治理现代化的路径选择同样基于我国现实国情，从元治理理论出发探讨我国网络生态治理现代化路径，是从价值导向、现实条件、实践经验积淀出发找寻科学的理论方向。

从价值导向上看，元治理理论的价值方向与我国社会根本价值导向一致，与我国社会治理体系发展方向一致。元治理理论主张国家地位的复归，其对国家中心价值的强调符合我国社会根本价值导向，与我国政策方向高度契合。"在过去的一代人时间里，世界政治中的主导趋势一直是对'大政府'的批判，以及尝试将各类事务从国有部门转移到私人市场或民间社会。"[10]iv 但显而易见的是，随着互联网走向基础设施化，网络治理的内涵与外延不断拓展，其边界甚至包括国家安全、反垄断监管等领域，因此不可能也不应当依赖市场与社会承担网络生态治理的重任。中国共产党是中国特色社会主义事业的领导核心，党的二十大强调坚持中国共产党的领导是中国式现代化本质要求的首要原则，网络生态治理现代化作为中国式现代化的重要环节必然坚持这一核心原则，元治理的国家中心价值与坚持中国共产党的领导具有内在呼应性。

从现实条件看，我国网络生态治理强调发挥各主体力量，而元治理在确保治理体系中国家影响力与控制力的同时并不排斥多主体参与，与我国网络生态治理思路存在一致性。前文已述，互联网的赋权特质、扁平形态、治理客体的"脱域"等加剧了治理复杂性，且网络生态状况反映了复杂的社会要素及社会心理要素，单一治理主体和单层治理模式难以覆盖所有领域，多主体参与是网络生态治理的必然道路而非特定选项。"网络治理是信息时代国家治理的新内容新领域，既与现实社会治理深度融合、高度关联，又有其自身特点和规律，照搬传统管理模式不行，依靠单一管理手段也不行，需要发挥各方作用、运用多种手段，提升全方位、多维度的综合治网能力。"[11] 元治理强调国家为其他各主体参与治理提供愿景目标、规则标准、对话平台等必要条件，而市场、公众等主体依旧存在于治理体系中，元治理试图达成他治与自治、权威主导与多元共管、硬性手段与软性调试之间的平衡，从而实现治理科学性、有效性的提升。因此，以国家力量为中心的同时统合多主体参与的元治理理论适应我国网络生态治理的复杂现实，切合网络生态治理需要。

从实践经验上看，我国网络生态治理的丰富实践为元治理理论的在地化发展提供了坚实依托。近年来，我国在网络生态治理领域进行了一系列探索，包括出台施行法律法规和政策意见、开展专项整治、实施技术监管、约谈企业平台、鼓励网民参与等。这些探索工作取得了实效，为网络生态的长效治理留下了宝贵的实践经验，而元治理设想的实现必然依赖具备实践经验与素质的"强政府"、"强平台"与"强公众"。总之，有效率的治理"强调主体间的良性互动，以治理能力的提升为战略任务，以实现善治为终极价值追求"[12]。丰富的实践经验将促成元治理模式的实现。

三 元治理视域下网络生态治理模式选择

（一）顶层统摄：党的价值引导贯穿治理全程

习近平总书记高度重视网络意识形态工作，强调"必须旗帜鲜明、毫不动摇坚持党管互联网"[13]。传统元治理理论的治理架构为政府主导、市场与社会参与，这是基于西方公共领域的公权力—政府、私权利—市场、社会权—社会三种不同的权力性质分析而产生的。[14] 我国存在与西方不同的国情，中国共产党是中国特色社会主义事业的领导核心，是中国式现代化、国家治理体系和治理能力现代化的领导者，中国化的网络生态元治理模式必然要以中国共产党为领导核心。

网络空间脱胎于现实空间，但强大的媒介属性又使其具备了潜移默化影响现实社会的能力。网络生态治理的核心目的之一是以科学、先进的理念为先导，强化网络空间的主流价值引领，实现全网向主流价值的"汇合"。因此，应加强培育网络生态治理各主体政治意识、价值意识，形成主流价值引导合力，在网络生态治理全过程贯穿主流价值。

参与网络生态治理及引导的主体主要包括各职能部门、主流媒体、互联网平台等。政府职能部门作为网络生态治理的主要行动者，应积极学习领会党的精神、价值、重大部署。《中共中央关于认真学习宣传贯彻党的二十大精神的决定》阐明了学习习近平总书记重要讲话精神应着重把握的几个方面，各部门应按文件要求，全面、准确、深入地理解内涵，把握外延，在实际工作中以党的思想价值为引领部署网络生态治理工作。主流媒体应继续深化媒体融合，实现"主力军"挺进"主战场"，将普遍性宣传与针对性传播结合，开设网上专题专栏，以接地气、动人心的新媒体产品着力弘扬主旋律、传播正能量，巩固壮大主流思想舆论。人民网开设"奋进新征程、建功新时代"专题，集中报道党的十八大以来党和国家取得的历史性成就及历史性变革；同时开设二十大新闻中心，搭建习近平系列重要讲话数据库，报道宣传覆盖会前、会中、会后全程。互联网企业应强化政治意识，利用技术优势、强化技术创新，在法律及制度框架下优化信息流通筛选与审核机制，提升辅助治理效率，为主流声音强化传播力、影响力、引导力和公信力提供辅助力量，维护网络秩序的规范性及有序性，辅助党的声音"飞入寻常百姓家"。

（二）中层安排：政府整体部署搭建治理框架

政府在网络生态治理元治理模式中处于中间层，扮演着规范者、推动者和对话组织者的角色。

其一，厘清治理制度。网络生态乱象的治理制度设计主要包括划清各职能部门的权责及厘清其他参与主体的能力，同时还应为网络生态治理确定制度标准与制度效力。首先，针对各职能部门权责划分模糊的情况，可对网络生态治理各环节、各工作领域进行整体梳理，对各职能部门权责进行明确界定。具体而言，对于涉及违法犯罪、危害国家安全的网络乱象，公安、国安等有关部门应当以法律为准绳对其进行严厉打击；针对网络文娱领域乱象，则更多需要广电部门、宣传部门乃至教育部门跟进引导；对于网络灰黑产业链，则需要网信部门、出版部门、市场监管部门等进行针对性打击。由于网络生态治理领域涉及范围广，乱象形态及危害程度差异大，因此需特别注重分层分类治理，各部门权责应当以制度形式明确。其次，网络生态治理制度设计应合理划分各主体能为。自2020年3月1日起施行的《网络信息内容生态治理规定》明确了网络信息内容生态治理的定义，针对网络信息内容生产者、网络信息内容服务平台、网络信息内容服务使用者、网络行业组织四大主体参与网络信息内容生态治理的责任义务、重点环节与重要工作做了安排。党的二十大报告强调，"必须更好发挥法治固根本、稳预期、利长远的保障作用，在法治轨道上全面建设社会主义现代化国家"[15]。网络生态治理作为国家治理体系中的重要一环，未来可继续从法律法规、政策性文件的出台与完善入手，逐步落实各主体参与网络生态治理的具体细节条款，明确治理范畴，提升治网水平。

其二，搭建对话平台。党的二十大报告提出"健全网络综合治理体系，推动形成良好网络生态"。元治理视域下网络生态治理必然有多主体参与并为提升治理效率而开展合作，但在治理过程中主体间也可能产生摩擦，因此不管是合作协调还是分歧疏导都需要由政府来搭建对话平台。针对当前数字平台等主体公共责任意识较为薄弱的问题，政府应当利用制度化的对话商讨、软性规劝、奖励引导等多手段、多方式强化参与主体的责任意识，保持开放、倾听、共赢的态度，维系良好的合作沟通以保证共识的达成，减少治理实践中的摩擦。在具体开展路径方面，可尝试建立网络生态治理主体学习网络，建立制度化、常态化的对话机制和交流平台，推进各方了解彼此认知模式、决策方式及行动逻辑，在相互沟通理解的基础上协作，强化主体间适应力及团结性。另外，还应利用好新兴技术，可由政府牵头搭建信息共享平台，促进信息资源的共享，提升治理效率，可"通过借助于计算机支持协同工作（CSCW）激发治理主体间的回应性、及时性、互动性，为治理资源的多层次、多领域、多渠道联动提供信息技术支撑"[16]，共同探索网络生态元治理模式的具体路径与方法。

(三) 基层共治：多元主体共治网络生态

网络生态元治理模式在坚持党的价值引导、政府整体协调统筹之外还需多主体共同参与。

第一，互联网平台及行业组织需以长期思维规划发展路径，发挥技术优势承担公共责任。活跃的数据资源是互联网平台发展的重要支撑，互联网给网民提供了讨论各类社会议题的线上空间，而争议性强的话题往往能持续为平台带来大量流量收益，因此平台在一定程度上存在对网络生态乱象的纵容乃至推波助澜的现象。在"清朗·'饭圈'乱象整治"专项行动开展之前，各种类型、不同体量的网络平台开设明星"人气榜""势力榜"等网络榜单，通过诱导粉丝消费、刷数据为偶像"打榜"反哺自身获利，由此引发出一系列"饭圈互撕"、恶意举报现象。互联网平台及行业组织应意识到网络生态的整体性特点，不健康、非理性内容必然挤占网民正常网络活动的空间，长期来看不利于平台发展。2022年"清朗"系列专项行动新闻发布会特别强调，专项行动的出发点和最终目的都是促进企业规范发展、健康发展、安全发展。在未来的网络生态乱象治理中，互联网平台应当认识到自身所负有的主体责任。平台履责是网络生态治理的重要一环，破除"唯流量论"，走清朗的、可持续的平台发展之路有利于企业行稳致远。互联网平台可发挥技术优势，在账号注册与管理、信息发布与审核、转发评论巡查、不实信息标记等环节建立完善且更科学有效的网络生态治理机制；针对重点任务、主要模块配备相应业务人员及主管人员，定期进行培训与考核；在法律政策框架内完善用户协议与平台规则，并且明确将更改告知用户，依法履行平台管理职责。另外，平台可强化横向联系沟通，学习借鉴行业内参与网络治理新经验、新手段、新方法。

第二，网络社群组织者或管理者落实主体责任，规范群组内信息发布行为，强调价值共识和软性引导。当前网络生态治理多从横向主体出发，纵向的圈层治理常被忽视。互联网时代人与人的沟通模式出现了根本性变革，基于共同兴趣、共同价值观的"志同道合者"能够结成多元的、流动的网络群体，其活动一般基于微信群、微博群等网络群组或贴吧、兴趣版块等社区论坛。对于这类纵向的网络社群，应更加强调其组织者或管理者的主体责任，如《互联网群组信息服务管理规定》明确了"谁建群谁负责""谁管理谁负责"。除此之外可尝试鼓励各社区论坛在通用的用户协议、平台公约之外基于自身特点科学编制一定的社区公约，规范线上社区成员行为，履行线上活动参与者的责任义务。同时，社群内部自治可利用好与社群成员间的情感认同性，从价值共识出发实现"软性"引导。法国社会学家米歇尔·马费索利（Michel Maffesoli）认为，互联网技术使得人类更方便地聚合，唤起了古老的部落模式，形成"情感部落"。网络社群是孤独的、原子化个体的连接，情感机制是线上社群形成发展的重要动力，互联网圈层化趋势可能引发网络巴尔干化，但运用好社群成员间的情感连接，积极寻求群体间价值共识正是当前网络生态治理的重要方面。正如马费索利的观点，"部落作为情感共同体的隐喻，可以共享价值观，并找回自身基本价值观"[17]。

第三，网民个体提升网络媒介素养，以积极行动维护文明有序的网络生态。媒介素养是当前所有网络公民的必修课。首先，网络媒介素养包括网民获取、选择、分析、评判信息的能力。网民在掌握各类新媒体技术的操作之外更关键的是利用新媒体手段获得更加平衡、多元、全面的信息，尤其在信息内容的转发、评论等再传播阶段网民应当更具责任意识。其次，网络媒介素养还包括网民生产、制作、发布内容的能力。网民是网络信息内容重要的发布主体，网民发布内容构成了网络生态的"底色"，个体在网络空间中应自觉遵守法律、规章制度、平台条款等的要求，理性参与表达讨论。实际上，媒介素养培育是一项全民性工程，在一定程度上甚至超越了网络生态治理的范畴，这也反映出网络空间与现实空间并非割裂的"平行时空"，而是相互反映、相互影响的"镜像"。建设清朗网络空间，维护良好网络生态的意识应当渗透进社会管理实践、社会教育实践、社会服务实践等方面，构建全方位、多层次的网络素养教育体系。

四 小结

网络空间已然成为人类生存与实践的新场域，网络生态构成的复杂性加剧了治理复杂性，但也开辟了探寻新治理模式的可能。网络生态治理元治理模式在价值导向、现实条件、实践积淀等方面契合我国国情，以党的价值为顶层统摄、以政府部署为中层安排、以多元主体为基层架构。该模式肯定国家在网络生态治理领域的权威地位与作用，同时以协商、协调、合作、共赢的方案鼓励多元主体在治理中发挥主动性。探索实现网络生态治理中他治与自治、国家与社会、权威与多主体、底线管理和柔性治理之间的平衡，为网络生态治理提供了更加灵活、包容和适应性更强的新范式。

乐观之余也应客观看待元治理模式可能存在的局限性。无论将元治理视为一种治理理论范式抑或治理行动模式，它都正处于探索与发展阶段。将元治理嵌入网络生态治理可能面临以下矛盾：以国家为中心的元治理观与互联网生态系统去中心化现实间的矛盾；治理主体公共利益追求与市场主体经济效益诉求间的矛盾；抽象性原则与操作性目标间的矛盾。

第一，元治理是强调政府中心的治理模式，国家在网络生态治理中发挥顶层设计、统筹指导、居间调节作用。政府管理统一、中心化、令行禁止的特征将在网络生态元治理模式中延续。与之相对，网络生态由复杂、庞大、去中心化的个人与组织网络构成，中心化的治理原则与去中心化的治理对象间存在矛盾。第二，网络生态治理元治理模式要求政府主体协调其他治理主体行动，本质上是将互联网产业链条上所有主体都视为潜在的治理主体并要求其追求公共利益。但以互联网平台为主的私营部门既是治理链条的重要组成，更具有强烈而明确的经济效益诉求，市场主体追求经济利益有时会与更广泛的社会价值观或公共利益相冲突，导致治理困境。第三，理论与实践间存在张力，元治理是一个相对抽象和理想化的治理范式，将元治理的原则融入或转化为切实可行的政策与行动是元治理框架实施所面临的关键挑战。

理论创新、方法迭代、政策配合是支持网络生态元治理模式更好发挥作用的可行方式。其一，通过跨学科理论创新强化网络生态元治理模式的理论基础，可以为理解和应对复杂的网络生态提供理论支撑。元治理是"对治理的治理"，其治理边界横跨政治、经济、文化、社会等各领域，有跨学科理论指导具体实践的现实需求。元治理模式的理论创新尤其应关注公共治理学、组织管理学、新闻传播学等学科的最新理论动态。还应深入行业一线，观察吸纳行业链条中各主体的价值观与运作逻辑，从实践中析出理论，增强元治理模式的适应性。其二，通过协作机制设计、数据驱动决策、动态反馈调整等手段不断实现治理方法迭代，增强网络生态治理元治理模式的灵活性。可鼓励建设包括政府、企业、行业组织、网民等主体参与的治理论坛与平台，促进经验分享、策略协商和共识形成；利用大数据分析与人工智能技术提升决策精准性与效率；建立灵活反馈机制，提升元治理的动态性与灵活性。其三，以政策支持为核心的能力建设与资源投入是网络生态元治理模式运行的必要条件。可通过制定和完善相关法律法规，为网络生态元治理模式提供法律基础和规范指导。另外也可强化人才培训和技术研发投入，为行业组织、社会团体及公众参与网络生态治理提供必要的支持和便利。

总而言之，网络生态元治理模式是对我国现有互联网生态治理框架的补充和创新。充分发挥元治理的优势则需要在实践中不断探索如何有效协调多元主体利益、确认治理主体间关系、确保主体间有效协作。这要求政策制定者、网络平台、行业组织、网民公众等网络生态治理主体密切合作与持续对话，为建立和维护开放、包容、清朗的互联网生态共同努力。

参考文献

[1] 〔德〕马克斯·韦伯：《经济与社会（下卷）》，林荣远译，商务印书馆2004年版。

[2] 罗坤瑾、许嘉馨：《网络内容生态的治理源起、逻辑与路径选择》，《中国编辑》2022年第4期，第41—45页。

[3] 〔英〕安东尼·吉登斯：《现代性的后果》，田禾译，译林出版社2000年版。

[4] 许鑫：《西方国家网络治理经验及对我国的启示》，《电子政务》2018年第12期，第45—53页。

[5] 〔美〕弗朗西斯·福山：《身份政治：对尊严与认同的渴求》，刘芳译，中译出版社2021年版。

[6] Bas Arts, Arnoud Lagendijk, et al., eds., *The Disoriented State: Shifts in Governmentality, Territoriality and Governance*, Berlin: Springer Netherlands, 2009.

[7] Bob Jessop, "The Rise of Governance and the Risks of Failure: the Case of Economic Development", *International Social Science Journal*, Vol. 50, No. 15, 1998, pp. 29-46.

[8] 〔英〕鲍勃·杰索普、漆燕：《治理的兴起及其失败的风险：以经济发展为例》，《国际社会科学杂志（中文版）》2019年第3期，第52—67页。

[9] 孙珠峰、胡近：《"元治理"理论研究：内涵、工具与评价》，《上海交通大学学报（哲学社会科学版）》2016年第3期，第45—50页。

[10] 〔美〕弗朗西斯·福山：《国家构建：21世纪的国家治理与世界秩序》，郭华译，上海三联书店2020年版。

[11] 盛荣华：《加快建立网络综合治理体系 全面提升治网管网能力水平》，《中国网信》2022年第3期，第3页。

[12] 程灏、胡志明、于蕾：《元治理视域下政府公共治理的行为逻辑与策略选择》，《领导科学》2017年第17期，第12—14页。

[13] 许先春：《加强党对网信工作的集中统一领导》，2021年3月6日，https://m.gmw.cn/baijia/2021-03/06/34665329.html，2024年3月23日访问。

[14] 郭永园、彭福扬：《元治理：现代国家治理体系的理论参照》，《湖南大学学报（社会科学版）》2015年第2期，第105—109页。

[15] 新华社：《习近平强调坚持全面依法治国，推进法治中国建设》，2022年10月16日，https://www.gov.cn/xinwen/2022-10/16/content_5718818.htm?eqid=fe9d369e0007ef8200000003646c0468，2024年3月23日访问。

[16] 张海洋、李永洪：《元治理与推进中国国家治理能力现代化的耦合逻辑及实现理路》，《理论导刊》2016年第9期，第13—17页。

[17] 许轶冰、〔法〕波第·于贝尔：《对米歇尔·马费索利后现代部落理论的研究》，《西北大学学报（哲学社会科学版）》2014年第1期，第21—27页。

·媒介、文化与美学·

失落的空间媒介：北京报刊亭的媒介生命史（1904—2022 年）

蒋 梅　李艾锶　张艺菲　王 艺　王洪喆[*]

摘　要　本文将报刊亭视为一种空间媒介，从政策管理、经营方式及功能定位等方面回溯了北京报刊亭的沿革历史，并展开实地调研，以此为例，致力于厘清报刊亭作为空间媒介在不同历史时期与国家社会的复杂纠葛。研究发现，在中国，报刊亭自诞生伊始便与公共性勾连，在发展演变中顺应国家诉求，不断更新着自身的空间角色，报刊亭作为一项公共基础设施，深植于社会和公共生活并随之流变，但公共性的空间特质始终未变。因此，仅从经济本位来探究报刊亭的兴衰是一种窄化的分析视野，报刊亭的消亡并非纯粹由媒介生态变革引发的经济后果，而是与城市空间的规划治理有着更深层的关联。并且，报刊亭的数字化转型背后折射的是关于现代城市发展的贫乏想象。

关键词　报刊亭；空间媒介；城市规划；基础设施

一　引言：作为空间媒介的报刊亭

长期以来，尽管空间作为一个基本维度始终存在于传播学研究中[1]，但媒介的空间化取向往往得不到足够的观照[2]。现有的相关研究过于强调媒介技术，局限于信息媒介主导的虚拟空间来探讨经由技术中介化的传播如何影响社会交往，剥离了扎根于物质地点的实体空间在传播互动中的重要作用[3]。

---

[*] 作者蒋梅，系北京大学新闻与传播学院硕士研究生；李艾锶，系北京大学新闻与传播学院硕士研究生；张艺菲，系北京大学新闻与传播学院硕士研究生；王艺，系北京大学新闻与传播学院硕士研究生；王洪喆，系北京大学新闻与传播学院长聘副教授。

由此，在传播研究中，我们亟须提升对实体空间的理论敏感度。传播通过媒介化实体空间，将静态的实体空间转化为活的关系空间，具备在地性的经验得以在其中生成[4]。换言之，实体空间在实践过程中生产着交往所必需的地方经验，这一共通的地方经验构成了以共情和理解为文化基底的公共交往的物质基础。因此，关注传播对于公共交往的重要意义，势必难以割裂其与实体空间的关系，这进一步意味着需要关注实体空间如何中介、引导和生成新的交往经验以及社会关系，即聚焦其作为"空间媒介"的行动与实践。

"空间媒介"最初是一个从社会批判理论和人文地理学舶来的概念，李耘耕将这一概念置于媒介与传播理论中重构了其认识论，提出了空间媒介的第三重进路，即一种实践面向的空间媒介论[5]46。尽管社会批判理论和人文地理学中的空间媒介概念都涉及实践的意涵，但空间媒介的第三重进路给予了实践以本体地位，将空间媒介视作一种"复杂的、处于生成之中的实践形态和关系网络"[5]。正如保罗·亚当斯所提示的，媒介不仅是技术本身，也是一个多行动主体构成的复杂异质的关系网络[6]53。

出于以上认识路径，本文尝试将报刊亭作为一个典型的空间媒介个案加以考察。邮政报刊亭是曾经活跃于各大街头的、以售卖报纸杂志为主的媒介基础设施，填充了大部分人日常生活的媒介消费，而今报刊亭却消失于大多数人的生活经验里。

目前关于邮政报刊亭消亡危机的讨论大多是从经济维度出发，许多观点将报刊亭难以为继的经济现状视作其必然走向消亡的征兆，以此否定其未来的可能发展。然而，将报刊亭视作单一的经济实体的认知方式制约了关于报刊亭未来可能性的想象，并遮蔽了报刊亭曾在历史发展中呈现的多种实践样态。张华在研究兰州报刊亭时就曾指出，围绕报刊亭的存废问题需放在城市与人的关系中来思考[7]。报刊亭作为嵌入城市生活的空间媒介，承载并勾连起了多重的主体间关系，并一度成为"公共生活的容器"[8]。

受空间媒介第三重进路的启发，研究将报刊亭①视作空间媒介，它并非以静止单一的方式存在，而是一种"关系性、连续性的实践行动"[9]，正是借助这一实践行动过程，报刊亭才能被建构起来并运行，继而塑造和改变

---

① 注：本文所指的报刊亭均为邮政报刊亭。

了空间关系。因此，本文尝试提出两个问题：（1）报刊亭曾经在历史发展过程中承载着哪些空间定位？（2）报刊亭的消亡危机是如何产生的？

本文在三个方面展开研究：以回溯新闻报道、政策文件等历史资料为方法介入具体的历史语境，结合对北京多个报刊亭的实地调研，试图围绕两大主旨讨论报刊亭的历史与现状。（1）打捞还原北京邮政报刊亭作为空间媒介在历史变迁中的各种空间实践，并分析其背后的形塑力量，尝试回答报刊亭曾是什么；（2）探讨报刊亭当下的消亡危机是如何产生的，关注它存续的必要性与可能性。本文试图突破原有报刊亭研究视野单向、线性的发展逻辑，以史观今，找寻报刊亭未来发展的路径启发，以报刊亭为媒介来探索恢复城市空间有机性的可能。

二　北京报刊亭的空间形态演变：从建设者到过时物

（一）前身：作为舆论造势空间的报纸档

报刊亭的前身可以上溯到清朝末期出现在香港的报纸档。20世纪初，正值清王朝摇摇欲坠之时，交错的政治光谱让香港成为各个党派的隔空笔仗之地。各党派纷纷开办报纸，抢夺舆论阵地。中国的第一个报纸档即1904年由《南华早报》为了扩大读者群而设立的。值得指出的是，该报纸的创办人之一谢缵泰是革命党人，其办报目的就是支持推翻清王朝的事业。报纸档的设立使得《南华早报》的销量显著增加，在创办之初就具有为反清思想宣传造势的作用。

1909年，当时的港英政府批准《南华早报》改建报纸档，其外观风格向现代报亭进一步靠拢。此后报纸档逐渐向中环闹市扩展，各党派舆论也借助这一围桌喝茶、看报谈报的媒介空间得以在香港街角流动[10]，香港的报纸档为中国报刊亭的前身，也由此成为香港街角舆论的造势空间之一。相较之下，内地的报刊亭建立晚得多，新中国成立前多以叫卖的流动报纸档为主[11]。

（二）设立：作为政治宣传窗口的报刊亭

中华人民共和国成立初期，将执政理念与政策方针传达给城市居民成为新政府面临的重要且迫切的任务之一。1954年4月25日，《人民日报》

第三版报道《北京邮局加强北京市报纸零售工作》:"今后北京报纸的零售范围将从原来市内部门邮局和三个报刊门市部扩大到全市……今后并准备在重要街道和公共场所设立报刊亭。"[12] 当时邮政事业的工作目标即在维护已有报刊发行渠道的基础上增设报刊亭来促进政治宣传。由此,作为邮政系统的分发末端,报刊亭所承载的政治宣传窗口意义得以凸显。这一时期的北京报刊亭由各区的邮政报刊零售公司直接管理,普遍实行承包经营责任制,即报刊亭上缴给邮政报刊零售公司一定的销售额度,其余零售额则归报刊亭经营者,遵循多劳多得的原则[13]。

1997年,北京市人民政府办公厅发布《北京市人民政府办公厅关于印发1997年市政府折子工程的通知》指出年底前建设100处邮政报刊亭是北京市邮政管理局的中心政治任务之一,继续强调报刊亭的非营利属性,指出其作为占领社会主义宣传文化阵地的重要作用[14]。但报刊亭在翌年投入使用后,便因部门之间的利益纠纷而遭遇强行查封或暴力破坏。对此,一些区的有关部门声称:"市里批的不管用,区里、街道同意了吗?占道费、掘路费市里都收走了,我们什么油水也没捞到。"[15] 这一冲突也暗示了在发展过程中,多部门介入报刊亭的建设也埋下了后期治理混乱的隐患。

(三)发展:作为就业兜底的安民亭与城市形象的文化亭

1999年,北京市文明办、市城市规划局等8个委办联合推行"'撤摊进亭'为老百姓办实事项目"[16],新建了800个报刊亭,彼时正值下岗工人潮愈演愈烈之时。20世纪90年代中期,随着中国社会转型和国企改制,数以百万计国企工人陆续下岗,如何减轻由经济转轨带来的社会动荡成为各地政府必须考虑的问题。

正是在此背景下,报刊亭被视为解决下岗职工再就业的重要空间。报刊亭的营收加上政府补助成为一些家庭的主要收入来源。2000年,中央文明办、建设部、公安部等部门联合下发《关于在全国城镇建设报刊零售亭的通知》[17],肯定了报刊亭拓展再就业渠道的社会功能,报刊亭也被群众称为"安排下岗职工的安民亭",报刊亭再次迎来了建设高峰[18]。随后,通过建设报刊亭来解决城市再就业问题、安置游商散贩成为常态,报刊亭也为下岗职工、特困户、残疾人等社会弱势群体提供了部分的就业兜底保障以及生计空间。

自1994年中国邮政系统开始市场化改革后，北京市报刊亭的营利属性逐渐凸显。2000年北京邮政报刊发行体制改革，各区的邮局报刊零售公司、邮政报刊亭等均由新成立的北京市报刊零售公司负责，实行自负盈亏的公司化管理，完全实行市场化、公司化的企业运营[19]。

虽然北京市报刊亭的营利属性逐渐凸显，但在重要时刻，报刊亭仍承载着展现城市形象的文化窗口意义。北京市报刊亭的数量在2008年奥运会前后达到顶峰，全市报刊亭约2500个[20]。

（四）没落：作为城区治理的客体空间

2008年后，政府对北京市报刊亭的强调逐渐转向了将其作为需要重点治理的对象。北京市报刊亭的数量经历了短暂的快速增长后，开始逐渐回落[21]。5年后减少到1484个，至2022年冬奥会期间，全市仅700余个报刊亭。根据国家邮政局自2010年起公布的邮政发展统计公报数据，2012年是全国报刊亭开始回落的时间节点，此后全国报刊亭逐年减少。通过梳理北京市16个市辖区的人民政府网站关于报刊亭的278条公开信息（2002—2022年），笔者发现2012年也恰好是北京市各区政府加大对北京报刊亭治理力度的分水岭。以2012年为界限，此前每年公开的有关报刊亭的信息数量都在10条以下，此后则基本在15条以上，具体变化如图1所示。

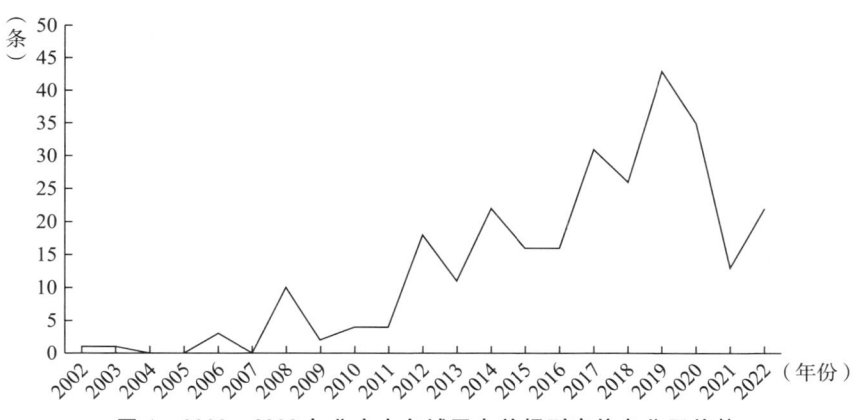

图1 2002—2022年北京市各城区有关报刊亭信息公开趋势

根据具体内容，可进一步将北京市各区政府关于报刊亭的公开信息细分为城区规划、经营规范与其他三大类别①（见图2）。

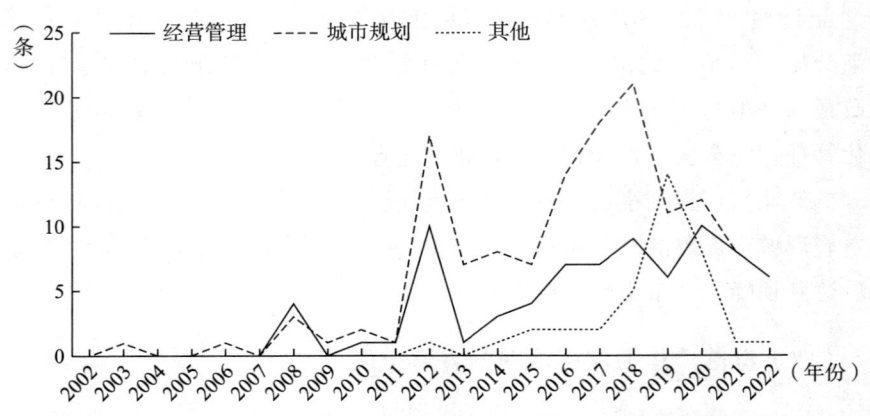

图 2　2002—2022 年北京市各区政府关于报刊亭公开信息的类型数量变化

如图2所见，2012年之后，北京市政府对报刊亭展开了重点治理，以城市规划为名的治理占据主导，其中尤为关注报刊亭的空间分布与对市容环境的影响（见图3）。许多报刊亭因占道经营、破坏市容等被整治或取缔，报刊亭的数量也因此总体呈下降趋势。

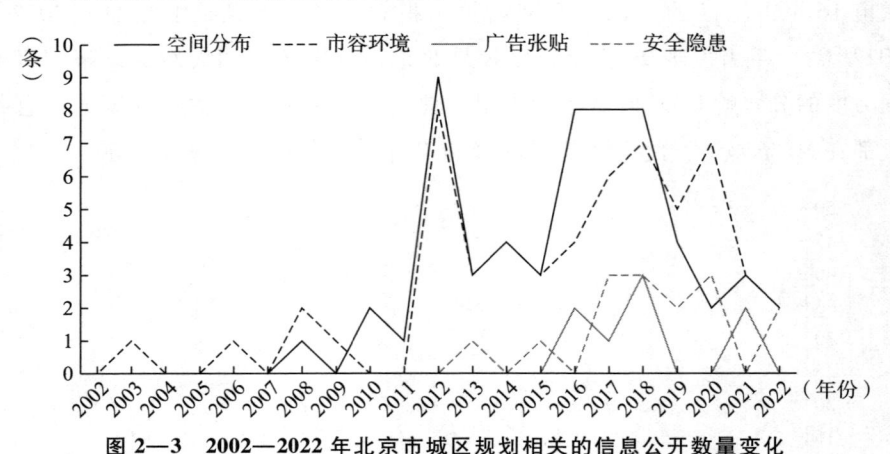

图 2—3　2002—2022 年北京市城区规划相关的信息公开数量变化

早期政府推进撤摊设亭的初衷是为民服务，其选址需经市城管局、街道办事处以及市邮政管理局三方许可，在前文提及的1999年发布的《关于在全国城镇建设报刊零售亭的通知》中也曾肯定报刊亭在美化城市环境中

---

① 注："其他"指仅仅提及报刊亭，内容无详细说明。

的积极作用。而在后期政府却以"还路为民""破坏市容"等为由拆除报刊亭,那么围绕报刊亭的官方叙事为何经历了从"为民服务"到需要"还路为民"的话语转变?

为此,本文选取了北京市的海淀区、朝阳区与丰台区这三个在报刊亭建设上分别具有文化、经济和人群特色的城区进行了实地调研,并与其中10位报刊亭摊主进行了半结构式访谈。

调研发现,这一话语背后反映了两方面的问题。一是围绕报刊亭的早期管理乱象。报刊亭的快速铺开是北京市政府针对下岗职工的扶持政策,申请经营报刊亭的主体需要满足一系列硬性条件,包括北京户口、"三无"(无工作、无保障、无住房)等,才能通过选址等审批事项。但鉴于发展时期报刊亭的利润可观,不少北京市民私下利用"走关系"来占据经营权再转让给他人。同时期大量外地人进京谋求发展机会,囿于报刊亭的审批条件,外地人只能通过直接经营者的转让来实现对报刊亭的经营。最初报刊亭的设立并没有明确的数量限制,在利益的驱使下,报刊亭在审批乱象中"遍地开花",选址并未得到谨慎考虑,导致后期城区规划治理的重点大多集中在占道方面。

二是政府在城区发展规划中并未将报刊亭作为必需的公共设施,也未考虑在新规划中为其协调位置,导致报刊亭与人行道产生空间冲突。这也是由于政府未能解决"报刊亭由谁管"的问题,建设报刊亭的主要部门是市邮政管理局、北京邮政总公司、报刊零售总公司与区县零售分公司,其中,报刊亭需定期向邮局缴纳定额的管理费,但报刊亭还同时受到多个监管部门的共同管理,由市政市容委、市工商局、市城管局等多个相关部门对其整治,多部门的治理介入与利益冲突反倒凸显了报刊亭作为治理对象的空间定位,其在城区规划中却几乎被忽视。

那么,在公众经验里,报刊亭从非营利性的公共空间逐渐转变为强调营利属性的经营空间,这种转变意味着什么?又带来了怎样的影响?

三 北京报刊亭的消亡危机产生:公共空间到赢利空间

(一)作为空间媒介的公共性特质

前文通过回溯北京报刊亭在发展历程中的各种空间形态及其背后特定

的社会历史背景,意在表明报刊亭作为空间媒介,以自身的在场曾勾连起政治、经济、社会、文化等多重性质的社会网络,并依据社会情境的变迁,从早先的政治互动空间逐渐转向服务于下岗职工的安民亭,再成为城市的文化窗口。

但如前所述,这些空间形态并非遵循纯粹线性的发展逻辑,而是在新旧力量交织共存的前提下,在不同时期交替占据着主导地位。在这一过程中,除了纸媒转型的影响,政府的作用依旧不容忽视。无论是发展初期把报刊亭打造为服务社会的建设空间,以报刊亭为媒介传递政治理念、扶持弱势群体,还是在发展后期将其视为被动的整治空间加以监管,政府的资源分配与管理介入始终处于主导地位。在发展历程中,报刊亭并不必然遵循市场经济规律的发展逻辑,而是在更广泛的意义上与社会发生着能动性的交集,通过为舆论造势、为民生兜底、为文化服务等媒介实践,形成了稳定的内在特质,即公共性。

调研发现,报刊亭以自身的在场介入了城市社会性的互动,编织着人与人之间的多元连接,即便渐趋没落,部分报刊亭仍旧依靠着建立起的熟人网络得以留存。调研发现多数摊主表示和熟客已建立起了多年的默契,熟客前来时,要么是自己拿报刊、直接付款,要么是摊主直接递出他们常买的特定报纸,这种人与人之间的有机关系赋予报刊亭在地性的发展韧性。

一些摊主还会借助微信等社交媒体来维持和发展熟人网络。这表明报刊亭在艰难环境中得以生存的重要原因是依托关系网络的维护。不仅如此,身处老年社区周围的报刊亭成了老年人的公共社交空间,一些老年人会聚集在报刊亭闲聊等打发时间,同时也会主动帮摊主招呼顾客、看店等。

(二)作为城市空间公共性萎缩的表征

如前所述,报刊亭不仅是"一个静态的物",更是"一项动态的筹划"[22],它的建设、发展与治理是在与其发生关联的具体实践中进行的。既然报刊亭是嵌入城市生活的空间媒介,那么关于北京报刊亭消亡危机的讨论就必然需要将其放置在北京城市生态变革的背景之下。

在北京,长期以经济效益为导向的城市建设思路促使报刊亭赖以生存的地理和人文空间双重萎缩,也主导了后期城区以报刊亭的空间问题为重点的治理思路。北京的城市化进程长期遵循着"见物不见人"的城市发展观[23]。这种城市空间的建设取向给报刊亭的发展带来两方面的影响。一方面，其在抑制街边报刊亭所需要的"流动的人"的数量的同时，也挤占了原有的人行道空间，使得报刊亭与人行道愈发容易产生空间冲突。因此，以"还路为民"的名义拆除位于人行道的报刊亭实则是转移了人行道与车行道的冲突。

另一方面，日趋封闭的住宅结构伴生着社会区隔，减弱了城市的包容性。在国家经济转轨的市场化时期，北京市的城市居住区从支持公共交往、向外开放的周边住宅模式逐渐转向了以居住生活为中心、排斥外部的居住小区模式[24]。城市住宅影响着人们的心理生活空间结构[25]，自我封闭的住宅结构催生了小区内外的分离视野，例如《北京市"十四五"时期城市更新规划》中对于公共空间的打造也是将视野放置在社区内部的闲置空间而非邻里社区之间，这也解释了政府为何曾试图将报刊亭整合到社区之内（尽管这一举措因遭到摊主的强烈反对而未能实施），社区之间通过合作协商来改造报刊亭的可能性被忽视。

（三）中国邮政系统的经济导向改革

作为邮政系统的分发末端，报刊亭面临的发展困境也是中国邮政系统的处境折射。中国邮政系统从建设初期以动员群众为主的公共取向逐渐被市场改革后的经济导向所取代，在剥离了报刊亭的其他属性后，在公共讨论中报刊亭的营利面向得以凸显并被视为其生存命脉。因此我们需要将报刊亭的主导属性转变与中国邮政系统的改革联系起来，借此考察报刊亭的主导属性从公共性转向营利性的历史动因。

源于抗战和解放时期获取军情、群众通信与政治宣传的需求[26]，从20世纪20年代起，中国邮政逐步确立了邮发合一制度，即报刊由邮政系统统一发行，基于信函业务建立起邮政网络，以邮政网络为技术展开方式将传播深入群众[27]。邮发合一制度是中共掌握舆论主导权的重要制度，在发展初期，邮政系统也处于"政企合一"的阶段，中国邮政作为"公用性企业"，向群众仅仅收取少量费用来满足自身的正常运转[28]，并每年都需要来自国家的补贴[29]，因此邮政业务的营利性并不在最先的考虑之中。

但改革开放前勉强可满足社会需求的中国邮政系统在 20 世纪 80 年代后逐渐难以支撑,以多地的"信件大积压"事件为转折,中国邮政系统的改革序幕被拉开。1994 年颁布"三定方案"实现邮电分营和政企分离,中国邮政进入市场竞争与自负盈亏的阶段[30]。经济利益逐步取代社会利益成为邮政系统发展的主导驱动力,报刊亭作为邮政系统的"神经末梢",围绕它的讨论在后期也逐步转向以经济利益为导向的发展叙事。

(四)数字化转型及困境

在经济叙事的逻辑下,被视为"传统过时物"的邮政系统、纸媒都将技术革新视为应对生存困境的救赎之道,政府推进报刊亭的数字化转型亦是遵循这一逻辑。围绕报刊亭转型的讨论大多将报刊亭等同于其所售卖的传统纸媒,进而将其发展症结粗略地归为技术革命浪潮下的转型困境,将技术视作看似唯一可行的解决路径。

北京城区管理部门在推进报刊亭数字化转型的过程中屡遭困境。例如北京大学东门的数字报刊亭在出现不久后便又被拆除,原因在于它忽视了报刊亭作为空间媒介的关系连接性。调研发现,部分数字设施将人置于技术的监控下,当被剥夺原有的自由时,报刊亭摊主自然也会反对。当数字报刊亭以"新奇""高科技"来标榜自身,变成仅供赞叹的景观媒介而非嵌入日常生活关系的空间媒介时,带来的不仅是审美同质化的问题,也消解了琐碎、繁杂的人际交流,而后者正是城市街区的生机所在。

因此,与其说人们对报刊亭本身仍有怀念,不如说人们对在现代性的冲击下无可奈何地走向瓦解与衰亡的公共生活方式怀有留恋。一味强调报刊亭的数字化转型,将其融入一套新的城市审美系统中,这类话语背后实际上是科技崇拜的逻辑以及政府各部门间的利益博弈,显然,转型后的数字报刊亭仍需要解决如何管理等问题,在转型的过程中必然面临着利益的重新"洗牌"。

四 讨论与总结

通过回溯报刊亭的发展历程,本文拂去了掩在报刊亭的多重空间性质之上的历史尘埃，意在表明报刊亭并不是一个稳固的、依据预先给定的逻辑而存在的空间实体，而是具有能动性的空间媒介。凭借其内在的公共性特质，报刊亭参与城市空间的社会生成这一过程，在此展开了多样的空间媒介实践，例如为舆论造势、为民生兜底、为文化服务等，其结果是建构起共存的空间形态。

进一步来讲，政府的资源分配与介入是报刊亭在中国的发展中占主导地位的力量。报刊亭作为经营空间的衰落不仅是纸媒转型的副产物，也是城市建设与规划的结果，即经济导向取代公共性取向占据主导地位的结果。国家在城市发展规划中未将报刊亭作为必需的公共基础设施，为其在新规划中协调位置，进而导致报刊亭成为空间的"侵占者"，这也是政府各部门在协同城市发展时利益博弈的结果。这种规划取向同时反映了中国社会特质的变化，即社会公共性和有机性的流失。因此，从某种意义上来讲，陷入困境的不只是报刊亭，更是城市生活的发展想象。铲车松动的不只是报刊亭的地基，更是曾承载着人们怀旧情怀的文化记忆空间，铲车也在将报刊亭所表征的社会有机性"连根拔起"。

目前，围绕报刊亭主要产生了两种话语实践：一种是陷入怀旧的文化想象，否定报刊亭变化的可能，试图把报刊亭固定在诗意的假象之中；另一种是讴歌技术的救赎神话，倾向于将报刊亭已有的社会实践"推光铲平"，将数字化的技术物凭空降落在具体的空间中，落入发展的线性思路。实际上，这两种话语实践都将报刊亭"束缚在静态的、僵化的角色期待"中[31]，否认了报刊亭能够基于自身的历史实践进行积极改变的可能性。

实际上，报刊亭作为"能动性的交集"[32]的空间，与社会始终是互构的关系，报刊亭在实践中像游击队一样"战术"活动，无论是成为老年人的社交空间还是借助社交媒体来维护熟人网络等，都在利用空间和环境的可能性和自由度，使其为己所用。报刊亭空间实践的现实"混杂性"也意味着空间的想象多样性，对其历史形态进行"策略性提取与创造性重构"[33]有助于消解对报刊亭的僵化设想，并以此为契机，为重新思考城市公共空间破碎化与社区隔离的问题提供基于实践的参照。

当然，报刊亭的能动性是在限制之下的自由，很难脱离政府、城市基础设施、纸媒等其他行动者的共同实践。客观来讲，报刊亭在亭体不洁、私改设施、无证经营等方面确实存在各种问题。但任何改造与转型都不能忽视报刊亭的内在特质，即以关系网络为载体所具有的包容性，比如为社会提供接纳他者的可能。因此无论是"原地踏步"还是向技术转型并不能从根本上解决报刊亭所面临的生存危机，只不过掩盖了城市建设过程中缺失的有机性。实际上，报刊亭在自主摸索中体现了自身作为空间媒介的韧性，报刊亭的未来发展也应基于在地性的媒介实践来思考，并以报刊亭为媒介来更好地想象城市未来的生活空间。

参考文献

[1] 陈长松、蔡月亮：《技术"遮蔽"的空间：媒介环境学派"空间观"初探》，《国际新闻界》2021年第7期，第25—42页。

[2] 李彬、关琮严：《空间媒介化与媒介空间化——论媒介进化及其研究的空间转向》，《国际新闻界》2012年第5期，第38—42页。

[3] 孙玮：《作为媒介的城市：传播意义再阐释》，《新闻大学》2012年第2期，第41—47页。

[4] 袁艳：《当地理学家谈论媒介与传播时，他们谈论什么？——兼评保罗·亚当斯的〈媒介与传播地理学〉》，《国际新闻界》2019年第7期，第157—176页。

[5] 杨家明、景宜：《媒介行为：认识"空间媒介"的"第三重进路"》，《新闻与传播研究》2023年第8期，第46—62+126—127页。

[6] 〔美〕保罗·亚当斯：《媒介与传播地理学》，袁艳译，中国传媒大学出版社2020年版。

[7] 张华：《空间媒介再造城市意象：第三空间视野下的报刊亭》，《现代出版》2023年第3期，第104—113页。

[8] 冯静、甄峰、王晶：《西方城市第三空间研究及其规划思考》，《国际城市规划》2015年第5期，第16—21页。

[9] 宋美杰：《非表征理论与媒介研究：新视域与新想象》，《新闻与传播研究》2020年第3期，第86—97+127—128页。

[10] 黄仲鸣主编：《数风流人物——香港报人口述历史》，天地图书出版社2018年版。

[11] 李凌达：《报刊亭：被赋权的文化符号对城市空间权力的争夺史（1949~2015）》，《中国出版》2015年第22期，第17—22页。

[12] 《北京邮局加强北京市报纸零售工作》，《人民日报》1954年4月25日，第3版。转引自李凌达《报刊亭：被赋权的文化符号对城市空间权力的争夺史（1949~2015）》，《中国出版》2015年第22期，第17—22页。

[13] 王家瑞：《中国邮政的报刊发行业务》，《中国邮政》1988年第2期，第18+17页。

[14] 北京市人民政府办公厅：《北京市人民政府办公厅关于印发1997年市政府折子工程的通知》，1997年5月5日，https://www.beijing.gov.cn/zhengce/zf-wj/zfwj/bgtwj/201905/t20190523_74276.html，2023年6月13日访问。

[15] 胡仲元、周迅：《救救北京的报刊亭》，《人民邮电报》1998年9月29日，第6版。

[16] 陈天俏：《北京72家报亭被拆追踪：空地已被无证商贩占领》，《人民网》2014年8月12日，https://news.china.com/zh_cn/domestic/945/20140812/18704175_all.html，2023年6月14日访问。

[17] 胡振民主编：《中央文明办建设部公安部国家工商局新闻出版署国家邮政局关于在全国城镇建设报刊零售亭的通知》，《中国精神文明建设年鉴》，学习出版社2001年版。

[18] 李凌达：《作为城市传播节点的报刊亭研究》，《新闻春秋》2015年第1期，第56—61+67页。

[19] 吕慎：《北京报刊零售公司成立》，《光明日报》2000年10月8日，https://www.gmw.cn/01gmrb/2000-10/08/GB/10%5E18567%5E0%5E5EGMA3-005.htm，2023年6月14日访问。

[20] 苑广阔：《该给报刊亭留一席之地》，《新华日报》2014年8月11日，http://media.people.com.cn/n/2014/0811/c40606-25443176.html，2023年6月14日访问。

[21] 赵嘉妮、饶沛：《白岩松：报刊亭应打造为城市文化地标》，《新京报》2015年3月13日，http://www.rmzxb.com.cn/c/2015-03-13/465061.shtml，2023年6月14日访问。

[22] Latour Bruno and Albena Yaneva, "Give Me a Gun and I Will Make all Buildings Move: An ANT's View of Architecture", *Ardeth*, Vol.1, No.8, 2017,

pp. 103-111.

[23] 袁野：《城市住区的边界问题研究——以北京为例》，清华大学工学博士学位论文，2010年10月。

[24] 〔美〕凯文·林奇：《城市形态》，林庆怡、陈朝晖、邓华译，华夏出版社2003年版。

[25] 尤欣：《中国邮政史上光辉的一页——纪念中华苏维埃共和国邮政总局诞生60周年》，《中国邮政》1992年第4期，第46+7页。

[26] 张欢、王洪喆：《革命与邮政：根据地时期的邮发合一制度研究》，《长安学术》2022年第17辑，第106—117页。

[27] 刘立、王志学：《中国邮政发展的机遇与挑战》，《技术经济》1998年第8期，第8—10页。

[28] 刘明光：《中国邮政的矛盾与发展》，《邮政研究》1996年第1期，第10—13页。

[29] 王开元：《走向市场的中国邮政》，《邮政研究》1996年第1期，第2页。

[30] 龚达才：《依法加强邮政行业管理——纪念中国邮政开办100周年》，《中国邮政》1996年第3期，第7页。

[31] Cooren François, "The Organizational World as a Plenum of Agencies", *Communication as Organizing*, Co：Routledge, 2013, pp. 81-100.

[32] 戴宇辰：《"物"也是城市中的行动者吗？——理解城市传播分析的物质性维度》，《新闻与传播研究》2020年第3期，第54—67+127页。

[33] 张志庆、刘佳丽：《爱德华·索亚第三空间理论的渊源与启示》，《现代传播（中国传媒大学学报）》2019年第12期，第14—20页。

从本体论到价值论：三维电影美学研究的视野转向与中国路径

苏月奂[*]

摘　要　近年来，三维电影美学研究在世界范围内完成了从本体论到价值论的视野转向。本体论作为国外三维电影美学研究的焦点在近百年间逐步深入和丰富，却因不断强化使用的经验法和理性法两种方法论局限于现象界而使得研究结果无法触及本质层面。而应对本质问题的胡塞尔现象学方法亦如中国传统哲学方法论，不具有普遍适用性并难以自证。方法论的不具足决定了三维电影美学纯粹本体论目前难以在哲学和科学领域里求解，这一困境在中国学界得到照应并发生转机。以人的身心健康为圭臬，以感性、德性与法性为逻辑路径的三维电影价值论美学研究成为中国学人开辟的崭新领地。其中，三维电影价值论美学研究非但不与本体论泾渭分明，反而可能相互蕴藉。

关键词　三维电影美学；本体论；价值论；方法论；中国路径

以提供三维空间体验为基本审美功能、具有不同程度沉浸性与互动性的叙事性影像称为三维电影，3D电影、VR电影和全息电影就是当前理论视域下三维电影的三种主要形态。3D电影已投入市场且发展较为成熟，VR电影正在萌芽并尝试进入市场，全息电影概念至善至美但其实现尚待时日。三维电影给观众带来超强的审美体验，自诞生以来关于其美学问题的讨论从未止息。其中，本体论是三维电影美学领域里最为核心而神秘的地带，

---

[*]　作者苏月奂，系青岛大学美术学院视觉传达系副教授、硕士生导师。
本文系教育部人文社科基金项目"感性、德性与法性：三维电影艺术三大元问题研究"（项目编号：19YJCZH141）和山东省社科基金项目"VR艺术沉浸机理及风险防控研究"（项目编号：23CWJ11）的研究成果。

很多学者从不同角度给出了答案。然而,方法论的局限决定了这些认识难以突破现象层面,无法照见三维电影本质真相。近年来,以满足主体身心需求为导向的价值论成为三维电影美学研究的视野新转向,本文旨在探察这一从本体论到价值论的视野转向及其内在哲学机制。

一 三维电影本体论美学研究的发起与演进

三维电影本体论美学问题主要发轫和兴盛于国外学界,相关文献在历次产业高潮期尤为丰富,研究也随三维技术与艺术的精进而愈加深入。

三维电影在其立体视镜时期就有本体论美学相关记载,奥利弗·温德尔·霍姆斯(Oliver Wendell Holmes)对立体视镜如此表述:双视线看事物使我们虽用眼睛,但就像用胳膊、手、拇指和指尖,然后知道它不止于表层,立体视镜使表层看起来是实体[1]。20世纪50年代,三维电影在摆脱了基本的技术掣肘后,初步完成立体视镜与电影长叙事的结合,迎来第一个市场黄金期,美学理论界再次对其发起关注。约翰·A. 诺林(John A. Norling, 1953)记述说,第一个立体电影系统在1893年由威廉·弗里斯-格林(Willian Friese-Greene)发明,它的两张底片分别放在两个镜头之后,正片被并列投放在屏幕上,再通过笨重的、仅允许每只眼睛获取为其准备的一幅图片的立体视镜观看[2]。三维电影在这两个时期还极不成熟,其本体论美学研究也只停留在感性描述的初级层次。

20世纪90年代,乔纳森·克拉里(Jonathan Crary)的著作《观察者的技术:论19世纪的视觉和现代性》(Techniques of the Observer: On Vision and Modernity in the Nineteenth Century)问世,三维电影本体论美学研究从此进入一个全新阶段。克拉里打破图像中心主义的媒介史研究常规视角,代之以分析观察者的历史构成而重新评估视觉的现代性,将立体视镜定性为现代性视觉装置。他所谓的"现代性视觉装置"是指肇始于19世纪基于生理光学的、非再现的、主观的、内化于身体的观看工具,其中眼睛与装置之间是换喻关系,即两者是同一操作平面上相邻的仪器。其与17—18世纪依靠几何光学的、再现客观世界的、排斥身体的隐喻式观看工具截然不同。他进而得出结论,立体视镜就是媒介史上表现可触知性和视觉性断裂的一个重要文化场域,其立体感的形成是观察者的身体、装置与图像共同作用的主观事件,是众多碎片元素在眼睛里重组而成的错觉[3]116-136。克拉里的这部著作独辟蹊径,颠覆了对立体视镜"逼真""写实"的常规论断,成为之后三维电影本体论美学研究无法绕开的经典。

21世纪,以《阿凡达》(2009)上映为序幕的三维电影第三次大潮蓬勃兴起,三维电影本体论美学再次成为学界热门话题,国内外学者依据不同的理论、视角和目的展开研究。

雷·佐内(Ray Zone)和詹斯·施罗特(Jens Schroeter)从克拉里的理论出发,延展出不同的认识。佐内参照克拉里的观点考察立体影像生产装置,通过分析现代图像深度感制造的演变过程揭示三维电影与现实物质的形式与模子关系,指出三维电影立体感的虚幻本质[4]78-85。施罗特对比克拉里的观点,梳理从达盖尔到现代三维影像的发展史,阐明不同立场。他觉察到,福柯的《词与物》在对中心的经验主义解剖中区分了现代和古典,重新发掘了断裂,三维影像的发展历史不是突变的,而是根据与视觉媒介演进平行存在的光本质的不同假说——几何光学、波光学、生理光学和虚拟光学。他继而断言,光学和视觉媒介现代性的标志之一就是前三种光学都重复和重新结合在虚拟光学中,其特点是唤醒触觉。其中,几何光学把光本质描述为一束线性光,19世纪一种类似水波的横波阵面的光本质说兴起,他认为这不是断裂而是不相容于几何光学的实验发现[5]4-56。

米里亚姆·罗斯(Miriam Ross)的著作《三维电影:视觉幻象和触觉体验》(3D Cinema: Optical Illusions and Tactile Experience)开辟了三维电影本体论美学认识的另一视角——观众和银幕关系。罗斯赞同托马斯·埃尔塞瑟(Thomas Elsaesser)从媒介考古学角度对立体视镜的定义——"一种不同的心理影像"[6],更接受詹妮弗·M.巴克(Jennifer M. Barker)的触觉概念[7]。巴克认为触觉不仅存在于皮肤,更分布于身体内部的各个地方,左右着观众观影的沉浸和灵感生成。罗斯由此推论,三维电影具有一种超触视觉性,包含视觉幻象和触觉体验。在其视觉幻象中,事物时常极其切近却了不可得并与一个有厚度和触感的视觉领域结合,形成一种新现实主义特点。三维电影给人在场感的立体视觉甫一产生就因其深度幻觉的脆弱性而受到质疑,但罗斯辩护说,电影本身就带有表现性,并非直接复制现实世界的视觉程序，立体深度技术使电影同时传达给观众幻觉和可触感[8]1-46。

上述三维影像本体论美学研究以认识为首要目的，近几年为创作实践服务的本体论也流行起来。克莱德·朱扎（Clyde Dsouza）曾从影像创作角度提问："三维是一种工具还是新的叙事媒介？"[9]27 文莱大学刘勇（Yong Liu）的三维影像叙事研究遵循对影像本质的界定，他在三维影像本体论美学方面的主要成就是针对齐格弗里德·克拉考尔（Siegfried Kracauer）"物理现实的挽回"[10] 提出了"感性超现实的重建"，主张立体视镜实现了一种超现实主义。他还对比二维影像"平帆布"意象，将三维视觉原理复现为"椭圆形球体"模型。其中，屏幕（作为零视差）插在正空间（正视差）和负空间（负视差）之间，在为其划定界线的同时也提供联系，赋予正空间以无限深度，留给负空间以有限的凸起。他根据这一模型归纳说，当下三维影像与在之前三维影像热潮中占主导地位的"凸出效果"决裂，展示了一种注重负空间叙事的"回归美学"范式[11]1-75。

国外三维电影本体论美学研究历史久，成果丰硕，而国内研究相对滞后。国内第一部三维电影诞生于1962年，介绍立体电影的文章从1929年就陆续见刊，但这些文章只涉及浅层问题[12]，正式的三维电影美学研究文献集中出现于《阿凡达》上映之后几年间。《北京电影学报》和《当代电影》于2009年分别刊发胡奕颢和李相的同名文章《3D电影美学初探》，呼吁重视三维电影美学研究[13][14]。之后，大量相关期刊文章面世，著作迄今只有邱章红的《深度之美：3D电影美学视野》（中国经济出版社，2016）。这些研究大多着力于三维电影美学特征的挖掘和分析，极少触碰本体论问题。中国三维电影美学研究从2018年开始热度大减，李迅于次年发表文章《3D电影美学初探：一个中国理论视角》，总结和评价了前几年的相关研究成果。

李迅对国内2019年前的三维电影美学研究做了全面的否定，认为其共同点是"对世界3D电影研究的发展和众多文献知之甚少，而基于创作实践或实验的研究大多视野狭窄，比较肤浅"[15]。他的批评虽不乏偏颇，但在一定程度上反映了此前中国三维电影美学研究存在的短板。此外，他参考部分中外文献及作品，概括了"凸显美学""银幕平面特写""深度美学""对比美学"几种三维电影美学维度，并由"沉浸"的共同追求重提创建吸

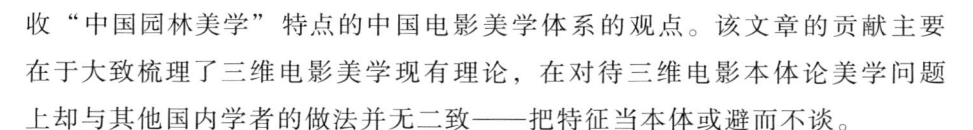

收"中国园林美学"特点的中国电影美学体系的观点。该文章的贡献主要在于大致梳理了三维电影美学现有理论,在对待三维电影本体论美学问题上却与其他国内学者的做法并无二致——把特征当本体或避而不谈。

国外学界对三维电影本体论美学研究建树颇多却莫衷一是,中国学者对这一哲学美学问题则似乎讳莫如深,此问题至今悬而未决。

二 三维电影本体论美学研究的困境与转向

三维电影本体论美学研究在国外随着相关技术和艺术的精进而逐步深入和丰富,然而其答案并未因此显现或清晰。这主要因为国外学界忽略了对研究这一问题的两个关键的哲学考问:一是三维电影本体论美学研究的终点何在,二是到达终点的方法论是否可靠。

以上三维电影本体论美学研究基于不同的目的和功用展示出两种迥异的终点指向。朱扎和刘勇等人以创作实践为标的来认识三维电影部分本体,取其形而下之用辄止,终点就在现象界。克拉里、佐内、施罗特和罗斯等人的研究以纯粹认识为动机来探求三维电影终极本体,力图到达康德超越现象界的"物自体"和柏拉图感性经验之上的"理念",或者是打破表象与本质二分法思维的某种境界。如果称前一种研究为"三维电影实践本体论",后者则为"三维电影纯粹本体论"。

三维电影两种本体论美学研究的不同特点和诉求可以在柏拉图的"洞穴喻"①中寻找阐释。在"洞穴喻"中,事物分为影子和真相,囚徒亦分为被囿于洞穴的人和走出洞穴的人。三维电影即为一种"影子事物",是囚徒们为丰富生活而发明的"影子高科技"。三维电影实践本体论与"影子知识"对等,是囚徒们为制造"影子高科技"而寻获的"影子规律"。三维电影纯粹本体论作为"世界真相"的隐喻,是少数囚徒向往的"真实之境"。"影子知识"至多可算作部分真理,"世界真相"才是终极真理,两者的真

---

① 在洞穴中,世代被困于此的囚徒认为影子世界即为真实,他们认识和改造影子世界,直到某天有一囚徒偶然转身走出山洞目睹了五彩斑斓的世界真相,世界本体论和认识论都受到前所未有的冲击。参见柏拉图《理想国》,郭斌和、张竹明译,商务印书馆1986年版,第272—276页。

实程度不在一个层面。同理，虽然三维电影实践本体知识可以径直被应用于其技艺的优化提升，但其纯粹本体论的终极本体才是哲学意义上的至高追求。

三维电影两种本体论美学研究终点高低殊异，从理论上来说也对应着迥然不同的方法论。然而，纵观由远至近的诸多三维电影本体论美学研究，其方法论基本不超出经验法和理性法范畴。经验法和理性法大兴于17世纪的英国和欧洲大陆，曾极大推动近代西方哲学和科学的飞跃并仍主导着当代的哲学和科学研究，彰显了巨大的精神和物质生产力。经验法和理性法基于人所熟悉的感觉和思维，是同在现象界的三维电影实践本体论美学研究的有效方法，就终点超出现象界的纯粹本体论美学研究而言则并不可靠。

人类在追寻世界终极本体的过程中早已对一般认知方法论产生怀疑。古希腊时期，柏拉图在"洞穴喻"中试图击破人类对感性和理性认识能力的盲目自信，赫拉克利特甚至自毁双眼以对抗感官的"欺骗"。西方近现代哲学家希拉里·普特南（Hilary Putnam）的思想实验"钵中之脑"① 和中国成语"盲人摸象"② 也与之异曲同工。在"钵中之脑"实验中，大脑对世界的感知和日常经验的建立源于一台超级计算机的捕捉和输入，其所知与客观世界关联不大。在"盲人摸象"中，众盲人对大象的触摸实实在在，其知识却与大象真容相去甚远。这些案例揭示了人类一般认识方法的局限及其对获知绝对真理的无效。方东美说："康德认为，一切可能的科学知识都是以感觉经验为基础，再发挥成理性的秩序。但是那个理性的秩序不管怎么样发展，还是局限在现象界里面。"[16] 91

经验法和理性法在认识现象界的过程中被演练得愈加纯熟，却无法突

---

① "钵中之脑"是普特南提出的一个假想实验。在实验中，一名邪恶的科学家将一个人的大脑取出，浸泡在营养钵中维持其生存，并将其与一台超级计算机相连。超级计算机可以抹掉大脑中的手术记忆，也可以捕捉到大脑所想，并向大脑输入相应的电信号，使大脑认为一切真实发生。参见希拉里·普特南《理性、真理与历史》，童世骏、李光程译，上海译文出版社2005年版，第6—26页。

② 成语"盲人摸象"出自《大般涅槃经》第三十二："譬如有王告一大臣。汝牵一象以示盲者。尔时大臣受王敕已。多集众盲以象示之。时彼众盲各以手触。大臣即还而白王言。臣已示竟。尔时大王。即唤众盲各各问言。汝见象耶。众盲各言。我已得见。王言。象为何类。其触牙者即言象形如芦菔根。其触耳者言象如箕。其触头者言象如石。其触鼻者言象如杵。其触脚者言象如木臼。其触脊者言象如床。其触腹者言象如瓮。其触尾者言象如绳。"

破并触及本质界，无力到达三维电影纯粹本体论美学研究的终点。不论是克拉里的"分析观察者的历史构成"、佐内的"考察立体影像生产装置"、施罗特的"梳理三维影像的发展史"，还是罗斯的"从观众和银幕关系的视角"，从方法论上来说都还停留在"盲人摸象"的层面。他们由此所得出的结论既缺乏实践性又难辨真理性，与三维电影终极本体没有必然联系。既然如此，三维电影纯粹本体论美学研究是否存在可靠的方法论？

人类既已对经验法和理性法的适用范围有所反思，也求索过超越性的认识方法及其应用。在"洞穴喻"中，有人偶然转身走出山洞发现了世界真相。在"盲人摸象"中，若盲人机缘巧合之下恢复视力即可瞬间洞悉大象全貌。胡塞尔创立了"走出山洞"和"恢复视力"的方法，即哲学上继经验法和理性法之后的第三种方法论——胡塞尔现象学方法，来应对本质问题的研究。胡塞尔使用这种方法探寻意识现象的本质，其基本思路是悬置争议，中止判断，只从有绝对把握的地方入手，设法找到绝对自明的开端[17]150-160。胡塞尔现象学方法为寻究三维电影纯粹本体论带来曙光，然而这种方法自胡塞尔之后就被束之高阁。

无独有偶，中国传统哲学方法论也有相似的旨趣。禅宗重视通过"顿悟"而"明心见性"，唯识宗摒弃"比量"推崇"现量"以达到"正遍知"。方立天曾言："也可以把般若直观称为本质直观，即是直接契合无主宰、无实体的本质（空）的直观。这种直观把本质归结为空，可知本质直观也就是空观。"[18]1038 道家有"致虚极，守静笃"（老子的《道德经》第十六章），还有"为学日益，为道日损，损之又损，以至于无为，无为而无不为"（老子《道德经》第四十八章），都强调摒除杂念以求大道的敞开。儒家"格物，致知"（《礼记·大学》八目）中"格"的解释不外乎指向内心的"格除，放下远离"（王阳明、印光）和指向外物的"穷究，拿起研究"（程朱理学），后者富有现代科学精神[19]，前者则又汇入佛、道的"空"和"损"指向。而不论是"空""损"还是"格除"意义上的"格"，都呼应着胡塞尔现象学方法的"悬置""中止"。

与胡塞尔现象学方法境遇相似，中国传统哲学的上述方法论也无法普传。上述方法论与"洞穴喻"中的"走出山洞"和"盲人摸象"中的"恢复视力"同为"偶然"和"机缘巧合"下的小概率事件，对普通人来说皆是理论上的假设而非实际上的可能，即便有人意外掌握了这些认识方法洞察事物本质也难以向世人证明。在西方哲学中胡塞尔并未告诉世人如何拥有本质直观的能力，中国哲学倡导经由人格修养达到这种境界，这在科技主导的当代却显得南辕北辙。中国高僧、高道和君子亦不能用科学方式推广自己的经验，因而其经验只能被划入无法证明和证伪的信仰领域与科学、哲学分道扬镳。胡塞尔现象学方法同样只是一种理想形态，所以三维电影纯粹本体论美学研究目前找不到具有普遍适用性的方法论。

国外三维电影纯粹本体论美学研究在经验和理性的方法论制约下仍然徘徊在现象界，更为根本的是这一命题本身由于研究终点和相应方法论的超脱而陷入科学、哲学与信仰的错层中。三维电影本体论美学研究置身科学、哲学国界却只能在信仰领域寻找道路，但在信仰领域具体事物本体论问题与世界的本源和人性的升华等全人类问题相比根本不值一提。邱章红在探讨"建构3D电影美学理论的可能性"时也提及，"这里我们没有必要讨论'电影是什么'之类终极性的问题，而是将之继续悬隔于'元电影理论'层面，集中讨论一些中等层次的问题，如电影观众、视觉风格的规范化选项……"[20]4 国外三维电影本体论美学研究陷入僵局，而其中也孕育着整个研究的转向。

三　三维电影价值论美学研究与中国路径

中国三维电影美学研究在本体论方面着墨甚少，避开了事物本体论自带的原生矛盾与进展困境。除此之外，这些研究并非如李迅所批判的一无是处，而蕴含着价值论的思想萌芽，主导着三维电影美学研究的价值论转向。

在始自《阿凡达》的中国三维电影美学研究热潮中，以人的利益为导向的价值论理念或显或隐地被包含于诸多文献中。其中，阐发三维电影多重美学空间和审美价值是主流声音，李迅参考中外文献对三维电影美学维度的概括就属于此类研究。此外，秦勇对三维电影身体美学的发掘颇具创新意义，他认为三维电影提供了以身体官能为根底的身体美学理论的艺术实证样本，具有恢复人的身体感知全面性的作用[21]。崔蕴鹏、吴陶论述了作为三维电影基本追求和个性所在的沉浸感和眩晕感之间的辩证关系，肯定了眩晕感镜头的观赏调剂意义[22]。吴申珅、彭吉象从内容层面提议三维电影创作应加入创作者对于宗教、生命、信仰等哲学问题的思索,达成其从感官审美到观念审美的美学进阶[23]。

数量较少但发人深省的另一种倾向是察究三维电影对人和社会的负面效应和潜在危害,这些研究承继当代法兰克福学派媒介批评理论的传统,切中三维电影伦理时弊。胡奕颢阐述了三维电影的哲学困惑、人文忧虑和工业本性,指出三维电影在哲学上消解了真实和虚拟的界限,使人迷失真假并乐于逃避其中,从而被迫接受他者意识形态,形成文化霸权[24]。谭可可、辛敏嘉将胡奕颢描述的问题称为"视觉操纵",他们在阐述三维电影视觉操纵机理的基础上揭示其引发视觉误解和相关犯罪的隐患及其娱乐功能压制认知、教育功能的缺陷[25]。

上述文献仅仅零散地指示了三维电影对于人和社会的正、负美学效应,并未对其价值论美学表现出明确的研究意识和理论构想。三维电影有其美学特点和实践特性,其价值论美学应以感性、德性和法性为基本框架。三维电影艺术以其奇观性、沉浸性、互动性和开放性等迥异于传统艺术的数字性特点引发世界关注,然而其特性已然引发感性领域中的视觉损害、低俗化、虚假化等艺术质量低下问题,甚至潜藏着致瘾性隐患,危害人的身心健康。这些问题已经超出传统美学范畴,涉及艺术利他性即艺术伦理问题,并进一步触及人的权利与义务即艺术法理问题。这一三维电影艺术发展悖论需要创建一种具有哲学高度的新型理论进行回应和诠释,而这种理论必须涵盖因果相连的感性、德性和法性三大元问题。

笔者从2013年开始追踪三维电影艺术问题,先后撰文初步建构了三维电影价值论美学研究的理论框架。三维电影魅力之源在于其沉浸效应,最大危害亦在于应沉浸效应而生的致瘾性[26]。笔者首先剖析了三维电影沉浸效应,将其解构为感官沉浸、情感沉浸和思维沉浸三个层面。感官沉浸作用于形而下的人体官能,引发人非理性的生理反应,是三维电影致瘾性的病根;情感沉浸和思维沉浸分别催发人的情感净化和思想启迪,是其形而上的审美因素[27]。接着,笔者深挖了生成三维电影感官沉浸的直观真实和超现实真实,和生成其情感沉浸与思维沉浸的客观真实,推出三维电影完善直观真实和超现实真实、置入客观真实的低碳建设路径[28]。之后,笔者具体给出了攻克三维电影技术难关、提高其内容质量和降低其致瘾性三大创作对策[29]。近几年，笔者引入艺术德性观来评判三维电影的优劣[30]，并发现在应对三维电影艺术质量低下所引发的观众身心损害等问题时道德律令是无效的，必须将其纳入法律框架下进行管制。在法律的监督下，笔者前期所提出的一系列三维电影构建策略才可能奏效[31]。从感性到德性再到法性，笔者沿着上述理路建立起三维电影价值论美学研究体系。

经过国内学者多年自觉和非自觉的思量和积淀，中国三维电影价值论美学研究初具规模，在世界范围内形成了与西方本体论研究式微相照应的价值论研究视野新转向。这种转向在中国一方面植根于可作为三维电影上级学科的数字艺术的价值论研究土壤，另一方面能够追溯到中国古典美学的价值论思维传统。

本次三维电影复兴主要归功于 20 世纪 90 年代崛起的数字技术，数字化三维电影承载起奇异诡谲的艺术想象，促成审美效果的飞升。传统三维电影首先是电影的支脉，当下三维电影除此之外还兼具数字艺术身份。国内数字艺术研究在经历了陈幼松（《数字化浪潮》，中国青年出版社，1999）、陈志良和明德（《数字化潮——数字化与人类未来》，科学普及出版社，1999）等人的引入介绍，廖祥忠（《数字艺术论》，中国广播电视出版社，2006）、谢晓昱（《数字艺术导论》，江苏科学技术出版社，2009）等人的特征考究，黄鸣奋（《数码艺术学》，学林出版社，2004）、禹建湘（《网络文学产业论》，中国社会科学出版社，2011）等人的理论思考后，大致上拓开了一个崭新而独立的学科疆域。之后，马立新等人（《数字艺术德性研究》，社会科学文献出版社，2013）、《数字艺术法哲学》（山东人民出版社，2021）对数字艺术理论的深化做出极大推进，其研究视角就是价值论。

马立新等人的研究从数字艺术带来强烈美感兼社会困扰的现象入手，以"美在自由情感"① 为审美探究原点，以"德在利他行动"② 为伦理评价

---

① 马立新论述了美与真和善在本质上的区别，提出美的现象是审美主体在一定情境下观照审美客体所体验到的一种生理和心理上高度自由愉悦的情感，美感是可分类的也是可测量的。参见马立新《美在自由情感——一种新型美学观的构建》，《理论学刊》2009 年第 10 期。

② 马立新基于胡塞尔现象学认识途径提出新的德性观——德性的本质在于利他行动，德性行动能激起定义者强烈的自由情感，从而为数字艺术德性研究奠定理论基础。参见马立新《德在利他行动——一种基于胡塞尔现象学视角的新型德性观的建构》，《中国矿业大学学报（社会科学版）》2012 年第 4 期。

进阶，围绕以"扩大的权利与扩大的义务"① 来克服伦理所不及的人性角落，为数字艺术建设人生的价值实现搭建起理论大厦。他探明基于比特的数字艺术审美边界远远超越来自原子的传统艺术，自由情感已从传统艺术的温和有益蜕变得强烈难控，甚至对人的身心健康造成了不可小觑的负面影响[32]162-187。他接着用艺术德性标准将数字艺术自由情感划分为陶冶型、感官型和沉浸型三类，由此推出低碳艺术、快餐艺术和高碳艺术三种文本形态[33]。其中，高碳艺术是在数字艺术中集中爆发的对人的身心健康构成严重危害的类型。他随后又开展高碳艺术精神损害研究，找到其无先例可循、日趋普遍和深切、妨害人精神健康的特点，首倡数字艺术立法[34]。他从此处转向数字艺术法哲学的摸索，先后论述了数字艺术权利与义务问题、非义行为的对抗行为问题，提供了一种法理考察的数字艺术研究角度，并勾画出数字艺术立法的雏形。笔者的三维电影价值论美学研究亦是马立新领衔的数字艺术价值论研究的分支，贯穿了从感性、德性到法性的逻辑路径。

　　三维电影美学研究在中国发生价值论转向还应追因于中国人的价值论艺术基因。中国汉代以后的封建社会主要奉儒家伦理为正统思想，"美""善"统一的美学理念虽不是中国唯一的美学标准[35]13-14，却是一种历代官方所青睐的尺度。与西方中世纪时期文艺对神权绝对顺服之善的内涵不同，中国封建社会的艺术之善追求高尚伦理人格的教化效果。中国封建朝代时常发生禁书事件，四大名著也不能幸免于难，有悖于官方伦理期待是重要原因之一[36]228。中国古代的艺术之善并不全然合理，但深刻影响了中国人的艺术观，并在一定程度上规避了艺术"诲淫诲盗"的风险。笔者探索三维电影价值论的主要目标就是使其发挥陶冶情感、净化心灵和启迪思想的人生建设作用，防范其损害人类身心健康，使其达到艺术真、善、美的统一。

　　中国学界在数字艺术价值论的启发和古典价值论美学的濡染下完成了三维电影价值论美学研究的视野转向，建立了感性、德性与法性的研究路

---

① 马立新提出，具有双重互动不确定性机制的数字艺术其行为秩序较之原子艺术行为秩序发生了重大而深远的转变——数字艺术创作权、传播权、接触权的普及扩大和监管权的抑制，同时伴随着相应义务的扩大，这些义务的履行和权利的尊重在当下数字艺术时代构成巨大挑战。参见马立新《扩大的权利与扩大的义务——数字艺术行为哲学论要》，《政法论丛》2014 年第 4 期。

径，展现了中国学人独特的学术品位和人文关怀。

四　结论

国外三维电影本体论美学研究表面上发展繁盛，实际上由于所用的方法论不相应和理想的方法论不可用而危机深重。中国三维电影价值论美学研究虽刚刚起步，但根基深厚、潜力巨大，三维电影美学研究接力般完成了从国外本体论到国内价值论的视野转向。

三维电影美学研究视野发生上述转向并非偶然，而是中西方哲学发展历史的又一个缩影。世界的真相、人生的本质等本体论问题历来是中西方哲学共同的终极追索。西方哲学直入主题，从古希腊到中世纪提出了很多本体论观点，但在近代受到方法论反思的诘难。中国哲学虽不直接显露对本体论的希求，却在儒、释、道诚心的价值实践中不乏终极真理的闪现，给出了从世界观到方法论的圆满诠释。在中国哲学中，终极真理与世间万物浑然一体，本体论、价值论和方法论从来不是泾渭分明。西方哲学的严谨分明反过来变成认识的"镣铐"，胡塞尔现象学方法尽管呼应了中国哲学方法论，但始终提供不了掌握这种方法的"方法"。

三维电影价值论美学研究在中国的兴起不是对本体论难题的逃避，而是对其存而不论，从人与艺术的双重提升中寻觅其美学的深层意境。

参考文献

[1] Oliver Wendell Holmes, "Sun-Painting and Sun-Sculpture: With a Stereoscopic Trip across the Atlantic," *Atlantic Monthly*, Jun. 3, 1859, http://www.stereoscopy.com/library/holmes-stereoscope-stereograph.html.

[2] John A. Norling, "The Stereoscopic Art: A Reprint," *Journal of the Society of Motion Picture and Television Engineers*, Mar. 66, 1953, p. 297.

[3] Jonathan Crary, *Techniques of the Observer: On Vision and Modernity in the Nineteenth Century*, Cambridge, MA: MIT Press, 1992.

[4] Ray Zone, *Stereoscopic Cinema and the Origins of 3D Film*, 1938–1952, Lexing-

ton: The University Press of Kentucky, 2007.

[5] Schroeter Jens, *3D: History, Theory and Aesthetics of the Transplane Image*, Paderborn: Continuum Publishing Corporation, 2014.

[6] Thomas Elsaesser, "The 'Return' of 3-D: On Some of the Logics and Genealogies of the Image in the Twenty-first Century," *Critical Inquiry*, Winter 39, 2013, p.218.

[7] Jennifer M. Barker, *The Tactile Eye— Touch and the Cinematic Experience*, London: University of California Press, 2009.

[8] Miriam Ross, *3D Cinema: Optical Illusions and Tactile Experience*, New York: Palgrave Macmillan, 2015.

[9] Clyde Dsouza, *Think in 3D: Food for Thought for Directors, Cinematographers and Stereographers*, Richmond: CreateSpace, 2012.

[10] Siegfried Kracauer, *Nature of Film: The Redemption of Physical Reality*, Oxford: Oxford University Press, 1961.

[11] Yong Liu, *3D Cinematic Aesthetics and Storytelling*, Switzerland: Palgrave Macmillan, 2018.

[12] 檀秋文：《早期立体电影在中国——从大众传播媒介出发的考察》，《当代电影》2015年第2期，第160—161页。

[13] 胡奕颢：《3D电影美学初探》，《北京电影学院学报》2009年第4期，第86—90页。

[14] 李相：《3D电影美学初探》，《当代电影》2009年第12期，第19—25页。

[15] 李迅：《3D电影美学初探：一个中国理论视角》，《当代电影》2019年第1期，第66—70页。

[16] 方东美：《中国大乘佛学》（上），中华书局2012年版。

[17] 〔德〕胡塞尔：《纯粹现象学通论》，舒曼编，李幼蒸译，商务印书馆1996年版。

[18] 方立天：《中国佛教哲学要义》（下卷），中国人民大学出版社2002年版。

[19] 马来平：《格物致知：儒学内部生长出来的科学因子》，《文史哲》2019年第3期，第87—97+167页。

[20] 邱章红：《深度之美：3D电影美学视野》，中国经济出版社2016年版。

[21] 秦勇：《多维立体电影：重构美学的身体之维》，《文艺研究》2014年第

11 期，第 103—108 页。

[22] 崔蕴鹏、吴陶：《沉浸与眩晕——立体电影的生命与个性》，《当代电影》2015 年第 10 期，第 155—158 页。

[23] 吴申珅、彭吉象：《3D 电影的美学进阶：从视觉奇观到观念表达》，《现代传播（中国传媒大学学报）》2014 年第 6 期，第 58—62 页。

[24] 胡奕颢：《3D 立体电影的拟像原罪与人文式微》，《文艺争鸣》2010 年第 4 期，第 16—18 页。

[25] 谭可可、辛敏嘉：《超越表象：3D 电影虚拟世界视觉操纵辨析》，《求索》2011 年第 8 期，第 215—216+37 页。

[26] 苏月奂：《"钵中之脑"：虚拟现实艺术沉浸问题解析》，《山东师范大学学报（社会科学版）》2023 年第 2 期，第 138—146 页。

[27] 苏月奂：《论 3D 电影的沉浸效应》，《百家评论》2014 年第 5 期，第 98—105 页。

[28] 苏月奂：《论 3D 电影的高碳病象与低碳路径》，《山东青年政治学院学报》2015 年第 3 期，第 9—15 页。

[29] 苏月奂：《以高质量创作在逆势中取胜——3D 电影产业发展现状、问题与对策》，《中国社会科学报》2015 年 9 月 29 日，第 7 版。

[30] 苏月奂：《〈头号玩家〉的伦理维度解读》，《山东师范大学学报（人文社会科学版）》2019 年第 2 期，第 140—146 页。

[31] 苏月奂：《3D 电影产业悖论解析》，《东北师大学报（哲学社会科学版）》2020 年第 1 期，第 39—44 页。

[32] 马立新：《数字艺术哲学》，中国社会科学出版社 2012 年版。

[33] 马立新、苏月奂：《论高碳艺术与低碳艺术》，《艺术百家》2014 年第 6 期，第 98—110 页。

[34] 马立新：《高碳艺术精神损害研究》，《上海师范大学学报（哲学社会科学版）》2015 年第 4 期，第 102—112 页。

[35] 叶朗：《中国美学史大纲》，上海人民出版社 1985 年版。

[36] 王彬：《禁书·文字狱》，中国工人出版社 1992 年版。

礼"书"往来：古今中外作为礼文化符号的赠书仪式

杨蕙嘉　赵　晟[*]

摘　要　赠书自古便是雅事。赠书不仅是一种"工具性"礼物馈赠，更是一种中华礼文化的象征，代表着知识、情感、尊重和关怀。在中国人情社会背景下，人与人关系的复杂性在赠书行为中颇有呈现，在馈赠行为中流动的书籍承载了丰富的社会价值，也成为人际关系的纽带。随着世代传承和经验成形，赠书逐渐成为一种具有情感表达功能的传播仪式。本文将聚焦近现代史中文人作家群体的赠书行为，从传播仪式观的角度探讨赠书行为，并基于分析赠书的作用和行为中的隐喻，挖掘赠书行为中的秩序，旨在深入理解赠书的文化背景和社会意义，以及探讨赠书行为对出版传媒业的启示。

关键词　赠书；传播仪式；礼文化

自古赠书便是雅事，它可以被视为中国礼乐文化中极具代表性的传播仪式之一，其间的种种礼法规则虽随时代有所变迁，其中蕴含的"礼"却传承始终。书籍在馈赠行为中的流动不仅巩固了微观的人际关系网，更筑牢了民族共同体意识，同时还会促进文化生产，催生出诸多流传至今的佳作。赠书可以是家族血亲之间传赠，"书之竹帛，传遗后世子孙"（《墨子》）；也可以是友人之间的规劝，杜甫给朋友赠书时写下"读书破万卷，下笔如有神"（《奉赠韦左丞丈二十二韵》）。

---

[*] 作者杨蕙嘉，系广西师范大学文学院/新闻与传播学院硕士研究生；赵晟（通讯作者），系广西师范大学文学院/新闻与传播学院副教授，硕士生导师。

一 作为传播仪式和礼文化符号的赠书行为

由于中国语言的多义性,因此首先理应廓清本文所探讨的"书"与"赠书"的定义。过去的礼物社会学和礼物经济学常将"书"作为礼物类别中的子类进行分析探讨,或将诗词等赠文也列入"书"的含义中。本文所探讨的"书"为狭义的装订成册的著作,即经过编辑、印刷后公开出版或自费私自印制具有文化属性或可能具有商品属性的物质实体,义同《论语·先进》中的"何必读书,然后为学?"既不包括书法诗文,亦非专指《尚书》等作品的专有名词。而"赠书行为"既包括实际发生的将实体书籍寄送至某人的寄送行为,又包括在序言或其他书籍结构中用文字形式表示将书籍赠予某人的行为。

(一)作为"礼"文化符号的赠书

"书籍考古学"以与传统书目文献学迥然不同的方式,将书籍作为一个对象,除了将其视为一种商品、一种信息载体、一种组织信息和观点的方式[1]Ⅲ,更将其视为一个共同体间传播的仪式和中华礼文化的符号和表征。一些学者专注于研究书籍内容的传播会促进某些机构和社会群体形成其系统框架,可能会忽略书籍物质性的流动及赠送与索要行为背后存在的社会意义。

赠书在礼文化中的符号属性既体现在其词源意义上,又体现在其仪式规则上。

《礼记·乐记》云:"礼者,天地之序也。和故百物皆化,序故群物皆别。""礼物"一词由两个字组成,"礼"的意思是仪式、礼节以及诸如忠孝的道德理念的仪礼性表达;"物"的意思是物质的东西。从词源上讲,这个汉语词暗示了礼物(gift)不只是物质的礼品(present),而且承载着文化的规则并牵涉仪式[2]51。儒家的礼物观认为礼物之灵在于礼物是具有情感性的、道德性的、仪式性的和象征性的物品[3]。在礼文化符号和乐符号互动过程中,这两个文化符号组成了一种调适人的手段。

中国人送礼从不"只送不言",面对面赠送要说"漂亮话",不面对面更要留言几句,无论表达性礼物馈赠还是工具性礼物馈赠都是如此。如,古人在送人诗文书画作为礼物时，为表示请对方指教，敬称赠书为"雅正"，请人指教说"赐教"，自己作品说"拙作"，对方书信说"惠书"，送书给对方说"惠存"。李白的《答族侄僧中孚赠玉泉仙人掌茶》开启了诗歌创作和馈赠礼节结合的习惯，让礼尚往来脱离"世俗味"[4]。可见，无论是"漂亮话"还是"美言"，其载体都是语言或文字符号，且充满中华"道统"和"亲亲尊尊"的礼文化内涵。

（二）作为传播仪式的赠书传播

赠书行为以书籍为媒介进行主体间性传播，礼乐文化延续至今，随时间积累和世代传承，赠书及其附带行为也逐渐形成一种固定的传播仪式。首先，赠书时会签名题赠。赠书作为一种传播仪式不断传承迭代，近现代文人赠书在签名题赠时，语句大抵沿用古时赠送书画时的用语习惯，只不过会根据赠送者与被赠送者之间的关系灵活变换语辞。赠书题字逐渐成为文人雅士人际传播仪式的一环。作为前辈的钱钟书先生赠晚辈纪红书籍时在扉页题写"如水贤友 览存"[5]。程千帆将《程千帆诗论选集》赠予钱钟书时也在扉页题字"默存先生正谬"。汪荣祖赠《史传通说》给钱钟书以达作序之恩时，落款"汪荣祖拜奉"，还添几笔送者的感受或祝福"顺贺 新年并祝 默丈七秩晋八华诞"[6]。发展到现在，赠书的签名题赠更成为图书签售会中建立作者与读者之间联系的重要桥梁。

其次，赠书主体与书籍之间的关系不同，赠书仪式的传播效果也会产生差异。根据赠书主体与书籍之间的关系，赠书可分为"赠他人之书"和"赠自己编著之书"两类。"赠他人之书"更看重书籍的精神内容和物质品质，当代礼品书的概念也延伸于此，所赠书籍代表了赠与者的社会地位、个人品位，赠书行为代表了赠书者对与被赠者建立、维系或增强社会关系的渴望。赠书主体能够与他人分享共同的兴趣爱好，促进友谊的发展，巩固或扩大自己的社交圈子。"赠自己编著之书"赠书主体范围缩小，通常以作家、编辑等"文人"群体和出版机构为主，更看重"被赠的对象"的角色。这一类赠书通常是在已有社会关系基础之上，通过赠书完成日常交往活动，获得业内人士的支持或建议，以达成学术交流、增强背书的目的，除此之外，也具备作家个人名片和作品宣传推广等功能。

总体来说,"赠书"既是礼文化的一个典型符号,又在逐渐发展和传承中成为一个符合中国差序格局和人情社会的典型仪式。莫斯认为赠礼习俗是以赠礼、受礼和回礼三种强制性义务为基础的。但是,由于中国社会人与人关系的复杂性,人缘、人情、人伦相互交织,天命观、家族主义和传统伦理错综影响[7]213,"赠书"这类礼物流动方式在中国社会中很难彻底划分表达性与工具性,在实际表现中也很难将具体的一次馈赠行为列为某一项强制性义务,一切行为都发自中国人血脉中的"礼"。

二 以"书"为礼:赠书的符号特征与仪式功能

(一)人际的交往仪式:以赠书展开社交网络建构

电子阅读时代前夕,纸质书曾是获得知识和信息的主要方式之一,在互联网时代来临之前,赠书和买书是人们获得书籍最主要的两种方式。书籍兼备不可替代的物质和精神双重价值,因此得以作为一种礼物在官员和文人的圈子中流通。赠书成为一种社交手段,具备了建立和维护社会关系的功能。商品化的经济中,送礼并不是边缘化的活动,尤其是书籍,在送给皇帝、父母或官员的礼品中扮演了至关重要的角色,分别将朝廷、家庭和官场卷入意味深长的交换关系。[8] 17世纪中叶,两位藏书家丁雄飞和黄虞稷共同起草了一份图书交换协议,这份相互赠书的协议让两个家族通过书这一媒介拓展关系,形成自己的共同体。通过图书共享,他们完成了在当地城市中的形象整饰。[1]139-141

到了20世纪,近现代文人则展现出更符合现代人印象中颇具文人风骨的赠书。鲁迅在《北平笺谱》印出之后,会赠书予图书出版参与者和自己的亲友。"天行写了这许多字,我想送他一部,如他已豫约,或先生曾拟由公物中送他,则此一节可取消,而将此一部让给别人。"[9]7 后来在给台静农的信件中,他又写道:"这两部都是我送的,无须付钱。倘天行兄已豫约,则可要求西谛退款豫约而不得者尚有人,他毫不为难也。专此,即颂时绥。"[9]9-10 由此来看,确实为赠书予亲友的行为。

老舍和高克毅也在《鼓书艺人》写与译过程中进行了送书和寒暄,1948年11月30日,老舍以信件预告的方式表示将自己新作品《离婚》作为圣诞节礼物送给高克毅,在表达节日的祝福的同时还分享了个人境况和心情。"《离婚》已出版,居然得到好评,很奇怪!日内将奉寄一本,作为圣诞礼,并祈惠正!电影事搁浅,nothing doing!"[10]188 1951年5月21日,老舍在信件中提及希望外国版权方能寄两本《黄色风暴》样书给身在纽约的瞿同祖先生,行文中表示其中一本赠予瞿同祖以表示其帮忙寄送样本和稿费的"礼尚往来"之情。1951年7月23日,信件中说:"请给瞿同祖先生五百美元。他的家眷在北京,他们会把钱交给我的。"可以印证瞿同祖先生与老舍关系较为亲密,并在帮助老舍处理稿费转寄的问题,赠书成为老舍表达感谢的一种仪式。

美籍华人汪荣祖是著名的中国近代史学家,他所著的《史传通说》因被钱钟书欣赏而获得了钱先生的题签和作序。汪荣祖曾说:"钱先生默存视我为友,实我师表;赐我佳序,著我微意。诚作者之光宠。"此书于1988年10月由台北联经出版事业公司出版。汪荣祖在第一时间就持赠钱钟书,二人因文学交流成为忘年交。[6]

"此情此景应小醉,诗人恰寄宋诗来。"1964年元旦,钱钟书将《宋诗选注》赠予老舍,老舍在其旧体诗《赠钱钟书》中落款提及:"新年喜雪复得 钟书同志赠所著宋诗选注 狂喜 此书致谢 未计工拙 并祝新年愉快 一九六四年元月五日 老舍。"钱钟书的《宋诗选注》初版于1958年,赠老舍时已相隔五年多,其赠予契机显然并不是推介宣传新书。1947年,《围城》出版后被列入"晨光文学丛书"之一,该丛书是老舍与出版人赵家璧合办的晨光出版公司推出的精品书系。1951年,钱钟书摘录的《现代法国文学中对远东的想象解读》中提到了老舍的《骆驼祥子》。如此说明两人赠书时早已相识,互相已经搭建起了社交网络,赠书行为是平日交往中的一环。

赠书发生在初次见面时,也可成为社会关系进一步发展的标志。钱钟书与饶宗颐在学术领域相互认可,在改革开放前便通过书信交流成为朋友。两位年过花甲初次相见时,在众多晚辈的见证下,63岁的饶宗颐送给70岁的钱钟书一本诗集《晞周集》,钱钟书则回赠了《管锥编》手稿,并称赞饶宗颐是大师。[11]

除此之外,赠书也可以发生在其他传统的礼乐仪式中,例如,将书籍当作婚礼仪式中的礼物。程千帆、萧涤非等多位名教授共同编写的学术专著《唐诗鉴赏词典》在过去常被读者作为结婚礼物,而老舍也曾把自己新出的《牛天赐传》作为礼物送给新人。[12]

"有些赠书是碍于面子,有的赠书是为了追回一些血本,还有有种赠书是出于礼尚往来。"[13]58-59 最重要的是,赠书是一种表达情感的方式。通过选择特定的书籍,人们可以传达友情、爱情、感激之情等各种情感,使赠书成为一种饱含深情厚意的礼物,成为联结个体节点的桥梁。

(二)学术交流载体:以赠书搭建学术交流空间

有些观点认为在中国的人情社会中,中国人普遍用礼物来巩固彼此的关系,为最后开口提要求做准备[14],是极具工具性的馈赠。但是在抗战时期,以左翼作家团体为代表的文人群体充分发挥赠书在学术领域的工具性,弱化了其人际功利性的一面。

鲁迅一生中帮助了无数左翼作家和共产党员作家,赠书活动发生得极为频繁,在开拓中国版画蓝图时,其赠书的学术目的最为强烈。1931年9月19日,鲁迅在"一八艺社"讲习会结束后,送给"一八艺社"关于版画的书八册[15]337。

更为经典的是1933年鲁迅与版画新人黄新波和刘岘二人的赠书。起初,二人希望得到鲁迅的亲自指导,先将拓印图寄给鲁迅,鲁迅在回信中指出作品的优势和不足。在赠书过程中,黄新波的一幅习作《推》后来被收入鲁迅《木刻纪程》中。

后来,鲁迅编印苏联木刻选《引玉集》出版,定价三元,穷学生黄新波委婉提出希望得到一本《引玉集》,请鲁迅为他代买一本,书钱容后再还。鲁迅很快给黄新波回信表示书已经售罄,可以送给黄新波一本。黄新波在内山书店获得了已用牛皮纸包好的四角整齐、《后记》用毛笔题写"鲁迅"二字的《引玉集》,鲁迅还用红墨水对书籍错误进行了订正[16]。

随后黄刘二人由鲁迅先生出资印刷出版《无名木刻集》。画册装订后,黄刘立即给鲁迅先生寄去五本,并得到了鲁迅先生对该书建设性的批评指正。《鲁迅日记》中可验证1934年12月30日鲁迅先生"得刘岘信并《未名木刻集》二本"。又据鲁迅的书信集记载,鲁迅确实对该作品过于激进的封面等问题提出了建议,并与陈烟桥进行了讨论[9]80-81。

在老舍旧体诗研究中的赠书行为也发挥了至关重要的功能。赠书行为能从时间和空间两个维度上完成知识的撒播，建立学术共同体。共时视角下，跨文化赠书可以实现信息的跨空间传播；而历时视角下，赠书行为可以让某本书的物质实体在不同的环境中保存，从而实现知识的撒播。张桂兴通过与柴垣先生的互相赠书行为，发现了老舍旧体诗《为在华日本人民革命同盟会成立周年纪念题词》。该诗作于1941年7月20日，初载于日本柴垣芳太郎先生所著的《老舍与日中战争》一书中。柴垣先生一生治学严谨，在老舍研究方面也成绩斐然。据说，柴垣先生收到张桂兴的《老舍旧体诗辑注》（初版本）一书时正在重病之中，便委托书店给张桂兴寄来了他的这本《老舍与日中战争》。不久，柴垣先生即与世长辞，这本书便成了最后的纪念。在这本书中，柴垣先生引述了他新发现的老舍这首旧体诗，从而为老舍研究留下了一份极其珍贵的资料。

巴金也十分乐意向他人赠送有学术参考价值的书籍。他有一个理论：书是给人看的，是传播知识、文化的，是精神食粮；有了好书，就是要让人分享。不论是巴金自己的著作，还是他收藏的他人之作，他都喜欢送人。日本文学翻译家陈喜儒曾陪同巴金到日本访问并担任翻译。据陈喜儒回忆，巴金有时会说："你看书柜里有什么书，你需要的（日文书），你就拿走好了！"[17]90-95

赠书这一行为亦会被赋予警醒规劝的意义，赠书者通过选择赠书的内容或在赠书时采用注释或赠言等方式揭示赠书的真实意图。出版大家范用藏书无数，但是在向后生展示时却拿出了一本钱钟书的《旧文四种》。其扉页上除钱钟书先生用毛笔题署赠范用的文字外，还有用圆珠笔书写的蝇头小楷，将九十五页小书的中英文从头到尾校对一遍，补上漏损的句子，删去误排的冗字，更正错位或不规范的标点，不下五十处。引发了后生对"无错不成书"的反思，是作家追求出版编校严谨性的体现[18]141-142。中国人中庸柔和的语言艺术在赠书中得到体现，赠书能解决直接挑明矛盾的尴尬，是语言之礼的体现。

（三）撒播的传播实践仪式：以书籍为宣传推介的名片

赠书可以作为作者的名片，用来宣传自己、推介作品。作家常常通过赠送自己的书籍寻求名家的修改建议，甚至帮忙推介。赠书也可以被用作一种规劝和引导的手段。政治家、教育家和社会活动家常常通过赠送具有特定主题或观点的书籍来影响和引导公众舆论，推动社会变革和进步。

兼备西方传播的工具性引导以及中华礼文化特征的典型案例便是西方传教士用"赠书"辅助宗教宣传。晚清时期，西方传教士发现"硬宣传"的传播效果不佳，于是用传统文化宣传西方文化成为鸦片战争之前明清时期传教士常用的手段。

以晚清传教士韦廉臣为核心建立的广学会以编译出版书刊和介绍西方文化为宗旨，其工作重点便是"赠书"与"售书"。他们在举行乡试、省试、会试科举考试的试场外送书以向文人宣传西学，同时还通过各种关系向中央和地方官员赠书，所送书虽有宗教内容，但仍以时政和科学知识的读物为多。仅1888年，广学会就在各地举行乡试时向有关考场分送了2000册《格物探原》。据不完全统计，自1888年至1900年，广学会赠送各类书籍、刊物累计302141册。[19]441西方传教士在赠书这一仪式中，尽可能弱化中西文化的差异，拉近传者与受者的距离，以此推销西方文化，进行传教。

放眼21世纪，赠书还常成为出版机构促销推广的手段，进而推动文字作品的大众化传播，甚至能够促进群选经典的诞生。一些出版社和文化公司，如新经典文化、果麦文化、磨铁文化等，会在微博和B站两个平台联络图书"达人"，以他们为中介，通过赠书与图书达人的粉丝以及互联网的潜在读者建立联系。用户可以通过转发图书"达人"发布的图书推广内容参与抽奖，而赠书行为借助互联网技术和抽奖这一社交媒体互动策略转变为一种营销手段。

（四）筑牢共同体意识：以赠书提升知识传播声量

赠书也具有提高知识影响力、增强书籍社会价值的功能。书籍是知识传播的主要载体之一，个人和组织可以通过向学校、图书馆和社区赠送私有藏书，将知识从私有转变为公开，为教育事业和文化传承做出贡献，提高社会的文化素养，进而有利于社会筑牢共同体意识。

老舍在自传中曾说："我想，在抗战胜利以后，有了钱便去旅行……至于书籍，虽然是最喜爱的东西，也不应再自己收藏，而是理应放在公众图书馆里的。"[10]132

新中国成立后，图书馆重获新生，20世纪50年代迎来市民赠书小高潮。嗜书如命的巴金晚年把他七八十年铢积寸累的三万多册图书、一万多

礼"书"往来：古今中外作为礼文化符号的赠书仪式

册杂志无偿捐赠给公共图书馆，目的是使这些书刊获有最好的归宿，发挥最大的作用。他最早考虑的赠送对象是国家图书馆（北京图书馆），选送了藏书中的精华善本。1981年4月，巴金与北京图书馆领导人商定将80%的外文藏书在六年之内陆续捐献出去。从1981年7月底开始，他向北京图书馆运送两批书籍，分别有六百多册和两千多册。除了北京图书馆，巴金还先后向上海图书馆、中国现代文学馆、黎明大学等机构和组织赠送了成百上千册书刊，持续时长达十多年。[17]90-95

20世纪90年代以来，全国人民捐书的潮流日渐高涨。现当代图书馆受到名人赠书恩惠的数不胜数。以厦门市图书馆为例，该馆专设名家赠书馆供读者阅览，目前该馆已上架一万六千多种两万多册赠书。这些赠书中有诸多文献价值高的书籍，如季羡林主编的涵盖从先秦到晚清重要典籍的大型丛书、黄萱等人捐赠的古籍善本《吴地记》（明刻本）等。

从文学经典化进程来看，赠书行为对文本和相关材料的保存有助于提升跨时代作品的完整性和推动文学经典化顺利进行。以老舍作品《四世同堂》的回译为例。2014年，老舍作品《四世同堂》手稿的发现开启了该部经典作品的回译工作，该作品丢失的第二十一至三十六回由此被寻回。《四世同堂》的完整版本因历史原因遗失在时间长河中，但得益于该部作品的美国译者浦爱德与哈佛大学图书馆的赠书行为，其英文完整版本得到了保存。浦爱德去世后，将自己的档案、文学等资料捐给了哈佛大学施莱辛格图书馆。2014年，赵武平在在哈佛大学施莱辛格图书馆浦爱德档案中发现《黄色风暴》①的完整手稿。该手稿的发现开启了该部经典作品的回译工作，让该作品寻回了丢失的第二十一至三十六回，补足了残缺的内容，基本满足了读者对结局的期待。

三 从庙堂走向民间：赠书的权力变迁与秩序演变

（一）被统治阶级赠予统治阶级：署名注脚权力地位

自古君王追求"无边的图书馆"以得到同等"无边"的权力。在古代，

---

① 《四世同堂》的英文版本译名为"The Yellow Strom"。

· 165 ·

赠书往往体现了统治阶级与被统治阶级之间的关系。统治者常常赠送书籍以巩固自己的权力，而被统治者则以"献书"或让渡署名权这种形式表示崇敬和效忠。赠书行为在封建社会中扮演了重要的仪式角色。

由上至下的赠书中，礼品书是皇帝赏赐的由朝廷或其他官方机构出版的印刷品。在藏书家刚起步时，皇帝赐的礼品书占藏书家藏书的很大一部分。北宋时期，很多知名私家书院和原本贫乏的府学藏书因皇帝的赐书得以建立。明初的几个皇帝也向县学和府学颁赐儒家经典，向全国各地的藩王颁赐皇帝的著作。自宋代以来，史料记载了至少31个藏书世家，其中17个将藏书维持了三代以上[1]76。

被统治阶级也会向统治阶级献书，这种献书通常以署名的顺序甚至直接让渡署名权为代价。罗杰·夏蒂埃在《赞助与题献》一文中提到了欧洲中世纪的献书行为，因皇权至高无上，作者通常会让渡出著作权以换取金钱或社会地位。与之类似，中国古代官书也呈现无署名的状态[20]，因为其所有权属于统治阶级，从某种意义上说其亦为被统治阶级向上位者的"赠书"。

（二）上下位者的赠与求赠：题签标志礼文化传承

荀子曾说礼有三本："天地者，生之本也；先祖者，类之本也；君师者，治之本也。"这种天地上下之分会在上位者对下位者的赠书、下位者向上位者的索赠以及下位者向上位者的赠书的仪式中，从双方的心理活动以及题签词中体现出来。上位者通过赠书给下位者，以表达对下位者的尊重和支持；下位者向上位者赠书会表达尊敬，同时可能希望得到对方的推介甚至作序。在赠与求赠的过程中，中国社会的礼文化体现得淋漓尽致。修辞学家吴士文偶然在后生顾伟处看到了自己20世纪50年代在沈阳师范学院时出版的第二部书，本想向其索要，但在听到顾伟表示要收藏其著作后又拿出新书《修辞讲话》赠予顾。后生的求赠是尊敬，前辈的赠予是对后生的肯定以及对其尊敬的回应，两个来回体现出中国人人际中"缘""情""伦"三者的合体[21]81-84。

（三）初级与次级群体的分化：赠予行为显化关系边界

书籍馈赠这一行为还反映出馈赠方与被赠方之间的远近亲疏，不同的反馈和称呼是关系界限的体现。朋友之间的赠书不仅可以增进友情，还可以分享知识和兴趣，加强彼此之间的情感联系。

苏轼与朋友交往过程中常将自己作品当成礼物，所有的礼物债都是以纯真的友谊、感情为前提的。他非常注意礼尚往来，不是贪利之辈，如不相识，他是断不受人馈赠的，"目说与姚君勿疑讶，只为自来不受非亲旧之馈，恐他人却见怪也"（《答水陆通长老五首（之五）》）。

而亲密关系也会在赠书中体现，或是在序言中提及。"秀才人情一本书。"1928年，郭沫若呕心沥血而成的译著《浮士德》第一部问世，为了向夫人安娜表示他由衷的感谢和爱恋，他从一摞装帧精美的《浮士德》中选了一本整洁的，掀开封面，在扉页上认真地写道："Anna：此书费了十年的光阴才译成了，这是我们十年来生活的纪念。"再掀开扉页，在第二页上用德语写道："献给我永远的恋人安娜。"[22]109-110

（四）个体与组织间的赠予：商品经济中的礼尚往来

随着人们地位平等化、经济市场化，新时代的赠书秩序在礼的基础上又展现出现代化的一面，赠与被赠方的地位变得平等，同时礼品经济也让赠书的选择多元、意义丰富。

在文化价值层面，1949年之后，赠书和捐书成为一种流行的文化活动。人们通过赠书和捐书来表达对文化事业的热爱和支持，推动了社会主义文化建设和知识传播。如上文提及的巴金、老舍都对捐赠自己的藏书表示无比的支持，以厦门图书馆为代表的图书馆自解放之后也获得了来自民间的大量赠书，丰富了图书馆的资源。

在经济层面，21世纪以来，赠书除却作为传统礼文化符号，也常作为一种营销策略，主要表现为三种。一是出版机构向图书"达人"（图书领域的意见领袖）赠书，这是商品经济中的资源置换行为，在出版社与图书"达人"达成合作意向后，出版机构会免费寄送样书，图书"达人"则写出书评。在这一过程中，图书"达人"既产出自己互联网平台的内容，又帮助出版机构进行宣传。

二是出版机构和作家会通过赠书拉近与读者之间的距离，加强互动，获得流量。如通过抽奖送书给读者，账号粉丝增量，进一步实现市场推广。

或者将赠书时的题签独立发展为签售，读者们自发购买图书，但是可通过见面会这一场景得以与作者面对面交流，并获得题签。赠书这一行为成为维系与书粉关系的重要一环。

三是出版商直接产出"礼品书"，推出用于赠送的特装书籍，以吸引有赠书需求的消费者。该类图书主要通过"吸睛"的装帧设计和包装以及书籍本身话题性来满足消费者赠书的需求。赠书俨然成为一种专业机构的推广模式。

四 结语

赠书行为既是中华礼文化的标志性符号，又是中国社会交往中的一种传播仪式，它承载了丰富的文化内涵和社会价值。通过探讨赠书的作用和秩序，我们不难看到赠书在不同历史背景和文化环境下始终发挥着重要作用。赠书不仅是一种可以单纯探讨工具性或表达性的礼物馈赠行为，更是一种文化传承和人际交往的方式，是中国社会关系和情感纽带复杂性的有力脚注。这种仪式行为在不同的时代和文化中持续演化，也体现出儒家礼文化传统的现代转向。

参考文献

[1]〔美〕周绍明：《书籍的社会史——中华帝国晚期的书籍与士人文化》，何朝晖译，北京大学出版社 2009 年版。

[2] 阎云翔：《礼物的流动》，李放春、刘瑜译，上海人民出版社 2017 年版。

[3] 董灏：《礼物的流动：论黄庭坚的赠茶诗》，《农业考古》2023 年第 2 期，第 82—88 页。

[4] 孙邦金、陈安金：《论儒家的礼物观》，《哲学研究》2013 年第 10 期，第 34—41 页。

[5] 纪红：《钱锺书先生亲笔校正的两本赠书》，《中华读书报》2020 年 12 月 7 日，第 5 版。

[6] 陆文虎：《钱钟书先生赠我的几本书》，《文摘报》2022 年 8 月 27 日，第

5 版。
[7] 翟学伟：《中国人行动的逻辑》，生活·读书·新知三联书店 2017 年版。
[8] 陈必芳：《社会史维度的书籍研究——评〈书籍的社会史：中华帝国晚期的书籍与士人文化〉》，《中山大学研究生学刊（社会科学版）》2012 年第 3 期，第 26—31 页。
[9] 鲁迅：《鲁迅全集》（第 13 卷），人民文学出版社 2005 年版。
[10] 老舍：《老舍自传》，长江文艺出版社 2020 年版。
[11] 张丹：《两位大师间深厚情谊初相见，钱钟书与饶宗颐互赠了什么》，《广州日报》2023 年 5 月 22 日，第 13 版。
[12] 马瑞芳：《老舍赠书（上）》，《市场周刊》2008 年第 3 期，第 112—113 页。
[13] 季振邦：《微生活》，东方出版中心 2014 年版。
[14] 陈必芳：《社会史维度的书籍研究——评〈书籍的社会史：中华帝国晚期的书籍与士人文化〉》，《中山大学研究生学刊（社会科学版）》2012 年第 3 期，第 26—31 页。
[15] 江丰：《鲁迅先生与"一八艺社"》，鲁迅研究集刊编，《鲁迅研究集刊第一辑》1979 年版。
[16] 刘岘：《忆鲁迅先生》，《美术》1956 年第 10 期，第 36—38 页。
[17] 陈丹晨：《名家读史笔记：风雨微尘》，东方出版社 2017 年版。
[18] 张昌华：《无错不成书反思》，《青瓷碎片：名人老相册》，中国文联出版社 2005 年版。
[19] 熊月之：《西学东渐与晚清社会》，中国人民大学出版社 2011 年版。
[20] 刘光裕：《简论官书三特征——不准公众传播、作者不署名、书无定本》，《济南大学学报（社会科学版）》2011 年第 21 期，第 1—11+91 页。
[21] 艾朝阳、董仁主编：《修辞学名家吴士文的故事》，东北大学出版社 2021 年版。
[22] 李继凯：《才子的书缘：郭沫若的读书生活》，万卷出版公司 2018 年版。

AI 生成式绘画之反思：去物质、观念与"艺术家终结论"

王子畅[*]

摘 要 以 Midjourney 和 DALL·E 2等为代表的 AI 生成模型工具进一步推进了绘画创作的去物质化，利用文本—图像的生成模式使艺术作品的创作过程转化为文字描述。探寻现当代视觉艺术的历史，去物质的趋势早已产生，在 AI 生成绘画领域主要体现在其非实体化、去身体化以及流动性的特征。这些特性将导向艺术创作的不可知性和虚假平民化趋势，并具有极权主义的风险。去物质化的趋势也引导我们思考人类艺术创作中的观念问题。面对 AI 生成绘画，人类不再占据艺术创作的唯一主体位置，但这不意味着人类艺术家将面临终结。生成式艺术潜在的极权风险、其批判性的缺失以及统计学逻辑背后的偏差等，意味着人类艺术家及创作观念仍然拥有坚实的立足之地。

关键词 AI 生成式绘画；去物质化；观念；艺术家终结论；生成模型

人工智能应用于艺术领域的例子屡见不鲜。2022 年科罗拉多州的艺术博览会上，电子游戏设计师杰森·艾伦（Jason Allen）以作品《太空歌剧院》（Théâtre D'opéra Spatial）获得了数字艺术类一等奖。而这幅作品的创作过程在数字艺术领域引发了争议，该作品是使用生成式模型 Midjourney 创作的，与以往的数字艺术略有不同，Midjourney 给予了人工智能更大的创作自主性——使用者只需要输入描述的文本，就可静待该模型自动生成图像。Midjourney 的获奖似乎对艺术家的地位产生了迫在眉睫的威胁。而生成式模型给人类带来震惊的领域目前已不局限于静态图像，2024 年 2 月，

---

[*] 作者王子畅，系北京大学艺术学院博士研究生。

AI 生成式绘画之反思：去物质、观念与"艺术家终结论"

OpenAI 推出的 Sora 更是通过视频—文本的对齐具有了生成视频的能力，视频效果生动、逼真、连贯，视频长度可达 60 秒。① Midjourney 一类生成式模型的出现，是否预言或加剧了视觉艺术领域去物质化的趋势？在以该类模型为代表的人工智能生成式艺术的发展趋势中，"观念"起到怎样的作用？人类艺术家又应该如何应对？

图 1　杰森·艾伦，《太空歌剧院》，Midjourney 生成，2022[1]

一　视觉艺术去物质化的历史

从创作过程及生成结果来看，AI 生成式绘画所具有的去物质化（dematerialization）倾向似乎是不言自明的。在视觉艺术领域，去物质化的倾向并非滥觞于数字艺术。当立体主义抽象化把握物质时，绘画就已经走上去物质化的道路；1918 年马列维奇的至上主义绘画《白上之白》（White on White）以白色背景与白色几何方块的重叠，几乎将绘画内容层面的去物质化诠释到了极致。20 世纪 60 年代，这种去物质化的倾向又逐渐扩展至艺术

---

① Sora 生成的视频与生成式绘画具有诸多相似特征，但不可否认其作为动态影像具有不同的特性。囿于篇幅，本文仅对以 Midjourney、DALL·E 2、Stable Diffusion 为代表的工具所生成的静态图像（尤其是绘画）进行探讨。

品媒介层面。露西·R.利帕德（Lucy R. Lippard）指出20世纪60年代视觉艺术中的两种去物质化趋向，即"作为想法的艺术"（art as idea）与"作为行动的艺术"（art as action）[2]255-276，并详细列举和记录了1966—1972年预示着去物质化趋势的展览、访谈、文件资料和艺术作品等。[3] 其中，利帕德洞察了观念艺术的去物质化特征在语言与视觉之间的桥梁作用。她以罗伯特·莫里斯（Robert Morris）等艺术家为例，强调观念艺术的去物质化体现为艺术品中观念的作用超过了物质本身，艺术家作为思想者的角色空前地高于制造者的角色[2]255-276。

20世纪60年代，计算机艺术的兴起则在媒介层面做出了视觉艺术领域去物质化的突破，并进一步提出艺术之观念的问题。技术图像将本质为0与1的数字通过程序转化为无数沙砾一般的像素，这些粒子被观者自主组织为可识别的画面。如米切尔（W. J. T. Mitchell）所言，这正是图像3.0时代所面临的"图像真实"，这是一种脱离反映论或再现实体的去物质化图像，以数据与画面的绝对匹配关系达成图像的真实[4]。

2022年Midjourney、Stable Diffusion、DALL·E等基于生成式对抗模型（GAN）或扩散模型（stable diffusion）的人工智能生成式艺术（AI-generated art）的出现，意味着图像的生成、存储、传播方式已经在极大程度上实现去物质化，达成由虚拟数据到数字图像视觉呈现的无物质过程。与此前的技术图像相比，由人工智能生成式模型生成的技术图像，不仅延续了数字—图像之间的"真实性"关系，而且极大地简化了指令的输入，这也是人工智能的"智能"之处所在：使用者不需要了解程序和装置内部的原理，仅通过对画面的文字描述，就可借助装置本身的"智能"来生成技术图像，因为装置替人完成了程序性的思考过程（将想法转为程序可识别的代码的过程），甚至还能够根据数据学习完善人类的想法。我们也可以看到，生成式模型所生产的绘画对比以往的技术图像，在视觉上更难与人类创作的绘画相区别，它们善于模仿人类绘画的视觉特征，因此前所未有地契合人类的美学价值。换言之，它们不再满足于技术数据与图像的绝对匹配关系层面的"图像真实"，而是在视觉上进一步追求人类的美学价值层面的"真实"，它们不再满足于图像的"生成"，而更在意达成图像内容的审美价值。而其在美学层面上与人类绘画之间在视觉上的"不可识别性"（indiscernibility）是生成式图像的极大突破。也可以说,在生产具有审美性的艺术品这件事上,人工智能再一次加速剥除了物质的参与。

从以上视觉艺术的去物质化历程来看,似乎正如黑格尔所断言,艺术已"转移到我们的观念世界里去"[5]15,随着形式的物质性极度缩减,观念在艺术中超越了形式,逐渐上升至可以代表艺术之本质的地位。如果这一趋势在20世纪60年代观念艺术的诞生时就宣告着艺术的终结,那么AI生成式绘画的突破是否意味着"终结"的命运来到了艺术家头上?在艺术家的创造力被极度压缩的生成式艺术中,"观念"能保有怎样的存在价值和能动空间?

二 生成式艺术的"观念"与去物质倾向

首先我们必须明确:当我们在谈论生成式艺术的"观念"时,我们在谈论什么?这里的"观念"显然与"观念艺术"(conceptual art)中的"观念"并不全然相同。当我们谈论观念艺术时,指的是观念(概念)在作品中起到绝对主导作用的艺术,而生成式艺术显然不必然具备这一特征。生成式艺术的突出特质存在于其生成阶段,因此对于其"观念"的研究倾向于指向创作中的作者意志,即创作想法(idea);观念艺术之"观念"(concept)则更多地指向脱离了创作者、由艺术品本身自带的物质性之外的意义内涵。但二者又不是截然分割、彼此独立的,观念艺术中的观念同样主要来自创作者,可以视为创作观念之表达的结果;而在生成式艺术中,创作观念也必然赋予最终的绘画作品某种"观念性"的精神内核(尽管就目前大部分生成绘画来说,仍以视觉效果为重点);并且,二者都指向了对艺术本质之追问。当我们说生成式绘画将艺术"观念"问题又一次推向风口浪尖时,我们不是指它对观念艺术有了进一步突破,也不是指解读一幅生成式艺术作品背后的深层意涵,而是它对艺术创作的物质性表象背后的创作"观念"问题进行提问,因而它更多地指向艺术的生产创作领域,是在艺术品生产不断剥离物质媒介和人的参与后,最终显露的关乎艺术创作的思想性成分。

因此,在生成式艺术的创作领域中,形成了鲜明的物质与观念的二元对立,生成式艺术的去物质化特征的另一面,也就是对观念的追问与探索,对观念的探讨也必须依赖其非物质性的特征。

（一）非实体的存在特征与流动性的互动表征

首先，AI 生成式艺术的非物质性在于其非实体的存在特征。尽管技术图像在生成与接收两端仍不可避免装置和界面的物质性存在，然而基于数字和程序编码而生成视觉形象的过程，以及 AI 绘画传播和存储的方式，无疑奠定了生成式艺术的非实体特征。AI 生成式模型中，文本—图像的转换功能进一步推动了数字艺术非实体化的发展。文本和图像作为两种异质性的信息如何实现特征的交换和交流？以 DALL·E 2 为例，开发 DALL·E 2 的 OpenAI 具有 4 亿对配对的文本—图像数据，CLIP 利用文本—图像配对数据使图像特征和文本特征尽量相似，从而实现两种异质化信息的特征的对齐，确保图文对应的精度。为了利用这些 CLIP 所提取的表征来生成图像，DALL·E 2 应用了一种两阶段的模型：其一为先验模型（prior），能够将根据文字说明生成 CLIP 图像嵌入（image embedding），也就是将文本特征进行"翻译"处理，使其适用于图像，相当于以图像编码生成条件；其二即解码器（decoder），能够执行前一步骤的条件，将"翻译"过的图像嵌入进一步生成用户想要的图像（如图 2 所示）[6]。

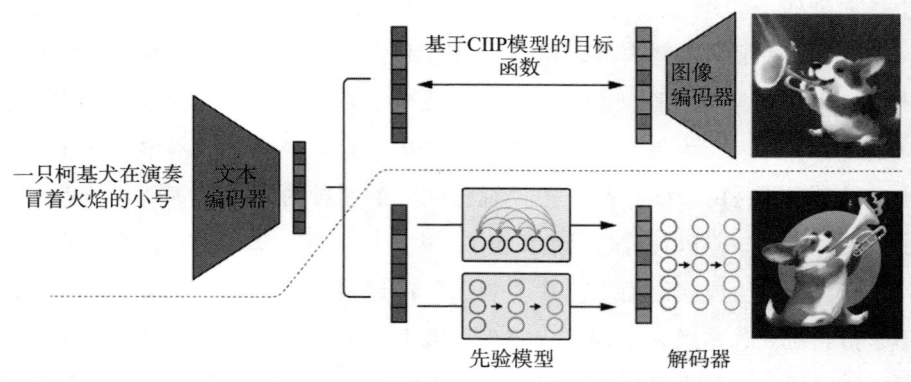

图 2　DALL·E 2 基于文本进行图像生成的过程[6]

DALL·E 2 在解码器中使用了计算效率生成质量更高的扩散模型（diffusion model）。作为生成领域的新秀，扩散模型首先进行前向扩散过程（forward diffusion），即从原始图像开始，每次都添加一些正太分布噪声或者其他噪声，直到噪声充满图像，继而模型进行逆扩散（reverse diffusion），

AI 生成式绘画之反思：去物质、观念与"艺术家终结论"

使得充满噪声的图像逐步去噪，从而不断恢复成上一时刻的图像，并最终恢复成原始图像。这也就是输入文本得到高度符合人类认知图像的过程。而 Midjourney 采用另一种模型——生成式对抗网络（GAN），利用"生成器"（generator）与"判别器"（discriminator）的"互搏"达成一种自我批评和更正的过程。[7]

在上述图像生成的过程和原理中，我们可以看到，艺术创作已经由对材料的处理进化为文字描述，装置的智能化在极大程度上剥除了艺术生产中的实体，与此同时作品储存、传播也实现了去实体化。由于不可抛却的二维界面，生成式绘画还抛弃了实体绘画的某些媒介特征，如笔触、色彩的厚度，以及作为物质性特征的创作过程等，这些媒介特性由于是二维屏幕无法呈现的，因此具有某种"反捕捉"的特征[8]。在界面的二维平面内部，AI 将具有物质性实体的媒介形式的视觉效果均转换为数据与代码，留存的仅有视觉维度的媒介特征，物质性的部分媒介特征则被 AI 拒之门外。这也可以说是技术图像所具有的共同特征，而如上文所述，AI 生成式图像对比以往的技术图像进一步加速剥除了物质的参与，甚至后者仅存的脑力劳动过程、输入指令的动作也在极大程度上被削减。这不仅代表着 AI 绘画图像即其视觉性本身，具有"去媒介"的趋向，而且对于观者来说，这意味着传统的观看经验将会被阉割至纯粹的视觉层面——去物质化的生成式艺术所阉割的远不止这些感官体验。

除了非实体特征外，AI 生成式绘画的非物质性还表现为一种流动性。图像的视觉形态基于文本—图像模型而产生流动变化——由于人工智能生成的初始化图像和噪声是任意的，因此即便用户输入同样的文字，得到的图像也不会完全相同。随着训练数据集的添加，不断有新的文本—图像配对被投入"培养皿"，也为图像的生成结果增加了自变量。因此可以说 AI 生成的图像是变动不居的，只要程序启动它就始终处于运动状态。

而在操作意义上，使用者对 AI 生成式图像的主动改变也导致了 AI 生成式绘画的流动。对于 AI 生成式图像，使用者可以通过修改语词、添加限定条件进行调整。使用者调整文字输入的过程，也就是使用者与装置进行博弈的过程。此外，AI 模型所生成的结果具有的未知性，为其带来了另一种流动性的表征。这种流动是辩证意义上的流动，基于程序的固定与生成结果的随机性之间的张力。AI生成式图像源于庞大的以将世界作为数据全部收入囊中为目标的数据集，模型生成的结果以人类感官熟悉或陌生的参数凝缩了大量信息，将带来巨大的熵。这也表明，在AI生成图像时代，图像对使用者处理信息的能力提出了挑战。

（二）去身体化与异化的内在趋向

AI生成式绘画凭借强大的生成模型和数据集，将艺术创作高度简化，仅需要几个描述的短语、一个按钮或鼠标的一击，艺术创造从对材料的处理转变为想法的输出和语言的组织表达。图像经由创作者身体将内生图像呈现于画布的过程消失了，人的身体作为艺术表达的中介面临被淘汰的境地，人类想象力被架空，创作者的"观念"也面临无从安置的局面。如威廉·弗卢塞尔（Vilém Flusser）所言，"这就是它（装置）被制造出来的意图所在：人被排除在外。这个意图无疑大获成功"[9]63。AI生成式绘画最大限度地排除了人类身体的劳动，达成了创作者"去身体化"。图像的制作原本是人类所特有的一种能力，要形成图像，就必须与客观世界保持距离，后撤一步，亦即主体与客体分离；而AI生成式绘画的视觉形象就是其本身，不存在图像与客观世界的距离。AI生成式绘画的去媒介特征，不仅抛却了创作者的身体，也搁置了人通过想象力从客观世界中提取图像的能力。① 这种认识论上的把握对AI而言是不必要的，它只需要通过数以亿计的数据的学习，对生成不断更新迭代。当生成式艺术将人的劳动极大程度地排除在外时，观念在创作中的作用似乎也变得黯淡。

---

① 在这一点上，Sora与静态的生成式图像略有不同。由于视频是动态的，包含更多的信息（特别是关联性的信息），因此其"模仿"人类视频时更容易在细节上出现差错。人类通过不断地感知来对世界形成经验性的认识，由此会在认知中构筑物理世界的一种"关系网"，例如装水的杯子被碰倒后，水会倾洒出来，这是一种因果关系，但Sora目前尚未完全掌握这种交互性的关系网。此外，Sora的技术文档中有这样一句话："Our results suggest that scaling video generation models is a promising path towards building general-purpose simulators of the physical world."（我们的研究结果表明，扩展视频生成模型是建立物理世界通用模拟器的一条可行之路。）（引文参见OpenAI官网，https://openai.com/research/video-generation-models-as-world-simulators，2024年3月10日访问）OpenAI以此表明，其目标并未停留在视频生成，而是希望模拟/复制我们的现实物理世界，尽管其目前尚未掌握物理世界中多种多样的"关系网"。因此，也可以说，Sora的生成视频是与现实世界存在距离的、以现实世界为参考的图像世界。

不可忽视的是，在艺术创造转化为文字输入的过程中，语言表达受到AI程序的高度制约和影响。这种影响要归为生成式艺术的非物质性——非物质性伴随着一种"不可见性"（invisibility），我们无法用画笔涂抹几笔色彩，或调整相机的光圈大小就能在画面上直接看到相应的变化；多数情况下，为了生成想要的图像，使用者需要对输入的文字进行多次修改，通过观察生成结果推测AI生成图像所对应的语词限定。由此，直观透明的因果性生成关系被割除了，生成式绘画的创作与其说是AI装置服务于使用者，不如说是使用者不断学习、服从于AI语义表达的过程。学者冯雪峰指出，文本输入的操作方式构成了一种"语义中心主义"[10]，不仅将语言置于其他感官的等级之上；而且排除了语言中声音等物质性维度，将语言还原为语义。这导致语言本身的物质性维度所带有的抒情、隐喻等一同被AI所"拒收"，冯雪峰将其生动地比喻为"语言和思想的广播体操"[10]。

同时，对文字的回归意味着对人类感官的重新调配，面对艺术创作，我们的操作从视觉经验转化为语言能力，人类的感官经验及其等级被AI重新排序[9]，原本人类自主自觉的创作在AI的辅助下反被制约。马克思从四个维度揭示了劳动异化的具体表现，其中对于劳动异化的第三个规定是劳动者同其类本质相异化，人类朝向动物和机器发生双重倒退[11]160-162。在AI绘画的无实体化生成中，人类更多地配合机器和程序的运转规律进行操作，在极大程度上压缩了凭借自主想法和灵感开展创作的余地，这将导致人类创作的思维与意识日益程序化和机械化，亦即人之自由能动的类本质的消逝[12]。由此我们再次看到了人类异化的倾向，而AI生成式绘画以其视觉至上之特性，也正在成为制造视觉中心的景观社会的下一个推手。在生成式绘画大量生产的背景下，人类对图像的认知经验也将被重塑[13]，当我们对AI生成式绘画司空见惯时，我们在观看图像的过程中就会更加谨慎，对其创作过程的理性判断会先于自发的身体性体验和感性欣赏。

从生成逻辑来说，AI绘画的生成不依赖于再现，不是现实世界的实体投影在屏幕内的镜像，而是数据通过程序转码而成的视觉呈现。不仅如此，人工智能通过学习海量数据提取多维参数，这也成为它们"创造"出人类意想不到的结果的源泉。生成式绘画的非物质性在某种程度上赋予了其无穷的虚拟能力，它们有望在画面中呈现不存在于现实的事物，使人类不可知之物在赛博空间显现。不同于传统图像捕捉现实世界涌向我们的意义；它们创造意义，其意义的生成具有无限性，同时也面临着意义过剩进而走向一种无意义的危机。可以推断，生成式艺术将如鲍德里亚所言的拟像（simulacre）一般在其赛博空间内部实现狂欢，当人类踏足这种狂欢，这些图像将在逐步替代真实的同时一步步滑向虚无主义。

从以上论述来看，去物质化的 AI 生成式艺术已经自觉地将传统艺术创作中所依赖的"观念"抛却。数字图像脱离对现实的再现，通过海量数据的无机堆砌和机械操作而具有了无限地生成意义的能力。生成式艺术仅仅依赖统计学和数学的逻辑，最终却导向视觉上的审美价值，这不仅打破了感性与理性两极的对立，同时也直接取消了感性、观念的存在意义。那么艺术创作所依赖的观念和感知力的提供者——艺术家——还有存在的价值吗？人类艺术家就此走向终结了吗？

三 艺术家的终结？

在维基百科词条中，《太空歌剧院》的作者栏显示为"Midjourney，使用了杰森·M. 艾伦的指令"（Midjourney, using a prompt by Jason M. Allen）[14]，将生成模型和使用者共同视为作品创作者，甚至更强调前者的主导作用。生成模型不仅使艺术创作极简化，还能够产出与人类作品在视觉上相差无几的图像。诚然，它给予了 AI 空前的创作主导权，也使得创作主体摇摆于 AI 与人类之间。

（一）AI 生成式绘画的创作主体

AI 生成式绘画的创作主体自其诞生以来长期存在争议，竞争者主要是使用者与 AI。① 使用者决定了最终画面的视觉效果，而 AI 程序在其中承担了关键的创作任务，创作的主体究竟该归于哪一方？如果我们进一步深究，这把我们引向了对艺术品终极价值及其本质的追问，即艺术品中哪些是最为关键的、不可化约的部分？

---

① 这里对于创作主体的归属，首先应排除程序开发者。尽管开发者赋予了机器以"智能"，但从生成模型到开发者的这步还原显然不具有有效性——正如我们不能将艺术家的创作归于生育了艺术家本人的父母。

AI 生成式绘画之反思：去物质、观念与"艺术家终结论"

人类使用者提供了决定性的描述文字，相当于提供关键词调取了头脑中的知识库。输入文字是装置留给我们的剩余，我们除了执行这一操作外无计可施，只是需要注意：易于上手操作不完全等同于智识层面上的容易。人类仍在为艺术创作提供决定性的基调和灵感，只是使用者的行动被压缩在简短的文字表述中。在图像生成过程中，使用者不断调整输入文字直到得到满意的图像，并决定了最终的生成结果，因此使用者的意愿发挥了主导作用。如此看来，使用者似乎保留了创作的主体地位，AI 生成模型似乎依旧是服从于使用者意志的后工业时代机器。

以上这一观点将 AI 生成式艺术的产出视为一种契约式的艺术生产。使用者提供创作框架，AI 负责劳动执行，成果归使用者所有。这样的契约式艺术创作在艺术史上并不鲜见，从 16 世纪欧洲鲁本斯的行会画坊模式，到 20 世纪安迪·沃霍尔（Andy Warhol）的工厂模式、达米安·赫斯特（Damien Hirst）的艺术外包模式，他们都遵从了一种"契约"的逻辑：具体劳动和制作由效率更高的助手或通过外包来完成，但提供关键想法的甲方艺术家仍然保有艺术品的产权和创作的主体地位[15]。这类"契约"得以成立的前提是对于认知劳动价值高于体力劳动的等级排序。

然而 AI 生成式艺术在两方面挑战了使用者的主体地位。第一，AI 不完全是依循人类指令复制粘贴般生产图像，而是能够随机生成超出人类预期的部分，例如 Midjourney 所具有的图像外绘（Zoom out）功能，能够根据原有图像自动按比例扩展绘制出原图不具有的画面，就如同为故事进行续写一般。从生成原理来看，AI 掌握着庞大的样本基数和高效率的学习能力，因此其顺理成章地学习到了人类所没有认识到的维度，并导致对图—文关系的认知水平高于人类。它们高度的认知水平打破了人类与 AI 的等级秩序，AI 由绝对的工具进化为具有主体性的存在。在实际应用中，也有不少艺术家利用 AI 生成的结果为自己的创作提供灵感。如果我们以"创新"为衡量创造力的标准①，那

---

① 对于计算机本身是否具有创造力以及所谓"创造力"的标准的问题，学者博登（Margaret A. Boden）已有精彩的论述，她指出计算机的"创造力"只在计算机有助于解释人类创造力的意义上才有肯定的必要。并且，计算机究竟是仅仅在视觉表面呈现的效果上看似具有创造力，其原创性完全来自程序员的程序编排；抑或是真正具有机械运行之外的创造能力，这二者之间的判断更多地属于道德态度，而不是绝对的。参见朱恬骅《AIGC "何时为艺术"——从形态相似性到艺术条件》，《艺术学研究》2023 年第 3 期，第 76—88 页。

么生成模型在图像产出上的"创造力"的确存在,尽管这仍然是基于理性知识的、数据和样本的组合。

第二,AI 的高智能化缩短了使用者在艺术层面认知的差距,构成一种"认知平民主义",从而逐渐消解了艺术领域认知劳动与体力劳动的等级秩序的合法性。生成模型的非物质性集中表现为一种不可见性——它是一个神秘的"黑盒子",程序的不可见、运行过程的不可见、"智能"的不可见赋予其神秘化的色彩。不可见性进而导向一种不可知性,也就是知识的专业化、神秘化和高度集中。然而在使用层面,非人工智能领域的使用者难以对生成模型有深入了解,其使用更类似于海德格尔所说的"上手"(zuhandene),这意味着使用者操纵软件时并不需要去思索其背后的代码或运作原理,而是将软件与自身行动的关系内嵌于认知[16]245。无论是艺术家还是对艺术一无所知的人,他们对于艺术的了解程度和感知能力似乎无法在生成结果中拉开差距。这也就构成了一种"认知平民主义"[10],"黑盒子"使任何使用者都能创作出水平不差的艺术作品,并且几乎完全无须了解运作原理。使用者的"主体"地位所依赖的创作构想似乎不再具有决定性的作用,在这一层面上,创作观念的主导性让渡给了生成模型的劳动操作。

基于以上所述人类与 AI 在生成式艺术中的分工,笔者认为,我们无法将人类与 AI 分裂开来讨论 AI 生成式绘画的创作主体,因为其创作的观点意图与创作所付出的劳动(技术)是相互交织影响的。人类的主体性体现在文字的输入和调整上,但这一过程也高度受制于 AI 模型的"语言习惯"。AI 的主体性突出表现在其生成的创造性成分,但最终图像的呈现依然取决于使用者的意志。创作意图与技术的博弈与互生,最终构成了 AI 生成式绘画的产出。在此语境下,人类和 AI 都成为某种程度上的"人机混合物"。

而"观念"与主体不可分割,面对混合的主体,生成式艺术中的观念也面临被人类艺术家和生成模型共享的命运。生成模型所提供的"观念"是基于数据与统计学的结果,人类的观念则是无法预测的,二者达成的"观念共识"最终产出了艺术作品。

(二)生成式艺术:艺术家的后历史阶段?

然而对于以上结论,我们需要思考:AI 的艺术"创作"究竟在什么意

AI生成式绘画之反思：去物质、观念与"艺术家终结论"

义上能够代替人类艺术家的创作？丹托在目睹工业生产品布里洛盒子成为艺术品时，指出艺术品的"不可识别性"（indiscernibility）问题，并断言"艺术的终结"[17]21-40。面对AI生成式艺术，从开发程序的角度来说，其对比以往的人工智能艺术的突破点在于对文本—图像对应的生成模型的研发。而对于观者或艺术家来说，AI生成的结果与人类创作的图像在视觉上的"不可识别性"才是"艺术家终结论"诞生的直接原因。

换言之，AI生成式绘画的价值判断标准依赖于其与人类作品的视觉相似性，它需要足够像人类的艺术作品才能被称为"艺术"，否则它就只是AI对人类想象力的不自量力的模仿、是佐证AI不具备创造力的平庸图像。这一视觉相似性问题与古德曼（Nelson Goodman）所讨论的"赝品与原作"问题具有一致性。古德曼指出，在得知两件作品孰为赝品、孰为原作的情况下，即使二者视觉感知完全一致，观者看待它们的方式依旧天差地别[18]86。分辨AI生成结果与人类的作品并给予审美价值判断，就如同分辨赝品与原作，无论是通过科学仪器的精密分析还是历史资料的追溯，最终都会影响我们对二者的认知。这意味着对作品审美价值的判断在很大程度上依赖于我们观看它的方式和条件，亦即古德曼所言，问题的重心从"什么是艺术"转向了"何时为艺术"[19]。即使未来AI生成式艺术与人类作品在视觉上完全无异，观者的观看方式和经验也已经"进化"，并且对观看方式的选择权始终归属于人类。在这种意义上，AI能否替代人类进行创作、艺术家是否终结这些问题的答案始终由人类确定。

另外，仅仅对从生成结果出发的视觉相似性条件加以判断，也意味着生成式绘画的创作"观念"在讨论中再次被抛却。我们不难将这一"观念"与古德曼所言的"何时为艺术"结合起来。思考"观念"在生成式绘画中的作用，也就是对于生成式绘画生产过程的考量，其中必然会引入视觉以外的多重维度，从而带来颠覆基于视觉之判断的可能。由此也能够再次证明，"AI生成式绘画是艺术"这一命题是具有条件性的。

不可否认，AI生成式艺术不仅提出了艺术品的"不可识别性"难题，也导致了创作主体的范围扩大，人人皆可为艺术家，艺术家这一身份也成为"不可识别"的因素。但基于与上文同样的逻辑，AI生成式绘画依旧建立在对大量由人类创作的艺术作品进行学习的基础之上，AI生成式艺术本

· 181 ·

质上是寻找人类艺术之所以成为艺术的"原理"。这也意味着仍存有将艺术家定义为"艺术家"的观念和标准。从这一层面来讲,艺术家的后历史阶段尚未到来。

我们还可以从生成式艺术的潜在弊端出发,考虑人类艺术家的存在价值。生成式艺术带来的趋势之一是艺术创作的大众化、平民化,但其背后掩藏着真正的信息极权倾向。如上文所述,AI 生成式艺术的非物质性构成一种不可知性,这意味着非专业领域的使用者无须了解它的运作逻辑。我们可以想象这样一种装置的循环:由 AI 随意生成的图像被返回程序的数据集,程序根据自身生成的图像继续学习训练,这将导致一个自我生成的递归往复,艺术的生产将越发服从于程序本身的逻辑和喜好,逐渐封闭并停滞不前。当这些图像被发送给使用者时,使用者也进入了由程序主导的循环之中。对抗这种循环有赖于程序的改变,以及有效信息的不断输入,但囿于生成模型的不可知性以及知识高度集中所导向的信息极权,程序开发者可以更改程序和语料达成对使用者的控制,而这将逐步走向以信息茧房为表现的"法西斯主义",弗卢塞尔称其为"装置的极权主义"[9]126。被挑选的数据集和信息将代替文字成为自动图像时代的历史叙述,"观念"也将被封锁在这一循环之中。

非物质性还将导向非时间性,生成图像的内容可以属于任意时间,创作的时间不受限制,并且生成的结果能够以非物质性媒介永久存储,它跳脱了历史而存在。此外,程序的设定决定了生成式艺术只能做到对既有信息不加批判地肯定与组合。因此当我们审视 AI 生成式绘画的创作逻辑时,可以判断它并不具有历史性和批判潜力,这也直接导致了其创造力的虚无。阿甘本在论及创造行为时指出,创造行为应该是"一个潜能和潜无能、'能……'和'不能……'的行动和抵抗之间的力场"。"潜无能"(impotential)与潜能本质上共属一个东西,真正的创造不是潜能滑向行为的简单过程,而应该同时包括"不做"的潜能,即"既能够做某件事情又能做某件事情的反面,还在自身中包含一种亲密的、不可化约的抵抗"[20]。对于AI 来说,它的"不做"只能依靠人类来设置,例如 AI 生成领域对种族和宗教内容的调和性输出等。以阿甘本的观点看来,AI 只具有行动的潜能,而不具有"不做"的"潜无能",因此这不能视为真正的创造行为,而只能是

AI生成式绘画之反思：去物质、观念与"艺术家终结论"

缺乏品位的"不能不做"[20]。人类所特有的批判性和"潜无能"，正是人们坚守艺术创造的堡垒。

不可忽视的是，AI生成式绘画所遵从的程序和其造成的递归循环，意味着其将导向一种虚无主义，尽管图像摆脱了再现，自顾自地生成着意义，但面对图像观者无法再看到意义，从视觉感知到心灵的通路被阻断了，技术奇点所带来的将仅仅是视觉上的一刻震惊。AI生成式图像不再有人类艺术的"灵晕"（aura），而仅仅是视觉奇观的生成与复制。

这些潜在的危险昭示着人类艺术家的必要性。此时，艺术创作之"观念"问题已无法回避。"观念"所代表的人类认知，并不是机械性决定论的刺激-反应模式，抑或是简单的数据特征提取归纳。在艺术领域，人类感知力——也就是艺术创作中"观念"之诞生过程——成为超越理性的统计学与数学逻辑的可能，人类艺术家成为打破视觉表象的快感、恢复艺术品"灵晕"的希望。尽管AI生成模型在图像—文字的知识性了解层面势必超过人类，然而艺术生产并不只依赖于知识与计算，那些在创作的意志中不可量化的因素——情感、语境、灵感等——起到至关重要的作用。正如雷吉斯·德布雷（Régis Debray）所言："图像，正因为古旧，才能常新。相反，被捧为'新'图像的机械图像，很可惜只能算是新图像，因为它们无视身体、无视恐惧，恐怕难以为继，难于有实质内容，难于抵御（技术过时的影响）而存续下去。由于缺乏情感价值，它们很快就只成为一纸文献，只能陈述自身的时代，不能反映任何其他，让视听大潮席卷而去。可以说，它们做不到与时代错位而存。"[21]24

此外，AI生成式艺术的统计学本质，暗示着其高度现代性、资本主义的模式，也意味着其具有掩盖大数据背后的异质性的弊端。这一思考与后殖民理论的进路相同，即使拥有海量的数据，我们也不能一概地把握所有艺术，那些尚未或不能被书写和记录的东西，是AI无法企及的。艺术创造的多样性无法被AI全部覆盖，趋于封闭循环的AI生成式艺术只会加剧单一的、中心化的历史书写。与之相对，人类艺术家主体的多元性决定了创作观念的多样性，最能够在AI所获语料的边缘处提供多样的艺术创作和沟通潜能，生成反对量化、统计学的动力，成为打破文本—图像二元模式的第三元力量。

四　结语：人类艺术家的堡垒

如何真正构筑人类堡垒是我们需要真正考虑的问题，而不是歇斯底里地在各处寻找人类可能还存有的一些暂时性优势。从 AI 生成式艺术的去物质化特征入手是一条可行的途径。在图像生成过程中，数字界面所无法捕捉和再造的物质性触感（以及其他感官），这些对于实体绘画的观看来说，是于贝尔曼所言《报喜图》中作为背景和环境的"不可见"部分[22]15-30，作为一种"无"但并非空无一物。实体绘画的观看具有从视觉延伸到其他感官的潜力，而这是去物质化的数字图像所无法企及的。

以上针对广泛的数字艺术而言，而对于 AI 生成式艺术对艺术家的直接威胁，笔者想提出一种后殖民主义式的"去中心化"路径，我们不将自己或 AI 作为艺术中绝对的中心，也不以二元的阈限将 AI 视作取代人类的敌人。如许煜所言，如果我们以"替代"（replacement）的逻辑看待人类与机器的关系，相当于服从于一种将机器智能与人类智能等价的资本逻辑。这种替代逻辑直接忽略了人与机器的相互作用[15]220。与其惶恐于艺术家是否会被无形的 AI 所替代，不如寻找二者的相互作用以求共生。人类如何面对并妥善利用生成式艺术所呈现的不存在之物，以及如何结合 AI 提供的预料之外的灵感，或许是未来人类创作的一个重要方向。

最后，面对 AI 生成式图像可能带来的极权化信息趋势，我们需要意识到生成模型的统计偏差，并看到那些无法被大数据囊括的边缘的图像和人类。当我们称 AI 生成模型使人人都能成为艺术家时，意味着我们遗弃了一部分非技术使用者。这些被遗忘的、未被数据化的图像和人类，正是能够抵御极权化趋势的希望，也始终是艺术创作需要长久关注的主体。人类可以以多元的主体实现去中心化、边缘性的创作突破，通过对话和互动来反对极权倾向的图像历史书写。

也许面对 AI 生成式绘画的诞生，面对 AI 对人类在艺术创作中更加"智能"的压倒性优势，人类更需要返回自身，找寻自身创作艺术的意义和特殊性。人类的创作观念作为这一意义的中心，需要被提到至高地位。因此，面对 AI 艺术的追根究底是为了更深刻地理解人类艺术创作的本质。正如海德格尔所言，技术是存在的"解蔽"（das Entbergen）[23]10。

参考文献

[1] Ghosh, Avijit, and Genoveva Fossas, "Can There Be Art Without an Artist?" *arXiv Preprint*, 2209.07667 (2022).

[2] Lucy R. Lippard, John Chandler, "The Dematerialization of Art," in Lucy R. Lippard, ed., *Changing: Essays in Art Criticism*, New York: E. P. Dutton & Co., Inc., 1971.

[3] 〔美〕露西·利帕德：《六年：1966至1972年艺术的去物质化》，缪子衿等译，中国民族摄影艺术出版社2018年版。

[4] 唐宏峰：《图像学3.0：20世纪图像理论的三个阶段》，《美术》2020年第9期，第6—11+26页。

[5] 〔德〕黑格尔：《美学》，朱光潜译，商务印书馆1979年版。

[6] Ramesh, Aditya, et al., "Hierarchical Text-conditional Image Generation with clip Latents," *arXiv Preprint arXiv:2204.06125* 1.2 (2022): 3.

[7] Mike Wolfe, "The Emerging World of AI Generated Images," *Medium*, Sep. 5, 2022, https://towardsdatascience.com/the-emerging-world-of-ai-generated-images-48228c697ee9, Accessed Sep. 30, 2023.

[8] 陆兴华：《图像哲学十日谈：如何找到被捕捉状态中的感染力?》，2021年10月25日，https://www.bilibili.com/video/BV1Hq4y1R76y/?spm_id_from=333.337.search-card.all.click，2023年9月20日访问。

[9] 〔巴西〕威廉·弗卢塞尔：《摄影哲学的思考》，毛卫东、丁君君译，中国民族摄影艺术出版社2017年版。

[10] 冯雪峰：《AI图像、语义中心主义和认知无产阶级》，2023年8月12日，https://mp.weixin.qq.com/s/3jbCdjr_jlOaocBc5fx-Ew，2023年9月29日访问。

[11] 中共中央马克思恩格斯列宁斯大林著作编译局编译：《马克思恩格斯文集》（第一卷），人民出版社2009年版。

[12] 陈希：《人工智能时代劳动异化危机及其应对》，《理论导刊》2024年第1期，第65—72页。

[13] 蒋斐然：《维罗妮卡的面纱：论 AI 生成技术对绘画的影响》，《美术观察》2023 年第 8 期，第 25—27 页。

[14] "Théâtre D'opéra Spatial"，https://en.wikipedia.org/wiki/Th%C3%A9%C3%A2tre_D%27op%C3%A9ra_Spatial，Accessed Oct. 3，2023.

[15] 杨莉莉：《AI 图像生成：终结艺术契约》，《艺术当代》2023 年第 3 期，第 54—57 页。

[16] 许煜：《艺术与宇宙技术》，苏子滢译，华东师范大学出版社 2022 年版。

[17] Arthur C. Danto，*After the End of Art*，Princeton，New Jersey：Princeton University Press，1971.

[18] 〔美〕纳尔逊·古德曼：《艺术的语言：通往符号理论的道路》，彭锋译，北京大学出版社 2013 年版。

[19] 朱恬骅：《AIGC"何时为艺术"——从形态相似性到艺术条件》，《艺术学研究》2023 年第 3 期，第 76—88 页。

[20] 阿甘本：《什么是创造行为》，王立秋译，2019 年 6 月 16 日，https://mp.weixin.qq.com/s?__biz=MzIzNTcxMzM5MA==&mid=2247507867&idx=1&sn=8d13e6c541a2e9fc72b5ef45201f12eb&chksm=e8e0799adf97f08cc499078ec0cd9be508819364eabb75ac8774b3dc0faaf37c30afb5630254&scene=27。

[21] 〔法〕雷吉斯·德布雷：《图像的生与死》，黄迅余、黄建华译，华东师范大学出版社 2014 年版。

[22] 〔法〕乔治·迪迪-于贝尔曼：《在图像面前》，陈元译，湖南美术出版社 2015 年版。

[23] 〔德〕海德格尔：《演讲与论文集》，孙周兴译，生活·读书·新知三联书店 2005 年版。

从优秀出版人的著述实践看数智时代出版人的"笔力"

杨 虎 周丽锦[*]

摘 要 进入新时代,切实提高"笔力"是出版人学习贯彻习近平文化思想、顺应数智时代发展潮流、助力出版学学科建设、实现自身职业价值的迫切需要和重要途径。优秀出版人著述实践为当代出版人提高"笔力"提供了典范。基础型"笔力"、增彩型"笔力"、积累型"笔力"、研究型"笔力"和学者型"笔力"构成了出版人"笔力"的基本层次与结构。当代出版人应该把提高"笔力"作为自觉的职业追求,顺应时代潮流,着重提高"人工智能+自我创造"的全新"笔力"。产学研用各界要以出版学科联建为契机,联手完善以"四力"尤其是"笔力"为核心素养的人才培养机制。

关键词 四力;笔力;数智时代;出版学科建设

一 数智时代出版人重视和提高"笔力"的价值与意义

深入学习领会贯彻习近平文化思想,是全党尤其是全国宣传思想文化战线的一项重要政治任务。作为宣传思想文化事业的重要组成部分,出版界的每一位从业人员要紧紧围绕学习贯彻习近平文化思想,围绕贯彻党的二十大关于文化建设的战略部署,切实增强做好新时代新征程出版工作的责任感、使命感,通过不断提高工作本领,承担起"举旗帜、聚民心、育新人、兴文化、展形象"的文化使命。习近平总书记在 2018 年宣传思想工

---

[*] 作者杨虎,系北京大学出版社副社长、副总编辑、副研究员;周丽锦,系北京大学出版社社会科学编辑室副主任、副编审。

作会议上强调:"宣传思想干部要不断掌握新知识、熟悉新领域、开拓新视野,增强本领能力,加强调查研究,不断增强脚力、眼力、脑力、笔力,努力打造一支政治过硬、本领高强、求实创新、能打胜仗的宣传思想工作队伍。"[1]315这为新时代的出版人克服本领恐慌、提高工作质量、开创工作新局提供了高屋建瓴的理论指南和行动准则。按照马克思主义的方法论,"'四力'的过程,就是马克思主义认识论的过程,脚力、眼力就是实践的过程,脑力就是认识形成的过程,笔力是理性认识的书面化的表达"[2]。在具体的实践工作中,"笔力"也即"著述力",既伴随着出版人工作的始终,更是出版人工作质量和水平的最终呈现。

但进入数智时代后,作为出版人基本功的"笔力"受到了不少人的质疑。20世纪90年代,美国学者尼尔·波兹曼提出"媒介即隐喻""媒介即认识论"的论断,认为自从人类拥有语言以来,所有的媒介都有自己独特的倾向:"媒介的形式偏好某些特殊的内容,从而能最终控制文化""它们更像是一种隐喻,用一种隐蔽但有力的暗示来定义现实世界""真理的定义至少有一部分来自传递信息的媒体的性质"[3]10、12、18。如今,以ChatGPT为代表的人工智能技术的文字加工和创作能力越来越强,读者的阅读习惯也已发生根本性的变革,由短视频构成的信息世界对以文字为主体的纸质知识生产与传播体制形成了极为深刻的冲击,出版物的形态也因此正在发生根本性的变革。"在我们有意或无意的选择下,我们已经抛弃了孤独宁静、一心一意、全神贯注的智力系统,而这种智力规范正是书籍赠予我们的。我们已经把自己的命运交到了杂耍者的手上。"[4]141在这一背景下,出版人的"笔力"似乎已经不再重要。

与此同时,作为文化产业的重要内容之一,出版业在经过产业化改革之后,面对越来越严峻的市场压力时,往往会特别强调出版人的编辑力、策划力、营销力、社交力,"他们必须十八般武艺样样俱全,既要精通书籍制作、行销、谈判、促销、广告、新闻发布、会计、销售、心理学、政治、外交等等,还必须有绝佳的编辑技巧"[5]40。强调编辑技巧的"编辑力"除了关注制作出版物的能力之外,往往更加强调"读懂时代、读懂社会,以及读懂读者的能力"[6],而对最基本的"笔力"似乎不太重视。这在一定程度上也是当前出版物质量普遍下降的重要原因之一。

无论是出版机构,还是出版从业者,其存在价值最终都要通过自己出版的产品来体现、确认。晚清重臣张之洞在《书目答问·劝刻书说》中说道:"凡有力好事之人,若自揣德业学问不足过人,而欲求不朽者,莫如刊布古书一法。……其书终古不废,则刻书之人终古不泯。"依张氏之论,似乎出版人只能通过编辑出版他人的著作来求得不朽。但实际上并非如此。在编辑出版好他人著作的同时,出版人也可以通过提高自身的"笔力"来实现其更高的职业价值。"笔力"即"著述力",是出版人诸多素养中最为根本和关键的素养之一。出版人不仅要通过调研走访的"脚力"、洞察时代的"眼力"、明辨是非的"脑力"来选择、策划与运营,更需要用过硬的编写能力推出优秀的出版物。如果说,出版人的策划力、营销力、社交力是其核心素养外在的动的一面的话,那么,"笔力"则是出版人沉潜的静的一面,二者互为补益,不可或缺。

当前,强调出版人的"笔力"对提高编辑出版工作水平的意义重大。一是编辑与文字、书稿打交道,每天都离不开"编"和"写",没有基本的"著述力",不可能做好本职工作。在数智时代,模型化、机械化的编写方式虽然可以大行其道,但无法取代个性化、创造性的个体写作。在举世皆利用人工智能写作的氛围中,出版人高质量、高水平的"笔力"会更加凸显其价值。二是历史和实践都证明,出版是一门自成体系的科学,需要不断思考、总结和研究。进入新时代以来,在习近平新时代中国特色社会主义思想的引领下,我国的出版业和出版学学科建设进入了一个全新的发展阶段。2021年底,国家新闻出版署印发的《出版业"十四五"时期发展规划》提出,要"加强出版学学科建设和专业人才培养,构建中国特色社会主义出版学学科体系"。这是党和政府从国家层面第一次在出版学学科建设方面明确提出"构建中国特色社会主义出版学学科体系"的要求。2022年9月,国务院学位委员会、教育部印发《研究生教育学科专业目录(2022年)》,"出版"位列其中,意味着出版专业人才培养由原先可授予出版硕士专业学位,提升到同时可授予出版博士专业学位。此举进一步有力地促进了出版高层次人才培养,出版学学科建设迎来重要契机。2023年12月,中宣部、教育部联合印发《关于推进出版学科专业共建工作的实施意见》,坚持以习近平新时代中国特色社会主义思想为指导,从总体要求、队伍建设、人才培养、学术研究、组织保障等5个方面，提出15项促进措施，进一步深化出版学科专业共建工作，建设中国特色的出版学科专业，为推动出版业繁荣发展、建设出版强国提供有力支撑。可以看出，时代呼唤出版学学科建设再上新台阶，国家迫切需要出版学教育与研究做出新成绩。出版人利用"近水楼台"之便，结合实际工作，写出理论与实践紧密结合的研究论文或者专著，既可以提高自身的工作水平，也可以交流思想和经验，以自己的思想和学识影响出版业，进而为出版学的建设与发展做出应有贡献。三是以成为学者型、专家型的出版人为追求，通过撰写相关学科的专业著述，体现出版人的深厚学养和独特价值。众多优秀出版人的经历已经证明，只要肯下功夫，注重积累，出版人也可以成名成家。出版人在"为他人做嫁衣裳"的同时，也可以给自己做几件不错的"衣裳"，又何乐而不为呢？当然，我们不是要求每一位出版人都成为学者型的出版家，比较现实的是，无论时代和技术如何变迁，每一位出版人都应该根据时代的要求和自己的知识基础、才情、兴趣等来规划自己的职业道路，在"笔力"方面做出应有的成绩。

二　出版人"笔力"的层次与结构

（一）基础型"笔力"

在日常工作中写好编辑应用文，如选题策划书、营销方案、书稿审读报告、发刊词、视频制作文案等，这是出版人的本色行当，能体现出版人基本的"笔力"。这种"笔力"与业务紧密相关，并不要求太强的学术性和理论性，重要的是实用性；要求文从字顺，词能达意，能解决工作中的实际问题就可以。但这并不是说这种"笔力"不重要，要想做好编辑出版工作，出版人必须以此为基础，方能有所进步。看似简单的东西，不同的人编写，会有不同的效果，甚至会由此而产生"大手笔"。在中国共产党的出版史上，毛泽东的"笔力"人们有目共睹，有口皆碑，他撰写的报刊发刊词成为永恒的经典。如1919年，他在《〈湘江评论〉创刊宣言》中提出："世界什么问题最大？吃饭问题最大。什么力量最强？民众联合的力量最强。"由此拉开了一个新时代的序幕。1939年，毛泽东又为《共产党人》创刊号撰写了发刊词，第一次论述了中国革命胜利的"三大法宝"，并阐释了三者之间的关系，深刻总结了中国革命经验，为今后党的建设提供了重要的理论指南，《〈共产党人〉发刊词》由此成为毛泽东党建思想的经典文献。在现当代文坛上，出版人的约稿函、给作者的回信，由于用心为之，也往往为工作增色不少。据葛维屏回忆，2023 年茅盾文学奖得主杨志军在《青海日报》文艺部当编辑时，葛维屏曾投寄《走出园囿》一文，文章发表后，杨志军给他寄出了一封手写的信函："葛维屏先生：好。大作〈走出园囿〉已发表。谢谢支持。我们报纸副刊以发表纯文学为主，若有精短的随笔、杂文、散文等还可赐来。稿费从优。盼复。杨志军。又，来稿可直接寄我。1993.6.12。"这让葛维屏非常感动，并感慨道："短短的信函里，表达了三层意思。一是介绍了本报的特点。二是介绍了有利可图。三是张开欢迎的胸怀。一个写作者，能够获得的从报纸杂志那儿回馈来的最大期待，这封约稿函里都有了。"他还进而发问："我一直在想，如果是现在的编辑，会不会写这样的一封信函？"[7]

（二）增彩型"笔力"

这种"笔力"主要体现在两方面。其一，为图书提炼书名，撰写内容提要、广告宣传语、书评等。通过出版人的"如花妙笔"给原作"锦上添花"，让其在众多的作品中脱颖而出，这已不仅是纯粹的写作问题，还涉及对读者心理、图书市场的分析，是一种综合能力的体现。比如，给书命名既是技巧，也是艺术，更是一门需要深入研究的学问。为了恰如其分地反映图书内容，并有效吸引读者，出版人经常会和作者一道，在书名设计上多下功夫。20 世纪 60 年代，少年儿童出版社推出的经典畅销书《十万个为什么》，其书名就是编辑在"你知道吗""知识的海洋""科学趣味问题"等六七十个书名中仔细揣摩才确定的，生动反映了出版人的推敲锤炼之功。再如，在文学史上，20 世纪二三十年代，很多知名作家亲自为图书撰写广告词，包括叶圣陶、巴金、施蛰存等，而鲁迅先生更是公认的广告能手，他以编辑的身份为《铁流》《死魂灵》《八月的乡村》等数十种图书撰写的广告词，这些广告词传诵一时，对于读者具有极高的参考价值。其二，为古籍或名家作品做注释、翻译和点评等工作，此类工作看似平常，却非常见功底。清人张潮在《幽梦影》中说:"著得一部新书,便是千秋大业;注得一部古书,允为万世宏功。"这充分说明了注书的重要作用。没有深厚的学养和严谨的态度,是做不成这项工作的。比如,著名出版家周振甫著有《文心雕龙注释》《周易译注》《诗品译注》等多部古籍今译稿。以《文心雕龙注释》为例,《文心雕龙》是梁代刘勰的作品,是我国现存最早的一部文章学论著,也是一部文学批评专著,总结了先秦以来文学创作的经验,体大思精,在中国文艺理论史上占据重要地位。作为出版家,周振甫注意站在读者的角度开展工作,参考了此前十余个注释本,修订了其中的舛误,增注了遗漏的典故和词语,还为每一篇文章撰写说明,对其文学思想等做出独到的评价,体现了深厚的功力。有读者针对他的注释本发出感慨:注释工作者要深入研究和深刻理解注释对象,除此之外,他的心中还必须有读者,并在工作过程中注意方法和效果,否则,即使注释者有再大的学问,也难以做好文化遗产的注释工作。[8]

(三)积累型"笔力"

出版人围绕出版工作中有价值的问题,应做个处处留心、随时收集资料的"有心人",日积月累,勤笔勉思,就能形成著作的雏形。在此基础上,再进行必要的整理、加工和润色,就能形成很好的著述。用力虽省,只要坚持,即能有所得。而要做到这一点,就要具有以下几方面的能力:一是要看得远,有卓识,能够挑选出有价值、有意义的主题;二是要勤动手,只要是与所关注的题目相关的资料,都兼收并蓄;三是要能坚持,持之以恒,这种工作短期之内可能不会收效,往往需要长时间的积累方能成形;四是要会整理,懂编次,有基本的编辑整理之功,使资料系统化、体系化。

比如著名版本目录学家孙殿起,从书店学徒做起,从事书业数十年。在从业过程中,他养成了一种很好的习惯,凡是经他过眼和贩过的书籍,他均一一记录其书名,卷数,作者姓名和籍贯,刻印时间,刊印厂肆,书之序、跋、校勘等资料,日积月累编成《贩书偶记》。《贩书偶记》收古籍善本1万余种,绝大部分是有清一代的著述,兼及辛亥革命以后迄于抗战的有关古代文化的著作。该书凡见于《四库全书》的一律不收,如有收录者必卷数、版本有异。后来其外甥雷梦水续有《贩书偶记续编》。二书被看成《四库全书总目》的续编,是清以来至辛亥革命前后有关古代文化的著述总目。此外,孙殿起还整理出版有《丛书目录拾遗》《清代禁书知见录》等。再比如张静庐先生,也是小学文化水平的出版家。如今人们提到张先生首先想到的肯定是他历时20年苦心搜集、精心整理和辑注的《中国近现代出版史料》。这部史料集共七编八册约250万字,收录了自1862年京师同文馆创立至1949年中华人民共和国成立87年间出版事业的重要资料,包括图书、期刊、图片、年表、书影等,对于中国近现代出版史研究具有重要参考价值。因此,王益、王仿子、方厚枢等出版界老前辈对其评价甚高:"张先生是有远见卓识的,他是建国后我国出版史研究的开创者,他带了个好头,我们现在还应该感谢他。"[9]

(四)研究型"笔力"

优秀的出版人还善于思考、总结和分析,围绕出版业的热点、难点、重点问题,撰写并发表理论文章,文章成系列,著作集大成,为出版学的理论建树和学科发展做出必要的贡献。从出版学领域的科研成果来看,来自实业界的研究成果更能做到理论与实践的密切结合,因此对实践的指导价值更大。出版家如张元济、邹韬奋、赵家璧、方厚枢等,均是这方面的突出代表。比如,被誉为当代出版界"活字典""资料库""老黄牛"的方厚枢先生,就是从商务印书馆练习生做起,最终靠自学成才和工作实践积累而成为出版史研究专家。"从建国到新时期的几十年里,凡出版的事,只要问他,他都能说出准确的情况,提供翔实的资料。而对于他经手的工作,无论自己分管的、领导交办的、同事委托的、单位求助的,他都能不辞辛劳、不事张扬地作好,使领导放心,同事满意。他是在完成任务中不忘收集积累资料,结合工作任务又不忘进行研究的。他似乎无时不在收集资料,无时不在进行研究。他对辞书的研究、年鉴的研究、出版史的研究,都是'边学边干边研究',是在完成任务中铸就的专门家。"[10] 方先生曾任《中国大百科全书·新闻出版》卷出版学科及《中国出版百科全书》两书编委暨"中国出版史"分支学科主编,《中华人民共和国出版史料》副主编及多卷执行主编;高校专业教材《中国编辑出版史(下册)》主编之一,《中国出版通史·中华人民共和国》卷主笔之一；担任《20世纪中国学术大典》40卷中的"出版学"学科主编。他出版有《中国出版史话》《中国当代出版史料文丛》《中国出版史话新编》等，获得国务院颁发的"为发展我国新闻出版事业做出突出贡献"的表彰证书。肖东发先生曾言，中国出版史研究从1980年起进入繁荣阶段，前所未有的成就不断涌现，其中第一个成就是方厚枢先生从1980年9月开始在《出版工作》上连载的《中国出版简史》[11]。肖东发先生回忆说："作者以其多年积累的丰富史料和流畅的文笔引起图书出版相关各界的注意。"[12] 再比如聂震宁先生在出版学、阅读学和文学创作方面，均做出重要成就；郝振省先生常年坚持为《出版发行研究》撰写卷首语，高屋建瓴，启人深思，在出版学基础理论研究方面成就斐然；周蔚华先生曾任中国人民大学出版社总编辑，后转任中国人民大学新闻学院教授，在业界和学界均有举足轻重的影响力。

（五）学者型"笔力"

找准一个出版学之外的专业方向，在专业领域深耕细作，推出有价值、有影响的研究成果，在学术界占有一席之地，这就是学者型"笔力"。张元济、叶圣陶、周振甫、傅璇琮等出版大家就拥有人们所推崇的这类"笔力"。比如，"中国现代出版第一人"张元济先生，不仅在出版、教育、实业等方面做出杰出成就，还在藏书学、版本目录学、文史学等方面成就斐然，堪称百科全书式的学者。商务印书馆出版的10卷本《张元济全集》就是其学者型"笔力"的重要见证。再如，叶圣陶是著名文学家、教育家、编辑出版家和社会活动家，但他从事时间最长的职业是编辑，长达70余年。在出版生涯中，他一直坚持锻炼"笔力"，作品众多，既包括学生们熟悉的《古代英雄的石像》《记金华的两个岩洞》等，也包括多部与语文教学有关的著作，如《作文论》《文心》《精读指导举隅》等。还有傅璇琮先生，他曾多次说这样一段话："回顾本世纪的出版史，凡是能在历史上占有地位的出版社，不管当时是赚钱或赔钱，它们总有两大特点，一是出好书，一是出人才。我们一提起过去的商务，总会自然想起张元济、沈雁冰、郑振铎、傅东华；一说起开明，就会想起夏丏尊、叶圣陶、徐调孚、周振甫。五六十年代的人民文学出版社，古典部有冯雪峰、周绍良、顾学颉、王利器、舒芜；而中华书局当时则有张政烺、陈乃乾、宋云彬、杨伯峻、傅振伦、马非百、王仲闻。出版社要具备文化学术意识，就得在编辑部中有专门家、学者，他们可以不受某种潮流的冲击，甘心于文化学术事业而操劳一生。因此不妨提倡，编辑应当把学者化作为自己进取的目标。"[13]1226 作为当代"学者型编辑"的杰出代表，傅先生在编辑、策划、主持出版了众多影响中国学术发展的图书的同时，在中国古典文学，特别是唐代文学研究以及古籍整理方面，也取得了令世人瞩目的成就，在国内外具有广泛的学术影响，《唐代诗人丛考》《唐代科举与文学》《李德裕年谱》等都已成为公认的当代学术经典。

上述五种"笔力"构成了一个金字塔，处于金字塔底层的是基础型"笔力"，往上依次是增彩型"笔力"、积累型"笔力"、研究型"笔力"、学者型"笔力"，由此而构成了出版人的综合性"笔力"，形成出版人的核心竞争力。出版人从塔底攀至塔顶，是一个日积月累、日益精进的过程，需要长时间艰苦的学习、实践和历练。这些也是出版人在面对时代变迁、技术革新浪潮时可以站稳脚跟、行稳致远并实现职业价值的重要素养和永恒追求。

三　当代出版人提高"笔力"的途径与思路

（一）谨记总书记的教诲，继承优秀出版人的光荣传统，把提高"笔力"作为自觉的职业追求

习近平总书记关于"四力"的深刻论述为新时代的出版人指明了奋斗方向和工作着力点，出版业的改革创新以及中国出版学自主话语体系的构建对新时代的出版人提出了迫切的要求，中国优秀出版人在"笔力"方面的杰出成就为新时代的出版人提供了典范，为此，出版人应该在"笔力"方面做出守正创新的成就，把成为"大手笔"作为自己的职业追求之一。傅璇琮先生就讲过："出版社的编辑工作，确实有所谓'为他人作嫁衣裳'的味道，但真正投入者会有大学、研究机构所不易具备的求实、广学、高效三者兼备的机能。在专业性较强并有一定学术环境的出版社，只要自己努力，是能够在学术上有所成的。即使在商品经济体制下，我想这种情况

也是不会改变的,中国的出版社,应该说已与大学、研究所一起,成为有较强发展前途的学术研究基地。"[12]1394

出版人提高"笔力",可从日常工作做起。比如认真填写发稿卷,写好每一份审读报告(包括初审、复审和终审报告等)、每一篇图书的辅文、每一个图书营销方案,等等,这一写作过程本身也是提升业务能力和"笔力"的过程。在这方面,鲁迅先生的做法值得我们学习。在他编辑的书刊上,我们常常可以看到"谨启""小信""按语""编者附白""编辑后记""编校后记"之类的文字,这些文字用来说明作品背景、主要内容、作者概况和编辑方针等,有效地起到了联结作者和读者的纽带作用。鲁迅极为重视这类文字,通常会亲自动笔撰写。[14]

对于自己感兴趣,尤其是担任责任编辑的书,出版人还可以尝试撰写书评。老一辈革命家和历代文化名人大多撰写过重要的书评。比如,《马克思恩格斯全集》《列宁全集》中收录了大量书评,鲁迅、茅盾、邹韬奋等大家的书评更是极具文学价值的作品。可以说,出版人写书评有很多优势。很多出版人就是书稿的第一读者,参与了书稿编辑出版的完整流程,对图书的内容、价值等会形成独到的判断。在写作过程中,出版人还要站在读者的角度重读作品,并将该作品与其他同类作品加以比较,找出该作品的优点和有待完善之处。撰写书评是出版人的一项基本功,能够有效地提升"笔力"。如果书评能够发表,则既能起到宣传作用,也可以形成作者本人的影响力,可谓一举多得。

出版人在练习"笔力"的过程中,还要注意力争提高自己的文字水平和文学修养,让文字平实易懂、接地气,不追求曲高和寡、莫测高深,如此才能更贴近读者,更容易为读者接受。正如习近平总书记2018年8月21日在全国宣传思想工作会议上强调的,"要加强传播手段和话语方式创新,让党的创新理论'飞入寻常百姓家'"[15]315。

当然,在实际工作中,出版人的工作杂、任务重,背负着各种沉重的考核指标,坚持练笔确实不容易。但是,我们应该充分认识到"笔力"对于一名优秀出版人的重要性和必要性,谨记总书记关于"四力"的教诲,把提高"笔力"作为自觉的职业追求,勤于动笔,善于学习,日积月累,常行不辍,必然会达到"当其取于心而注于手也,汩汩然来矣"的境界。

（二）与时俱进，顺应数智时代的大潮，打造"人工智能+自我创造"的全新"笔力"

麦克卢汉曾提出"媒介是人的延伸"，在数智时代，我们可以认为智能技术是人类智慧的延伸。数智时代的出版人要不断获取新知识和新技能，以应对媒介技术迅速发展的带来的挑战。出版人可以通过参加各类线下培训或线上课堂来掌握新的技术工具，并将其应用于日常工作，让各种新技术、新手段为我所用。在数智时代，出版人增强"笔力"有了更多的助手，比如以ChatGPT为代表的各种人工智能技术驱动的自然语言处理工具。这类工具能够为写作者提供灵感、生成和润色文本、检查语法问题、提供写作建议和资源等，大大减少了写作者的工作量，节省了写作者的时间。出版人没有理由拒绝这类工具，要抱持积极的态度，善于借力，把人工智能与自我创造相结合，锻炼出全新的、符合时代要求的"笔力"。需要注意的是，我们也不能过分夸大甚至依赖这些工具。相对于人的主动性和创造性而言，机器所能发挥的作用毕竟是有限的，正如有学者针对ChatGPT写作犀利地指出的，"这是彻头彻尾的标准化写作，清晰流畅、准确无误，不会出现令人震惊不已的句子；它甚至也没有令人捧腹大笑或令人绝望痛苦的句子；它经常出现事实错误，但没有出现语法错误；它经常创造新的内容，但很少创造新的观点"[16]。与此同时，ChatGPT写作也引发了学术规范和学术伦理方面的问题，需要我们在应用过程中高度重视。

（三）以出版学科共建为契机，产学研用各领域加强联合，完善以"四力"尤其是"笔力"为核心素养的人才培养机制

在高校方面，对出版学专业人才的培养应高度重视学生的"笔力"，在课程设置中强化对写作能力的要求、训练和考核，让学生打下扎实的写作基本功，并养成勤于动笔并能动好笔的良好习惯。在出版机构方面，管理层应重视出版从业者的"笔力"，并以各种方式推动这种能力的形成和提高。在出版史上，出版家周振甫的经历具有启发意义。他的出版生涯从担任开明书店的校对开始，后来历任开明书店、中国青年出版社、中华书局

编辑，是首届韬奋出版奖获得者。他除了编书，还积极参与著书。按照开明书店的选题规划，他编写了适合中学生阅读的《班超》等书。他曾在一篇文章中感慨道，年轻的编辑参加编书是提高能力的好办法。如果一个编辑只顾埋头看稿，而不参加编书，就很难了解编书过程中的甘苦，审稿水平也难以得到提高。编辑在自己编书的过程中，会查找资料，并考虑对资料的选择、剪裁和改写。在这方面积累了经验后，再来审稿，就会知道审稿时如何核对资料，如何做出取舍和组织，如此就提高了审稿水平。[17] 可见，出版单位如果能为编辑提供一个支持、鼓励其锻炼"笔力"的氛围，编辑的积极性就会被调动，而这一过程本身对其审稿能力的提高也有极大的助益。如科学出版社、北京大学出版社等会定期开展优秀审读报告的评选，并给予奖励。审读报告能够较为直观地体现一名编辑的职业水平和鉴赏能力。一份审读报告应包括对书稿价值及质量的评价、通读加工情况、书稿存在的问题、初审对书稿所做的重要修改、著译者对实质性修改的意见等内容。高质量的审读报告可以展示编辑更高层次的能力，如北京大学出版社优秀审读报告的评选标准是：深度鉴赏（编辑对书稿的深度认知）、总结启示（编辑判断书稿对于学术或文化普及的意义）、治疗矫正（编辑的改稿技巧、能力和耐心，与作者、译者互动的能力）。可以说，在这三个方面表现出色的审读报告在某种程度上也可以被视为优秀的书评。在出版研究层面，相关单位也可开展各类活动，助力出版人夯实"笔力"，如中国新闻出版研究院、出版参考杂志社就承办了多届优秀审读报告推介活动。总之，产学研用各个层面应形成共识、加强联合，系统培养出版人员的"笔力"。

100年前，中华书局的创始人陆费逵先生曾经深切表达了中国现代出版人的从业宗旨与理想："我们希望国家社会进步，不能不希望教育进步；我们希望教育进步，不能不希望书业进步；我们书业虽然是较小的行业，但是与国家社会的关系却比任何行业都大。"[18] 100年来，一代代优秀出版人通过苦练"四力"，尤其是通过优秀的"笔力"书写了中国出版业的光辉篇章与优良传统。进入新时代，习近平总书记倡导的"四力"寄托了党和国家领导人对新时代包括出版工作者在内的宣传思想工作者的殷切期望，为广大出版人指明了方向，提供了开展工作的根本遵循。当代出版人理应在数智时代继承中国出版人的优良传统，以全新的"笔力"为当代出版和文化事业做出应有的贡献。

参考文献

[1] 习近平:《自觉承担起新形势下宣传思想工作的使命任务》,载《习近平谈治国理政(第三卷)》,外文出版社2020年版。

[2] 魏玉山:《把"四力"要求贯穿出版科研工作始终》,《出版发行研究》2019年第10期,"卷首语"。

[3] 〔美〕尼尔·波兹曼:《娱乐至死》,章艳译,广西师范大学出版社2007年版。

[4] 〔美〕尼古拉斯·卡尔:《浅薄:你是互联网的奴隶还是主宰者》,刘纯毅译,中信出版社2015年版。

[5] 〔美〕柯蒂斯:《我们真的需要编辑吗?》,载格罗斯《编辑人的世界》,齐若兰译,中国工人出版社2006年版。

[6] 〔日〕鹫尾贤也:《编辑力:从创意、策划到人际关系》,陈宝莲译,浙江人民出版社2013年版。

[7] 葛维屏:《茅盾文学奖得主杨志军的约稿函,现在还有这样手写的编辑信函么?》,https://baijiahao.baidu.com/s?id=1784721599527054585&wfr=spider&for=pc,2024年4月2日访问。

[8] 陈新:《融会贯通,深入浅出:评周振甫注〈文心雕龙注释〉》,《文学遗产》1982年第2期。

[9] 王益、王仿子、方厚枢:《推动出版史的研究和学习——谈我国出版史著作和史料出版》,《中国出版》2000年第3期,第47—48页。

[10] 宋木文:《一位出版史家的成长路径》,见方厚枢《出版工作七十年·序》,商务印书馆2015年版。

[11] 《默默奉献的编辑人生:记编辑出版人方厚枢》,《编辑之友》2009年第11期,第48—52页。

[12] 肖东发、袁逸:《二十世纪中国出版史研究鸟瞰》,《北京大学学报(哲学社会科学版)》1999年第2期,第125—134+158页。

[13] 傅璇琮:《傅璇琮文集》,中华书局2024年版。

[14] 李华珍:《编辑要勤于写作》,《中国出版》2004年第9期,第53—54页。

［15］习近平：《自觉承担起新形势下宣传思想工作的使命任务》，《习近平谈治国理政（第三卷）》，外文出版社 2020 年版。

［16］汪民安：《ChatGPT 的互文性、生成和异化》，《广州大学学报（社会科学版）》2023 年第 4 期，第 9—11 页。

［17］周振甫：《对编辑工作的老生常谈》，《编创之友》1981 年第 1 期，第 225—229 页。

［18］陆费逵：《书业商会二十周年纪念册序》，《进德季刊》第 3 卷第 2 期，1924 年。

·数字广告与购物决策·

中国青年汽车消费者购物决策风格研究

徐金灿 刘 念 李 诗[*]

摘 要 本文使用消费者风格量表（CSI）测量中国青年汽车消费者的购物决策风格。研究通过探索性因子分析与验证性因子分析发现，CSI 在中国语境下具有良好的信度和效度，中国青年汽车消费者主要存在以下六种购物决策风格，即品牌—时尚意识、高品质—完美主义、决策困扰、价格—价值意识、时间节省、娱乐—享乐主义。方差分析进一步显示，中国青年汽车消费者的购物决策风格在性别、年龄、婚姻状况、家庭结构等人口统计学特征上具有显著差异。最后，本文探讨了消费者购物决策风格对相关企业开展广告营销传播活动的启示。

关键词 购物决策风格；消费者风格量表；探索性因子分析；验证性因子分析

一 引言

消费者决策风格（Consumer Decision-making Styles）是指消费者在选择商品或服务时所表现出的心智导向或习惯性思维模式，具有一定的无意识强制作用，从而支配着消费者的决策行为[1]。从本质上讲，消费者购物决策风格是消费者的一种基本人格，类似于心理学中的人格概念[1]。自学者斯普罗尔斯（Sproles）和肯德尔（Kendall）开发研制了消费者风格量表

---

[*] 作者徐金灿，系北京大学新媒体研究院副教授；刘念，系首都经济贸易大学文化与传播学院讲师；李诗，系重庆大学新闻学院在读博士生。本研究受到北京大学新媒体研究院与易车网合作项目的资助。

(Consumer Style Inventory，CSI)以来，消费者决策风格一直是广告和营销学者关注的热点。此后，来自不同国家和地区的众多学者纷纷沿用此量表，在不同的消费群体、文化背景、产品类别、购物场景等多种环境下测量消费者决策风格，并对量表进行验证和修正。然而，中国关于消费者购物决策风格的研究一直相对较少。与此同时，随着中国近年来经济的高速发展和消费环境的日益变迁，了解和把握消费者购物决策风格成为中国消费者行为研究中的一大关键点。

本文以中国青年汽车消费者为例，通过探索性因子分析和验证性因子分析方法，对CSI在中国语境下的信效度进行检验，探究汽车消费群体的购物决策风格特征，并结合方差分析，进一步探索不同购物决策风格在人口统计特征上的差异，以期完善中国消费者行为研究相关理论体系，为相关企业开展有针对性的广告营销传播活动提供一定借鉴。

本文之所以选择中国青年汽车消费者为研究对象，主要出于以下两点考虑。第一，汽车作为一种价格较高的实用性商品，消费者在购买汽车时通常会感知较高的财务风险、功能风险、身体风险和社会风险[2]120，因而倾向于处于高卷入状态，其购前决策过程更加谨慎和详细，较为适合研究消费者决策风格。第二，相关调查数据显示，在中国汽车消费群体中，30岁以下的年轻消费者已经占到三成[3]，25—34岁的消费者占比近40%[4]，可见青年群体正在成为中国汽车消费市场的主力。因此，探究中国青年汽车消费者的购物决策风格对了解和把握中国消费者的购物决策风格具有较强的代表性和现实意义。

二 已有研究现状

学者斯普罗尔斯和肯德尔于1986年开发研制了CSI，并基于对501位美国高中生的样本数据验证了他们提出的消费者决策风格八因子模型，即八种基本的购物决策风格因子，分别是完美—高质量意识型（Perfectionistic, High-Quality Conscious Consumer）、品牌意识—价格等于质量型（Brand Conscious, "Price Equals Quality" Consumer）、新奇—时尚意识型（Novelty-Fashion Conscious Consumer）、娱乐—享乐主义购物意识型（Recreational and

Hedonistic Shopping Consciousness)、价格意识—价值等于金钱型（Price Conscious，"Value for Money" Consumer）、冲动粗心型（Impulsive，Careless Consumer）、决策困扰型（Confused by Overchoice Consumer）、习惯—品牌忠诚型（Habitual，Brand-Loyal Consumer）。这一量表为测量和识别消费者决策风格奠定了基础，并被广泛地应用至世界各国的消费者心理和行为研究。①

在国外相关研究方面，哈夫斯特罗姆（Hafstrom）等人通过对310位韩国大学生的调查发现，韩国年轻人中存在八种消费者决策风格因子，与斯普罗尔斯和肯德尔的研究相比，在美国消费者中发现的新奇—时尚意识型决策风格并未在韩国消费者中得到验证，但研究者在韩国年轻消费者中发现了一种新的决策风格——时间—能量节省型。这类消费者倾向于在购买前通过查阅杂志、比较广告来获得信息，并且惯于在同一家商店购物以节约精力，但作者指出，这一因子的内部一致性较低，还需要后续的研究对其进一步验证[5]。纳伊姆（Nayeem）和卡西达（Casidy）运用CSI调查了澳大利亚消费者的购物决策风格，研究发现，斯普罗尔斯和肯德尔在美国发现的八因子模型中的六个因子得到了验证：完美—高质量意识型、决策困扰型、冲动型、习惯—品牌忠诚型、新奇—时尚型以及娱乐意识型，并且发现了澳大利亚消费群体中的一种新的决策风格——理性—价格意识型[6]。范（Fan）和肖（Xiao）采用CSI对中国广州市五所大学的大学生进行调查，发现其中的五种决策风格因子——品牌意识、时间意识、质量意识、价格意识、信息使用——在中国大学生中得到了验证[7]。沃尔什（Walsh）等人运用CSI对德国消费者进行调查发现，斯普罗尔斯和肯德尔发现的八因子模型中也有六个因子——品牌意识型、完美主义型、娱乐—享乐主义型、决策困扰型、冲动型以及新奇—时尚意识型——在德国得到了验证，并且他们也发现了德国消费者中一种新的决策风格——多样化寻求型[8]。近年来，随着移动互联网和电子商务的发展，也有研究者将CSI应

---

① 斯普罗尔斯和肯德尔所提出的消费者购物决策风格量表在不同文化背景针对不同群体进行了广泛的研究。由于因子分析结果中会出现因子数量以及因子中所含题目不同等差异，不同研究中的购物决策风格因素数量不同，以及相似因子的名字出现微小差异，例如，普罗尔斯和肯德尔的研究中购物决策风格是八因子模型，纳伊姆和卡西达的研究结果是六因子模型，沃尔什等人的研究结果是七因子模型；在因素的命名上，斯普罗尔斯和肯德尔研究中的冲动粗心型在后面两个研究中被命名为冲动型。

用于网购消费者研究，例如，萨姆（Sam）和查特文（Chatwin）基于 CSI 编制的在线消费者风格问卷（Online Consumer Style Inventory, O-CSI）主要针对网络购物环境，他们通过对澳门网购消费者的研究，发现了在线购物的七因子模型：高质量购买习惯意识型、品牌意识型、新奇—时尚意识型、价格意识型、便携意识型、网站内容意识型、网站界面意识型[9]。

在国内相关研究领域中，已有部分学者运用 CSI 测量中国消费者的决策风格。刘超等人将 CSI 应用于中国老年消费者，发现其存在四种购物决策风格，即品牌意识、娱乐享乐、眼花缭乱、追求完美的品质意识[10]。胡保玲、孙海涛将 CSI 运用于中国农村消费者中，发现农村消费者主要存在六种购物决策风格，即时尚享乐型、经济实惠型、完美质量型、品牌认知型、困惑不决型、习惯忠诚型，并进一步分析了购物决策风格对农村消费者外购意愿的影响[11]。薛海波等人将 CSI 应用于中国"70后"、"80后"和"90后"消费群体中，发现其存在八种购物决策风格，即追求完美、重视品牌、新颖时尚、购物享乐、重视价格、购物冲动、购物迷乱和习惯忠诚，并进一步探究了面子意识对消费者购物决策风格的影响[12]。

整体来看，CSI 作为一种重要的消费者决策风格评估工具，已在多个国家、多种消费群体及消费场景中得到了验证和修正，证实其信效度具有一定的跨文化一致性，但不同文化环境下的消费者决策风格会存在一定差异。虽然国内已有学者关注了消费者决策风格，但现有研究仍存在一定的待发展之处。首先，目前已有研究大多直接运用 CSI 测量消费者的购物决策风格。作为一种起源于美国的消费者风格量表，CSI 在中国语境下的因子模型有待通过实证数据进行验证。其次，已有研究多从年龄和地域等角度关注不同消费人群的购物决策风格，较少从产品类别角度区分消费者的购物决策风格差异。

基于此，本文以汽车消费为例，将 CSI 应用于中国青年汽车消费者研究，旨在达成以下三个目的：一是验证 CSI 在中国语境下的适用性，通过探索性因子分析和验证性因子分析的方法验证该量表的信度和效度；二是探索中国年轻消费者在汽车消费方面购物决策风格的基本类型；三是依据人口统计特征探究不同消费者决策风格的差异，为相关企业提出一定的广告营销策略建议。

三 研究方法

（一）数据收集

本文以中国青年汽车消费者为研究对象，采用配额抽样，在被试者的性别、年龄、居住地所在城市线级和买车角色四个维度上进行比例分配，具体配额比例如表1所示。

表1 抽样配额

维度	配额比例
年龄	26—35 岁，70%
	19—25 岁，30%
性别	男 70%—80%；女 20%—30%
买车角色	主要决定者（自己有最终决定权）60%
	参与决定者（自己有部分决定权）20%
	意见提供者（自己只能提意见）20%
城市线级	一线城市 30%，二线城市 30%，三、四线城市 40%

本文采用网络问卷的方式开展，收到3000份问卷回复，剔除43个无效样本后，共得到2957份有效样本，样本有效率为98.6%。在有效样本中，男性有2353位，占比79.6%；女性有604位，占比20.4%。年龄在19—25岁的有877人，占比29.7%；26—30岁的有1148人，占比38.8%；31—35岁的有932人，占比31.5%。来自一线城市的有889位，占比30.1%；来自二线城市的有884位，占比29.9%；来自三、四线城市的有1184位，占比40.0%。在购车角色方面，主要决定者有1777位，占比60.1%；参与决定者有596位，占比20.2%；意见提供者有584位，占比19.7%。整体来看，样本基本符合配额抽样的比例要求。

（二）量表纯化

本文采用斯普罗尔斯和肯德尔编制的消费者风格量表，由一名具有心理学背景的副教授以及两名硕士生对原量表进行独立翻译。经四名小组成员共同讨论，对翻译的量表进行整合与修改，再回译为英文，并邀请两名英语专家对两个版本的英语量表进行对比，根据专家意见与已有研究再对中译版进行修改，形成最终中文版的消费者决策风格量表。被试需评估题项的描述与自己在购物决策时通常使用的应对策略的符合程度，采用5点李克特（Likert）量表评分（1为"完全同意"，5为"完全不同意"）。

为避免变量间存在交叉负荷现象，在进行探索性因子分析前，需对CSI的原始题项进行纯化，纯化的标准是：（1）剔除旋转后的因子载荷小于0.4，或同时在两个因子上的载荷均大于0.4的题项；（2）剔除因子载荷小于0.4，且删除题项后的克朗巴哈α值（Cronbach's α）会增加的题项。经过纯化，共剔除16个题项，最终保留27个题项。

（三）项目与量表的相关及其对应的鉴别力指数

本文计算样本总分，根据量表总分排序，取前后27%的被试分为高低两组。之后，对高低分组进行独立样本t检验。经计算，各项目与总分及其对应维度的相关性系数均在0.01的水平上显著，且各项目与其他维度均为低相关，远小于它和其所属维度的相关系数值，说明此量表较好地反映了所测量的内容。高低分组经过独立样本t检验后，t值为-28.805——-12.673，$p<0.001$，差异具有统计学意义。

在数据分析过程中，本研究将2957个样本随机平均分为两部分。样本1的1478个样本用于探索性因子分析与项目相关性分析，样本2的1479个样本用于验证性因子分析。

本文采用SPSS 20.0对数据进行描述性统计分析、相关分析、t检验、探索性因子分析和单因素方差分析；采用AMOS 21.0对数据进行验证性因子分析。

四 数据分析

（一）探索性因子分析

由于本文采用的CSI为翻译版本，故首先对量表进行探索性因子分析，以便进行必要的修订。KMO检验结果显示，$KMO = 0.95$，$\chi^2 = 19468.983$，$df = 595$，$p<0.001$，说明样本适合进行因子分析。本文抽取量表中特征值大

于1的主成分，用正交旋转法和方差最大法对因子进行旋转，发现存在五个因子，但这一因子结构的累计方差贡献率较低，仅为51.52%。通过碎石图的检验我们发现，特征值在第六个因子处仍有较大变化，所以本文经过探索性因子分析后认为采用六因子结构更加适合。提取六个因子后，模型的累计方差贡献率从五因子结构的51.52%提高至59.53%，各因子载荷如表2所示。

表2 CSI量表六因子结构的因子载荷

项目	品牌—时尚意识	高品质—完美主义	决策困扰	价格—价值意识	时间节省	娱乐—享乐主义
Q21	0.822					
Q8	0.809					
Q10	0.710					
Q1	0.680					
Q12	0.664					
Q39	0.642					
Q43	0.612					
Q2		0.757				
Q6		0.707				
Q15		0.644				
Q7		0.644				
Q26		0.586				
Q4		0.575				
Q5		0.561				
Q14		0.511				
Q34			0.772			
Q17			0.720			
Q25			0.713			
Q41			0.634			
Q32				0.779		
Q18				0.776		
Q3				0.642		
Q40					0.792	
Q11					0.719	
Q37					0.620	
Q19						0.769
Q28						0.722

从内部稳定性而言，本文计算 CSI 量表总体及各子维度的均值（Mean［M］）、标准差（Standard Deviation［SD］）及内部一致性信度（Cronbach's α［α］），结果见表 3。各维度信度系数为 0.692—0.881，说明量表具有较好的内部一致性信度。

表 3　CSI 量表总体及各子维度均值、标准差及信度系数

决策风格	M	SD	α
品牌—时尚意识	18.970	5.288	0.881
高品质—完美主义	16.760	4.113	0.827
决策困扰	10.380	2.920	0.748
价格—价值意识	7.540	2.113	0.695
时间节省	8.440	2.337	0.692
娱乐—享乐主义	4.500	1.606	0.773
总体	66.590	12.557	0.753

（二）验证性因子分析

根据上述探索性因子分析的结果，本文运用样本 2 的 1479 个样本进行验证性因子分析。根据探索性因子分析构建的六因子模型，并将已有其他研究中发现的五因子模型、七因子模型和八因子模型作为竞争模型，分别进行验证性因子分析，以检验结果的合理性。由于七因子模型中的因子 7 和八因子模型中的因子 7 的克朗巴哈 α 系数均无法计算，说明该因子的内在稳定性无法判定，并且八因子模型的因子 8 的克朗巴哈 α 值为 0.511，未达到 0.600 的标准，说明该因子的内在稳定性较差，因此均不作为潜在因子纳入结构方程模型中。经计算，各模型拟合优度指数如表 4 所示。

表 4　验证性因子分析各模型拟合优度指数比较

	CMIN/DF	RMR	GFI	AGFI	TLI	CFI	RMSEA
五因子模型	5.383	0.054	0.877	0.859	0.847	0.858	0.054
六因子模型	4.991	0.046	0.920	0.902	0.895	0.907	0.052
七因子模型	5.467	0.053	0.880	0.860	0.856	0.869	0.055
八因子模型	5.673	0.055	0.895	0.875	0.866	0.880	0.056

通过比较发现，六因子模型拟合优度的卡方检验值（CMIN/DF）最低，为 4.991，说明该模型的不拟合指数最低，RMR 和 RMSEA 分别为 0.046 和 0.052，各拟合优度指数在各竞争模型中均为最高：GFI 为 0.920、AGFI 为 0.902、TLI 为 0.895、CFI 为 0.907。综合来看，六因子模型各拟合指数均比较理想，能够更好地拟合数据，验证性因子分析结果如图 1 所示。

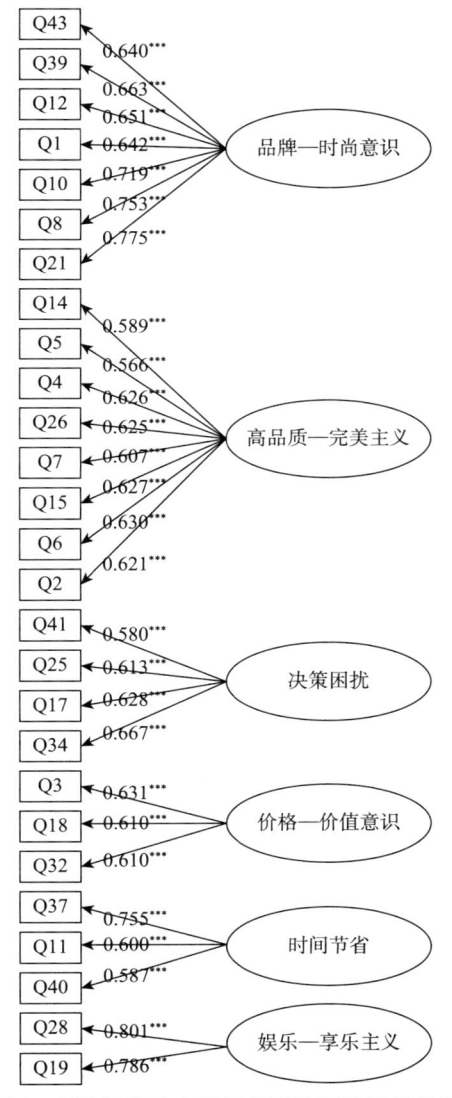

图 1 CSI 量表的六因子模型验证性因子分析

注：*** $p<0.001$

通过探索性因子分析和验证性因子分析，本文得到中国青年汽车消费者购物决策风格的六因子模型。

1. 品牌—时尚意识：该因子下共有七个题项，其中五个题项均与选择知名品牌相关，其余两个题项表示消费者会追随流行时尚。整体来看，该因子表示消费者在做出购买汽车的决策时，最看重的是品牌和时尚，倾向于购买知名而昂贵的品牌汽车，容易受到广告的影响，愿意追随时尚潮流。

2. 高品质—完美主义：该因子下共有八个题项，得分最高的四个题项均与产品的高质量和决策的完美相关，其余四个题项则表示消费者的购物期望较高，同时也会选择符合价值的产品。整体来看，该因子表示消费者在购买汽车时认为产品质量是最重要的因素，同时对购物的标准和期望较高，会精心挑选和比较，尽量使自己的购物决策达到完美。

3. 决策困扰：该因子下共有四个题项，其中三个题项均指向消费者在信息过多的情况下无法选择，其余一个题项显示消费者会因决策不谨慎而后悔。整体来看，该因子表示消费者在面对较多的备选品牌、商品信息和备选商店时会感到困惑，因而较难做出购物决策。

4. 价格—价值意识：该因子下共有三个题项，较为一致地指向消费者追求低价产品的倾向，表示消费者在购买汽车时最注重价格，尽量寻求低价，会花时间和精力详细比对不同产品的价格，希望用最低的价格实现价值最大化。

5. 时间节省：该因子下共有三个题项，均指向消费者在购物决策时会尽量缩短时间，表示消费者不愿花过多的时间搜集商品信息或比较商品价格，在购买汽车时会尽量缩短决策时间，做出决策的过程比较简短。

6. 娱乐—享乐主义：该因子下共有两个题项，指向消费者十分乐于逛街购物，表示消费者认为购物是一件令人愉悦的事情，并享受购物的整个过程。

（三）基于人口特征的方差分析

在因子分析之后，为了解中国青年汽车消费者购物决策风格的差异性，本文分别以性别、年龄、居住地所在城市线级、婚姻状况、受教育程度、家庭月收入、家庭结构等人口统计学特征为控制变量，对中国青年汽车消费者的购物决策风格因子进行了单因素方差分析（One-Way ANOVA）。本文首先对各因子变量与总体样本进行方差齐性检验，当样本满足方差齐性时，考察 ANOVA 分析结果；当样本不满足方差齐性时，借鉴刘超等人的研究[10]，考察以 Brown-Forsythe 统计量检验各组均值是否相等的 Robust 均数检验结果。基于人口统计特征的单因素方差分析结果如表 5 所示。

表 5 单因素方差分析

变量	F 值					
	品牌—时尚意识	高品质—完美主义	决策困扰	价格—价值意识	时间节省	娱乐—享乐主义
性别	NS	NS	28.490***	NS	17.770***	51.332a***
年龄	13.296***	NS	37.387***	NS	NS	NS
居住地所在城市线级	72.419a***	6.916a***	NS	4.020**	NS	NS
婚姻状况	28.316***	4.201**	10.763***	NS	NS	NS
受教育程度	28.986***	8.683***	3.426a*	3.270*	NS	3.126*
家庭月收入	47.692***	13.063***	4.607a**	5.195a***	NS	6.914***
家庭结构	10.285***	NS	3.857*	3.408*	NS	NS

注：①a 表示方差不齐，考察 Robust 检验的 p 值；②NS 表示不具统计显著性（Not Significant）；③显著性水平 $^*p<0.05$，$^{**}p<0.01$，$^{***}p<0.001$。

单因素方差分析结果显示，不同年龄、居住地所在城市线级、婚姻状况、受教育程度、家庭月收入、家庭结构的青年汽车消费者在品牌—时尚意识型购物决策风格上具有显著差异。结合均值分析发现，19—25 岁的消费者（M=0.145）在购买汽车时最追求品牌时尚；三线城市消费者（M=0.238）相较一、二线城市消费者（M=-0.278，M=-0.039）而言更加追求品牌时尚；已婚消费者（M=-0.129）的品牌—时尚意识最弱，显著弱于单身消费者（M=0.216）以及同居但未婚的消费者（M=0.155）；受教育程度越高，消费者的品牌—时尚意识越弱，本科（M=-0.106）和硕士及以上消费者（M=-0.295）的品牌—时尚意识显著弱于大专（M=0.172）/高中（M=0.393）/初中及以下（M=0.617）的消费者；家庭月收入为中低水平的消费者（M=0.669）的品牌—时尚意识最强，家庭月收入在 2 万元及以上的高收入水平消费者（M=-0.312）的品牌—时尚意识最弱；与无孩家庭（M=0.002）相比，家庭中有一个孩子的消费者的品牌—时尚意识最弱（M=-0.171），这与婚姻状况所反映的情况相吻合。

中国青年汽车消费者高品质—完美主义型购物决策风格在性别、年龄、家庭结构方面的差异不显著，但在居住地所在城市线级、婚姻状况、受教育程度、家庭月收入方面均存在显著差异。具体来看，居住在三线城市的消费者（M=0.078）在购买汽车时具有更强的高品质—完美主义倾向；单身消费者（M=0.087）的高品质—完美主义倾向显著高于已婚消费者（M=-0.045）；本科（M=-0.050）和硕士及以上消费者（M=-0.274）的高品质—完美主义倾向显著低于大专（M=0.130）/高中（M=0.147）/初中及以下（M=0.408）的消费者；家庭月收入在2万元及以上的高收入水平消费者（M=-0.199）的高品质—完美主义倾向显著低于其他消费群体。

中国青年汽车消费者决策困扰型购物决策风格在居住地所在城市线级方面的差异不显著，但在性别、年龄、婚姻状况、受教育程度、家庭月收入、家庭结构方面均存在显著差异。具体来看，男性消费者（M=0.050）比女性消费者（M=-0.193）具有更明显的决策困扰；31—35岁消费者（M=0.182）的决策困扰倾向显著高于26—30岁（M=0.018）及19—25岁消费者（M=-0.218）；与单身（M=-0.123）和同居但未婚（M=-0.191）的消费者相比，已婚消费者（M=0.080）具有更明显的决策困扰；本科学历消费者（M=0.033）比高中学历消费者（M=-0.141）具有更强的决策困扰；家庭月收入在10000—19999元的中高收入水平消费者（M=0.011）比家庭月收入在2000—5999元的中低收入水平消费者（M=-0.227）具有更明显的决策困扰；与无孩家庭（M=-0.063）相比，有一个孩子的家庭（M=0.087）在购车时更容易产生决策困扰。

中国青年汽车消费者价格—价值意识型购物决策风格在性别、年龄、婚姻状况方面差异不显著，但在其居住地所在城市线级、受教育程度、家庭月收入和家庭结构方面存在显著差异。在城市线级方面，三线城市消费者（M=-0.058）与二线城市消费者（M=0.067）相比，并不追求低价商品。受教育程度在硕士及以上的消费者（M=0.143）与受教育程度为高中（M=-0.130）的消费者相比，具有更显著的价格—价值意识。高家庭收入水平（M=0.099）且家庭有一个孩子的消费者（M=0.040）的价格—价值意识最强。

中国青年汽车消费者时间节省型购物决策风格在年龄、居住地所在城市线级、婚姻状况、受教育程度、家庭月收入、家庭结构方面均不存在显著差异，但在性别方面具有显著差异。与男性消费者（M=-0.039）相比，女性消费者（M=0.153）在购买汽车时更倾向于缩短决策时间，尽可能地简化决策过程。

中国青年汽车消费者娱乐—享乐主义型购物决策风格在年龄、居住地所在城市线级、婚姻状况和家庭结构方面均不存在显著差异，但在性别、受教育程度和家庭月收入方面差异显著。在购买汽车时，男性消费者（M=0.063）的娱乐—享乐主义意识显著高于女性消费者（M=-0.246），这与时间节省型购物决策风格的结论相应，说明男性消费者倾向于花更多的时间进行购车决策，更享受购车的决策过程。受教育程度为高中（M=0.134）、家庭月收入在6000—9999元的中等收入水平（M=0.198）的消费者分别比受教育程度为硕士及以上（M=-0.180）、家庭月收入为中高收入水平（M=-0.049）及高收入水平（M=-0.051）的消费者更享受决策过程。

五　结论与讨论

本文将西方成熟的CSI应用于中国青年汽车消费者行为研究，通过探索性因子分析与验证性因子分析验证了该量表在中国语境下仍然具有较高的信度和效度，能够被研究者用于测量和识别中国消费者的购物决策风格。

本文通过数据统计分析发现，中国青年汽车消费者主要存在以下六种购物决策风格：品牌—时尚意识、高品质—完美主义、决策困扰、价格—价值意识、时间节省、娱乐—享乐主义。与西乌（Siu）等人对中国消费者购物决策风格的研究结果相比[13]，汽车消费者购物决策风格与一般消费行为的购物决策风格存在一定的一致性，但也有所差异。其中，品牌—时尚意识、高品质—完美主义、时间节省、娱乐—享乐主义、价格—价值意识、决策困扰这六种购物决策风格均在此次汽车消费者购物决策风格研究中得到验证，说明以上购物决策风格因子比较稳定，具有较好的普适性。另外，与斯普罗尔斯和肯德尔最初提出的购物决策风格因子相比，此次研究中发现了新的时间节省因子。这一因子在哈夫斯特罗姆等人对韩国消费者的购物决策风格研究中，以及米切尔（Mitchell）和贝茨（Bates）对英国消费者的研究[14]中均得到了印证。由于汽车这一商品类别与其他商品类别相比，购物决策前所需要的信息更为繁多和复杂，车型、价格、各项性能指标等均需要消费者花费一定的时间和精力进行了解和比较。因此，这对于部分消费者来说可能会产生厌烦，从而在购买汽车时会尽量简化自己的决策过程以节省购买时间。

在购物决策风格的人群特征方面，本文发现，不同购物决策风格因子在消费者性别、年龄、居住地所在城市线级、婚姻状况、受教育程度、家庭月收入、家庭结构方面存在一定差异。具体来看，首先，单身、居住在三线城市、大专/高中/初中及以下学历、中低收入水平的消费者在品牌—时尚意识因子和高品质—完美主义因子上表现得更加显著。这与已有研究具有一定的一致性，年轻消费者和未婚人士在购物时更追求时尚[11]。其次，31—35岁、本科学历、已婚且有一个孩子、中高收入水平的男性消费者体现出更强的决策困扰型购物决策风格。再次，具有较高收入水平和受教育水平，且家庭拥有一个孩子的二线城市消费者的价格—价值意识更加显著。这部分消费者往往是大城市中的中产家庭，处于家庭生命周期中的扩展期，具有一定的经济实力，但同时也面临较大的经济压力，因此，在购买汽车这类价值较高的产品时，更注重其价格与价值，追求最低价格内的价值最大化。最后，男性消费者相比于女性消费者在汽车消费方面倾向于花更多的时间和精力，并且享受购车前的决策过程。这与已有研究相吻合，根据2020年百度汽车行业研究[4]，男性消费者是汽车消费群体中的主力，在筛选和评估环节对品牌和车型的评估和比较更多。

从实践角度而言，本文对中国青年汽车消费者购物决策风格的研究能够帮助企业更好地进行市场细分，并结合消费者的人口统计学特征差异，有针对性地制定广告营销传播策略，提升广告营销传播活动的效果。例如，对决策困扰型购物决策风格的消费者而言，企业应注意为消费者提供最简洁明了的产品信息，让消费者对不同产品的特点一目了然，能够快速将产品特点与自己的购车需求做出匹配；对于娱乐—享乐主义型购物决策风格的消费者而言，企业则应为消费者提供更详细的产品信息，适当增强广告活动的娱乐性和参与性，重视消费者的购车环境和销售人员的服务，为此类消费者提供更舒适的消费体验；对于价格—价值意识明显的消费者来说，企业可以用低价和折扣来吸引消费者，同时，也可以探索多种类型的促销方法，使消费者感知到一定价格范围内实现的价值最大化等。

虽然本文尽可能地保证了研究和分析过程中的规范性和科学性，但仍不可避免地存在一定的研究不足，可在今后的研究中予以完善。首先，本文对CSI在中国语境下的信效度检验聚焦汽车这一产品类别的消费者，在其他类别产品的消费者群体中的适用性和推广性方面有待进一步验证。其次，本文主要关注19—35岁的青年汽车消费者，在未来研究中，可适当扩大样本的年龄范围，探索不同年龄段的汽车消费者在购物决策风格上的异同，从而对消费者的购物决策风格有更加全面和详尽的认识。最后，本文集中探讨了汽车消费者的购物决策风格特征，未进一步考虑影响消费行为的其他变量，未来研究可加入消费者的生活形态、价值观、社会地位等变量，从而深入探究购物决策风格与其他影响因素之间的交互关系。

参考文献

[1] George B. Sproles and L. Elizabeth, "A Methodology for Profiling Consumers' Decision-making Styles," *Journal of Consumer Affairs*, Vol. 20, No. 2, 1986, pp. 267-279.

[2] 〔美〕迈克尔·所罗门：《消费者行为学（第12版）》，杨晓燕等译，中国人民大学出版社2018年版。

[3] 李争光：《八大新趋势解读汽车消费趋势洞察报告》，2021年8月22日，https://www.autohome.com.cn/news/202108/1192697.html，2022年4月1日访问。

[4] 《2020年百度汽车行业研究（人群篇）：男性消费者占比达到64%》，2020年11月13日，http://vr.sina.com.cn/news/report/2020-11-13/doc-iiznctke1199819.shtml，2022年3月29日访问。

[5] Jeanne L. Hafstrom, Jung Sook Chae, J. S. and Young Sook Chung, "Consumer Decision-making Styles: Comparison between United States and Korean Young

Consumers," *Journal of Consumer Affairs*, Vol. 26, No. 1, 1992, pp. 146-158.

[6] Tahmid Nayeem and Riza Casidy, "Australian Consumers' Decision-making Styles for Everyday Products," *Australasian Marketing Journal*, Vol. 23, No. 1, 2015, pp. 67-74.

[7] Jessie Fan and Jing Jian Xiao, "Consumer Decision-making Styles of Young-adult Chinese," *Journal of Consumer Affairs*, Vol. 32, No. 2, 1998, pp. 275-294.

[8] Gianfranco Walsh, Vincent-wayne Mitchell and Thorsten Henning-thurau, "German Consumer Decision-making Styles," *Journal of Consumer Affairs*, Vol. 35, No. 1, 2001, pp. 73-95.

[9] Kin Meng Sam and Chris R. Chatwin, "Online Consumer Decision-making Styles for Enhanced Understanding of Macau Online Consumer Behavior," *Asia Pacific Management Review*, Vol. 20, No. 2, 2015, pp. 100-107.

[10] 刘超、卢泰宏、宋梅:《中国老年消费者购物决策风格的实证研究》,《商业经济与管理》2007年第2期,第58—62页。

[11] 胡保玲、孙海涛:《消费者购物决策风格对农村居民外购意愿的影响研究》,《经济问题探索》2011年第6期,第134—139页。

[12] 薛海波、符国群、江晓东:《面子意识与消费者购物决策风格:一项70后、80后和90后的代际调节作用研究》,《商业经济与管理》2014年第6期,第65—75页。

[13] Noel Y. M. Siu, Charlie Wang and Ludwig M. K. Chang, "Adapting Consumer Style Inventory to Chinese Consumers: a Confirmatory Factor Analysis Approach," *Journal of International Consumer Marketing*, Vol. 13, No. 2, 2001, pp. 29-47.

[14] Vincent-wayne Mitchell and Andl Bates, "UK Consumer Decision-making Styles," *Journal of Marketing Management*, Vol. 14, No. 1-3, 1998, pp. 199-225.

我国数字广告研究进展与分析框架探究

高腾飞[*]

摘　要　数字广告是数字经济的核心产业之一。本文运用文献计量法对1997—2023年数字广告中文文献的研究重点、热点等进行了计量分析,并基于情境—路径—结果的演变逻辑尝试性地构建了我国数字广告研究的三维分析框架,并提出了未来展望。总体来看,我国数字广告文献数量波动增长,主题丰富多元。在情境方面,我国数字广告发展主要源于技术范式、经济范式、传播范式的变革;在路径方面,数字广告形成了以数据和数字技术为核心动能且持续优化的螺旋成长式运作路径;在结果方面,数字广告推动了计算广告学的兴起,促进了数字经济高质量发展、产业结构调整、法律法规监管、广告公司转型等。

关键词　数字经济;数字广告;传播;媒体

2021年6月,国家统计局发布《数字经济及其核心产业统计分类(2021)》(以下简称《分类》),为我国数字经济研究和实践提供了权威的参考依据。其中,"数字广告"归属于数字经济中数字要素驱动业的范畴,并被定义为:在互联网平台投放,以广告横幅、文本链接、多媒体等形式,为外部客户提供宣传推广服务的活动,在《国民经济行业分类(GB/T 4754—2017)》中对应的是"互联网广告"。由此可见,数字广告是加快建设数字经济以及推动我国经济高质量发展过程中不可或缺的组成部分。2021年12月,上海市率先出台《关于推动上海市数字广告业高质量发展的

---

[*] 作者高腾飞,系北京大学新闻与传播学院博士后、讲师。
本文系北京市社会科学基金规划项目"AIGC对北京数字广告发展与治理的影响研究"(项目编号:23XCC015)的阶段性研究成果。

指导意见》，明确提出要聚焦数字广告业，打造国际数字广告之都，并在产业发展、机制建设、政策协同等方面聚力支持，在国内率先吹响了提升数字广告产业能级和竞争力的号角。

从历史发展的视角来看，我国数字广告的发展最早可回溯到网络广告的出现。1997年，China Byte以横幅的形式为IBM的产品进行了宣传，并获得了相应的广告收入，这是我国第一个商业性的互联网广告，也拉开了我国数字广告发展的序幕。截至目前，数字广告已经成为当前我国广告产业的主流模式，但与产业实践如火如荼的发展现象不同的是，学界关于数字广告的研究仍然不够充分。现有研究主要停留在现状描述、规模统计、实践总结等方面，学理性、系统性仍然不足。当然，这也与数字广告的发展历程有关，之前关注和研究的网络广告、互联网广告就是数字广告的阶段性展现形式，但这也导致人们对数字广告的认知和研究呈现阶段性特征。但网络广告、互联网广告并不是数字广告的最终形态，这使得该领域的研究仍有进一步拓展的空间。特别是随着2021年12月《"十四五"数字经济发展规划》的出台，在数字经济已经成为国家重大战略导向且数字广告又是其核心产业之一的当下来看，对数字广告展开全面深入的研究，不仅有利于完善广告学、营销学、传播学研究的知识体系，对促进数字经济发展、服务国家战略也具有积极的实践意义。

因此，本文试图对以往与我国数字广告有关的研究展开全面深入的梳理与总结，阶段性地提炼和归纳基于中国情境的数字广告研究脉络，从全局性的视角构建数字广告研究的知识框架，并对未来可行的研究方向进行展望，以期为未来国内数字广告研究提供借鉴。本文的贡献主要体现在两个方面：一是通过理论思辨与客观计量相结合的方式，对中国数字广告研究成果进行了系统深入的分析，阶段性地展现了我国数字广告研究的知识结构；二是对加速国内数字广告研究进程以及推动数字广告产业高质量发展提供了具有一定价值的研究依据。

一 数据来源及描述性统计

由于数字广告概念认知历程的长期性、内涵的丰富性以及研究的跨学科属性，清晰地把握我国数字广告研究脉络和框架需要全面系统的文献搜集与分析。

（一）研究方法与数据来源

考虑到文献数据的权威性与科学性，本文以中国知网（CNKI）数据库为基础，以中文社会科学文献索引（CSSCI）期刊为主要来源，以"广告"为检索词，检索字段限定为"篇名"或"关键词"，检索时间范围为1997年1月1日至2023年12月31日，不限定学科范围、期刊名称等其他信息，初步检索出5613篇文献。

随后，本文剔除了作者、年份等基础信息缺失的文献，以及书评、短论、报告、会议等无效论文，并对文献标题中出现"报纸""杂志""广播""电视"等字词的文献也进行了剔除。基于筛选后的文献，参考以往研究的分析思路，本文进一步建立了精准检索词库，针对在标题和关键词中出现以下字段的文献进行了保留，对没有出现这些字段的文献进行了剔除。这些检索词包括数字（化）、技术、信息（流）、（大）数据、智能（化）、新媒体、程序化、在线、互联网、网络、计算（机）、3G、4G、5G。在去除重复文献后，最终获得789篇文献样本，组成了后续分析的文献数据基础。

（二）描述性统计

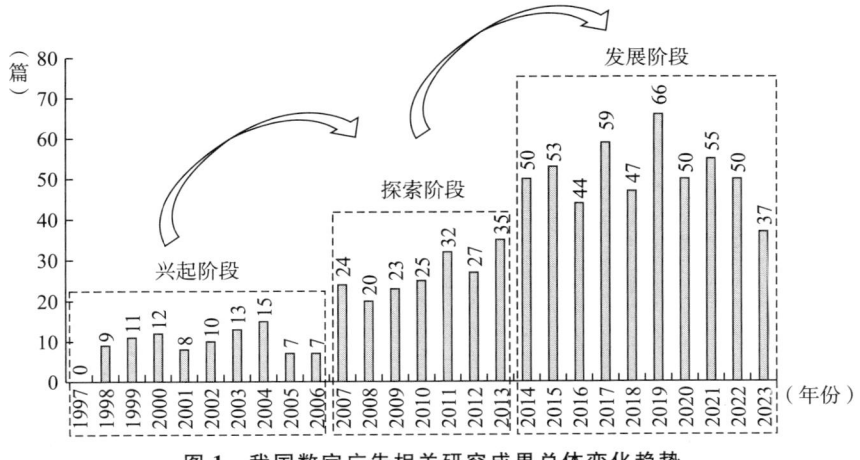

图1 我国数字广告相关研究成果总体变化趋势

图 1 展示了我国数字广告相关文献整体发表趋势。总体来看，1997 年以来，国内学者对数字广告的关注度持续提升，文献发表数量呈现总体增加的态势。这一历程又可以分为三个阶段。一是兴起阶段。在金融危机之前，国内数字广告文献数量相对较少，数字广告领域的研究仍处于起步阶段，这也符合当时数字广告刚刚出现、缓慢发展的客观事实。二是探索阶段。随着数字技术的不断成熟以及数字广告产业的蓬勃发展，文献数量略有起伏，总体处于波动增长期。三是发展阶段。2014 年以来，随着移动互联网的全面推广和渗透，许多数字广告新业态、新现象、新事件持续涌现，同时也带来了许多新问题、新挑战、新困难，这些不仅引起了学界的极大兴趣，也推动数字广告研究进入了大发展时期，成果数量大幅增长，总体处于稳定的高位区间。

二 基于文献计量分析的我国数字广告研究进展

在传统文献研究思路的基础上，本文引入文献计量分析法，通过主观与客观相结合的方式，对数字广告文献样本数据进行搜集整理，并通过分析工具 CiteSpace 与可视化展示的方式，从整体层面揭示我国数字广告研究的脉络。

（一）重点议题分析

对关键词进行聚类分析可以了解某一领域的研究重点，从整体层面把握该领域的研究走向和关键议题。图 2 显示了我国数字广告文献的关键词聚类知识图谱，其中，Modularity Q = 0.872（>0.3），Weighted Mean Silhouette S = 0.9748（>0.5，且不断趋近 1），表明聚类效果良好，结果有效。

首先，基于关键词一共形成了 10 个聚类，聚类名称之前的序号排名越靠前，说明该聚类在整个数字广告知识网络中的重要性越高。而且，各个聚类内部的知识节点呈现较为紧密的关系，表现在图 2 中就是各节点间由线条连接，线条的粗细与明暗表明关系紧密程度。此外，从研究视角来看，这些聚类基本涵盖了四个方面。一是"形态"视角，即针对数字广告的不同类型或不同形态进行深入研究，如网络广告、在线广告、定向广告、智

我国数字广告研究进展与分析框架探究

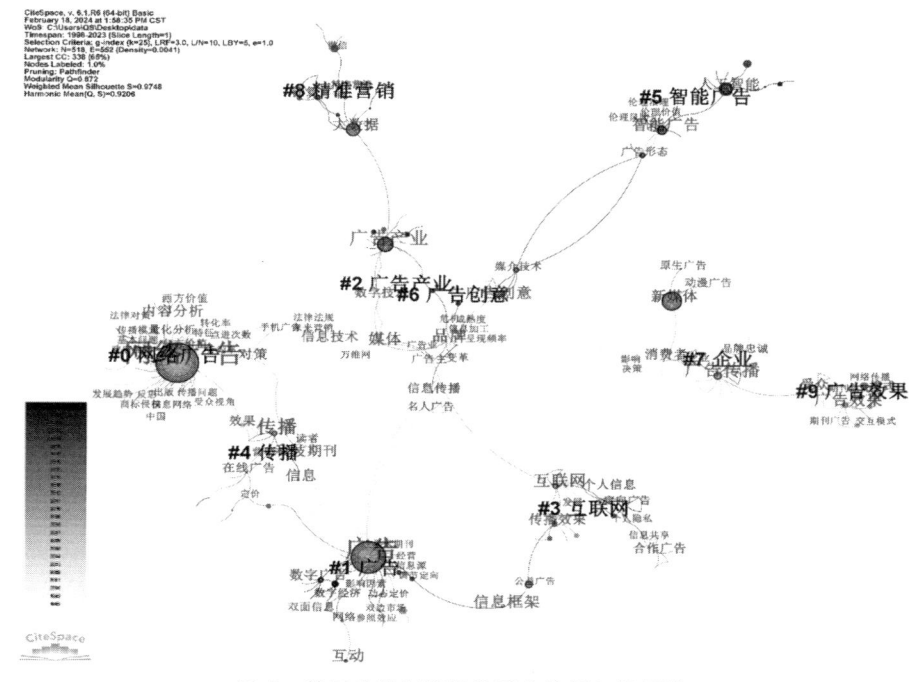

图2 基于关键词聚类的重点议题知识图谱

能广告等；二是"产业"视角，即从广告产业、产业发展等方面对数字广告展开研究；三是"管理"视角，即企业经营、受众管理、监管规范等方面的研究；四是"媒体"视角，即主要从媒介技术、媒体运营、传播效果等方面展开相关研究。

其次，节点字号的大小表明该节点在知识网络中的重要程度，可以看出，网络广告、广告产业、互联网、传播、广告创意、精准营销、智能广告等是重要节点，也是我国数字广告研究中的重点议题。此外，频次分析也可以作为了解某一领域研究重点的辅助方式，出现频次越高，说明该关键词在知识网络中的节点作用就越重要，其背后所蕴含的知识基础和经典文献也是推进数字广告研究必须参考的基础。表1展示了频次最高的前30个关键词，可以看出，多数高频词与知识图谱中字号较大的节点基本重合，但仍然有一些新的重点被析出，如大数据、人工智能、公益广告、计算广告、原生广告、信息框架、数字经济等，这些也是开展数字广告研究需要特别关注的细分领域。

· 221 ·

表 1　出现频次 TOP30 关键词

频次	关键词	频次	关键词	频次	关键词
88	网络广告	11	传播效果	6	广告创意
62	广告	11	公益广告	6	消费者
42	大数据	9	广告信息	6	媒介技术
31	新媒体	9	广告效果	6	原生广告
21	广告产业	8	计算广告	5	互动
17	人工智能	8	数字广告	5	信息传播
16	智能广告	8	广告形态	5	数字经济
15	传播	7	在线广告	5	变革
13	互联网	6	品牌	5	网络
11	广告传播	6	信息框架	5	定向广告

最后，经过统计，在基于这些文献样本的知识网络中，一共出现了516个关键词，但这些关键词在被引情况和重要性方面呈现了较大差异。从频次来看，大多数关键词只出现了1次，出现次数不少于2次的关键词有122个，而出现次数不少于5次的仅有30个。如表1所示，"网络广告"的出现次数高达88次，这与国内数字广告发展历程和学界对数字广告的认知变化历程较为拟合，即早期的网络广告被认为是数字广告的初级形态。而如原生广告、定向广告、智能广告等关键词正处在频次不断增长的过程中，说明这些领域在近期受到了更大的关注，相关研究的力度也在不断加大。

（二）前沿热点分析

热点议题分析对了解某个领域的前沿热点和最新动态具有积极的作用。首先，数字广告研究最早源于人们对网络广告等相关内容的探讨。即使在2023年，数字广告研究中仍有许多与网络广告有关的分析，表现在图3中就是最左侧"网络广告"这个知识节点与最右侧新出现的前沿知识节点存在粗细程度不同的线条连接。当然，它与1997—2023年的其他许多节点也存在紧密连接，表明网络广告研究是我国数字广告研究的重点脉络之一，学者们围绕网络广告的各种分析与结论对推进和拓展数字广告研究具有重要价值。

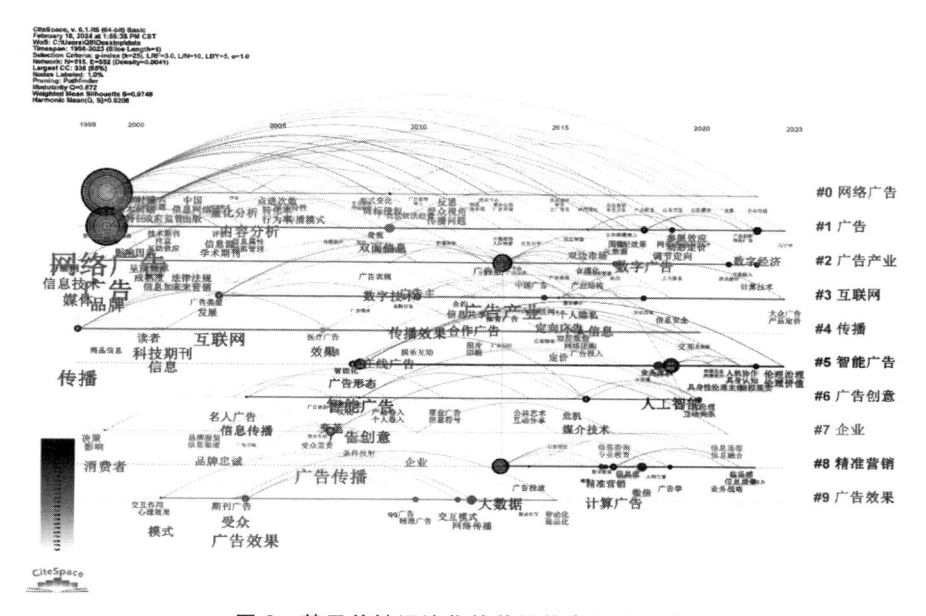

图3 基于关键词演化的前沿热点知识图谱

其次，学者们对数字广告的热点议题呈现了三个阶段的演变态势。表现在图3中就是2014年之前，"网络广告"和"广告"是最重要的两个节点，其间的许多研究与其紧密相关；而在2014—2018年，"广告产业"和"精准营销"是最重要的两个节点，基于此拓展出了更丰富多元的细分议题；2019年以后，"智能广告"成为相对突出和重要的节点，并正在成为我国数字广告研究的新性主导议题，如生成式人工智能对广告的影响。

最后，截至2023年，数字广告研究最前沿的领域主要包括元宇宙、计算技术、伦理治理、人机协作、虚拟现实、产业创新、业务战略等。可以看出，这基本体现为三个层面：一是广告与技术层面，特别是数字技术的关系及应用等；二是数字化背景下广告与社会协同发展层面，包括广告与社会文化、人与智能机器的关系以及传播生态建设等方面；三是数字广告相关企业转型层面，包括广告公司、媒体公司乃至广告主在战略、组织、业务等方面的转型升级。

（三）突现领域分析

突出词分析是 Citespace 软件的特色功能，它可以探测出造成所选文献引用率波动变化的突现词及其起始与结束时间，反映出在不同时期活跃的或前沿的重点研究议题。

表 2 突现强度 TOP20 突现词

突现词	突现强度	首次出现年份	突现起始年份	突现终止年份	突现时区（1997—2023 年）
广告信息	2.56	1998	1998	1999	
消费者	2.38	1999	1999	2010	
广告	2.69	1999	2001	2003	
信息加工	1.63	2001	2001	2007	
广告传播	2.03	2007	2007	2008	
在线广告	2.53	2009	2009	2015	
广告效果	3.45	2004	2010	2014	
网络	2.13	2002	2010	2012	
新媒体	4.80	2008	2012	2016	
网络广告	3.49	1999	2013	2014	
大数据	12.70	2013	2014	2018	
公益广告	3.63	2013	2015	2019	
广告产业	3.24	2013	2016	2023	
计算广告	2.83	2017	2017	2023	
精准营销	2.31	2017	2017	2018	
人工智能	8.16	2019	2019	2023	
智能广告	5.66	2008	2019	2023	
广告学	2.10	2019	2019	2021	
媒介技术	2.16	2016	2020	2021	
广告形态	1.96	2008	2021	2023	

注：突现时区中的每个小格表示 1 年，颜色标红的小格表示该词的突现时间区间。

表 2 展示了突现强度前 20 位的突现词。一方面，多数突现词与前述知

识图谱中的高频词、重要知识节点等相吻合,这些结果互为印证,表明了文献计量分析结果的合理性和有效性。但也出现了信息加工、广告学等突现词,说明学界和业界层面阶段性地关注这些议题,分析数字广告的信息加工、创意制作等问题,以及数字广告的学理化凝练等问题。另一方面,在突现时间方面,早期的突现词突现时间相对长于此后出现的突现词。如"消费者"的突现时间长达 12 年。而智能广告、人工智能、精准营销等的突现时间总体在 5 年及以下。这说明数字广告领域变化的周期不断缩短,新现象、新技术、新业态层出不穷,如 AIGC/AGI 等在数字广告中的应用、数字创意生产周期、广告公司数字化转型等。这导致数字广告研究也必须紧跟实践动态,新的热点议题或重点议题可能很难像早期那样受到学者们的长期关注。

三 我国数字广告研究分析框架构建

在前述分析的基础上,本文更进一步对文献样本进行筛选,通过深度分析代表性文献,尝试提出我国数字广告研究分析框架。代表性文献的选取方式同样遵循了主观与客观深度结合的原则,具体来看:一是基于知识图谱分析,知识网络中的节点文献一般是该领域知识的基础来源,为此,选取出现次数不少于 3 次的关键词所属文献;二是作者共被引知识图谱呈现了该领域中的重要学者,其研究成果也是数字广告研究重点文献的组成部分,为此,选取作者共被引次数不少于 5 次的作者发表的文献;三是数字广告研究前沿始终在动态演进,及时掌握前沿内容可以更有效地深化对数字广告的认识,为此,参考数字广告定义,选取以数字广告、互联网广告为篇名的精准文献;四是参考以往部分营销学、传播学、广告学研究中的期刊选择标准或经验,纳入《广告研究(理论版)》这一专注于广告研究的学术期刊,并重点检索数字广告和互联网广告的相关文献。经过筛选后,对余下文献进一步剔除了仅提到数字广告相关字词,但并未展开实质性分析的文献。最终,在尽可能兼顾全面性、前沿性和权威性的情况下,得到了 108 篇代表性文献。

对这些文献深度梳理后发现,虽然学界对数字广告的起源、特征、现状、问题等基本内容在不同阶段已经展开了相关探究，但由于数字广告这一领域伴随网络经济、信息经济、数字经济、网络技术、信息技术、数字技术等相关术语的变化，也同步产生了多次概念、内涵、形态等方面的演变，目前人们对数字广告研究近况的认知仍然较为模糊。为此，本文提炼并遵循了"情境—路径—结果"的演化逻辑，尝试性地提出了一个互为关联的我国数字广告三维分析框架，如图4所示。

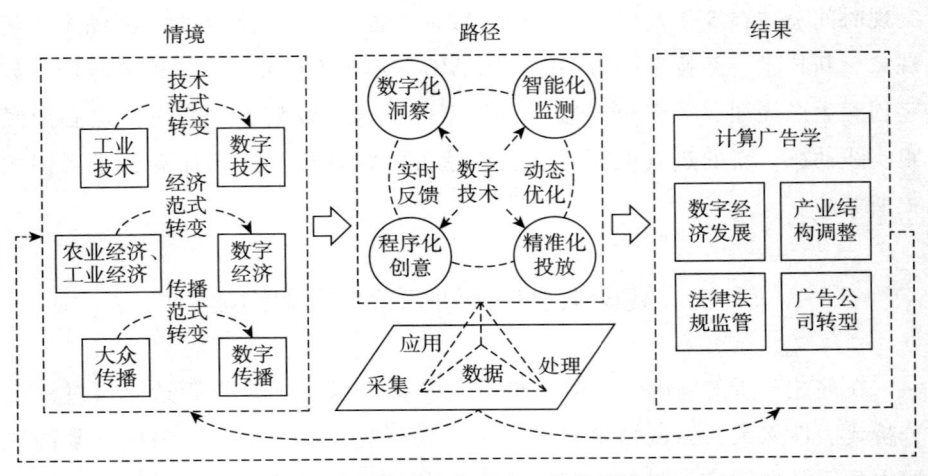

图 4　我国数字广告研究三维分析框架

（一）情境维

数字广告的兴起以及数字广告研究的出现，受到了诸多现实因素的影响。其中，影响最大的因素有技术、经济、传播等外部情境的改变，这些变化映射到广告层面则集中体现为重大的范式转变。

第一，技术范式转变。工业技术向数字技术的演化与发展是数字广告出现的重要情境。数字广告之所以在20世纪90年代兴起，就是因为互联网的出现与浪潮涌起，而在此之前的工业时代，广告技术仍以传统四大媒体的相关技术为主，如印刷技术、广播技术等，并不具备数字广告的形成条件。相对来说，技术范式转变又可以细分为三个阶段：第一阶段是早期的互联网技术，如信息技术、网络技术、自动化技术、网页设计技术等；第二阶段是数字技术，如4G/5G技术、大数据技术、人工智能、移动互联网等；第三阶段是目前方兴未艾的技术领域，如AR/VR/XR/MR、物联网、

· 226 ·

区块链、AGI/AIGC乃至元宇宙技术群等。为此，在我国数字广告产业发展中，数字技术是重要的动力源泉。

第二，经济范式转变。从经济形态来看，农业经济是一种自然经济，工业经济是一种资源经济，它们都是经济发展过程中对自然资源的占有和分配。而数字经济是一种新型的经济形态，数字技术是其重要基础，数据是重要的生产要素，也是核心的劳动资料。相比于农业经济、工业经济，在技术进步和数据积累的支持下，数字经济更容易实现经济理论中强调的范围经济和规模经济。广告产业作为国民经济产业的重要组成部分，也会随着这一进程发生重大的结构性转变。数字经济浪潮及更加复杂的营销传播环境促使广告产业不断向效率优化和效果提升的方向演进，以释放广告主对数字广告的需求，进而构建广告价值生态圈[1]61。

第三，传播范式转变。广告是随着传播环境的变化而发展的。从传播的角度来看，数字广告的出现是因为现代意义上的广告已经从大众传播情境进入数字传播情境。精准、互动是数字传播的重要特征，这不仅有利于广告传播深度和精度的提升，也促进了广告领域的全面升级[2]116。而数字传播相比大众传播具有更加明显的优势，包括从基于地理空间连接的有限规模化转变为时空一体的超级规模化、从时间性传播到即时场景化传播、从信息不对称到信息精准匹配[3]26-27。这种传播范式的变动给传统广告的业务模式带来了颠覆性的冲击，它推动广告生产的核心要素逐步转向数据，进而带动了以数据为核心驱动力的数字广告的出现，并逐步成为广告公司的新型业务模式。

（二）路径维

在外部情境变化的影响下，广告正在加速数字化转型进程，广告产品颗粒度不断细化、传播触点更加全面化、沉浸体验感持续深化，基于数字广告的传播开拓出了新的进化路径。

一方面，形成了以数据和数字技术为两大核心动能的全新路径。数字广告运作主要包括对消费者的数字化洞察、程序化创意、精准化投放、智能化监测等，并形成了以数据为基础、利用数字技术实现广告内容的规模化与个性化生产、精准投放、实时互动反馈的传播活动。其中，数字化洞察是基于自有大数据、合作方大数据或第三方大数据等，在数字生活空间中通过深度挖掘生活者信息和行为，清晰勾勒出生活者的数字画像，进而预判生活者的消费需求。程序化创意是智能机器通过被动输入或主动学习大量创意作品并对其进行模仿、创新，进而规模化与个性化地生产创意内容。精准化投放是能够根据广告主的需求，在数字广告平台中选取特定时间、特定触点针对特定用户群体投放特定的创意形式。它也是数字广告区别于传统广告的重要表现，在一定程度上缓解了广告费利用率低的传统难题。智能化监测是数据驱动下的广告监测体系变革，它能够通过整合不同类型的监测工具，为广告主和关注广告投放结果的其他主体实时反馈效果数据，极大提升了实时性，也提高了广告决策的有效性。

另一方面，该路径具有持续优化、不断迭代、螺旋成长等特征。数据是数字广告产生和运作的基础，数字平台在整个运作模式中处于中心地位，它与每个环节实时互动，收集和反馈最新的广告运作情况，并动态调节数字广告的优化进程。监测环节也将不再是广告活动的末端环节，它贯穿了数字广告的整个流程，针对每一次投放的效果进行监测可以为下一次创意优化和投放执行提供决策支撑，进而实现整个数字广告传播链路的智能运行。此外，映射到数据层面，数字广告的运作流程也可以被理解为"数据采集—数据处理—数据应用"三个过程的逻辑循环，这三者又交叉对应到不同的数字广告环节中。如精准化投放不仅需要处理数据，更是数据应用的表现，它将数据转化为生产力，实现了投放流程的动态精准匹配，包括智能生成创意、自动匹配、智能出价、自动竞价、智能反馈、自动优化等过程[4]53。

（三）结果维

数字广告是数字时代经济社会发展的重要构成，它的出现同样会对诸多实践现象产生影响，也会促进营销、传播等领域研究的创新发展。

第一，数字广告推动了计算广告学的诞生。"计算广告"最初的定义是运用大数据计算技术，为特定场景下的特定用户寻找到一个合格的广告，以实现语境、广告和用户三者的最优匹配[5]151。此后，随着大数据等数字技术的普及和渗透，广告的传播规律也受到了重大影响，应以计算广告学的逻辑为基础,重塑新的路径[6]162。计算广告学是在大数据等技术的带动下,广告领域的学者突破了传统广告研究的边界而探索出来的一个崭新的广告学研究领域,也是目前广告学研究的前沿议题。计算广告采用的技术、算法、市场机制等已经重塑了广告产业的运作体系。

第二,数字广告促进了数字经济以及广告产业的发展。数字广告产业是广告产业的重要组成部分,也是国民经济不可或缺的部分,与数字经济更具有紧密的关系。在此基础上,宏观经济范式的转变也带动我国广告产业经济范式实现了从资本主导向技术主导的转变。这一重大变革也引发了广告经济组织方式、产业结构的颠覆性重构。一方面,数字技术促进了广告产业市场规模的扩大,特别是数字广告市场规模的扩大,对广告产业数字化转型产生了积极影响。另一方面,数字广告的出现和发展推动广告产业向网状模式升级,数字营销平台、数据服务公司、程序化购买公司、创意公司等不断涌现,这些主体逐步形成了协同进化的有机生态网络。

第三,数字广告正在加速广告产业法律法规监管体系的完善进程。数字广告的出现在解决了一些传统难题的同时,也带来了数据孤岛、流量造假、数据安全、用户隐私等新的现实问题,这也引发了针对数字广告监管的思考与实践。相比传统广告,数字广告涉及的主体更加广泛,广告行为更加频繁,广告发布更加分散,在监管上存在较大难度。截至目前,国内已经形成了较为完善的广告法律体系及监测体系。相关法律法规对强化数字广告监管、规范广告秩序具有重要作用。但受到诸多客观条件的制约,现有监管体系存在一些仍需继续完善的地方。

第四,数字广告促进了广告公司转型升级、创新发展。数字广告对广告公司的影响,一方面是带动传统广告公司向数字广告公司转型,涉及组织架构、业务流程、资源配置、企业文化、公司战略、渠道互动等方面[7]32。如传统广告公司应该确立"数据传播管理"的发展战略,建立数据驱动的广告业务模式,围绕专业化、融合化等进行全面转型[8]80。另一方面,带动产生一批新的数字广告公司类型,如自建型、并购型、联盟型。在此前提下,数字广告要逐步释放广告主或广告公司对效果和效率的需求,共创接触点价值生态圈,在推动自身转型的同时带动广告产业健康发展。

此外,数字广告在促进广告产业要素变化、数字时代传播模式转变等方面也具有重要的影响。如社会环境正在呈现"去广告化"的趋势,广告公司、广告媒介、广告主都在面临巨大的变革压力。在人工智能的冲击下,广告产业中一般型和技能型人力资本贬值较快,而创新型人力资本价值不断凸显[9]108。当然,还有学者围绕具体的数字广告类型、企业主体、传播渠道等进行了探讨,这些成果对丰富和拓展我国数字广告研究都有重要价值。

四 未来研究展望

从20世纪90年代至今,数字广告历经了约三十年的发展演进[10]114。在研究层面,总体呈现良好的发展态势,主题多元,视角丰富,学科融合,知识交叉。未来,随着数字经济走向高质量发展,以及数字化战略的持续落地,数字广告也将迎来更广阔的研究空间。本文认为,至少可以在以下四个方面把握研究机遇。

第一,对数字广告及相关概念进行系统辨析。当前,数字广告虽然已经有了较为权威的概念,但本文在搜集文献时仍然遇到了一个较大难题,即如何辨析数字广告、互联网广告、网络广告、程序化广告、信息流广告等概念之间的区别和联系。它们是不是数字广告?标准或依据是什么?应该如何进行区分?未来可以围绕这一基础性议题展开系统深入的探讨,如数字广告及相关术语的概念、内涵、演变历程、核心要素、典型特征,等等。

第二,运用定量分析的方式开展数字广告相关研究。现有关于数字广告的研究以理论分析、案例分析、文本分析等方法为主,但采用实证分析的方法,通过搜集一手数据或二手数据的方式展开定量分析的研究却较为稀少。随着数字经济的不断发展,数字广告及相关数据的丰富性和可得性在当前已经得到了较大提升。未来可以通过问卷调研、公开数据爬取等方式,对以往从理论层面提出的数字广告相关假设、命题进行检验,如数字广告与数字经济的关系、数字广告对广告产业发展的影响、数字广告与研发创新的关系、数字广告与传统广告的关系,等等。

第三,基于多学科交叉的视角展开跨知识领域的深入分析。以往成果受限于研究问题、研究对象、研究目标等条件,多数仍基于单一学科视角或单一知识领域展开分析，在理论基础、研究方法、研究视角等方面还可以进一步多元化，未来可以通过融合关联的方式展开交叉研究。如从经济学中的技术进步理论、经济增长理论、数字经济理论、产业发展理论等方面进行切入，并融入传播学的发展广告学理论、数字传播理论，或者新闻学的发展新闻学理论、受众理论等，对数字广告展开综合性、交叉性的分析探讨。

第四，重点关注数字广告的监管研究。在数字广告的发展实践和理论研究过程中，监管始终是不可或缺的重要部分。特别是在中国情境下，政策制度、政府行为、监管措施对数字广告的发展可能带来影响，数字广告又会反向促使这些方面产生改变。在数据安全、个人信息保护已经上升为国家战略的当下，广告主、广告公司、监管部门等应该采取具体措施，以共同保障广告领域的数据安全。随着数字经济和数字化发展的进程，围绕数字广告的监管方向、方式、工具、政策体系又该进行怎样的调整或完善？这些问题在未来都必须展开深入研究。

总之，以上四个方向蕴含着推进我国数字广告研究进展的可行议题。特别是随着人工智能在广告领域的深度渗透，国内数字广告产业实践也将日趋丰富多元，再结合在数据资料、研究工具、知识基础等方面的持续完善，相信业界和学界对数字广告现象和理论的理解也将进一步加深。

五 结语

数字技术在经济、社会、文化等领域的广泛渗透，改变了人们的生活方式、生产方式、思维方式。同时，数字技术也改变了传播格局，推动了数字广告的兴起与发展。2021年6月，数字广告被纳入数字经济核心产业统计范畴；12月，上海市出台《关于推动上海市数字广告业高质量发展的指导意见》这是国内第一个省级专项政策。2023年，上海市杨浦区、嘉定区等也相继出台了专项实施方案。而在全国范围内，数字广告产业园区、数字广告创意领军人物、数字广告企业集团等也都在积极布局和重点培育，广告主的数字服务化转型也正在逐步推进。这些如火如荼的现象背后并不只是数字广告这一个产业的活动，而且以数字广告为切入点，带动或促进更多数字经济相关产业的发展。因为数字广告不仅与大数据、区块链、虚拟现实、人工智能、机器学习等新一代信息技术紧密关联，数字媒介也需要新材料、新设备、新创意的应用和支持，数字广告监管更是个人信息保护、数据安全等国家政策法规的重点领域。这不仅需要我们大力探索数字广告经营新业态、新模式，更需要我们持续且深入地推进数字广告理论研究，通过创新型、应用型、基础型的研究成果，为促进数字广告高质量发展，也为发展新质生产力、增强高质量发展新动能贡献积极的力量。

参考文献

[1] 姚曦、商超余：《后疫情时代中国广告产业发展的基本逻辑与进路》，《学习与实践》2021年第5期，第61—68页。

[2] 姚曦、李斐飞：《精准·互动——数字传播时代广告公司业务模式的重构》，《新闻大学》2017年第1期，第116—124+152页。

[3] 陈刚、潘洪亮：《重新定义广告——数字传播时代的广告定义研究》，《新闻与写作》2016年第4期，第26—31页。

[4] 姜智彬、郭钦颖：《技术驱动融合 智能引领创新——2019年中国广告十大现象盘点》，《编辑之友》2020年第2期，第48—55页。

[5] 曾琼：《突破与重构：大数据时代的计算广告学研究》，《湖南师范大学社会科学学报》2019年第5期，第150—156页。

[6] 杨扬：《计算广告学的理论逻辑与实践路径》，《理论月刊》2018年第11期，第162—167页。

[7] 严威、张明华、姜娜：《融媒体场景下数字广告跨渠道互动机制与效果归因》，《电视研究》2019年第1期，第31—33+50页。

[8] 马二伟、俞倩：《大数据时代中国广告公司的现实困境与转型路径——基于广告从业人员的深度访谈分析》，《新闻与传播评论》2019年第1期，第80—90页。

[9] 秦雪冰：《人工智能应用下广告产业的人力资本变迁研究》，《新闻大学》2019年第6期，第108—119+125页。

[10] 曾琼：《从平移到颠覆：技术可供视域下数字广告的发展演进》，《湖南师范大学社会科学学报》2023年第2期，第114—122页。

·生命传播与生命叙事·

死也生之始：影视作品的生命叙事与"死亡"的意义建构

何天平 严梓瑄[*]

摘 要 死亡是一种个体的生命体验，因其普遍性、不可避免性而具有了社会性。生命叙事为回归死亡的个体意义提供了可能性。通过对影视作品中有关"死亡"的生命叙事的拆解，本文提炼出以逝者记忆的消散表征临终过程、以生者身份的重构体现死亡的意义、以逝者永生以及生者与之的互动想象延展死亡的过程三方面叙事策略。三者均以"死亡"为契机完成对生命的再讲述，构成了影视作品"向死而生"的生命叙事。这一生命叙事通过对"死亡"的表征建构了存在的三重维度，即记忆、身份和技术，并暗含了"灵肉二元"的预设。影视作品中生命叙事将"死亡"建构为对生命形而上的确认，构成其潜在的公共性基础。但同时，生命叙事本身仍要求影视创作更重视"死亡"的具身性和物质性，这就构成了影视作品通过开展生命叙事建构"死亡"意义的深层创作追求。

关键词 生命传播；临终关怀；数字永生；灵与肉

一 死亡：在个人和社会之间

死亡在原初意义上只是个体物质性存在的消逝。但长期以来，作为"事件"的死亡通常以种种仪式加以表征。个体的社会性经由仪式被表达和再确认，从而沟通了死亡本身的个体意义和社会意义。在相关的人类学、

---

[*] 作者何天平，系中国人民大学新闻与社会发展研究中心研究员，中国人民大学新闻学院副教授、硕士生导师；严梓瑄，系中国人民大学新闻学院硕士研究生。

民俗学研究中，丧葬仪式强化共同体集体记忆、连接社会亲属关系网络、维护共同体社会秩序的社会功能被置于重要位置。[1]

进入数字时代，死亡和丧葬仪式也逐渐被迁移到数字平台上。有观点认为，越来越多人趋向将以 Facebook 为代表的社交媒体转化为一个技术中介的仪式化空间，以补充通常标志着终止联结的传统丧葬仪式。在数字平台上逝者以超自然的方式存在，生者可与逝者进行持续性联系，展开仪式性互动。[2] 与之类似的是，B 站纪念账号基于逝者生前的媒介记忆内容形成集体哀悼空间，在其中个体书写哀思、与逝者建立数字对话和表达情感，最终将情感从负面悲伤情绪延展至正面鼓励祝福。[3] 豆瓣的"数字公墓"则展现出其作为情动媒介的潜能和数字化时代死亡所具有的想象力。[4] 同时，当死亡从局限于小范围共同体（如家庭、村落等）的事件、仪式逐步走向数字化的"壮观死亡"[5]，其社会性也被进一步放大。这一点尤其体现在与各类社会热点议题密切相关的数字哀悼实践中。如有观点认为李文亮医生微博评论区的集体哀悼行动形塑出独特的"情感公众"（Affective Publics），他们通过社交媒体彼此连接，以情感（而非观点）为主要表达形态，呈现公开化、集体性、交往性、流动性的特征。而网民的集体书写在机构和媒体之外，创造出独特的关于新冠疫情、关于大时代普通人生活的记忆实践，共同抵抗个体死亡带来的遗忘威胁。[6]

另外，随着技术的发展，死亡不再单纯围绕事件和仪式被建构，其内涵得到拓展，从而发展出了"过程性"视角。在这一视角下，不仅生者经由丧葬仪式完成的身份转变被持续关注，逝者从老病到死亡的临终过程以及从物质性死亡到数字化死亡的"后死亡"过程也被纳入研究视野。[7]3 大量针对临终关怀的研究聚焦家庭沟通情境，探讨在患者临终的不同阶段，其与亲属如何通过叙事、肢体语言等展开沟通，围绕"善终"达成共识。[7]4 国内也有学者提出"围死亡"的概念，意在反思医疗、殡丧两个行业的接口与断裂，鼓励两个行业的从业者在"围死亡"阶段相互介入，实现"全人关怀"。[8] 而在数字化死亡方面，法律法规如何约束数字遗产的继承与销毁、数字永生的可能性对技术和伦理提出的双重挑战都成为相关研究的重点。[9]

然而，尽管有关死亡的社会性研究日益丰富，却总体地呈现一种外在于逝者的公共性预设。死亡仿佛并非关于逝者本身,而以丧葬和哀悼仪式的方式成为生者的文化资源,以逐渐数字化的形式对生者的世界产生影响。死亡作为个体生命体验的本质属性被相对忽略。过程性视角下的研究开始逐步重视患者/逝者的体验,但这类研究仍然集中于医学、护理学等专业领域,传播学的视角相对匮乏。

死亡是一个过渡过程,处在生者与逝者、存在与消亡之间,其意义建构也总是在个人切身的生命体验和社会公认的价值理念之间摇摆不定。然而,死亡的公共性如要成立,则需回归死亡的个体意义。只有回答"死亡对于个体意味着什么",才能更好地回答"死亡对于社会意味着什么"。

二 影视作品的生命叙事

"生命叙事"为回归死亡的个体意义提供了一种可能。"生命叙事"(Life Narrative)是"叙事主体在生命成长中所形成的对生活和生命的体验和追求"[10]181,而有关"生命叙事"的既有研究主要集中在心理学等领域,将其作为研究方法,用以获取一手资料进行分析。如关注子代如何讲述自己与父母的关系[11]、重大心理疾病患者如何进行自我生命叙事[12]、犯罪者通过生命叙事将自己的生活建构为"电影"等[13],均旨在为后续的介入指导提供支撑。

传播学领域也有大量研究将生命叙事的视角应用于文本分析。如有学者认为公益传播中的生命叙事承担了情感与疗愈的功能,与责任和行动唤起共同推动公益传播从认知到行动的落地。[14] 而生命哲学视域下的跨文化传播研究则应关注"如何在人的主体性的复元中强化人的心灵内化陌生经验的能动性,并将此汇入自身生命的创造与进化中,达成跨文化传播者在纯粹时间的'绵延'"。[15]

影视作品常常被视作承载生命叙事的最鲜活传播载体之一。具体到影视文本的分析上,有研究认为新主流电影通过生命叙事"深入个体生命的肌理","将大历史中的普通人物(包括女性)塑造为新历史主体,体现出新主流电影以至整个中国电影生命叙事及其历史建构的强大适应性"[16]。而以新冠疫情为主题的纪录片将生命叙事实践作为一种"表现性话语",通过个体叙事建构主体、借共情唤醒和联结情感记忆、外化个体创伤并实现心理疗愈，以情感和"去他者化"的话语促进构建人类命运共同体的社会认同。[10]180

总体而言，从影视作品的生命叙事切入，关注个体经验如何勾连社会意义是这类研究的共同思路。但现有研究对于生命叙事的理解太过宽泛，以至于对生命的重视、人人平等等价值理念、极端情况的生命潜能等情节都被划入生命叙事的范畴。影视作品本就围绕人物进行铺陈，若大多数通过人物行动推进情节进展的影视作品都能被划归生命叙事的范畴，则会导致研究相对失焦。

基于以上考量，本文希望从死亡的"个体"与"社会"意义之间的张力着手，聚焦影视作品对于"死亡"的个体化讲述，探讨影视作品中有关"死亡"的生命叙事策略。本文试图回答影视作品如何完成个体过程性死亡的生命叙事、如何将逝者的死亡与"存在""再生"勾连、这类生命叙事体现了对于死亡怎样的思考等问题。

三 "死亡"作为一种生命叙事策略：过程、意义与想象

死亡的过程性视角从逝者的死亡过程以及其牵涉的主体来展开分析。[7]3本文借鉴其基本框架以把握影视作品中有关"死亡"的生命叙事，从临终的过程、死亡的现实意义以及死后世界的想象三个阶段总结共同的叙事策略。其中，三个阶段所涉及的主体各有侧重，临终过程主要关注逝者，死亡的现实意义主要从生者出发，而死后世界的想象由生者和逝者共同建构。

（一）以逝者记忆的消散表征临终的过程

长期以来，考虑到叙事的便利、影像呈现的要求等，以记忆的消散和死亡的来临为叙事主线的影视剧总是从照护者视角出发，且多围绕爱情展开，如电影《留住有情人》《恋恋笔记本》等作品。[17]52当逝者在临终过程中的个体经历逐步成为影视创作的关注点，作品一方面要确保聚焦个体的切身体验，另一方面又需要对这种体验进行艺术化的外化。而记忆凝结着

个人的生命历程,既便于叙事,又因其不稳定性、建构性而拓宽了艺术化呈现的空间。

一部分影视作品通过勾连记忆、疾病和死亡三者,充分展现了临终阶段的过程性。如电影《困在时间里的父亲》透过患有阿尔兹海默症的父亲的第一视角,借助叙事空间的变换、人物特征的杂糅等展现了个体在临终阶段所经历的记忆混杂、失真与消散,进而呈现出临终阶段个体的失控与无序;同时,影片又以女儿的视角代表"客观"与"真实",与之形成对比,突出主人公的病症,并将影片的主题从空间转向时间,最终指向片中未被言明但始终隐于叙事中的死亡。[17]54 而在韩国电视剧《耀眼》中,女主角金惠子同样患上阿尔兹海默症,混杂记忆不仅直接表现了其老病阶段的生存状况,同时也串联了金惠子一生的故事。影片借记忆完成了主观时间中的生命叙事,也指向了隐于客观时间中的临终过程。

"疾病-记忆-临终"三者之间的勾连往往受限于特定类型的疾病设定。在更普遍的临终与死亡情境下,"走马灯"成为放之四海皆准的表现手段,其在相对更短暂的临终阶段回顾逝者更长时间段的生命历程,并以记忆的显现表现与死亡伴生的记忆消散。

不难发现,从逝者的第一视角看,"死亡"本身带来的感官体验并不是影视创作的首要追求,个体的生命叙事以及蕴含其中的情感体验才构成了影视作品的叙事核心。一方面,这种策略允许创作者充分发挥想象力和创造力,同时激发观众强烈的情感,实现一定程度的代入共情;另一方面,这一策略对于"死亡"的浪漫化倾向则有可能削弱生命叙事本身的真实感、厚重感,巩固"死亡作为禁忌"的文化价值观。

(二)以生者身份的重构凸显死亡的现实意义

从生者的视角出发,逝者的"死亡"构成其生命叙事的重要一环,且其意涵往往随二者关系不同而发生转变。

影视作品常在家庭语境中探讨由亲近家庭成员的死亡所推动的生者身份的转变。家庭中亲代的离世往往成为子代成长的重要契机,子代一方面脱离了某种来自家庭的束缚,能够通过自主的行动进行自我身份的建构;另一方面又不得不往前追溯,在追寻亲代生命轨迹的同时寻找自己的来处。

电影《晒后假日》中，女儿在父亲死后追忆年少时与之共度的暑假，逐渐挖掘父亲死亡的蛛丝马迹。在这个过程中，女儿借用影像等媒介重塑了自己的记忆，同时也完成了对家庭关系的重构，进而构成她对自己生命历程的新的认同。而在中国语境下，"死亡"与家庭的复杂关联更具有本土特色，同时凝聚着社会性的议题。如电影《地久天长》聚焦计划生育政策下的失独家庭，其中子代的意外离世导致了家庭结构的崩溃和重建，也带来了刘耀军、王丽云夫妇的身份转变（父母—夫妻—养父母—计划生育荣誉获得者），甚至决定了其与另一关联家庭长达三十年的关系走向。在刘耀军、王丽云夫妇的生命叙事中，子代的死亡促使他们在儿子、朋友、工作之外不断寻找自我的寄托，在家庭结构、社交关系的变动中重新放置自身。

基于特殊职业设定（如入殓师、临终关怀医院职工等）形成的生者与逝者的关系在影视文本中同样常见。如电视剧《三悦有了新工作》中，女主角三悦作为遗体化妆师不断接触逝者，逝者的死亡以及工作中见证的世情百态成为其生命叙事的重要部分，帮助其摆脱无业离家、与母亲矛盾重重的人生困境，并逐步意识到自身的职业价值乃至生命价值。韩国电视剧《若你说出愿望》以刚出监狱对人生毫无目标的男人尹侨莱为主人公，讲述他接到社会服务命令后进入临终关怀医院，为其中的癌症患者实现最后的愿望的故事，同样在他由毫无生的渴望到重新回归社会的生命历程中融入死亡的印记。

在这种关系下，逝者的"死亡"之于生者的意义似乎在于"规范"。多数情况下，影视文本所聚焦的生者都有一定程度的社会越轨行为，而"死亡"作为生命的终极之所能够与他们至今的生命历程形成对照，带来新的自我认同和身份建构。"物化的身体变成了仪式的客体，代替灵魂而起着道德和意识形态的功能，指导着此在的余生作为。"[18]37 由此可见，尽管这类作品中往往只有生者视角，却统一了生者和逝者的生命叙事。"死亡"并非作为断点，而是作为连接和转变的契机。

（三）以生命的延续展开死亡的想象

好的影视创作总是追求在现实之上的某种创作超越，在"死亡"这一话题下往往体现为对死后世界的想象聚焦，即对"逝者永生"的隐喻。具体而言，影视作品中存在两种路径的生命的延续，即"想象意义的永生"和"技术意义的永生"。

"想象意义的永生"指在现实条件下，逝者并非作为实在物，而是依靠神话、幻想和生者的记忆延续形而上的生命。这类想象常见于情感主题的影视作品中，如电影《人鬼情未了》《第六感生死缘》等作品中以超自然存在的形式延续逝者的生命，从而也延续了生者与其建立的情感联系，生者和逝者在想象的世界里达成"永生"。而如电影《寻梦环游记》等作品则假设死后世界中逝者的存在依靠生者的记忆维系，亲属的遗忘才是逝者生命的终极死亡，一方面丰富了"记忆的消散"与"死亡"之间的关联，纳入了生者的记忆作为"死亡"的参照；另一方面也为哀悼、祭扫仪式赋予了另一重维度的"生"的意义。事实上，在大多影视剧中，生者通过想象与逝者展开对话，以拟真的形式呈现该对话的手法也暗含生者的想象和记忆作为逝者生命意义的延续。

"技术意义的永生"则是指基于现有的数字技术以及对其的合理想象，逝者的生命以另一种技术实在的形式得到延续，如赛博格（Cyborg）和"数字永生"（Digital Immortality）。赛博格作为濒临死亡后拯救肉身并延续生命的存在形式，往往在后续的生命叙事中凸显个体身份认同的困境[19]。如电影《阿丽塔：战斗天使》中，阿丽塔借由教授女儿的机械躯体重获新生，并不断在残存的自我记忆和身体的归属者两种身份之间挣扎。

在当前的技术条件下，数字永生的主要应用模式是借助逝者的"数字足迹"（Digital Footprints）打造"逝者AI"，使其具有可互动性。影视作品中，对于数字永生的想象更进一步，发展出以极致数据化为基础的生活数据挖掘和意识上载两重路径[20]210-211。前者仍是基于"逝者AI"的逻辑，数字孪生与本体的相似性取决于数据的质量；后者则基于思维的数字化模拟，如电影《流浪地球2》中的图恒宇死亡后与"女儿"在数字世界团聚，二者的意识不是模拟性的，而是生成性的。除肉身的缺乏与存在的环境之外，二者的活动几乎与现实世界无异。当逝者实现了技术意义的永生，他者既可以基于互动界面完成生死之间的连接，也可以"以死亡实现生存"，与逝者的数字生命共存于数字世界。

有关数字永生的想象性生命叙事也对死亡乃至生存、主体性等概念提出了挑战。数字永生使得"死亡"不再是"消逝"而仅是肉体与意识、精神的分离。在这种"灵肉二分"的背景下，人类的主体性问题空前突出。与实现数字永生密切关联的物质性死亡的决定权归属挑战传统伦理，物质世界既有的社会结构对数字世界的影响可能加剧主体性危机，导致数字世界的"数字奴役、阶层区隔、自我与主体性消解等问题"[20]206。

四 "死亡"作为一种意义建构：影视作品中的生命叙事深层指向

（一）"死亡"作为象征意涵："向死而生"

影视作品有关"死亡"的生命叙事中，分别以逝者记忆的消散表征临终过程，以生者身份的重构凸显死亡的意义，以逝者永生以及生者与之的互动想象延展死亡的过程。可以看出，无论影视作品是以"死亡"为可能性回溯过去的生命，还是以"死亡"为既定事实关注生者的身份变化和生命的可能延续形式，都是以"死亡"为契机，完成对生命的再讲述。

对于生者，逝者的"死亡"及其相关的生命叙事构成生者生命叙事的重要环节，"死亡"促使二者达成统一。诸如生者的社会关系变化、价值观念变化及随之而来的社会行动等，都成为死亡意义的具象反映。

对于逝者，记忆和遗忘构成叙事的主线。在老病的现实与死亡的可能性下，个体的生命体验才有了回溯的必要，才更具有情绪感染力和价值感召力；而死亡所带来的肉身消亡反而促使了对于生命延续方式的想象，并在对于死后世界的想象性生命叙事中提出了对传统伦理乃至人类主体性的挑战。

"死也生之始"，数千年前老子的生命哲学以另一种颇具现代性的表达形式融入影视作品"向死而生"的生命叙事中。首先，这是源于影视作品的叙事需求。仅仅关注死亡本身，讲述死亡带来的感官体验，会导致叙事性相对削弱，也会提高对创作的要求。"向死而生"，通过死亡观照生命，既能便利叙事，也能引发共情，还可纳入对于生与死、灵与肉的反思。其次，观念作为一种社会力量本身也在影视作品的创作过程中发挥着不可或缺的作用。长期以来对死亡讳莫如深以至神秘化死亡的态度、受众在传统观念的影响下对于相关描述的接受度等问题都导致"死亡"不能仅以其原本的形式呈现在影视创作中。当技术进一步拓展了死亡的想象空间,以死亡为生命叙事的起点,面向"死亡"来组织生命叙事的特点也更加凸显。

(二)"死亡"作为主体建构:记忆、身份和技术

无论基于何种向度的理解,影视作品中的"死亡"最终都指向生命与存在,"向死而生"的生命叙事也会基于诠释"死亡"的不同社会面向,相应建构出三种关乎主体性的表征,即记忆、身份和技术。

古希腊哲学家中,柏拉图的灵魂"二元论"与"回忆说"、苏格拉底的"知识记忆说"等实际上都在灵与肉的二分中强调了记忆之于构成理性主体的重要性。[18]34 在影视作品中,无论是生者还是逝者的记忆消散都对应着不同层面的死亡。反之,这类叙事则暗示记忆对于构成存在的重要性。

相对于记忆,身份更具社会属性。如果说记忆是个体如何回溯、解构和重构自身,身份则更关乎社会关系中的主体位置。影视作品中,逝者的"死亡"不仅改变了生者的某种身份,实现"规范"的社会价值,也在这种重构中完成了逝者的不朽,而这与中国古代哲学对"心的不朽与社会的不朽"[18]35 的重视不谋而合。也即,通过生命叙事的交叠完成的生者身份重构,既是生者主体性的动态体现,也是逝者不朽的象征。

需要明确的是,为了方便行文,记忆和身份所涉及的叙事策略在前文中被分开叙述。实际上,二者是相互交织的,个人记忆的挖掘、重构也构成身份认同的重要环节,而身份认同同样成为被个体记忆的内容,甚至成为组织记忆的准绳。在对记忆和身份的整体讨论中,影视作品普遍呈现"灵肉二分"的隐藏预设。死亡的具身性、物质性被相对简要地勾勒,甚至并不构成"消逝"的必然,反而在围绕"死亡"组织生命叙事的过程中,"肉"的易逝凸显了"灵"的永恒价值。

记忆和身份是"死亡"的作用客体,即"死亡"可以直接作用于记忆的存留与消散、身份的转变等。技术则是作用于"死亡"的主体,将主体性问题带入了数字化的层面,为"灵肉二分"的哲学思想提供了数字化的实现思路。然而,在对"数字永生"展开想象的影视作品中,主流的反乌托邦叙事将身体的缺席转变为对数字化身体控制权的争夺。诸如电视剧

《黑镜》等在肉身的缺席中,对于身体与意识是否无限可分的反思反而凸显了"肉体和感官对于人类'在世存在'的意义"[20]206,在一定程度上呈现了对"灵肉统一"的复归。

(三)"死亡"作为叙事反思:张力与表征

在无数有关文艺作品母题的探讨中,"死亡"的出现频繁而稳定。一方面,"死亡"本身具有极强的戏剧张力,既能够"聚合"文本力量,在特定的物理场所、人物心理乃至文化背景中引发冲突;又能起到"发散"的作用,延展出诸如探秘、复仇等内容。[21] 影视作品对于技术介入下的情感、记忆、社会身份等的关注更使得叙事不再局限于客观的物理时空,进一步拓展了叙事的可能性。另一方面,这源于"死亡"作为个体生命经验的普遍性。绝大多数人的生命历程会经历从死亡的旁观者到死亡的亲历者的转变。而这种共享的生命历程,使得人们在创作作品的同时也往往以"死亡"为或隐或显的书写对象,通过生命叙事回答"死亡"带来的追问。

对于影视作品中"死亡"所涉的所有个体,无论是作为逝者亲历死亡过程,还是作为生者被"死亡"改变生命的走向,"死亡"所共有的意义在于对生命形而上的承认。尽管死亡作为一种物质生命的终结本身具有否定性意义,但通过影视作品的生命叙事转化,"死亡"不再是削减个体所经历的时间、所怀有的记忆、所建构身份的意义的某种特定机制,而是具有了"向死而生"的象征意涵,完成了对于生者和逝者交叠的、更新的主体建构。

如果将影视作品视作创作者的表达,那么其中有关"死亡"的生命叙事就不仅关乎作品中的主人公,而且蕴含着创作者自身的生命体验,成为创作者生命叙事的表征。在这一意义上,关乎"死亡"的生命叙事从虚拟的个人体验扩展到了现实世界的个人体验。

作为影视作品的观众,在作品中角色亲历"死亡"之时,观看"死亡"的经历也可能带来独特的启发。相较于在生活中真实地面对死亡、参与丧葬仪式,观看影视作品中的"死亡"既能引发观者基于现实经历产生的对于主人公的共情,又可使之共感创作者的情绪或了解创作者对于"死亡"的回答。正如死亡同时是个体的和社会的,影视作品也是内嵌于整个社会文化环境的一种复合表达。其对于"死亡"的某种集中讲述，无论出于意识还是潜意识，都可能作用于社会对于"死亡"的意义建构。同时，影视作品与社会文化之间存在复杂的交互。具体到影视作品有关"死亡"的生命叙事，其既可能反映了现实中围绕死亡的共同关切，如中国语境下的失独家庭；也可能成为新观念、新价值的倡导，如对于临终关怀的推介、对疼痛的新认知等。传统意义上的受众通过个性化解码将作品中的"死亡"阐释内化为自己对于死亡的理解，在这一意义上，影视作品有关"死亡"的生命叙事具有凝聚社会公共价值、维系共同体的潜能；而即使主动的受众采取抵抗式编码，影视作品仍然可能因为广泛的影响力或与个人现实生活的交织，成为其生命叙事的"里程碑"，在形式上而非内容上形成公共性的基础。

与此同时，影视作品中的"死亡"又因为其虚构性而创设出微妙的心理距离。尤其是影视作品对于"死亡"的呈现仍然以灵与肉的二分为主，具有浪漫化的倾向。"向死而生"的生命叙事尽管详尽地勾勒了生命轨迹，强调了"死亡"之于生者和存在的意义，建构了关于存在主体性的理解，却始终回避了死亡过程中的感官体验，回避了死亡作为逝者物质性存在的终结的现实。对于"死亡"更全面、更切实的理解，需要更聚焦现实和个体具身体验的生命叙事。在影视作品的艺术超越和现实基础之间如何做出平衡的选择，仍有待研究层面更进一步的思考与探索。

参考文献

[1] 徐祖祥、段铸晟：《铸牢中华民族共同体意识视域下富宁蓝靛瑶丧葬仪式及村落共同体维系》，《民族学刊》2021年第12期，第81—88+132页。

[2] Melissa D. Irwin, "Mourning 2.0—Continuing Bonds Between the Living and the Dead on Facebook," *Omega*, Vol. 72, No. 2, 2015, pp. 119-150.

[3] 严玲艳、陈骁尧：《"逝去的歌"：B站纪念账号的数字哀悼和媒介记忆建构》，《新闻与写作》2023年第11期，第67—80页。

[4] 周裕琼、张梦园：《数字公墓作为一种情动媒介》，《新闻与传播研究》2022年第12期，第32—52+127页。

[5] Michael Hviid Jacobsen, "'Spectacular Death'—Proposing a New Fifth Phase to Philippe Ariès's Admirable History of Death," *Humanities*, Vol. 5, No. 2, 2016.

[6] 周葆华、钟媛：《"春天的花开秋天的风"：社交媒体、集体悼念与延展性情感空间——以李文亮微博评论（2020—2021）为例的计算传播分析》，《国际新闻界》2021年第3期，第79—106页。

[7] 周裕琼、张梦园：《未知死，焉知生：过程性视角下的死亡与传播》，《现代传播（中国传媒大学学报）》2023年第2期，第1—10页。

[8] 北京大学科学技术与医学史系：《韩启德：生死两相安，我们可以做些什么？》，2021年4月22日，https://hstm.pku.edu.cn/info/1011/1670.htm，2024年1月20日访问。

[9] 王嘉乐：《在网上死亡还是永生？——生死传播之间的数字遗产论争》，《青年记者》2023年第22期，第112—114页。

[10] 张卓、李晨：《意义、情感与认同：疫情纪录片的生命叙事研究》，《云南社会科学》2022年第1期，第180—186页。

[11] Christin Köber and Habermas Tilmann, "Parents' Traces in Life: When and How Parents Are Presented in Spontaneous Life Narratives," *Journal of Personality*, Vol. 86, No. 4, 2018.

[12] Denise S. Chung-Zou et al., "Socialization, Adversity, and Growth in the Life Narratives of Persons with Serious Mental Illness: An Exploratory Qualitative Study," *Psychosis*, May 9, 2023, pp. 1-11.

[13] Donna E. Youngs et al., "The Offender's Narrative: Unresolved Dissonance in Life as a Film (LAAF) Responses," *Legal and Criminological Psychology*, Vol. 21, No. 2, 2016, pp. 251-265.

[14] 林筱茹、李堃、仁增卓玛：《情感、行动与责任：公益传播中的生命叙事》，《台州学院学报》2021年第2期，第23—27页。

[15] 张楠、姜飞：《能力的"绵延"：朝向生命哲学的跨文化传播能力研究》，《南京社会科学》2019年第9期，第103—111页。

[16] 丁亚平、陈丽君：《论新主流电影的生命叙事及其历史建构》，《当代电影》2023年第2期，第125—134页。

[17] 王小静、吴蕾：《〈困在时间里的父亲〉中的感官叙事与疾病隐喻》，《电

影评介》2021年第19期，第52—55页。

［18］刘琴：《生死叠合：离场记忆的情感仿真、拟化同在与数字永生》，《现代传播（中国传媒大学学报）》2022年第9期，第33—42页。

［19］陈亦水：《数字媒体影像时代的未来书写——中美科幻电影的赛博空间与赛博格身体的文化想象》，《艺术评论》2017年第11期，第45—55页。

［20］宋美杰、曲美伊：《作为生存媒介的元宇宙：意识上传、身体再造与数字永生》，《东南学术》2023年第3期，第206—216页。

［21］徐威：《论死亡的叙事功能》，《当代作家评论》2021年第1期，第27—32页。

西方游戏理论中"游戏"观念的流变与未来

刘 欣*

摘 要 进入21世纪以来,游戏已经成为透视当代文化与发展的关键词之一,但其所指的模糊性与语义的复杂性,使讨论常常陷入维特根斯坦的"难题"。本文论述了游戏"概念"的语言障碍;以观念史为方法,在已经形成思想体系的游戏叙述中,考辩处于论述核心的游戏"观念";指出在西方游戏理论中,围绕"游戏"的观念经历了从原现象、纯粹理念,到具有普遍性的人类行为,再到游戏形式不断分化的过程,使曾经具有整体性意义的游戏逐渐进入玩(play)与游戏(game)、形式与内容、游戏与现实的二元结构之中。

关键词 游戏理论;游戏观念;游戏思想史;哲学;电子游戏

当我们谈论游戏时,我们究竟在谈论什么?一种具有普遍性的人类行为、某种具体的游戏形式、一种以军事、教育等应用为目的的对现实的模拟活动,还是技术缔造下的虚拟世界?

一 理解"游戏":概念的挑战与观念的可能

维特根斯坦在《哲学研究》(*Philosophical Investigations*)中曾对"游戏"(spiel)进行分析和论述,认为在可以被称为"游戏"的形式中没有可以用来建构明确概念的共同的属性,也没有一个概念提出需要具备的边界[1]37e。在谈论游戏时,"我们看到了一个复杂的相似性网络,相互重叠、交错其中:相似性在整体和局部都存在"[1]36。维特根斯坦认为,试图对游戏下一个哲学上的定义是不可能的,也是徒劳的,但游戏概念的模糊(am-

---

* 作者刘欣,系北京外国语大学国际新闻与传播学院讲师。

biguity）并不妨碍日常生活中主体间对游戏的谈论，他主张根据其具体应用的必要条件和充分条件来构建游戏的含义[1]37e。以色列学者菲利克斯·莱贝德（Felix Lebed）认为，维特根斯坦关于游戏的观点恰好说明了学术叙述"游戏"时遭遇的语言障碍问题[2]。当游戏作为学术研究对象，学者需要对游戏进行学术叙述时，游戏概念的模糊性和多面性这一问题才会变得突出。

近现代关于游戏的理论主要源于康德、席勒、维特根斯坦、伽达默尔、欧根·芬克等用德语写作的哲学家的著作。关于"游戏"语义的讨论与分歧也由此开始。德文中 spiel 一词包含了玩（play）与游戏（game）两个内涵，对二者不做区分。维特根斯坦在《哲学研究》中使用德语单词"spiel"来指代通常由英语单词 play、game 和 sport 表示的意义，这一差异在威立-布莱克威尔出版公司（Wiley-Blackwell）于 2009 年出版的德英对照版中十分明显。美国学者伊恩·亚历山大·摩尔安（Ian Alexander Moorean）和克里斯托弗·特纳（Christopher Turner）在翻译芬克的著作《作为世界象征的游戏》（Spiel als Weltsymbol）时也遇到了同样的问题[3]10。译者在翻译过程中的阐释可能帮助读者走进抑或远离原作的真实含义。事实上，许多语言并不区分玩（play）与游戏（game），而另一部分语言却强调这种区分。前者有法语的 jeu、荷兰语的 spel、拉丁语的 ludos 等，均与德语中的 spiel 一样；后者包括中文、英文等，更倾向认为玩（play）作为动词强调人的行为，而游戏（game）更多地作为名词使用，强调游戏的形式。

这种"语言障碍"并不只存在于某一种语言内部，当学者们试图跨越横亘在两种或两种以上的文化和语言共同体时，对于游戏的学术叙述变得更为复杂。这种复杂性不仅涉及本源语（source language）和译体语（target language）在游戏概念框架、分析性范畴上的差异[4]1，还关乎知识传播过程中，译者对原作关于"游戏"论述的遮蔽与显现，而这种主动选择又形塑着后续的讨论。与此同时，原本丰富的"游戏"被拆分成各种关于"游戏"的专题讨论，它们以跨学科的进路展开，产生了诸多丰富的成果，但也形成了诸多关于游戏的分歧。

需要追问的是，面临游戏概念的模糊性与其语义的复杂性，我们如何理解游戏？观念史的方法提供了一条可能的道路。以赛亚·伯林（Isaiah Berlin）将观念史（history of ideas）定义为："力求找出一种文明或文化在漫长的精神变迁中某些中心概念的产生和发展过程，再现在某个既定时代和文化中的人们对自身及其活动的看法。"[5]101 阿瑟·O. 洛夫乔伊（Arthur O. Lovejoy）将观念史作为一种独立的研究方法提出，认为观念史的研究并非进行体系化的阐述，而是将"观念"视作一个在实践中不断变化的连续过程，在思想体系的逻辑和内在一致性之外，就其中基础观念的动态变化进行分析[6]3。程乐松将观念史归结为用跨文本、跨时代的视角，对具体的基础观念进行研究，进而理解观念与不同时代的思想语境之间的互动，以及观念在这个过程中如何流变[7]24。故此，游戏观念则应被理解为在已经形成思想体系的游戏叙述中的基础观念或中心概念，它是某个既定时代和文化中人们对"游戏"的看法。

二 历史进程中显现的"游戏"观念及其流变

从古至今，人们从未放弃对游戏进行阐释。赫拉克利特将世界比作"宇宙顽童大游戏"，开启了西方哲学对游戏的探讨。无独有偶，庄子以"逍遥游"来描述人顺应"道"，自由地应对自然，"游"于天地之间的理想状态。西方游戏理论从以赫拉克利特为代表的宇宙游戏论、康德席勒的审美游戏论、赫伊津哈与凯卢瓦的游戏变迁理论，再到 21 世纪初开启的电子游戏研究（game study），这些理论及其关于游戏的观念在游戏思想史中占据着重要的地位，那么这些理论体现着怎样的游戏观念？在历史进程中这些观念又如何流变？

（一）作为原现象的游戏：宇宙游戏论

古希腊和古罗马时期所指涉的游戏多与仪式、舞蹈、竞技有关。这一时期对游戏的探讨与古代社会中人与自然、人与宇宙的观念融为一体，亦构成了"宇宙游戏"观念的发端。如莫尔特曼所指出的那样，"把世界比作剧场，比作天体的舞蹈和音乐，可以用游戏的象征加以概括。这种象征同人类文明自身一样古老"[8]420。赫拉克利特的"宇宙游戏"观念集中体现在其残篇 52 中："时间是一个玩骰子的儿童，儿童掌握着王权。"[9]23 尼采曾对此进行阐释，认为赫拉克利特透过游戏着的孩童看到了伟大的宇宙"顽童"的游戏，那是"生成和消逝，建设和破坏，对之不可做任何道德评价，它们永远同样无罪，在这个世界上仅仅属于艺术家和孩子的游戏"[10]79-80。尼采对此高度评价道："他（赫拉克利特）所看到的东西，关于生成中的规律和必然中的游戏的学说，从今以后必然将被永远地看到。"[10]85在赫拉克利特的宇宙游戏论中，"游戏"是一种歌德口中的原现象（Urphänomene）、一种存在的规律。这在一定意义上否定了对世界做出物理与形而上的二元区分[10]33，亦成为后来尼采、海德格尔等人反对从巴门尼德、柏拉图到康德、黑格尔等的理性哲学的力量之源。

然而，尼采、海德格尔等人对赫拉克利特的游戏思想的"打捞"，恰恰印证了该思想在很长一段历史中隐匿了起来。彼时更为显现的是柏拉图开启的关于游戏"快乐"的探讨。柏拉图以"快乐为判断的唯一标准"，将游戏的内涵框定为一种完全着眼于其伴随性的魅力而实施的无实用性，且无法达到真理的活动[11]418。他认为快乐是游戏的意义所在，无须严肃考虑其实用性和真理意义。柏拉图虽未在其理论中"严肃"对待游戏，但他将游戏活动与游戏主体进行二元区分，并阐释其关联，深刻影响了后来的哲学家们，开启审美游戏论的康德正是其中之一。

（二）作为理念的游戏：从审美活动到审美游戏

康德在晚年的《判断力批判》中提出了"审美活动"的概念，他意识到"美感"是人类有别于动物的先天规定[12]32。人在审美活动中才"可以对一种'根本上不表现什么的观念'感到肉体感觉上的快乐，在其中除了过剩精力的发泄之外，还有对人类智慧和判断力的欣赏"[12]293。在这个意义上，审美判断力协调知性与感性，从而为完整的人下定义。

康德论述的审美活动有三类：博彩（棋牌）、音乐和笑话。后两者属于"美的游戏"，是康德特别关注的。康德提出一套关于"笑"的理论。他认为，"笑是由于一种紧张的期待突然转变成虚无而来的激情"[12]292。"笑"体现了人作为精神和肉体的统一体这一本质结构。他把笑的游戏分为两种：天真状态引起的笑，掺合严肃与尊重；诙谐幽默引起的笑，康德评价不高，认为其不属于美的艺术，顶多是"快适的艺术"[12]294。他进一步指出，一切自由的活动都会导致愉快，但愉快与愉快之间是不同的。理性的评判所带来的智性的愉快与肉体的愉快不同，前者具有普遍的可传达性，而后者没有。理性评判所带来的智性的愉快包含"严肃性"[12]291。康德的这一区分目的在于将审美活动纳入人类社会历史的发展中，从目的论的视角论述，人只有在情不自禁的审美活动中才可能趋近自由与道德的现实。

需要特别强调的是"审美活动"中的"活动"一词，康德在德文原文中使用了"spiel"，它也有"玩""游戏"的重要含义。深受康德哲学影响的席勒在其后来的论述中隐匿了 spiel "活动"的意涵，而突出了"游戏"的意涵，并在此基础上提出"游戏冲动"（Spieltieb）的概念。

席勒认为人类发展的必然道路是从自然人变为理性人，而法国大革命的失败使席勒意识到在他所处的时代，人的自然状态尚未结束，理性状态未完全展开[13]5。他认为这时的人是分裂的，而古希腊的人是完整的人。在世界之中的人受到两种相反的冲动——感性冲动和形式冲动的作用[13]5。感性冲动来源于人的物质性存在，即一种有限生命的限制与规定性。形式冲动则来源于人的理性天性，即对自由的渴望和对永恒的追求。席勒认为要想使人成为"完整的人"就需要一个更本源的、与这两个冲动一起活动，同时又独立于这两个冲动之外的第三种冲动——游戏冲动。席勒认为，它能够中和这两种分裂的冲动，"在时间中扬弃时间，使演变与绝对存在，使变与不变合而为一"[13]73。换言之，游戏冲动是一种媒介或中间状态，在其中人将努力使变化与持恒、接受与创造相结合；自然的强制和精神的强制将相互抵消，感性与理性将相互调和[13]72。自此，席勒给出了他有名的论断："只有当人是完全意义上的人，他才游戏；只有当人游戏时，他也才完全是人。"[13]80康德和席勒的审美游戏论体现着理智主义下"游戏"抽象为一种纯形式，也便具有了柏拉图所言的"理念"意味。

（三）作为行为的游戏："玩"的历史与文化变迁

荷兰学者赫伊津哈其在《游戏的人》中对游戏（荷兰语 spel；英语 play）的研究已成为世界范围内关于游戏理论的重要参照。他将游戏视为具有普遍性的人类行为，关注其实践过程中产生的文化，并对人类"文化的游戏成分"进行历史性考察[14]2。虽然赫伊津哈比维特根斯坦更早面对游戏的模糊性这一难题，但他与维特根斯坦的看法一致：游戏是不可归类的，这排除了任何解释它的企图[15]284。他写道:"按唯名论的观点,我们可以否认一般概念站得住脚,我们认为,对每类人群来说,'游戏'概念的内涵不过是那个词(确切地说是那些词)所表达的内容。"虽然在《游戏的人》第一章中,赫伊津哈直接给出了游戏的"本质"定义:(1)游戏是自由的;(2)游戏不涉功利(disinterestedness);(3)游戏不是"平常"生活或"真实"生活,它区隔出一片完全自由支配的活动领域;(4)游戏创造秩序,也是秩序本身;(5)游戏中的紧张和冲突成分调动玩游戏的技能;(6)所有的游戏都有其规则,规则的意义在于维持游戏世界的魔圈(the magic circle)[14]4-13。但这一定义是从"游戏和竞赛""游戏和法律""游戏和战争""游戏和知识""游戏和诗歌"等章节对"作为经验的第一手材料的游戏"在历史、文学、语言的广泛考证中提炼而出。换言之,赫伊津哈用历史语义学的方法考察了"游戏"一词极为复杂的词义变迁和在人类文明中的演进史,以此规避游戏概念"语族相似性"的难题。他得出一个重要的结论:在某些文化中,抽象出游戏的一般概念是后来发生的,这一过程缓慢且次要,而游戏功能本身是基本和首要的[14]33。

  曾坚定采取反"本质论"立场的赫伊津哈,却对游戏概念进行"本质主义"论述。"像一位墨守成规的现实主义者或亚里士多德主义者一样,赫伊津哈从一个旨在抓住游戏概念本质的定义出发,去仔细研究各种语言中用于表达这一本质的词。"[15]284这一哲学态度的转变与赫伊津哈对游戏做了何种定义同样重要。《游戏的人》与赫伊津哈更早的一本著作《明天即将来临》(In the Shadow of Tomorrow)均关注西方文化之未来的焦虑,将正在吞噬世界的民族社会主义思想和法西斯主义思想看作时代的文化的病症[15]287,并通过对古文化、18世纪和当代文化的广泛考证阐明这一病症的根源。他将"游戏"视为一种自然状态,放置在哲学、宗教、艺术等西方文明的一般性问题的思考中,强调先于文化的"游戏成分"如何推动人类文明进程。而18世纪以来,工业革命的浪潮"腐蚀"了社会,"工作和生产成了整个时代的理想,进而又成为偶像"[14]214,文化停止了游戏,取而代之的是社会意识、教育追求和科学判断成为文明的主导[14]214-215。他追寻的是已经失去了很多游戏成分的当代文明如何摆脱"病症"。正如他在书中写道:"人类头脑只有转向最基本的问题时,才能摆脱游戏的魔圈。"[14]245在某种程度上,

· 251 ·

赫伊津哈将游戏视为人类行为的目的是尝试恢复当代文明中的游戏成分。赫伊津哈十分强调游戏的规则性和区隔性，他关注规则背后隐含的价值推论，而对规则的破坏、区隔消逝揭示出"游戏世界"的脆弱性和相关性。这一观点应和着赫伊津哈对所处文明的焦虑这一时代母题的回应，他在书的最后一章阐明："从某种意义上说，文明这一游戏将永远根据某些规则来玩耍，而真正的文明永远要求公平游戏。公平游戏只不过是用游戏术语所表达的忠诚信仰。"[14]244

20年后，法国学者罗杰·凯卢瓦（Roger Caillois）在其关于游戏的理论著作《游戏与人》（*Man, Play and Games*）中，赞扬了赫伊津哈富有原创性和生命力的游戏人类学理论，但认为赫伊津哈的研究不是游戏研究（a study of games），而是关注某些特定游戏的文化精神研究[16]4。他批评赫伊津哈的游戏概念过于宽泛，未能明确界定游戏领域，也没有对玩（play）和游戏（game）进行区分，这也造成赫伊津哈理论对二者差异及其类型的忽视。需指出的是，虽然在凯卢瓦的母语法语中，表示游戏的 jeu 与德语中的 spiel、荷兰语中的 spel 一样，并不区分玩（play）和游戏（game），是由一个单词囊括。但在20世纪的英文著作中，已有不少对玩（play）、游戏（game）、竞赛（sports）的深入探讨和区分的尝试，凯卢瓦吸取了这些讨论，并在其论述中对玩（play）与游戏（game）做了区分。他进一步将游戏行为的类型划分为四类：竞争（agon）、机会（alea）、模仿（mimicry）、眩晕（ilinx）[16]12，并将这四类游戏按照其规则性、约束性和技巧性，划出了游戏类型光谱的两端：一端是人类自发的无规则、无约束的玩，他称之为 paidia；另一端是有秩序和规则的、有约束的游戏，他称之为 ludus[16]13。凯卢瓦的游戏类型学实际上展现了一个二维网络，其中一个轴是 paidia 和 ludus 之间的辩证连续体；另一个轴则由竞争、机会、模仿和眩晕组成。

凯卢瓦热衷分类是力图构建一种游戏的历史社会学。他认为，在古代社会中，统治者以"神"的面目取得合法性，眩晕与模仿是其核心面貌。而在伴随着理性化进程的现代性社会，曾经带来眩晕与模仿的"神"的游戏逐渐祛魅，"人们开始明白，死亡是不可逆的，没有任何魔法可以战胜它"[16]104，社会逐渐体现竞争与机会的特征。他认为现代性要求"社会生活千篇一律"[16]87，并努力系统地消除宗教仪式和游戏中经常出现的无序状态。

· 252 ·

在他看来，历史上存在一个从以眩晕和模仿为基础的社会，向以竞争与机会为基础的社会转变的过程，后现代性则标志着一种对前现代模仿与眩晕情结的回归[17]。

赫伊津哈与凯卢瓦均将游戏视为人类的行为，前者从历史中进行考察，将这种带有人道主义色彩的游戏理论视为抵抗法西斯主义甚至治疗时代文明病痛的良药；而后者更加关注游戏行为的形式或类型与社会变迁，特别是人类心灵与宗教、神圣性之间的关联。在某种意义上，二者均将游戏从一种无历史亦无社会的纯粹理念带离，放入历史、文化与社会变迁中予以讨论。但这两种理论也继续成为后来者的"靶子"，其中具有代表性的声音来自德国媒介理论家皮亚斯（Claus Pias）。他以电子游戏为研究对象，认为从席勒到赫伊津哈似乎都是变相的社会理论，批判他们对游戏的实质和技巧视而不见，认为这些游戏理论是对媒介的结构性忽视[18]5。皮亚斯的观点代表了21世纪初致力于将电子游戏研究建立为一个独立学术领域的学者们的心声。

（四）作为形式的游戏：电子游戏的媒介与文本

在电子游戏被正式确立为一个学术研究对象，相应的学术共同体建立之前，一些相关研究和学术组织已经在这个问题域附近徘徊。例如，休闲研究、体育哲学、新媒体研究、棋盘游戏研究等，这些研究一方面延续着赫伊津哈和凯卢瓦的游戏理论，另一方面也不断地将新的社会现实与经验代入其中。彼时，电子游戏是美国学者弗朗斯·迈拉（Frans Mäyrä）口中"一场静悄悄的革命"[19]。亨利·洛伍德（Henry Lowood）强调电子游戏在技术上的断裂性、文化意义上的症候性和影响性，他进一步援引库恩的范式革命，认为需要建立一门新的学科来"认真对待这些流行领域（电子游戏），否则就会失去知识和社会意义"[20]。

正如安德鲁·阿博特（Andrew Abbott）指出的，电子游戏研究最初的很多内容来自一种历史紧迫感——定义和捍卫一个与许多其他领域不同的领域[21]。所以从某种程度上可以说，早期关于电子游戏的研究聚焦两个"边界"问题[22]。一是电子游戏与其他媒介及其文化产品的边界。电子游戏研究最初的划分和存在诉求是基于数字游戏（digital game）或电脑游戏

(computer game) 的基本独特性[23]。阿尔萨斯在 2001 年创办的电子游戏研究期刊《游戏研究》中，明确以"电子游戏"为研究对象。2003 年成立的电子游戏研究协会（DiGRA）和 2006 年创刊的《游戏与文化》与阿尔萨斯的观点呼应，确立了电子游戏与传统游戏和其他文化产品的"断裂"[24]，框定了此后的游戏研究沿着电子、数字与互联网的学术脉络展开。二是电子游戏研究与其他研究的边界。电子游戏研究最初被设想为一个跨学科领域，来自美学、历史学、社会学、叙事学、传播学、心理学、教育学等学科的学者，从各自学科的本体论、方法论出发，试图建立一个游戏研究的一般性框架，以推进电子游戏研究的学术合法化、规范化、制度化进程。这使得电子游戏研究在诞生之初就根植于将电子游戏与其他媒介及其文化产品，如小说、电影等区分开的努力[23]，这也带来了长达数年的游戏学（Ludology）与叙事学（Narratology）之争[25]。

游戏学以"媒介"为思考核心，聚焦游戏本体论（game ontology）的建构。从某种程度上也可以说游戏学理论家将讨论"电子游戏"概念这一难题进行了转化，正如阿尔萨斯总结的那样，"（电子）游戏本体论假定游戏存在，且都不依赖游戏概念的正式定义"[26]。但实际上，这种游戏本体论并非哲学传统中的本体论，他们受凯卢瓦启发，将游戏本体论理解为一种结构模型（a structural model）[26]，试图从对许多具体游戏作品的分析中抽象出概念层次结构，进而来理解、描述、分析和研究不同游戏元素之间的关系。这一研究脉络强调电子游戏的媒介独特性，从媒介、程序、代码、系统等形式维度关注电子游戏的互动性和基于规则的本质，提出界面、规则、互动、机制、形式系统等核心概念。克里斯·克劳福德（Chris Crawford）在《计算机游戏设计艺术》中提出"电子游戏是一个主观地代表现实子集的封闭形式系统"，并确定了电子游戏中的四个常见元素——表示、互动、冲突和安全性[27]。简·克拉伯斯（Jan Klabbers）和何塞·扎加尔（Jose Zagal）分别采用了一种自上而下的本体论（top-down ontology）。克拉伯斯认为电子游戏由行动者、规则和资源三部分组成，而扎加尔建立了一个开放的、持续进行中的电子游戏本体论研究项目[28]，将电子游戏分为界面、规则、实体操作和目标四个根类别，并在每个根类别下不断加入新的子类别。阿尔萨斯认为，电子游戏的本质结构是一种通过主动输入或实时生成的过程产生的符号序列，他将其命名为"赛博文本"（cybernetic texts），在此基础上提出游戏性（gameplay）、符号（semiotics）和机制（mechanics）是任何虚拟环境（virtual environment）游戏的关键要素[26]。这种探寻电子游戏结构模型的研究倾向面临的主要问题首先是选择模型的描述级别。如批评者指出的，一个小细节可能导致某款游戏与同类型游戏完全不同，描述和限定游戏模型的级别直接影响游戏的分类，从而影响对游戏更深层次的理解和探讨[26]。其次，自上而下且持续增加子类别的本体论缺乏一个天然的节点，难以形成相对稳定的概括和观察。这也使得电子游戏类型学（typology）研究在近年来陷入一种"枚举"的困境。

叙事学学者将电子游戏视作叙事文本，关注再现、视觉美学、文本等内容维度，将人物、事件、情境、时间、空间等经典叙事学概念应用于电子游戏这一新媒体研究中[28]。亨利·詹金斯（Henry Jenkins）等学者将电子游戏视为能够生产叙事的装置，提出电子游戏"空间叙事结构"的四种模式：唤起性（Evocative）、实施性（Enacted）、嵌入性（Embedded）、新兴性（Emergent）[29]。詹金斯认为，游戏设计师不仅是讲故事的人，他们的设计生成不同种类的叙事体验。珍妮特·H.默里（Janet H. Murray）从数字媒体和交互叙事视角出发，确立了数字环境的四个基本属性：程序性、参与性、空间性和百科全书性，并认为这些属性在互动电影、超文本小说和电子游戏中都是共通的。将电子游戏视为"文本"带来了两种研究的倾向。第一，这种讨论势必会和小说、电影等研究一样，走入对类型（genre）的研究中[30]，过度关注和依赖经典游戏作品作为文本的文化意义。正如弗罗姆·乔纳森（Frome Jonathan）和马丁·保罗（Martin Paul）批评的那样，"不熟悉《魔兽世界》的读者将无法完全理解该领域内两本重要期刊中超过1/4的文章"[31]。与此同时，以某个或某些类型的电子游戏为案例进行研究，容易走入充满异质化的"零碎理论"（piecemeal theories），"但实际上《俄罗斯方块》和《魔兽世界》之间的共同之处可能比它们之间的差异少得多，也不那么重要"[32]。如多米尼克·阿瑟诺（Dominic Arsenault）指出的，必须在电子游戏的庞大世界与这个游戏的小蚂蚁之间取得某种平衡[33]，否则将会忽略甚至限制电子游戏实践中的认识论和广泛经验[22]。第二，从电子游戏"文本"脉络发展出的电子游戏批评脉络，将电子游戏的文本视为对现实的折射，运用批判理论理解与剖析电子游戏文本背后宏大的社会政治、经济与文化之整体构图[34]。这在更深层次对"电子游戏"与"现实"进行了二元区分，围绕二者展开的讨论也被纳入传统的"艺术"与"现实"的二元论结构中[35]29。在东浩纪与大冢英志的争论中①，我们亦看到了更古老的回响：柏拉图及其追随者们将艺术看作对现实的模仿或低劣的复制，亚里士多德及其追随者们将艺术看作对现实的揭示或超越。但正如雷蒙德·威廉斯指出的那样，不论这两种观点的争辩倒向哪一方，两种观点的共同前提是假定了艺术与现实本质上的二元存在，即人与其所观察的世界之间是分离的[35]29。

三 结语："游戏"观念的分化与复归

在西方游戏理论中，围绕"游戏"的观念经历了一个不断分化的进程，使曾经作为一个整体性元概念的游戏，逐渐进入玩与游戏、形式与内容、游戏与现实的二分之中。游戏从最初原始社会中与人类生存发展规律息息相关的原现象，在笛卡尔身心二元论的影响下，逐步成为康德与席勒论述中的一种"理念"，与人类道德和自由的实现相关联，强调游戏中人类理性与感性的作用。赫伊津哈与凯卢瓦从所处时代的问题意识出发，将游戏的观念带离了无历史亦无社会的纯粹理念，把游戏看作具有普遍性的人类行为，放入历史、文化与社会变迁中予以讨论；而这种讨论延续了康德与席勒游戏理论中的二元论倾向，特别是凯卢瓦将先前游戏观念中人类作为主体的"玩"的行为与"游戏"作为客体的形式相分离，自此游戏的形式在游戏观念的变迁中逐渐显现，并且在某种程度上比如何玩更受关注。当计算机与电子成像技术使电子游戏成为可能，并逐渐在世界范围内成为人类主导性的游戏方式，对电子游戏的理论探讨开始集中在电子游戏的媒介结构、内容文本、游戏世界与现实世界之间的关系等方面。这些探讨在本质上是将电子游戏作为一种游戏形式，这种形式曾在康德、席勒、赫伊津哈等游戏理论中占有重要地位，代表着自由、快乐、审美的"玩"，逐渐变得

---

① 大冢英志主张现实感与游戏世界是截然分开的，而东浩纪认为现实感与游戏世界的界限已经模糊。

"透明"。取而代之的是人作为主体、游戏作为客体的"互动"。"玩"这种普遍的人类行为在电子游戏的研究中逐渐寓于电子游戏的形式、技术物质基础和类型之内。

当技术日益解蔽电子游戏的可能性,电子游戏越来越显现为一个超越游戏者意识的整体性存在,诸多困于二元论的游戏阐释已无法适应电子游戏实践的发展,赫拉克利特超越二元论的整体性、生成性的游戏观正在复归。近年来,西方游戏研究中的关系论主张逐渐被"打捞"而出,伊恩·博格斯特(Ian Bogost)提出游戏是一团混乱[36],T.L.泰勒(T.L.Taylor)主张游戏是一种"组装"[37]。支持者们从赫拉克利特、尼采、伽达默尔、格拉汉姆·哈曼和布鲁诺·拉图尔等人的理论中获得灵感,强调"事物被允许平等存在,无论其大小、规模或秩序如何"[36],这暗示着一个横跨多元主体的行动者、人类和非人类、概念和材料的关系循环。这种主张穿透了诸多的二元对立结构,使我们不仅能够看到玩家和电子游戏的程序及硬件技术之间的复杂关系,更重要的是电子游戏程序及技术的集体使用和群体实践、生产之间的复杂关系。我们不仅仅是在玩,我们也在被玩[38];我们不仅仅是在配置,我们也在被配置[39]。这种"游戏"观念的复归倾向,亦为思考新技术条件下的人类游戏包括电子游戏敞开了新的可能性与理论契机。

参考文献

[1] Ludwig Wittgenstein, *Philosophical Investigations*, Chichester: Blackwell Publishing Ltd., 2009.

[2] Felix Lebed, "Play and Spiel Are not the Same: Anti-Wittgensteinian Arguments and Consideration of Game as a Kind of Human Play," *Games and Culture*, Vol.16, No.6, 2021.

[3] Eugen Fink, *Play as Symbol of the World*, trans. Ian Alexander Moore and Christopher Turner, Bloomington and Indianapolis, Indiana University Press, 2016.

[4] 刘禾:《跨语际实践:文学,民族文化与被译介的现代性(中国:1900—1937)》,宋伟杰等译,生活·读书·新知三联书店2014年版。

[5]〔英〕以赛亚·伯林:《反潮流:观念史论文集》,冯克利译,译林出版社

2011年版。

[6] 〔美〕阿瑟·O.洛夫乔伊：《存在巨链：对一个观念的历史的研究》，张传有、高秉江译，商务印书馆2015年版。

[7] 程乐松：《身体、不死与神秘主义：道教信仰的观念史视角》，北京大学出版社2017年版。

[8] 〔德〕莫尔特曼：《创造中的上帝》，傀仁莲等译，生活·读书·新知三联书店2002年版。

[9] 北京大学哲学系外国哲学史教研室主编：《古希腊罗马哲学》，生活·读书·新知三联书店1957年版。

[10] 〔德〕尼采：《希腊悲剧时代的哲学》，周国平译，译林出版社2014年版。

[11] 〔古希腊〕柏拉图：《柏拉图全集（第三卷）》，王晓朝译，人民出版社2003年版。

[12] 邓晓芒：《康德〈判断力批判〉释义》，生活·读书·新知三联书店2008年版。

[13] 〔德〕弗里德里希·席勒：《审美教育书简》，冯至、范大灿译，北京大学出版社1985年版。

[14] 〔荷〕约翰·赫伊津哈：《游戏的人：文化的游戏要素研究》，傅存良译，北京大学出版社2014年版。

[15] 〔英〕贡布里希：《游戏的高度严肃性：约翰·赫伊津哈〈游戏的人〉随感》，引自约翰·赫伊津哈《游戏的人》附录，多人译，中国美术学院出版社1996年版。

[16] Roger Caillois, *Man, Play and Games*, Illinois: University of Illinois Press, 2001.

[17] Alexander T. Riley, "The Theory of Play / Games and Sacrality in Popular Culture: The Relevance of Roger Caillois for Contemporary Neo-Durkheimian Cultural Theory," *Durkheimian Studies / Études Durkheimiennes New Series*, Vol. 11, 2005, pp. 103-114.

[18] 〔德〕克劳斯·皮亚斯：《电子游戏世界》，熊硕译，复旦大学出版社2021年版。

[19] Frans Mäyrä, "The Quiet Revolution: Three Theses for the Future of Game Studies," DIGRA, 2015, http://www.digra.org/hardcore/hc4.

[20] Henry Lowood, "Game Studies Now, History of Science Then," *Games and Culture*, Vol. 1, No. 1, 2006.

[21] Andrew Abbott, *Chaos of Disciplines*, Chicago: University of Chicago Press, 2001.

[22] Sebastian Deterding, "The Pyrrhic Victory of Game Studies: Assessing the Past, Present, and Future of Interdisciplinary Game Research," *Games and Culture*, Vol. 12, No. 6, 2017.

[23] Alex Gekker, "Against Game Studies," *Media and Communication*, Vol. 9, No. 1, 2021.

[24] Michael Stevenson, "Rethinking the Participatory Web: A History of Hot Wired's New Publishing Paradigm, 1994-1997," *New Media & Society*, Vol. 18, No. 7, 2016.

[25] Gonzalo Frasca, "Ludology Meets Narratology: Similitudes and Differences Between (video) Games and Narrative," *Parnasso*, Vol. 149, No. 3, 1999.

[26] Espen Aarseth, "Ontology," in Mark J. P. Wolf and Bernard Perron, eds., *The Routledge Companion to Video Game Studies*, New York: Routledge, 2014.

[27] Chris Crawford, *The Art of Computer Game Design*, New York, NY: McGraw-Hill Osborne Media, 1984.

[28] Markku Eskelinen, "Towards Computer Game Studies," *Digital Creativity*, Vol. 12, No. 3, 2001.

[29] Henry Jenkins and Mary Fuller, "Nintendo and New World Travel Writing: A Dialogue," in S. G. Jones, ed., *Cybersociety: Computer-mediated Communication and Community*. Thousand Oaks: SAGE Publications, 1995.

[30] Alastair Fowler, *Kinds of Literature: An Introduction to the Theory of Genres and Modes*, Cambridge, MA: Harvard University Press, 1982.

[31] Frome Jonathan and Martin Paul, "Describing the Game Studies Canon: A Game Citation Analysis," 2019-08-07, Paper presented at the Digital Games Research Association (DiGRA) Conference 2019: Game, Play and the Emerging Ludo-Mix, Kyoto, Japan. Retrieved from http://www.digra.org/digital-library/publications/describing-the-game-studies-canon-agame-citation-analysis.

[32] Diane Carr, David Buckingham, Andrew Burn, Gareth Schott, *Computer*

Games: Text, Narrative and Play, Cambridge, UK: Polity Press, 2006.

[33] Dominic Arsenault, "Video Game Genre, Evolution and Innovation," *Eludamos: Journal for Computer Game Culture*, Vol. 3, No. 2, 2009.

[34] 邓剑:《日本游戏批评思想地图——兼论游戏批评的向度》,《日本学刊》2020年第2期,第58—75页。

[35]〔英〕雷蒙德·威廉斯:《漫长的革命》,倪伟译,上海人民出版社2013年版。

[36] Ian Bogost, "Videogames are a Mess: My DiGRA 2009 Keynote, on Videogames and Ontology," Ian Bogost. Bogost. com. 3 Sep. 2009. Web. 29 Sep. 2015. Brunel University, West London, UK. Retrieved from www.bogost.com/writing/videogames_are_a_mess.shtml.

[37] T. L. Taylor, "The Assemblage of Play," *Games and Culture*, Vol. 4, No. 4, 2009.

[38] Madeleine Akrich, "User Representations: Practices, Methods and Sociology," in Rip, A., Misa, T. J. and Schot, J., eds., *Managing Technology in Society. The Approach of Constructive Technology Assessment*, London/New York: Pinter Publisher, 1995.

[39] Steve Woolgar, "Configuring the User: The Case of Usability Trials," in Law, J., ed., *A Sociology of Monsters. Essays on Power Technology and Domination*, London: Routledge, 1991.

自媒体叙事：一项嵌入日常生活的自我技术

付砾乐[*]

摘　要　自媒体的普及，令用户个体以其为介质的叙事渐成生活常态。本文认为，日常生活是此类叙事的主要内容，由此形成的叙事文本构成了互联网记忆网络，使得自我书写在跨媒介环境颇具游牧色彩，不仅体现出个体赋权与权力消解的轮替，也显示了由个体自发形成的叙事网络介入并推动着社会互动。个体的人是叙事所建构的对象，也是叙事行为的实施者，其以自媒体为自我技术的施展介质来开展叙事实践，并在网络时空中描画、反映和连接起复杂的虚拟与现实生活。

关键词　自媒体叙事；日常生活；自我技术；个体

自曼纽尔·卡斯特的"网络社会的崛起"观点提出以来，以互联网与现代数字技术为代表的信息技术渗透至现代生活的方方面面，重塑了现代社会的政治、文化和日常生活的形态。[1] 如今，"记录美好生活"这句话越来越多地出现在国内流行的社交媒体平台上，不仅充当了平台媒体聚合用户的营销概念之一，也促成"分享个人生活"这一行为前所未有的普遍化与景观化，在文字、图片、视频等媒介要素的拼接聚合下，掌握媒介工具的个体不断绘织着具身体验、真实生活和虚拟景观互构的生活版图。本文通过回溯自媒体中的个体叙事表现，归纳其作为文本被生产的技术逻辑，来探讨"自媒体叙事"如何以自我技术的方式深度嵌入个体的日常生活。

---

[*] 作者付砾乐，系北京大学新闻与传播学院博士研究生。

一　表达、分享与社交：自媒体中的自我书写

对"自媒体"的界定可追溯到2003年美国新闻学会媒体中心的研究报告，时值新闻业界处于媒介形态由机构媒体向网络自媒体转变、新闻业务流程从传统的议程设置向公民新闻拓展的转型期。该报告中将"We media"定义为一种媒介途径，即在与全球知识体系接轨并经由数字科技强化的基础上，普通大众理解和看待自身"如何提供与分享关于他们本身的事实与新闻的途径"[2]。我国学者对这一概念的界定也关注其传播主体与机构媒体在属性与身份上的区别，强调自媒体以"个体"为主体、依托独立的个人社交媒体账户与其他用户交流互动，并借助互联网超文本链接等技术特质"建立文本关联和社区人际关系"[3]，显示出自身个性化、草根性、自主性、分享与参与性等基本传播特征。在此基础上的"自媒体"已不再囿于既往对"媒体"特指"新闻媒体"的预设，其所传播的信息也不限于新闻内容，而是囊括了大量私人信息；其叙事主体类型也更加复杂，其中以"个人"为主体的叙事体数量与日俱增，体现出"更少的规范性束缚与更大的叙事自由度"[4]。这也说明，媒介技术的更替会影响甚至重构叙事的方式。

以个体为主体依托于社交媒体展开的叙事内容，即"自媒体叙事"，更着眼于个人的经验与经历。这使得自媒体叙事与传统主流媒体叙事的最大区别在于其偏好具体的生活体验与琐碎、细腻但高度瞬时性的情感表达，也因此显示出个体生命的多样性与"生命"本身的驳杂。

根据艾媒金榜于2023年2月发布的社交类应用程序月活排行榜统计数据，微信、QQ、新浪微博位列前三。[5] 而《2022主流社交媒体平台趋势洞察报告》显示，微信、抖音和微博位居社交媒体平台存量规模前三[6]，其中，微信关注移动场景的社交连接属性，微博主打社交广场和热点策源，而抖音则侧重于生产爆款短视频。这些流行的社交媒体平台或应用程序的功能或属性虽各有侧重，却不同程度地深入日常生活机理，建构起一幅有别于主流媒体的用户叙事图景，在应和着"认识你自己"与"照看你自己"两句古老的神谕之时，也在互联网环境中验证

着自我技术得以应用与修正的方式。表 1 为主流社交媒体平台及其宣传标语。

表 1　主流社交媒体平台宣传标语统计

社交媒体平台		宣传标语
微信自媒体	微信 App	微信，是一种生活方式
	微信公众号	再小的个体，也有自己的品牌
	微信视频号	记录真实生活
微博		随时随地发现新鲜事
抖音		记录美好生活
快手		拥抱每一种生活
小红书		标记我的生活
哔哩哔哩弹幕网		你感兴趣的视频都在 B 站
QQ 空间		分享生活，留住感动
美篇		来美篇，正当年

"分享是人的天性"[7]，这为社交媒体上个体叙事的风起云涌做出了历史注脚。以微博话题广场和超话社区为例，在社交广场这一虚拟空间中，微博用户通过添加关键词或主题词的方式可将自己的个人经历与带有共同生活经验或文化记忆的话题直接关联在一起，形成庞大的叙事池，并以实时更新的方式保持着热点话题的时效性与动态性，为用户讲出自己的故事、表达情绪、参与社会讨论提供了公共性与个体能动性有机互动与协调的场域。以微博"日记体"为代表的媒介实践也颇应和这一特征。如微博话题的"#孕期日记#"多为孕期女性对孕程中身材的变化、饮食与运动的具体实践以及产检结果的分享；"#运动日记#"则侧重于对运动选择和健身成果——身体状态的分享；"#美食日记#""#早餐日记#"等关注饮食、营养或餐饮品类的微博则关注食物的生产加工过程或食物口感测评等。"日记体"主题多元，但分享者多从自身经历出发完成叙事片段。其中，身体作为高频出现的媒介，成为微博用户用以明确自己在微博平台上的社会身份与生命历程的主要符号，尤其成为社交媒体信息视觉化转向中不可或缺的叙事中介。

二 作为技术逻辑必然产物的自媒体叙事

（一）用户自为：互联网"日记"与互联网记忆

与个人经历相关的生命故事也同样与个体身份和社会现实处境高度关联，并因此成为网民编织个体记忆的"生活文献"，如口述史、传记、自传、日记以及图片、影像等[8]。在互联网高速运作之下不断更新迭代的自媒体平台正迅速发展为将个体记忆转化为生活文献的展演空间。循着个体的记忆碎片，自媒体叙事文本不断生成、叠加、覆盖又再造，并在自媒体平台无穷尽地延展，形成了以话题或事件为导向的内容循环。无论是微博上的"XX日记"、短视频"Vlog"还是小红书"笔记"，这些叙事文本内容细碎零散、关注个人生活、强调社交媒体使用者的叙事主体性，在一定程度上消解了传统"日记体"的私密性，而以分享性与社交性来凸显"日记"本身的个性化色彩。值得注意的是，"日记"之所以能流行于社交媒体，恰是因为日记内容能聚合于共同的日记主题之下，并以细节性的内容和持续叠加的文本体量来充盈该日记主题，随着时间与经验的叠加，这些日记文本编织成了关于特定叙事母题的互联网记忆之网，也形成了以日记体为载体的自媒体叙事脉络。

"互联网是有记忆的。"这句网络流行语道出了互联网数据的使用特征——记录与保存。在《删除：大数据取舍之道》中，奥地利数据科学家舍恩·伯格通过回溯人类追寻记忆的过程，提出在记忆常态化的互联网环境中，应允许数据的"被遗忘权"。法国思想家米歇尔·塞托也提到，记忆及其资本的形成，本质上源自他者产生又失去的过程，可以说，当人所置身其中的环境发生变化使得人只剩下回忆时，记忆才会产生。所谓媒介记忆，既可意指"大众媒介通过其日常的信息采集与报道等活动主导形成的社会记忆，并成为现代社会中形塑与传播集体记忆的重要记忆机制；也可指媒介自身的记忆叙述"[8]。自媒体叙事文本呈现的个体记忆传达的不仅是个体如何认识既往经历，也是个体如何认知并理解自我，作为事件亲历者的个体因互联网使用而产生的记忆也呈现鲜明的自传特质，即个体经历的独特性与不可复制性导致了记忆的有选择性。因此，个体记忆构成了那些潜藏于日常生活表象之下的历史中"零碎的现实"[9]，当这些现实以叙事文本的形式涌现于社交媒体，也成为形塑媒介真实的填充物。

（二）平台施为：自媒体叙事中的社交权力

以福柯"微观权力"术语和权力"全景敞视"运作方法来解释现实社会之于人的社会控制与监视的讨论可谓汗牛充栋。此类分析中，权力如同毛细血管般的触角浸入了人的生活细节，这似乎为数字化环境之于人生活与行为的实在影响提供了一套解释方案。互联网技术逻辑是个体形成自媒体叙事文本的技术基础、平台的技术应用与规制是个体叙事文本的基本形态与模板。用户个人一旦选择以某一平台媒体为创作叙事文本的媒介，则必须遵从其叙事规范。

但社交媒体的普及也显示出传播权力主体在不同主体类型间迁移的状态，个体同样作为信息生产与分发的主导者获得了机构媒体叙事场域之外的表达空间，显示出"自媒体"作为个人叙事的媒介属性，而非控制。这与作为个体的网络用户获得"新媒介赋权"不无关系。有研究表明，赋权分为关系性概念和动机性概念[10]，前者表示"赋权"是需要协调动态社会资源、共享权力的过程；后者则表示个体为改变生活中所面临的生存困境而调整心态，从而获得并呈现了被赋能的结果，可见赋权能够实现需要个体协调自身的心理状态与行为表现，也有赖于个体对社会事件的积极参与。

用户依托自媒体平台和媒介符号所形成的特定叙事内容，既可被视为个体实施权力的结果，也可被看作个体权力作用的对象，同时，叙事的形式与内容共同生成的媒介信息，也是个体参与自我建构与社会化呈现的媒介。帕森斯认为，赋权对于个人而言是重新唤起边缘人群相信自己并重建自尊的过程，对人际层面则体现在勇于表达、敢于批判，对于社区而言则意味着个人能积极参与社区公共事务与政治决策[11]。这种功能主义趋向在互联网环境中也尤为明显，个体的赋权以对话的方式体现，通过能够提供对话场域与对话媒介的社交媒体平台，网民可实现跨时空的虚拟对话与社会议题讨论，这些声音既受平台媒体叙事规范的约束，却也在后者铺张开的权力"毛细血管"的缝隙之间穿梭流动，塑造了一道道网民自我娱乐与狂欢的媒介景观。

有研究表明，若网民个体积极参与互联网内容生产，乐于且善于展示并分享自己的生活、表达观点并参与网络社会互动，其心理赋权程度相对偏高[12]。但另一方面，叙事参与者，即社交媒体用户的叙事方式则具有明显的"游牧式"特质，这与社交媒体信息生产与传播的大体量、碎片化、快捷等特性有关，也显示了叙事参与者叙事过程中情绪的高流动性与转瞬即逝性。无论微博"日记体"中用户对特定话题的叙事，还是微信群组内用户针对某一问题分享经验或发表感悟，言词语句发出之后，叙事行为便成为完成时，叙事内容与所述之事的形态并无固定结构或路线可循，且短小而零散，呈现一种去中心化的游离色彩；叙事主体作为个体的社交媒体用户，也以一种无目的性或弱目的性的方式游走于不同话题或不同社群之间，形成了大量而分散的叙事片段，表现出以个体为主体的自媒体叙事随意、漫游且松散网络化的特点。可见，虽然个体在社交媒体上拥有以自我为出发点的叙事权力，但这种叙事方式散漫且非系统化，无法形成用户个人主页之外固定的叙事场域，使得社交媒体上的"日记体"难以形成清晰、确定且结构化的叙事文本，并增大了其他网络用户根据个人需求检索特定叙事对象的难度。

（三）环境使为：生活的媒介化

在主流社会学范式中，象征互动论尤其关注研究微观互动中的人体性质，作为首要阐述者的戈夫曼认为，社会自我是"部分通过社会身体被体现的"[13]17，并由此延伸出自我在场的概念。戈夫曼早期关注人面对面的身体呈现，在具身性的身体在场环境里，人际互动在语言符号与非语言符号变动之间交错，也给人际交往带来无可复制的叙事效果，但社交媒体上"日记体"中的自我呈现更像是一场陈列展。如牛津大学学者伯尼·霍根（Bernie Hogan）所言，自我呈现在互联网上已经从表演变成了关于自我的展览（exhibition）[14]，如聚合于同一话题标签之下的微博用户发送的内容实为以某主题为导向的日常生活片段集合，参与者以虚拟身份与头像展示关涉自己真实日常生活的只言片语，无论身体出现或隐匿，文字、图像、视频与表情等媒介符号已成为用户将个人生活细节和情绪结构化的无意识选择,由此,用户可在某个话题标签之下形成特定的自我表达以完成福柯所言的自我书写。

如为迎接甲辰龙年的到来,小红书推出了"大家的春节"活动,在挪用春节联欢晚会中"舞台"概念的基础上,设置了诸多春节舞台,如"春晚舞台:大家的春晚"与中央电视台的春晚联动,在除夕之夜邀请用户共同观看春晚直播;又如与明星直播连线的"真心话舞台"、与品牌合作送奶茶的"春节慢乐舞台"、鼓励用户送出新年祝福的"烟花舞台"等。这些系列活动不仅符合小红书的"笔记"叙事框架,还营造了平台特有的新年氛围,是媒介叙事与日常生活融合互构的表现。微信也推出了新年状态,设置新年状态的用户发送朋友圈字体显示为金色、点赞图标由平常的心形变为鞭炮形,由此向平台的常态化环境注入新年气息。

性能最好的媒介,即成本与效率比最好的媒介,相对于先前的媒体更容易后来者居上而占主导地位,其传播对象覆盖面更广、传播速度更快、信息传送成本最低且信息接收也最便利[15]348,从这个意义上看,具有上述特征的新媒介一般比传统媒介更有优势,也由此形塑着个体所生存的媒介环境。

对于自媒体叙事的文本而言,艺术性呈现并非其着眼点,对日常生活中特定事件的再现才是其主要形式。事件作为信息主体在社交平台上一经发出,就已经媒介化,这是自媒体叙事文本的本质属性。事件中所描述的生活片段也借由媒介分享的行为媒介化,显示出叙事文本、媒介环境和现实生活之间的紧密关系。

三 日常性:自媒体叙事的核心特征

(一)技术与日常生活深度互嵌

"关注自己"被视为古希腊城邦的制度性原则之一,也被看作个人行为与社会规范乃至生活艺术的重要准则。"在希腊与罗马的文本中,'认识你自己'的命令,总是与'照看你自己'的原则联系在一起。"[1]56这正应和了自媒体应用中自然而然嵌入的日常生命体验与叙事特征。

在西方传统的社会研究中,研究者多关注重大的社会活动或社会制度,以挖掘和提炼其背后的本质特征,而将日常生活置于"阴影"之下。但随着20世纪30年代现象学、符号互动论等哲学、心理学领域的研究范式与方法日益勃兴,对社会的研究开始关注人们的日常经验。舒茨认为,"'日常生活的世界'指一个主体间际的世界"[16]284,它远在我们出生之前就存在,并被他人当作一个给定的、组织化的世界来经验和解释,而我们对它的解释也都依托于前人的解释与自身经验,"这些经验以'现有的知识'的形式发挥参照图式的作用"[7]284,因而人们生活的世界,不仅是生活展开的背景或场所,更是人们进行社会行动与互动的客体。当然,西方思想家对日常生活的研究也褒贬不一,既有尼采、韦伯、马克思等人对日常生活"无聊""庸常""物化"的否定,也有阿多诺批判日常生活作为启蒙的工具理性极端化产物导致的人的异化;同样也有如列斐伏尔对日常生活的生动性与诗意化的肯定,其得意学生塞托认为日常生活的核心价值隐蔽又难以捉摸,人们关注日常生活不应以一种预设立场,而应进入日常生活之中,毕竟日常生活的"实践"是人作为主体在错综复杂中寻求如何平衡特定环境、机制与具体欲望之间关系的过程,"应该用一种理所当然的信心去召唤(evocation)主体内心尚未被当前图像或文字所'教化'的感知领域"[17]。

与日常生活分秒流逝的实在相比,"叙事"首先关注特别的人与事,其呈现的起承转合具有相对完整且闭合的时间与空间场域;同时,叙事又以记忆与经验为经纬,在反映复杂生活面向的叙事符号之下,寻求勾连创作者与阅读者之间共通的生活体验与情感。在此维度,自媒体叙事碎片化却高饱和的内容生产颇有跳脱传统叙事框架之意,意欲如日常生活之于人的琐碎印象那般,将"讲述"与生活本身融为一体。于是,讲述便成了生活中诸多细琐事情的合集,在个体互为讲述对象的过程中,编织起了共同主题之下的差异化叙事内容。但正如塞托所言,"日常交谈的修辞学是对'言语情境'和言语互动进行改变的实践"[18]42-43。在言语活动中,交谈者位置交错形成的个人演说之网创造了"交流"这一结果,但"这是对'共同场所'进行操作并通过必然事件使之'适于居住'这一艺术所具备的能力暂时的、集体的结果"[2]43,因而自媒体叙事所呈现的媒介产物,既可被视为日常生活的某种写照或镜像,同时又是日常生活的媒介实践,内容的高度个性化背后依赖不断迭代且普及化的技术应用逻辑，非个人所能为之。

（二）以个体为基础的叙事网络产生

统摄于话题标签之下的微博"日记体"虽然是用户个人生活日常的自我表达，却未能跳脱出微博文体表达形态。在微博既定的叙事规范下展开的叙事实践看似是独立的个人生活片段，却也镌刻着明显的社交印记。这在针对特定社会事件的话题微博中尤为显著。以 2022 年 12 月 24 日新浪微博发起的"#新冠康复日记#"内容征集微博为例，截至该微博发出之时，以该话题为主题的原创微博已超过 2 万条，累计阅读量超过 11 亿次、讨论量超过 30 万次。这一话题诞生的原因即诸多患者在康复的过程中以微博形式记录下了自己的康复历程，并分享自己的康复心得，为其他有共同经历的人提供早日康复的经验参照，也使网友因经历的相通性而更容易获得情感慰藉和精神支持。与此同时，网友自发形成的网络自组织也在微信等社交平台主动为患者提供医疗科普和心理疏导，如 2022 年发起上海救援行动的海上指南针志愿者团队联合民间公益互助团体轻舟志愿者团队，为不同地区的患者就患病症状答疑解惑。在微信群聊中，叙事的完成包含了提问者的病情描述和答疑者的针对性回答两部分，而提问者根据自身经验，又能为其他具有相同或相似疑问的群友解答疑问，并可能在康复后成为志愿者团队一员，从而发生叙事身份的转变。

"自我"与"他者"是主体性哲学中对照互补的一组学术概念，自德国古典哲学家费希特阐释"自我与非我"统一的问题后，胡塞尔发展了主体间性理论，认为个体是"在对我来说陌生的、交互主体经验的意义上来经验这个世界的"[19]878，萨特则反对将他人仅作为认识的对象，认为"我与主体-他人的基本关系应该能归结为我被他人看见的恒常可能性"[20]324。反观社交媒体平台，在较为清晰的符号互动基础与特定的叙事形式约束下，用户的叙事内容为形成暂时的文本网络提供了基础，而在这一虚拟的自组织网络中，用户也在能以他人的叙事内容、风格和媒介符号为参照，选择补充、更改或保持自己的叙事方式，并在与熟人或陌生人等其他用户的虚拟交往中不断校准自己在网络环境中的形象，在"自我"与"他者"的持续互动中丰盈着叙事内容，也拓展着叙事网络。

四 反思自媒体叙事：个体媒介化生存的自我技术

"个体能够通过自己的力量或他人的帮助进行一系列对他们自身及灵魂、思想、行为、存在方式的操控，以此达成自我的转变，以求获得某种幸福、纯洁、智慧、完美或不朽的状态。"[21]54 这是福柯所谓的"自我技术"（technologies of the self）。他认为自我是一个表达了身份意识的反身代词，这种身份意识使得对"自我"含义的追问转化为"我能寻找到自我的那个平台是什么？"[23]65 叙事作为人类存在的基本方式或者说思维方式，其价值与意义在于人本身。个体通过实施具体的媒介技术，"把人们听到的话转变为他自己的，把人们认为是真实的话或通过哲学传统传达给你的真话变成他自己的"[22]387，也将自我塑造成为符合社会标准或他人期待的道德主体。

在媒介变迁历程中，自媒体叙事作为一种自我技术的进化、赋权以及社会后果，最终使个体在与他者的持续互动中，"把自己的生活改变成一种具有审美价值和反映某些风格标准的作品"[23]112，即福柯所言的"生存美学"（aesthetics of existence），从而形成了改变自我的主体化过程。

信息与社交内容的网络化生产，在一定程度上能帮助网络用户积累在线社会资本，从而提升其参与社会的行动力；赋权之于网络用户个体的意义，也在于其是否以及如何进行网络内容生产，以作用于社会公共参与体系的形成。从这个角度来看用户的自媒体叙事则颇具建构主义色彩：叙事的形成是个人、群体与社交媒体平台有机互动、共同作用的结果，真实的世界和构成真实世界的个体与社交媒体信息之间的桥梁，即为叙事行为。正如福柯所言，"书写是自我技术的一种方式"[24]220，他认为，诸如日记、通信等书写方式的共同之处在于"自我关注、自我塑造"[24]220。社交媒体平台如同日记本一般，书写功能是其基础功能，个体也只有通过对书写功能的应用才能够触及"主体"是谁与"我"是谁这个现代性的核心关切。

而作为叙事的结果，自媒体叙事文本，无论其内容是人还是事件，经由"叙事"成为可被观看、参与和经验的对象，并在"叙事"这一自我技术的应用中不断生成。这与希腊先哲柏拉图所定义的有机整体化叙事存在差异。柏拉图曾表示:"每篇文章的结构应该像一个有生命的东西"[24]183,即一个叙事文体应具有其完整而独特的起承转合,各部分相互协调,这一文本因而呈现为一个有机整体。但自媒体叙事显然是断裂的,如德勒兹所言,我们在言说"现在"或"当刻"之时,这个时间状态便已过去,"过去"也已然登场。穿梭于文字、符号、图片与视频之间的叙事碎片既可以时序性相互关联,又被超链接与话题属性打破既定的线性秩序,形成时空错位的叙事网络,人的在场性让位于叙事的生成性,颠覆了叙事传统中事件与故事的封闭式结构,也超越了对常态化时空概念的固有认知。

这个过程也颇有建构主义风格:用户自身、日常生活经验与以此为依托形成自媒体叙事文本三者相互纠缠,不仅叙事的对象是媒介建构的产物,叙事者也依托其与叙事对象的关系存在,并深刻嵌入叙事对象之中。因此,虽然自媒体可容纳的历时性信息仅呈现了个体片段化的叙事文本,但若没有用户持续的叙事行为,不仅用户自身特质与社会身份难以被确立、强化和重复传播,自媒体平台也难以形成清晰的定位与风格。

自媒体所编织的社会风貌是用户共同叙事的结果,用户也因此形成关于自我的叙事。在这个意义上,个体同样成为叙事所建构的产物。在每个片段式的叙事内容背后,一个个具有独立人格与社会形象的"人"也呼之欲出,其以虚拟形象参与关于真实社会生活的线上讨论,表达了作为叙事者的自己对社会问题的关心和对自我的关切,个人实在的主体形象在叙事方式、对象和内容的铺陈之间被描绘出来,也显示了叙事诞生于日常生活更扎根于人自己的纯粹生命力。

参考文献

[1] 戴宇辰:《媒介化研究:一种新的传播研究范式》,《安徽大学学报(哲学社会科学版)》2018年第2期,第147—156页。

[2] 邓新民:《自媒体:新媒体发展的最新阶段及其特点》,《探索》2006年第2期,第134—138页。

[3] 代玉梅:《自媒体的传播学解读》,《新闻与传播研究》2011年第5期,第4—11+109页。

[4] 张志安、陈子亮：《自媒体的叙事特征、社会功能及公共价值》，《新闻与写作》2018年第9期，第72—77页。

[5] 《2022年度中国通讯社交类APP月活排行榜TOP10，谁是社交"巨头"？》2023年2月9日，https：//www.163.com/dy/article/HT5BJM810511A1Q1.html，2024年1月12日访问。

[6] 《从流量规模、用户分布、内容生态看2022年主流社交媒体平台趋势》，2022年5月25日，https：//lmtw.com/mzw/content/detail/id/214701，2024年1月12日访问。

[7] 〔英〕汤姆·斯丹迪奇：《社交媒体简史：从莎草纸到互联网》，林华译，中信出版社2019年版。

[8] 吴世文、杨国斌：《"我是网民"：网络自传、生命故事与互联网历史》，《国际新闻界》2019年第9期，第35—59页。

[9] Jérôme Bourdon, "Detextualizing: How to Write a History of Audiences," *European Journal of Communication*, Vol. 30, No. 1, 2015, pp. 7-21.

[10] Jay A. Conger, Rabindra N. Kanungo, "The Empowerment Process: Integrating Theory and Practice," *The Academy of Management Review*, Vol. 13, No. 3, 1988, pp. 471-482.

[11] Ruth J. Parsons, "Empowerment: Purpose and Practice Principle in Social Work," *Social Work with Groups*, Vol. 14, No. 2, 1991, pp. 7-21.

[12] Barak Azy, Sadovsky Yael, "Internet Use and Personal Empowerment of Hearing-impaired Adolescents," *Computers in Human Behavior*, Vol. 24, No. 5, 2008, pp. 1802-1815.

[13] 汪民安、陈永国编：《后身体、文化、权力和生命政治学》，吉林人民出版社2003年版。

[14] Bernie Hogan. "The Presentation of Self in the Age of Social Media: Distinguishing Performances and Exhibitions Online," *Bulletin of Science, Technology & Society*, Vol. 30, No. 6, 2010, pp. 377-386.

[15] 〔法〕雷吉斯·德布雷：《普通媒介学教程》，陈卫星、王杨译，清华大学出版社2014年版。

[16] 〔法〕阿尔弗雷德·舒茨：《社会实在问题》，霍桂桓译，华夏出版社2001年版。

[17] 吴飞：《"空间实践"与诗意的抵抗——解读米歇尔·德塞图的日常生活实践理论》，《社会学研究》2009年第2期，第177—199+245—246页。

[18] 〔法〕米歇尔·德·塞托：《日常生活实践：1. 实践的艺术》，方琳琳、黄春柳译，南京大学出版社2009年版。

[19] 倪梁康选编：《胡塞尔选集（下）》，上海三联书店1997年版。

[20] 〔法〕让·保罗·萨特：《存在与虚无》，陈宣良等译，生活·读书·新知三联书店2007年版。

[21] 〔法〕米歇尔·福柯：《自我技术：福柯文选Ⅲ》，汪民安编，北京大学出版社2016年版。

[22] 〔法〕米歇尔·福柯：《主体解释学：法兰西学院课程系列，1981—1982》，佘碧平译，上海人民出版社2018年版。

[23] 〔法〕米歇尔·福柯：《性经验史（增订版）》，佘碧平译，上海人民出版社2005年版。

[24] 〔古希腊〕柏拉图：《柏拉图全集》，王晓朝译，人民出版社2002年版。

·北大-燕大：百年历史与未来·

编者按：本栏目为纪念燕京大学新闻系成立一百周年特设，共由三篇文章组成，包含学术论文与非虚构特稿，旨在通过严谨的学术考察与流动的文辞脉络来钩陈历史、照见现实、面向未来。

燕东园左邻右舍

——记林启武、洪谦、高名凯、邢其毅四位先生

徐　泓[*]

2024 年初，北京大学徐泓教授的力作《燕东园左邻右舍》出版。作为燕京大学在 20 世纪 20 年代专门为教授们所建的住宅区，燕东园的 22 栋小楼承载太多燕京大学和北京大学教授及家人的历史往事、情感与记忆。燕东园的老住户、年逾古稀的徐泓教授，将这些小楼里的住户与往事娓娓道来，以特稿笔法和详尽史料，叙述了发生在燕东园的往事变迁、学人成就、学术传承、家庭生活等方方面面，绘就了一幅学术文化传承的生动画卷。以下片段为书中摘录。

桥东 21 号：林启武、朱宣慈夫妇

这栋楼里住着林启武、朱宣慈夫妇。他们都是老燕京，1934 年毕业于燕京大学社会学系，同班同学结为夫妻，1935 年司徒雷登先生在临湖轩为

---

[*] 作者徐泓，系北京大学新闻与传播学院教授。

他们当的证婚人。林家有二女林朱、林盈，一子林林，都比我的年龄大，最小的女儿林盈出生在1943年。

我母亲最爱讲林盈来探望我的故事："我们刚搬来不久，一天有人轻轻敲门，开门一看是林伯伯家的林盈。她说：'我要找你们家的泓泓玩。'我告诉她：'泓泓还小，等她长大了，才能和你玩。'她点点头，离开了。过了好一阵子，我们出门，只见林盈一个人坐在台阶上，赶忙问：'你干什么呢？'她说：'我等泓泓长大啊！'"

图1　林家在21号楼前的合影，摄于1994年
自左至右：林朱、林启武、朱宣慈、林盈

我家与林伯伯家是前后脚搬进燕东园的，两家关系一直很好。父亲和林伯伯一起打桥牌，他说："林启武脑子特好使，每张牌都记得一清二楚。"林伯伯高兴了就喊我父亲"徐长子"，因为我父亲身高超过一米八，燕京大学老熟人都这么称呼他。

林伯伯会画漫画。我家里至今存有林伯伯给我父亲自制的漫画生日卡，署名为"075"。我母亲和林伯母也很谈得来，她们都喜欢种花。林伯母把自家的院子整成了花园，一丛丛郁金香养得极好。

图 2　林启武夫妇 1946 年在 21 号楼前的合影

林伯伯是泰国华侨，1907 年生于泰国叻丕府。1924 年归国就读于广州培英中学，1927 年考入北平燕京大学社会学系。毕业后，学校看中他出色的体育天赋，让他留校在体育教育部任教。他不愿放弃原专业，在教体育的同时继续攻读社会学，终获硕士学位。1935 年燕京大学送他赴美深造，三年以后他获得哥伦比亚大学体育教育学硕士学位，至此他拥有了社会学、体育教育学两个硕士学位。学成回国后，林伯伯一直在燕园从事体育教学。老校友们都记得，在燕京大学时，他培养了一支威震平津、享誉华北乃至全国的篮球队——燕队，新中国成立后的第一支国家篮球队里，有三名队员来自林伯伯的燕队。而在北京大学，他继续教体育，一直工作到 80 岁才退休。

在我们眼中，林伯伯是一位体育健将：中等个头（身高一米七）、清瘦精干、腰板笔挺、肤色微黑、双目有神。他好像什么运动项目都会：篮球、排球、羽毛球、乒乓球、游泳、滑冰、体操，在田径场上长跑、短跑、跳高、跳远比赛也都拿过名次。他形容自己："我年轻的时候，是见山能爬，见水能游。"

如果不是听父亲、母亲说，我们谁也不会想到，如此生龙活虎的林伯伯竟是一位癌症患者。1952 年，林伯伯发现患有直肠癌。手术很成功，但肛门在手术中被摘除，从此肠胃改道，在腹部切口造瘘排便。

我听林盈回忆："父亲刚出院的时候，正赶上肃反运动，有些会必须参加，他不得不拿着一个充气的小橡皮圈去开会，把它垫在身下，裤子上经常是血。"林盈说："那时我不懂事，埋怨父亲'又带着你的屁垫儿'。"父亲回答："No！这是Donut（甜甜圈）！"后来伤口好了，老爷子练出了一套处理这个新生理功能的生活方式，健康地活到104岁。我真想查查，林伯伯是否创造了带着肛瘘生活60年的吉尼斯纪录。

林伯伯后来在北大很出名，90岁、100岁生日，校领导们纷纷出面，为老爷子致辞祝寿。他是一位传奇人物，创造了中国体育史上的好多第一。他1950年把六人制排球引入中国，1958年把国际射箭技术及规则引入中国，同时也是把门球运动引入中国的第一人。他对中国羽毛球运动发展的贡献最大，1936年他就把羽毛球运动引入中国，20世纪50年代他翻译出版了羽毛球规则。他是在中国培训出羽毛球国际裁判的第一人，还是带着中国羽毛球队出国打比赛并赢得冠军的第一人。1986年世界羽毛球联合会授予林伯伯"发展世界羽毛球运动重大贡献奖"。1987年林伯伯80岁生日时，国家体委和中国羽毛球协会在首都体育馆为他举办了盛大的庆祝会，国家体委授予他"体育运动一级奖章"，表彰他是"杰出的体育教育家"。

林伯伯低调又谦虚，从来不张扬。我们很久以后才知道他拥有这么多的"第一"，而我们上小学和中学时最喜欢的运动"板羽球"，竟然也是林伯伯在20世纪40年代发明的。当时正是抗日战争时期，燕京大学迁校成都，物质生活条件艰苦，体育运动设施简陋。林伯伯受到苗族青年以小竹管插三五根鸡毛、用木板拍击的启发，对羽毛球进行了改造，设计了木制的椭圆形球拍，将三根白色羽毛插在圆状木托或橡皮托上，制定了比赛规则，将其命名为"板羽球"。这项新颖的运动首先在成都燕京大学兴起，不久在成都、重庆、西安等大城市迅速流行开来，后来几乎成为一项全民运动。

在燕东园，林伯伯以教育子女练体育出了名，他带着三个孩子在北大东操场跑400米，练跳高、跳远。在自家院子里，他找到两棵相距20多米的大柳树，把一根大圆木桩子架在树杈上，让三个儿女在木桩子上走，锻炼他们的平衡性。他每天对着两个女儿喊："俯卧撑20个！"对着儿子喊："引体向上20个！"经典的家庭体育比赛是摔跤，三个孩子每天都要和父亲摔跤，必须把对方摔得"五体投地"才算赢。当孙女、外孙女长大的时候，林伯伯又拿摔跤来"选孙女婿"，他让孙女、外孙女把各自的男朋友领回家跟他摔跤，把他打败了，他才认可。

1990年，我的母亲去世，为给父亲做伴，我搬回燕东园住，于是和林伯伯、林伯母接触多起来。我们两家直线距离不过100米。他俩都已是耄耋之年。我常见到林伯伯推着一辆二八式自行车，灵活地从左边一迈腿蹬起来就走，去他原来工作的东操场、未名湖滑冰场巡视，也经常看到他和林伯母在自家的院子里侍弄花草。

林伯母朱宣慈当年是燕京大学社会学系的高才生，毕业后到协和医院社会服务部工作，这是一家专为穷困病人和妇女儿童服务的机构。林伯母参与了这个机构的创办，干得有声有色。历史记录中有如下文字："浦爱德还将北平协和医院社会服务部的组织形式和医务社会工作模式推广到南京、济南、上海等地的多家医院，成为1950年代以前中国和亚太地区医务社会工作的开拓者。比如，她曾派最好的社工人员朱宣慈去南京鼓楼医院辅导医院社会福利工作。"1952年，协和医院社会服务部被撤销，这一年所有大学的社会学专业也都被取消了。主要原因是当时有人认为共产党领导下的社会主义中国不存在社会问题。林伯母回到北京大学，在图书馆做英文、俄文编译直至退休。

老两口文化修养都很高，生性幽默乐观，对生老病死尤其看得通透。林伯母好几次面对满院子的花草树木，指着几棵繁花似锦的果树对我说："我们将来走了，就埋在这树底下，环境多好，不就是上天堂了吗？"林伯母走在了林伯伯的前面。我妹妹徐溶代表我们参加了告别仪式，送的花篮的白缎带上写着："爱花的林伯母一路走好，天堂有花等着您。徐家子女。"这时林伯伯的脑子已经有些糊涂了，好多天他都在找："宣慈在哪儿？宣慈在哪儿？"林伯母的骨灰盒放在阁楼，他总想爬楼梯上去看看。

进入百岁之后，林伯伯仿佛返老还童了。他本来就周身一派绅士风度，后来更加彬彬有礼，路上见到我们姐妹几个，他总是谦恭地"女士优先"，甚至不忘脱下头上戴的棒球帽。据家里的护工说，老爷子去医院看病，坐公共汽车都给女同志让座。护工担心他走丢了，不让老爷子自己出门，但这哪儿关得住淘气的林伯伯。他经常一个人溜出来，在院子里逛来逛去，登上院门外边的人行天桥看汽车。遇到熟人，他打招呼聊天常常冒出一口流利的英文。是的，英语世界回来了；每天吃甜点、喝咖啡的洋习惯回来了；喜欢抱一抱、"亲来亲去"的"洋规矩"也回来了。弥留之际，病榻上的林伯伯微笑着，做鬼脸，努起嘴来，要亲亲。

桥东 26 号：洪谦、何玉贞夫妇

洪谦夫妇有两个儿子：老大洪元颐，1941 年生于重庆；老二洪元硕，1948 年生于广东，小名崽崽。1951 年，洪谦先生从武汉大学应聘至燕京大学哲学系任教，1952 年一家四口人住进燕东园桥东 26 号。

洪谦先生喜欢院子里树木多，洪元颐对当年院子里的果树如数家珍：三棵杏树、两棵白果树，还有海棠树、樱桃树。一到果子熟了的时候，园子里的小孩都跑来摘果子。洪元颐说："你是女孩子，大概不会记得，那时男孩子们可成群结队的。我一看都是我或者我弟弟的同学，就不好说什么了。"至今他还记得母亲带着他们哥俩在宽大的院子里种过草莓和麦子。

图 3　手握烟斗的洪谦伯伯，在 26 号楼前留影

说起洪谦先生，总有一些传奇性。他的一生被称为有两个"唯一"。

第一个"唯一"：他是维也纳学派唯一的中国成员。

这个学派亦称"维也纳小组"，发源于整整一百年前，是 20 世纪 20

年代奥地利首都维也纳的一个学术团体，它凝聚了当时欧洲大陆物理学、数学、哲学等多个学科的思想精英。这个学派的创始人石里克的主要观点被称为逻辑实证主义。"在石里克之前，哲学与自然科学之间的联系极少，相对论和量子论的巨大进展对于当代哲学竟没有产生影响，石里克改变了这种情况。"他们将最前沿的自然科学理论扩展到对哲学的反思中，形成了一个国际性哲学运动的出发点，引导了实证主义与经验主义的再生与革新。

洪谦先生 1927 年赴德国留学，那一年他 18 岁，正逢欧洲大陆自然科学蓬勃发展，尤其物理学达到了一个崭新的样态。他兴奋地投身其中，只用一年时间就获得了柏林大学的入学资格，修习天文物理。一次偶然的机会，洪谦遇到了生命中的贵人。他在科学哲学家赖欣巴哈讲座上的一次发言引起维也纳学派创始人石里克的注意。他把这位年轻的中国留学生带到维也纳，收至自己的门下。

洪谦先生在对自己恩师的回忆中，谈到过一个动人的细节：老师家中为他设有一专用的书桌。从 1930 年开始，洪谦先生应邀参加石里克小组即所谓"维也纳学派"的周四讨论会，成为维也纳学派唯一来自中国的成员。1934 年洪谦在导师的指导下完成了毕业论文《现代物理学中的因果性问题》，在这篇论文中，他援引当时量子物理学最前沿的成果，反驳了传统哲学中对于因果观念的看法。据说，这篇论文"得到测不准关系的提出者海森堡的高度赞扬"，诺贝尔物理学奖获得者玻尔参加了他的答辩。洪谦先生获得维也纳大学哲学博士学位。1937 年洪谦先生回到自己的祖国。多年来，不管他走到哪里，导师石里克的画像始终挂在他的卧室墙上。

20 世纪 30 年代后期，纳粹主义在德国奥地利兴起，维也纳学派的一些成员受到迫害，相继流亡美国、英国等。维也纳学派解体了，逻辑实证主义的中心由欧洲大陆转移到美国，继续对西方思想界产生重大影响。到 70 年代末，中国大陆重新开放门户时，洪谦先生惊讶地发现他已是西方哲学界声势浩大的分析哲学和科学哲学的元老之一。当年有幸亲身参加"维也纳小组"讨论的成员，只剩英国的艾耶尔、美国的蒯因及中国的洪谦等寥寥几人。而要"论资排辈"的话，洪谦还在艾耶尔之上。

洪谦先生重新回到国际哲学界的视野。20世纪80年代初，"英国研究维特根斯坦的知名学者麦金纳斯，以及原属分析哲学后自立门户的美国哲学家罗蒂等人访问北京时，在洪先生面前恭敬而执弟子之礼"。1984年维也纳大学为洪谦先生取得博士学位五十周年举行了隆重的学术纪念会，并授予其荣誉博士称号。此后年逾古稀的洪谦先生重新握笔，在国际学术刊物上发表文章，访问维也纳大学、牛津大学、东京大学，参加维特根斯坦、石里克与纽拉特哲学讨论会。在生命的最后岁月里，他获得牛津大学和中国社会科学院的支持，出任中英暑期哲学学院的名誉院长。

第二个"唯一"——引原清华大学新雅书院院长甘阳的话："在1949年以后的中国大陆思想学术重镇中，没有接受'思想改造'的，洪谦或许是唯一的一人。"

洪谦先生捍卫自己的基本哲学立场，保持独立的人格，在学术界是出了名的。北京大学陈启伟教授评价洪谦先生：他从不戴面具，从不挂脸谱。他从不因迫于某种压力或为迎合某种需要而违心地说话，违心地著文。

20世纪40年代，洪谦先生回国不久，开始"两手抓"，一边系统介绍"原汁原味"的维也纳学派科学观、哲学观和世界观；一边发扬分析哲学的批判精神，相继批判了传统的形而上学、康德的先天论、现象论和精神科学派、马赫的实证论哲学等，还和冯友兰进行了一次逻辑论和新理学的公开交锋，这是中国当代哲学史上一次有趣的辩论。

而到了20世纪五六十年代，学术界形势发生了很大的变化，洪谦先生的不少观点成为批判的"靶子"。但1957年春天，他仍然在《人民日报》发表了《应该重视西方哲学史的研究》和《不要害怕唯心主义》两篇文章。据说，收到来自高层的口信，不允许他以自己的名字发表有关维也纳学派哲学的文章，从此他停笔封口了，成为一座学术的孤岛。

甘阳在分析洪谦先生的"顽固"时说："洪先生的内在支持力并不来自某种独特的政治立场，而来自他的基本学术立场，确切地说，是来自他早已形成的对英国经验论哲学传统及维也纳科学哲学精神的坚定信念。他之所以没有接受马克思主义，是因为马克思主义不能说服他放弃自己的这一基本哲学立场。"

在这次写作中，我搜寻到关于北京大学外国哲学研究所的一些往事，意外地发现这个所竟是毛泽东提议建立并点名让洪谦先生担任所长的。洪谦先生学术立场的"顽固",不仅40年来一以贯之,而且是公开的、坦诚的。1965年,毛泽东提议建立一个专门研究西方现代思想的机构,并派胡乔木登门拜访洪先生,转达邀请他出任所长的意愿。这才有了中国大陆1949年以后第一个专门研究现代西方哲学的学术重镇——北京大学外国哲学研究所。

这个所的全盛时期是在改革开放的20世纪80年代。据甘阳回忆:"当时所内的学术气氛是极其自由而又热烈的,我们可以阅读现代西方的任何著作,可以毫无顾忌地讨论任何问题,从未有过任何意识形态的干扰。该所的学风也与外界颇有不同,例如,就中国大陆整体而言,'文革'后最早引入并引起讨论的西方现代哲学很可理解地首先是新马克思主义,特别是法兰克福学派、阿尔都塞的结构马克思主义,以及意大利的葛兰西等。但在北大外哲所,则迥异其趣。这里的主流,同样很可理解地,一是与洪先生有渊源的分析哲学与科学哲学,二是与熊先生有渊源的现象学和诠释学。"

洪谦先生对待哲学的各个流派都毫无芥蒂,就学术论学术,尊重差异、兼容并包。他对其他学者的学生也视如己出,所以在他去世后,不仅分析哲学、逻辑学的研究者怀念他,从事古典哲学、现象学以及新马克思主义等领域研究的后学也怀念他。

这段时间洪谦先生是快乐的。经常有学生去他家里聊天,不过这时燕东园26号小楼已被征用拆建,洪家搬到了北大二公寓。据北大哲学系85级的汤贺伟回忆,"洪先生家不大,也较凉快,午后的阳光因树叶遮挡照进来的不多,书桌的周围布满了中外文书籍,斑驳光影中让我有些炫目"。哲学系77级本科的王炜回忆,先生坐在藤椅上,他从不摆架子,可敬可爱,有时像顽童般天真,讲到有趣之事,他会哈哈大笑,笑得前仰后合。

甘阳讲起发生在这间书房里一件让他难忘的往事:"那是一天傍晚在洪先生家里聊天,一直聊得很高兴,不知怎么聊到了恩格斯的《自然辩证法》,我脱口而出以极其不屑一顾的轻侮口气将此书贬入'狗屁不通'一类。未料先生竟勃然变色,尽管他没有提高声音,但有几句话的语气却是非常重的:'这不好,这很不好,年轻人不能这样,学术是学术!'"甘阳说："在我与洪先生的几年交往中，这是唯一一次先生对我给以颜色。"

事后深思，甘阳对洪谦先生有了更深一层的认知："他是这样一种非常纯粹型的学者：一方面，他之所以一直不接受马克思主义，是因为马克思主义哲学无法使他信服自己的哲学信念和方法是错的；但另一方面，他对马克思主义的态度又是非常严肃的，从不出以轻侮、谩骂之心，因为他同样是从学术的角度力图客观地了解它、认识它……我对先生最感佩、最心折的正是这一点……先生几十年来的态度真正是一以贯之，始终严肃不二的。"

1992年洪谦先生逝世，英国《泰晤士报》《卫报》《独立报》均发表了长篇讣告，称他是"世界上最后一位彻底的逻辑经验主义者"。

洪谦先生的著作不多，留下的都是最"硬核"、最学术的部分。译著却很多，他主持翻译了《逻辑经验主义》《古希腊罗马哲学》《十六—十八世纪西欧各国哲学》《十八世纪法国哲学》《十八世纪末—十九世纪初德国哲学》等一系列西方哲学史上的经典作品。他希望后学者能够借此受到完整的科学、逻辑学和哲学史的滋养。

桥西32号：高名凯、陈幼兰夫妇

图4 高名凯先生与家人合影，摄于1947年，最小的女儿高熹还未出生
左起：高侠、高名凯、高环、高苏、陈幼兰

高伯伯是燕京大学国文系主任，他家有四个孩子，一男三女。其中老三高苏，比我只大一岁，我的母亲叫她"小人儿酥"，说她特别像当时一种酥糖的糖纸上印的小胖孩。她那时不过一岁多，高家的保姆抱着她找我家张奶奶串门，我母亲到后院来，看到了穿裹成一个棉花包的高苏，圆鼓鼓的脸蛋脏兮兮的，被冷风吹得都皲了，赶紧打热水给她洗脸、洗手，抹上厚厚的凡士林。高苏的父母留学法国，1940年6月取海路坐船回国，因战事困扰，在海上、亚非地区沿岸漂泊数月，1941年1月才回到北平。据说高伯母路经非洲某地时染上了病，从20世纪50年代以后就卧床不起了。母亲一直心疼高家的孩子从小疏于照料，后来我和高苏结为发小和闺蜜，母亲每次看到她时，都会感慨，"小人儿酥"又长大了。

我和高苏的闺蜜情在小学毕业后有了新的发展。1959年9月我们一起考进北京市一零一中学。当年燕东园我们那一届女孩子中只有我俩考上了这所学校，于是我们相约一起上学，每天早上背个书包，穿过整个北大校园，沿未名湖畔一边走一边复习功课。湖水波光粼粼，岸边垂柳依依。

记得那几年，不知多少个晚上我好像长在了高苏家里。1958年秋冬之际，北京电视台开播不久，高伯伯就买了一台苏联产的电视机，为了给重病卧床的高伯母多一点快乐。高家成为燕东园里最早拥有电视机的家庭之一。他们家的电视放在一上楼的大过道靠西墙角的一个大木箱上。正方形的过道空间不大，三面墙壁各有两个门，分别通向几间卧室。打开南面那个门，向阳的房间就是高伯伯的书房。

弹指一挥间，60多年过去了，当年的情景却还历历在目：我匆匆吃完晚饭，踩着七点钟的点，赶着去高苏家，开门爬楼梯，一眼就看到柜子上的电视机，高家一家人围在电视机前，招呼我挤进去坐下来。

我只在这个场合见到过高伯母陈幼兰，她一直是病中的模样，很难想象她青年时的姿容与情致。要知道，她早年留学法国，曾获里昂大学艺术史硕士学位，与高伯伯相遇时，她任里昂大学图书馆馆长助理，已经在法国生活和工作了九年，而高伯伯当时是整天泡在图书馆里埋头苦读的一个中国留学生。他们日久生情。

听高苏说过，她的爸爸是福建人，家境贫寒，12岁父母双亡。我翻查了一些资料，发现高伯伯的父亲是美以美教会的牧师，高伯伯从小学到中学都是在教会学校，靠半工半读完成学业，后以优异的成绩考入燕京大学哲学系，1935年毕业升入燕京大学研究院哲学部深造。1937年又由燕京大学派往世界语言研究中心的法国巴黎大学专攻语言学，师从著名的汉学家马伯乐先生。

高伯伯留学法国正逢二战期间，他曾在柏林、布鲁塞尔、巴黎颠沛流离，但始终没有放弃读书研究，坚持完成了学业，1940年5月以论文《汉语介词之真价值》获得文科博士学位。6月10日，在巴黎沦陷前四天，他偕新婚妻子陈幼兰与中国学生30余人乘法轮离开马赛回国。就在这一天，意大利对英法宣战。他们所乘坐的轮船无法由地中海经苏伊士运河东航，只能绕道非洲好望角。正是在非洲滞留时，高伯母不幸染上一种皮肤病（后来发展为无法治愈的痼疾）。他们历经七个月，直到1941年初才抵达北平。

《燕京新闻》第7卷第21期刊发了一则《高名凯抵校》的新闻："国文学系新聘助教高名凯，已于上星期日（二月二十三日）下午抵校。将于下星期二日晚于临湖轩教职员讨论会中出席讲演云。"《燕京新闻》第7卷第22期则于第二版整版刊载了《高名凯归国历险记》。

1941年12月太平洋战事爆发。燕京大学被日军查封，教员们四散各寻出路，高伯伯一家迁居北平城里。他担任了中法汉学研究所研究员："我每日到所和甘茂德子爵（Vicomte de Kermedec）共同研究中国文字，翻译中国小文，六小时的疲惫工作之后，白天的剩余时间又得花费在生存的挣扎上。"所谓"生存的挣扎"，指的是翻译巴尔扎克的小说以赚稿费维持小家庭的生计。那时沦陷区经济凋敝，物价飞涨。应朋友之邀，高伯伯开始为上海的书店翻译巴尔扎克小说。"回家时还要抽出时间来翻译，平均每日译四五千字。"那几年高伯伯先后翻译出版了《欧也妮·葛朗台》等20多部巴尔扎克著作，译作数量甚至超过了翻译巴尔扎克《人间喜剧》的傅雷先生。

高伯伯的翻译得到高伯母的大力支持，在一本书的译序结尾处，高伯伯专门提及："我译巴尔扎克小说集时，得吾妻陈幼兰女士的帮助甚多。她给我解决了许多疑难的问题，甚至于替我翻译了好几段。"

在高伯伯赴法留学与回国就职的经历中，可以看到高伯母不可或缺的身影。再读高苏兄妹四人的回忆文章，看到以下段落便格外感动：

> 当年我们的母亲放弃在法国的工作，跟父亲一起回国，患难与共，互敬互爱。不幸的是，母亲40岁时就重病缠身，卧床不起。父亲对她一如既往，情深如故，没有和母亲吵过一回嘴。我们的父母谈话很风趣，有时他们谈起"悄悄话"，就用法语，对我们在场的小孩子"保密"。（母亲）在法语、文学、艺术等许多方面与父亲拥有共同语言。他们酷爱法国文学，迫切希望把法国著名作家巴尔扎克的作品介绍给中国读者……父亲和母亲喜欢共同鉴赏中国字画，他们曾把共同收藏的海瑞的砚台献给了故宫。

我记得放电视机的那个大木柜子就是高家收藏书画的地方。后来有学人根据《邓之诚文史札记》研究高名凯的书画收藏情况，指出，"从1944年至1959年前后十五年间，高名凯携示邓之诚先生的书画达数十百件，囊括宋、元、明、清各代，真赝杂出"。由他所藏的书画钤记中，能看到他常用的七种印章，其中有一枚即为"高名凯陈幼兰同赏"。

回忆文章说：

> 母亲还经常强忍病痛支持父亲的工作。60年代初，母亲去世前不久，我们放学回家跑到楼上母亲房间，看见床头柜上放着父亲的手稿，母亲正在竭尽全力用颤抖的手帮父亲校对文稿。

1961年5月11日，高伯母病逝，安葬于八宝山人民公墓，高伯伯写了千字文的墓志铭，特请著名书法家郭风惠书写并镌刻于墓碑上。五年以后，墓碑与墓地不幸被彻底毁坏。

高伯母去世后，高伯伯带着四个孩子到颐和园去玩了一次，留下了一张珍贵的合影（见图5）。高苏说，这是他们和爸爸唯一的一次游玩。那一年，高苏上初中二年级，姐姐高环上高中二年级（她也在一零一中学），哥哥高俶19岁，妹妹高熹只有12岁，上小学六年级。

图 5　1961 年拍摄于颐和园
左起：高苏、高熹、高环、高名凯、高俊

　　高伯伯是著名的理论语言学家、汉语语法学家。他先后供职于燕京大学与北京大学，在燕京大学他任国文系主任，在北京大学他任中文系语言学教研室主任。他的学术研究与贡献也主要分为两个时期：在燕京大学主要从事汉语语法研究，在北大主要从事普通语言学理论研究。

　　史料中有这样浓重的一笔：在 20 世纪 40 年代后期，中国语言学界的三位学者几乎同时发表力作——王力先生的《中国现代语法》、高名凯先生的《汉语语法论》、吕叔湘先生的《中国文法要略》，三本专著奠定了中国传统语法的学术基石，标志着现代汉语语法研究的成熟。高伯伯的这本书稿是在沦陷区的北平，对着一盏蓝色的飞利浦电灯，在炮火中完成的。战争没有毁掉中国的学术，反而激发了它的新生。

　　我在燕东园里见到的高伯伯正当英年，面庞清癯而眼神明亮。他工作起来废寝忘食，那时就听说，高名凯先生著述宏富，写文章快是出了名的。有人计算过，从 1940 年在巴黎发表博士学位论文算起，直到 1960 年初，高伯伯平均每年都有一部语言学的专著（包括译著）问世。在北京大学官网上，对中文系语言学教研室介绍的第一段：首任主任高名凯先生在短短十年时间内，出版了包括《普通语言学》《语法理论》《语言论》在内的多本语言学专著，几十篇论文，而且均有很大影响，这些著作也奠定了语言学教研室理论"结合"中国语言实际的学术独立风格,延绵至今。

我也听我的父亲说过"高名凯文笔好,出手快",但他讲的是另一段往事:"当年有一个平津十校的抗日救国宣言就是他起草的。"我查到了此事的原委。1935年中国共产党发表"八一宣言"号召"共同抗日救国",在北方学校中最早回应的是燕京大学学生。10月22日,燕京大学召开全体师生大会,通过了一项重要提案,向即将在南京召开的国民党四届六中全会发出呼吁,提出"开放言论自由,禁止非法逮捕学生"的要求,号召大家"共肩责任,奋起求存"。11月1日,《平津十校学生自治会为抗日救国争取自由宣言》公开发表,大大激发了学生们的爱国热情。这篇文章最初就是由当时燕京大学哲学系研究生高名凯用浅近的文言起草的。

高伯伯的儿女们心中永远铭记着在燕东园32号狭窄的书房里伏案写作的父亲:

> 他的书桌上下左右都是半翻开的或翻开的带有记号纸条的许多书籍。书桌中央是他书写的厚厚的书稿,右手边是一个深灰色的六角形烟灰缸,里面布满了长短不齐的烟头和烟灰。他爱吸烟,而且是酷爱,好像不吸烟就不能思考问题,不能生活。一旦思维告一个段落,便捻灭一个烟头。他的周围是五六个装满各国文学书籍的书架。在书房内还有一个贮藏间,里面装满了父亲的手稿。他爱思索,而且十分敏锐。他很少离开书房,就是在晚上也总是写作。他在伏案工作的照片上题写了四个字:日日如是。他的书写能力是极为惊人的,有时一晚上能写一两万字。虽然那时我们年龄都很小,但看见爸爸繁忙的工作情景,我们从来不敢前去打扰。我们知道父亲的工作十分重要。只有当他要我们帮他买烟时,我们才会到书房接过几角钱,很快跑出门,到离家不远的郭家小铺去购"恒大"或"大前门"牌的香烟,然后迅速跑回家,一声不吭交他手里,完成任务。

学生们对高伯伯讲课也有回忆,说他声音洪亮,热情洋溢,抑扬顿挫。不过他普通话不过关,福建口音很重,把"课"说得像"括"。但学生们非常佩服高伯伯的外语能力,他能看十二种外语的参考书,用四种外语写作。

讲语言学引论时，他一会儿讲到梵语和古斯拉夫语的关系；一会儿又讲到英语和德语所属的日耳曼语族、法语和西班牙语所属的拉丁语族；一会儿讲到汉语和越南语、朝鲜语并非同源，藏语才和汉语同为一族；一会儿又讲到已经消失的西夏语，还有古高德语、斯瓦希里语……学生们听得瞠目结舌，很多语言的名字是头一回听到。记笔记的速度也跟不上他的语速，两堂课下来，日复一日，学生的中指上磨出一块茧子。一位从工厂来的学生说，怪不得把知识分子也叫作劳动者，记一堂笔记比上一天班还累。

学生们心疼高名凯先生，一届传一届地叮嘱，高先生子女多，而且师母陈幼兰先生痼疾在身，长期卧床，家庭负担很重，要尽量少去打扰。但高伯伯还是不辞劳苦地关注着教师同人和学生们的教学和生活，同时坚持着自己的科研、教学和翻译工作。我看到一篇追念高伯伯的文章中描述了这样一个细节：我们经常在他热情而憔悴的面庞和目光中看到极力掩盖着的焦虑和不安。最明显的是他的嘴唇，总是干得像是蒙了一层皮屑，从来没有正常滋润过。

1962 年底高伯伯积劳成疾病倒了，被确诊为肝炎。从 1963 年春起，他前后三次住进北京医院，1964 年 10 月以后，转为亚急性肝萎缩，最终医治无效，于 1965 年 1 月 3 日病逝。

高苏对我说："父亲在病床上强忍病痛吟诵文天祥的诗句'人生自古谁无死，留取丹心照汗青'。这 14 个字是他给我们的遗言。"

高伯伯生于 1911 年，病逝于 1965 年，终年 54 岁。我一直深深地痛惜英年早逝的高伯伯，他是累死的。

桥西 34 号：邢其毅、钱存柔夫妇

邢其毅先生一家 1954 年从中关园搬入燕东园，住在桥西 34 号楼上。院系调整前，他在老北大农化系和化学系任教授，还兼任辅仁大学化学系主任。

邢伯伯在化学系，邢伯母钱存柔在生物系，他们有两个儿子，相差四岁，大的叫邢祖侗，小的叫邢祖玢（后改玢为健）。据楼下邻居回忆，同住的还有两位老人，一位是邢先生的岳母，一位是跟随多年的老保姆。

图 6 邢其毅先生与家人合影

我的二舅韩德刚在北大化学系任教,教物理化学。化学系德高望重的老先生很多,其中他最佩服的就是邢其毅先生。二舅和我说,邢先生在有机化学方面造诣精深,洞察力敏锐,他在 20 世纪 50 年代初就曾指出,蛋白质和多肽化学将成为未来科学发展的一个新的前沿课题。从 1958 年至 1965 年,北大、中科院上海有机所和生化所协同攻关,最终完成了世界首个人工合成的结晶牛胰岛素,邢其毅先生就是该项研究的倡导者和学术领导者之一。

历届有机化学专业的学生都知道"邢小本"和"邢大本":前一本是邢其毅先生在 20 世纪 50 年代编写的教材《有机化学》,后一本是他 20 世纪 80 年代编写的教材《基础有机化学》。教材越编越厚,像块大砖头。学生们怀抱着"邢大本",仿佛那是整个大学生活的回忆,又仿佛自己身份的证明。尽管一本教材已定乾坤,但邢其毅先生始终有些遗憾:新中国成立后他只有五年多的时间搞科研,其他的时间基本都用在教学上了。

我发现燕东园里不止一位学者发过这样的感慨:正当英年,科研能力蓄势待发,可惜错过了。

邢其毅先生 1933 年赴美留学,三年后即获得伊利诺伊大学研究院哲学博士学位,随后他到当时科学研究水平最高的德国读博士后。1937 年,日军全面侵华,他立即动身回国,任中研院化学研究所副研究员。全面抗战开始后，中研院被迫南迁昆明。邢其毅先生"负责图书资料和仪器的转运工作。他不顾个人安危，绕道香港地区、越南，历时半年，终于使图书资料和仪器完整无损地安全到达目的地"。战争期间，疟疾流行，药物异常短缺，邢其毅"亲往云南河口地区寻找金鸡纳树，对其树皮中奎宁的含量进行分析研究"，寻找抗疟药物，支援抗战。

在抗战大后方，邢其毅先生目睹国民政府的腐败和消极抗战，深感失望，决定寻找新的救国道路。1944年他冒着生命危险，从抗战大后方昆明，再度沿着滇越铁路回到上海，穿过重重封锁线到苏北，"偕同夫人钱存柔前往安徽省天长县参加革命工作"，"前往华中军医大学担任药学部、医学部的教训工作"，一面训练基本药学人才，另一面积极开展药物的研究与生产。

我为邢其毅先生这段富有传奇性的经历找到了见证人。我在一零一中学的高中同班同学宫著铭知道我住在燕东园以后，几次问过我："你认识邢其毅先生吗？"我当时都不假思索地回答："当然认识，他们住34号，我家住40号，都在桥西。"这次我留了一个心眼，追问了一句："你也认识邢伯伯吗？"得到了一个出乎意料的回答："1944年我爹在新四军军医学校（华中军医大学，后改为白求恩医学院）兼任院长，邢其毅从上海到医学院当有机化学的老师，他和我爹说得来，解放后也一直有联系。"

原来，宫著铭的父亲宫乃泉是中共少将级军医，曾任解放军总后勤部卫生部副部长。他医学科班出身，懂英语，长于外科，1937年担任新四军卫生处医务主任，1938年创办了南堡村前方医院和小河口后方医院，兼任南堡村医院院长，制定了一整套严格的医疗、护理制度。美国女记者史沫特莱曾到这里参观访问，她说："我看过许多军医院，特别是国民党军队医院，他们的条件好、医生多，但工作马虎，不负责任，医院乱而脏……这里的条件差，医务人员少，病房整齐干净，医务工作有条不紊，医护水平高……这是我在中国看到的最好的军医院，我要向全世界宣传，呼吁他们来支援你们。"

1944年，宫乃泉调入新四军军部卫生部担任第一副部长，他积极筹划，建立了一所正规的军医学院，接着又筹建制药厂。宫乃泉招贤纳士，动员沦陷区上海的专家教授来教课，邢其毅先生就是应招而来的十几位学者中的一位。他把妻子和大儿子都带来了,一起参加抗日救亡工作。

宫著铭还说,他母亲也认识邢其毅夫妇。宫著铭的母亲叫刘球,1937年底参加新四军,原来是护士,因医生不够用就当了医生,后来当过白求恩医学院教务主任、野战医院院长。刘球在白求恩医学院就认识了邢其毅、钱存柔两位教授。按照宫著铭的记忆,他的父母和邢其毅夫妇都有往来,两家相处得很好,这种友谊一直延续到他们这一代。

我去过邢伯伯家,从34号楼的西门进,然后往左手拐,上楼梯。那是1992年初,我在北京市政协会议上得到一个线索,准备采访清华大学教授黄万里先生,他20世纪50年代反对在三门峡上拦黄河水建坝,20世纪90年代反对长江三峡工程上马,是有名的水利界持"异议"者。在准备资料时,我发现邢其毅先生和他是有深交的朋友,当年他们同在美国伊利诺伊大学研究院攻读博士,一个学化学,一个学水文地质。邢伯伯得知我的来意后,严肃认真地向我介绍了黄万里先生,有一段话至今我还记得:"他的父亲是黄炎培,老先生告诫这个儿子要学会外圆内方,但黄万里个性强,内外均有棱有角,不懂变通,决不随俗,只尊重科学,令人敬佩。"

采访完黄万里先生我才知道,1957年他写的短篇小说《花丛小语》中,有三个知识分子针砭时弊,其中直言不讳、刚直不阿的主人公甄无忌,就是以邢其毅伯伯为原型的。《花丛小语》先是刊登在清华大学校刊《新清华》上,上头看了,不悦。不久,《人民日报》在《什么话》的栏目下,转发了黄万里的《花丛小语》,随即连续发出了批判黄万里的文章,黄万里成了全国闻名的大"右派"。直至1980年2月方才"摘帽"平反。

在这次写作中,我和邢家老二邢祖健通过微信建立起联系。他下乡四年,在20世纪80年代中期赴美读研,在哥伦比亚大学获国际信息发展教育学博士,现定居美国。他首先说起宫著铭的父亲:"是我父亲最佩服的、尊重知识也尊重人才的共产党军队高级干部。"他也说到黄万里先生:"是我父亲的挚友,黄先生被划为右派后,父亲全然不顾地经常去看望他。"

说到家里住过的两位老人,邢祖健认为跟这两位老人的相处最能凸显父亲情深义厚的个性。他说,其中一位是当时住在外地的外婆。得知她身患癌症,他父亲毫不犹豫地把她接到生活条件相对较好的燕东园同住,积极为她治疗,延续了外婆十四年的生命。另一位是1952年来北京大学后就到他家工作的老保姆武奶奶。他父亲待她如家人，不离不弃。"文革"中武奶奶因家里历史问题受迫害，被遣送回老家，他父亲一直惦记着。情况稍有好转，立即把她接回来，一直在他家住到临终。

邢祖健还谈到了母亲："我十年前就为我妈办了美国绿卡，她现在在加拿大，住在我侄子那边的养老院，享受全天护理，条件很好，费用也低。今年她已经105岁了（北大生命科学院证实，钱存柔教授是目前北大全校健在老人中年龄最大的），听力丧失，记忆力不好，但身体没其他大问题。抗日战争胜利七十周年的时候，她还获得了一枚国家颁发的抗战纪念勋章。"

附：为什么要写《燕东园左邻右舍》？

徐泓教授近日接受中国新闻社"东西问"专访，分享她写作的初衷，以及对记述时代的感怀与思考。以下为访谈摘录。

中新社记者：《燕东园左邻右舍》让挂上"历史建筑"标志牌的燕东园22栋小楼"开口说话"，您写作的初衷是什么？

徐泓：燕东园在海淀区北京大学校园东门外大约一里的位置，自1926年到1930年建成以后，居住过多位燕京大学和北京大学的知名学者教授。我的父亲徐献瑜曾任燕京大学数学系主任，1946年在我出生一百天时，全家从燕南园59号搬家至燕东园40号，并一直居住至今。

2021年底，北京市完成首批历史建筑示范挂牌，我们家就被挂上了"燕东园40号楼"的牌。这件事促使我想写这本书。我觉得，保护建筑，其实是在保护历史，而保护历史就是保护曾经在这里住过的人，在这里发生过的事。

很多朋友说我是一个幸运儿，命运给了我两个馈赠：第一个馈赠就是我出生在一个教授家庭，从而有幸生活在燕东园这样一个近百年来著名学人居住的园子里，成为这个园子里资格最老的住户。

第二个馈赠就是，我这辈子一直从事我所喜爱的新闻业。我是中国人民大学新闻系毕业的，学了5年新闻，在媒体里，当了30年记者，然后回到大学教新闻，又教了20年。我从来没有离开过新闻行业，我认为自己从骨子里始终是一名职业记者。因此，新闻记者的社会责任感和历史使命感，也都要求我把燕东园的百年变迁记录下来。

我把这本书作为我的一份答卷，献给我终身从事的新闻业。同时也将这份答卷交给我所有的学生——我教他们做新闻，我用自己的作品回答他们应该怎么做新闻。

中新社记者：书写燕东园记录了近百年间的时代动荡与读书人命运。有评论称，本书是对一代学人一片冰心的致敬。能否说说您父亲和他那一代学人？

徐泓：我的父亲徐献瑜1936年赴美留学，2年后获得圣路易斯华盛顿大学哲学博士学位，成为这所大学获得博士衔的第一位中国留学生。1939年回国后，他先后任教燕京大学、北京大学，是中国计算数学学科的创建者之一。他过完100岁生日后，因肺炎住院。我忘不了父亲临终前的情景，他要笔和纸，颤抖着慢慢写，从上至下竖写他的签名"徐献瑜"，从左至右横写"再见"。举行遗体告别仪式的第二天，有媒体刊登特稿，题目是《再见，"徐献瑜"一代》。

父亲这一代，主要指的是出生于清末民初，20世纪二三十年代留学欧美，立志于科学报国、科学救国的这个知识分子群体。这一代人几乎有着共同的经历：国难的时候回来了，国运转折的时候留下了，历次政治运动经受了，改革开放以后再尽力了。我父亲在这一代里并不是顶尖的，在燕东园居住过的学人还有更多做出重大贡献的人。这本书出自我们燕东园二代的视角、私人的记忆，以此缅怀与致敬我们的长辈。

中新社记者：走访调查、考证梳理燕东园的过往不是件容易事，您为何要与遗忘抗争？

徐泓：某种意义上，历史是在不断被掩盖和消灭的。历史本身既塑造人物，又消灭人物。把历史的真相、把生活在其中的人物的真实状态保留下来，是一件非常有意义的事情，但也是非常艰苦的事情。

我的书里有两个很重要的词："打捞"和抢救。

"打捞",是因为太多的人被历史掩盖了。中国的历史被"宏大叙事"窄化得让人只知道帝王将相和一些个别的人,但实际上还有太多为中华文明进步以及现代化做出贡献的人应该见诸史册。

另外就是"抢救",现在不去抢救,他们就会被选择性遗忘,等到当事人都不在了,这些人和事就彻底被湮没、从历史中出局了。

做这些采访和考察,就是在与遗忘抗争。有的时候遗忘一些东西,尤其苦难,对个人来讲,也是一种释放,这样或许能够快一点走出苦难和黑暗,去迎接光明。但是作为一个群体、一个社会、一个民族,如果遗忘,而且是故意地选择性地遗忘它所遭受的苦难,那就很可悲了。一旦遗忘,同样的苦难就会发生第二次、第三次。

中新社记者:您终身从事新闻业,《燕东园左邻右舍》用记者的笔法叙述历史,您认为新闻与历史有何联系?

徐泓:我有一个学生说,新闻学的尽头就是历史学,这句话给了我很大启发。新闻学和历史学其实有着很紧密的亲缘关系。两者的最大公约数是什么?新闻追求真实性,历史追求真相,都要求用事实说话。

我个人认为,任何学科,尤其人文社会学科,如果没有历史学做核心的基础,这个学科的发展可能很难获得内在的生命力。如果没有历史的眼光来认识过去、把握现在、展望将来,很多东西会是虚无的、不切实的。不过往往走到尽头,人们会发现有很多历史是被遮蔽的,当把这些被遮蔽的历史呈现出来的时候,它就又变成了新闻。我的老师、新闻学泰斗方汉奇先生对我说:新闻与文史是相通的。

中新社记者:《燕东园左邻右舍》追求事实、追求真相,会通了新闻与历史,在写作中有何方法?

徐泓:我始终是沿着新闻学和新闻记者的方向学习实践深耕的。我坚持的是一种新闻写作。国外有很多记者出身的历史写作者都是这样做的。新闻写作最关键的一点是现场意识。我一直认为记者这个职业是一个行动着的职业,行动的目标就是现场,因此必须抵达现场,看到现场真实的面貌、真实的情况,争取采访足够多的当事人,以至于能够完成那个历史真相的拼图。对于记者来说"现场感"是非常重要的,所以在写作这本书的全过程中,我要通过多方面的采访,通过查阅并验证尽可能多的史料,去抵达当时的历史现场。

抵达"现场",通过新闻语言,把"大词"与"概念"具象为细节。俗话说,"魔鬼在细节之中"。只有真正抓住了生活中的细节,可能只有两三个细节,就能够体现出一个真实的、完整的意境或形象。真实的历史总是落在真凭实据的细节之中,细节没有了,历史就没有了。

我也在抵制互联网上碎片化的文化,尤其情绪化的表达和发泄。希望用一种克制的、善意的文字来书写。还是应该用善意来理解,用善意来联系,用善意来沟通。我的书里写到很多人情的关系,例如那一代学人在危难、重压和选择关头,怎么处理亲情、友情和爱情,力图让整本书的文字温暖起来。

埃德加·斯诺与燕京大学

孙 华[*]

摘 要 美国记者斯诺跨越了文化和意识形态的差异,将当时中国的真实情况介绍给世界,特别是在燕京大学完成的著作《红星照耀中国》,向全世界介绍了中国共产党领导的革命根据地的真相。在中国,斯诺被视为中美沟通的桥梁;在美国,他的作品成为美国政府了解中国的重要资料。[1]1斯诺意识到了中美两国之间存在的差异,他从现实出发,试图沟通不同观念与看法。他对新闻事件的理解在很大程度上得益于他对中国文化的深入了解。通过解读中国政治形势,斯诺用更准确、更具包容性的观点来描述中国社会的前进方向,较为准确地预见其后中国历史上的许多重大事件。[2]斯诺的经验对今天和平发展的中国在对外传播方面有借鉴意义。

关键词 埃德加·斯诺;燕京大学;红星照耀中国;国际传播

埃德加·斯诺是在燕京大学完成了他的著作《红星照耀中国》。1934年初,斯诺以美国《纽约日报》驻华记者的身份应邀兼任燕京大学新闻系讲师,讲授新闻学课程,深受学生们的欢迎和爱戴。到燕京大学后,他请在新闻系读书的萧乾等一起编译中国现代短篇小说集《活的中国》,通过小说来向西方揭示中国的现实。斯诺十分关切中国的命运,热情支持和保护学生的爱国热情,他家也是许多爱国进步学生常去的场所。斯诺还建议燕大学生自治会举行一次外国记者招待会,学生们向西方展示了"一二·九"运动的伟大意义。1936年10月末,斯诺从陕甘宁边区回到北京之后热情地向北京大学、清华大学、燕京大学的青年学生介绍陕北见闻。作为一次全体会员活动,新闻学会于1937年2月5日晚在燕京大学的临湖轩聚会,斯

---

[*] 作者孙华,系北京大学中国埃德加·斯诺研究中心主任、教授、博士。

诺放映了他在陕北苏区和保安拍摄的 300 英尺反映苏区生活的影片和幻灯片，展示照片，并亲自解说，[3]124 让国统区青年看到了毛泽东、周恩来、彭德怀等红军领袖的形象，看到了"红旗下的中国"。在燕园，斯诺完成了《红星照耀中国》的写作。新中国成立后，斯诺于 1960 年和 1964 年访问中国，重返燕园。1973 年 10 月 19 日，斯诺的一部分骨灰被安放在燕园未名湖畔。

斯诺及他的作品向全世界提供了独特的信息，从战地记者到和平使者，从《红星照耀中国》到《大河彼岸》，斯诺向世界展示了大量他人所无法获得的第一手材料。他坚持报道事实、披露真相，大量客观公正、有正义感的报道深刻影响了中美两国人民，以及中国和美国的政要。1937 年 10 月，《红星照耀中国》英文本首先由伦敦维克多·戈兰茨公司出版，从 20 世纪 30 年代后期开始，《红星照耀中国》陆续被译成中、法、德、俄、西、意、葡、日、朝鲜、蒙、荷、瑞典、哈萨克、希伯莱、塞尔维亚以及印第安方言等数十种文字出版。[4] 著名美国学者费正清认为，《红星照耀中国》的非凡之处在于，它不仅第一次呈现了关于毛泽东及其同志们的生平、他们的出身，而且描绘了这场鲜为人知的运动的前景。后来事实证明这是极具预言性的。由于埃德加·斯诺的努力，该书在两个方面都经受住了时间的考验：一是作为对历史的记录；二是作为对历史趋势的预见。[5]5 这本书对美国认识红色中国，特别是对美国领导人了解中国共产党起到了重要作用。美国版于 1938 年 1 月 3 日由兰登书屋出版，在美国民众中风行一时，也引起了时任美国总统的富兰克林·罗斯福的关注和兴趣。1941 年、1943 年、1944 年，罗斯福在任期内 3 次召见斯诺。[6] 自 1936 年在陕北结识毛泽东、周恩来后，斯诺便成为中共领袖与美国联系的一条纽带，从而为后来中美关系的改善做出了特殊的贡献。正如毛泽东接见斯诺时所说，"35 年前到现在，我们的基本关系没有变。我对你不讲假话，我看你对我也是不讲假话的"[7]271。斯诺因为《红星照耀中国》等大量作品在中国产生了深远的历史影响，周恩来对斯诺的评价代表了中国政府和人民对他的看法："对我们来说，斯诺是伟大的外国作家，是我们在国外的最好的朋友。"[8]255

今天，更多的外国记者来到中国，他们用蓝色的眼睛看着这个红色的国家，我们无法回避。不同的国家、不同的人在不同的时期对中国的看法都不相同。探求斯诺精神，并不是复制斯诺，而是发扬斯诺成功的经验，要用平等和包容的精神谋求与新时代的"斯诺"和谐相处、共同发展。"和而不同"[9]是中国古代思想家提出的一个伟大的思想，和谐而又不千篇一律，不同而又不彼此冲突，和谐以共生共长，不同以相辅相成，用"和而不同"的理念观察和处理问题，不仅有利于我们善待友邦，也有利于国际社会化解矛盾。[10] "和而不同"的理念为中国接纳和造就更多的斯诺提供了可能。

一 斯诺与燕园

在北京大学研究斯诺，具有非常重要的纪念意义。1934年初，斯诺以美国《纽约日报》驻华记者身份应邀兼任燕京大学新闻系讲师，讲授新闻特写、新闻撰述、旅行通讯等课程，深受学生的欢迎和爱戴。1936年10月末，他从陕甘宁边区回到北平，热情向北京大学、清华大学、燕京大学的青年学生介绍陕北见闻。1937年3月5日和22日借燕京大学新闻学会、历史学会开会的机会，在临湖轩放映他拍摄的反映苏区生活的影片、幻灯片，展示照片，让国统区青年看到了毛泽东、周恩来、彭德怀等红军领袖的形象，看到了"红旗下的中国"。《红星照耀中国》初稿写成后，也是首先在燕园中进行了传播。受到鼓舞的一批文法科学生，随后不久即组团沿着斯诺出访的路线访问延安。燕京大学校友赵荣生回忆起斯诺1936年访问红军根据地回来后给他们看红军照片的事情。"其中一幅照片上有周恩来和一个长着大胡子的握手。斯诺用汉语问：'你们知道这个长着大胡子的人是谁吗？''一个帝国主义者。'我们仔细看了看，发现原来是斯诺自己。不由得哄堂大笑。"后来他跟随斯诺去了延安并成为一个共产主义者。[11] "七七事变"后，斯诺还积极帮助学生们安全离开北平，奔赴抗日根据地。1952年全国院系大调整，燕京大学的建制被取消，北京大学从原来的沙滩红楼迁至燕园。中华人民共和国成立后斯诺在三次中国之行中，非常高兴地参观了日新月异的燕园，会见了师生和当年友人，并对北京大学给予了很高的评价。1963年，他在《大洋彼岸》一书中指出："从前最重要的是国立北京大学，在那里，培养了共产党最重要的创造者，到如今，北大还是雄心勃勃的艺术和科学系学生以及毕业的研究人员向往的地方","原来的燕京大学现在已被吸收为北大的一部分,并且大规模地在扩充"。正是他与燕园的这种特殊关系,使他与北大师生建立了深厚的友谊。[12]37 1973 年 10 月 19 日,斯诺的一部分骨灰被安放在他曾经工作过的燕园新闻楼旁、北大未名湖畔。正如他生前所愿:"我爱中国,我愿在死后把我的一部分留在那里,就像我活着时那样。"[13]193

斯诺逝世后,坐落在燕园的斯诺墓成为北大师生和国内外人士经常凭吊斯诺的处所,也不断有北大师生撰写有关斯诺的学术论文。1993 年,中国埃德加·斯诺研究中心在北京大学成立,黄华在成立大会上说:"为了今后不断加强对斯诺的研究,我们决定在中国国际友人研究会之下建立一个'中国埃德加·斯诺研究中心',设在安葬斯诺的地方之内。我们衷心希望并相信,在国内外所有研究斯诺的团体和人士的关心和支持下,这个中心将成为一个研究斯诺,编译出版斯诺著作,继承和发扬斯诺精神的有作用的机构"。正如爱泼斯坦先生所讲:"我认为把这个中心设在北大是很合适的,可以说斯诺回家了。他是在这里开始比较多地写关于中国的情况。在这里他认识了很多中国的年轻人。从这里他出发到红色中国的地区去。所以我认为研究斯诺、收集各方面的情况不仅对于年纪大的,还记得斯诺的人,而且对于年轻的,需要了解斯诺的人都是很重要的。他的骨灰撒在这里,但他将在此地复生。"[14] 正因为如此,北大师生对斯诺先生有着特殊的感情,对他为北京大学新闻教育事业的开拓和发展所做的贡献铭记在心,对他留在北京大学的宝贵精神遗产珍爱有加。北京大学新闻与传播学院首任院长邵华泽认为,北京大学新闻与传播学院的师生对斯诺先生有着特殊的感情,对他为北京大学新闻教育事业的开拓和发展所做的贡献铭记在心,对他留在北京大学的宝贵精神遗产珍爱有加。[15]3 进一步挖掘斯诺精神,也是北大人的责任。

中国埃德加·斯诺研究中心在北京大学成立 30 年来,系统地组织研究和介绍斯诺及其他国际友人的研讨会、纪念会;发表和出版研究国际友人的论文和著作;开展同美国和其他国家有关机构、团体及人士的友好往来与交流活动。该中心成功主办了"让世界了解中国——斯诺百年纪念"国际学术研讨会、海伦·斯诺诞辰一百周年国际研讨会、埃德加·斯诺逝世四十周年纪念大会等活动,并承办两年一度的斯诺国际研讨会。该中心还出版了《埃德加·斯诺:向世界见证中国》《寻梦中国:中美人文交流探访录》等系列丛书,总结了该中心成立以来有关斯诺研究的多次国际学术会议的主要成果,体现了国内外学术界对斯诺的研究的深度和广度不断拓展,显示了斯诺历久弥新的思想价值。北京大学还与美国的大学共同举办了让大学生更多参与的国际友人的纪念活动和学术活动,努力使青年人成为民间外交和人文交流的主体。2011年,南犹他大学的学生艺术团到武汉演出了大型歌舞剧《海伦之梦》。2014年,中西交流音乐会在北京大学百周年纪念讲堂观众厅举办。来自海伦·斯诺家乡的南犹他交响乐团,与北京大学元培学院、艺术学院和中乐学社联合登台,奉献了一场蕴含中西方音乐特色的精彩演出。更多的青年人成为民间外交和人文交流的主体,他们通过融入不同的文化,通过了解彼此的故事,跨越常常隔膜彼此的成见和误解,增进沟通,成为深化国际人文交流的生力军。

　　对斯诺的研究,尚有大量的资料等待挖掘,特别是英文资料的整理是北大斯诺研究下一步工作的重点方向。在美国密苏里大学,保存着斯诺的日记、笔记、演讲稿、采访稿、著作手稿、信函、剪报、杂志文章、出版物共计718类,以及173张照片、49盘录音、1200英尺计1600段电影胶片,绝大多数资料是未公开过的,也未被译为中文。越多地挖掘和整理斯诺的第一手材料,就越能够接近事实,越有助于还原一个真实的斯诺。

二　斯诺眼中的中国

　　23岁的斯诺是带着一颗"冒险"的心来到中国的,他计划在中国停留6个星期,而整个周游世界的旅行时间为9个月。斯诺曾说:"我早年的'遨游'及其结果对我以后的生活的影响可能比我受过的全部正规教育还要大。"[16] 35 他来到上海后,成为《密勒氏评论报》的记者,在中国铁路沿线进行旅行采访。他凭着敏锐的观察力,在为中国的广袤和美丽惊叹之余,也为这个国家严重的问题而震惊——人口如此众多,灾难如此深重。他心中产生了强烈的感情和动力,他想他或许能够对中国的老百姓有所帮助。[17]这样就导致了后来的结果,他原来预计为期9个月的环球旅行只拿出一段时间在中国，而这段时间却变成了13年。

斯诺是密苏里人，他从不为片面的虚假宣传所迷惑，而是要亲自调查、反复印证，因此他的报告被认为是"全面的证据"[18]。斯诺传记的作者也认为，"斯诺是个复杂、迷人、有很大影响的人物……他的个人经历，他在职业方面的成长和成就，他内心的冲突，他所怀抱的灿烂希望和所面对的灰暗现实"，都为我们"讲述了在使人气馁的障碍、破灭的希望和有缺陷的救星面前，为了改善这个世界，一个单独的个人所进行的值得注意的非凡努力。它也传达了一个必要的信息：永远不要放弃尝试和努力"[19]19。斯诺的思想是随着他看到的中国而变迁的。他游历了中国的许多地方，研究和学习汉语。他目睹了严重的旱灾、吞噬一切的洪水、众多而绝望的人民，所有这些都是超出他想象的，而且压倒其他一切事务，持续不断地冲击着他。

1928年7月，斯诺来到中国，在上海由美国人开办的《密勒氏评论报》任助理编辑、代理编辑，兼任美国《芝加哥论坛报》驻远东记者。斯诺在领略了夏威夷的美丽和日本的妩媚之后，再看被称为"冒险家的乐园"的上海感到了困惑："十分新的事物和十分旧的事物形成鲜明对照，环境丑恶不堪，各国来投机的人吵吵嚷嚷地操着不同的语言，人们直言不讳地宣称金钱就是一切，这种俗不可耐的现象使我感到迷惑诧异。"[16]17斯诺决定去在上海的欧洲人所说的中国西北"所谓的饥荒"地区看一看。斯诺在《中国的五大害》中报道了1928年北方干旱的情况："今年，在遥远荒漠的陕西省发生了严重的旱灾，紧接着传来了骇人听闻的大饥荒的消息。许多人活活饿死，数以千计的人正陷于绝境……河南和甘肃的情况也相差无几，深受其害的难民估计达五千万左右。但愿世界各地的人们在听到这些灾情后，能立即进行捐献，以缓解可怕的苦难。"[20]1斯诺这一时期的作品充满悲悯之心，他看到的都是中国人民深重的灾难。1931年长江发生历史上特大水灾，200万人死亡，2500万人流离失所，斯诺在《中国洪水记实》一文中描述："在华中青翠富饶而又变幻莫测的江河流域，已经有大约90万人死于类似的痛苦之中，这是世界大战以来死人最多的一场自然灾害。""发生在中国落后地区的饥荒曾夺去更多人的生命，但那是持续多年的饥荒。但这次水灾却在不到两星期的时间里，创造了死亡人数的空前记录。"[21] 他从个体农民角度，表现了农民的全部痛苦、挣扎、绝望以及内心的愤怒：对农民来说洪水只是"很长时间以来一连串灾难与不幸的顶点"。[22]

这两篇报道均发表于《密勒氏评论报》（1929年8月3日，1932年1月23日）和《纽约先驱论坛报》（1931年12月6日），对于让国内外了解中国灾区的真相，有效推动募捐活动的进行起了相当重要的作用。斯诺在《中国洪水纪实》结尾处说："我到中国已经好几个月了，我爱她，同时也深深地为她感到悲哀。我在中国看到如此深重的苦难，其中有许多渗透到我的血液里了。"[23] 其实，从这时开始，斯诺已经决心留下来，为中国、为中国人民做一些事。正因为如此，斯诺来到北平，进入燕京大学工作，因为这里可以让他更深入地了解真实的中国。

三　斯诺与中国学生运动

斯诺在北平的五年中，非常关心和支持燕大学生的进步事业，并坚持参加燕大新闻学会的活动。1934年1月，斯诺应燕京大学之邀兼任新闻系讲师。据《燕京大学校刊》报道：2月9日，燕大教职员交际委员会在临湖轩设茗招待新闻系和社会系新到教员。其中有美国《纽约时报》驻华记者"雪·思诺"。斯诺曾自称"施乐"，取意"好施乐善"。1938年《西行漫记》中文版其姓被译作"斯诺"，并一直沿用下来。在燕京大学教书期间，斯诺注意与学生互动交流。斯诺在上第一节课的时候就告诉他的学生，他"到中国来不是为了教书，而是为了学习"[8]58。斯诺在1934年5月写给哥哥的信中表达了对燕京大学的工作非常珍惜："我继续努力在燕京大学做一个中国青年记者班的老师，每周教两个小时。这对我来说是一个很有益的体验，我正在寻找各种新的观察中国人生活的视角以及在中国生活的外国人的视角。我认为燕京大学在世界上是独一无二的。"[24]

燕京大学新闻系教员中有一半是英、德、美等各国的通讯社驻华记者兼任的。斯诺在燕大开设了新闻特写、新闻撰述和旅行通讯等课程。1935年6月，斯诺又被聘为英国《每日先驱报》的特派记者，为了兼顾教学和工作，他不久即搬回东城盔甲厂13号居住。"一二·九"运动前夕，地下党员们在斯诺家里商量了游行活动的具体步骤,并把12月9日、16日两次大游行的路线、集合地点都告知斯诺夫妇。游行前夕,斯诺夫妇把《平津十校学生自治会为抗日救国争自由宣言》连夜译成英文,分送驻北平外国记者,请他们往国外发电讯,并联系驻平津的许多外国记者届时前往采访。当晚,斯诺就给伦敦《每日先驱报》发出电讯:"此一大规模的学生游行示威,起因是抗议日本强占北方领土的阴谋。学生运动常改变中国历史,它是革命的。"[25]402 在给纽约《太阳报》发去的专电中称,这是北平学生的又一次五四运动。[24]60,[25] 斯诺在《复始之旅》中写道:"一九三五年底,燕京大学的学生自发在北京街头举行了游行示威,从而触发了全国性的抗议浪潮,也许正是它使华北免于陷入日本之手。这次爱国示威就是在我们的起居室里酝酿和筹划的。"[16]166 陈翰伯在《在斯诺的小客厅里》一文中写道:"斯诺夫妇积极支持中国青年的抗日活动,而且坚决相信中国共产党是中华民族解放的希望。他给我们提供了方便。我们在他的小客厅里结识了我们党在北平地下和已经在党的外围组织肩负重责的领导人 David 俞,就是后来的黄敬,原名俞启威,天津解放后的市委书记和市长,后来的第一机械工业部部长。可惜,他正当壮年,就在一九五八年被疾病夺去了生命。Yorker 就是现在的姚依林同志。斯诺把我们看作普通大学生,这是很自然的。谁是党员,谁不是党员,他当然不知道。然而,地下党和我们几个人却借用了斯诺的小客厅。可以这么说,我们已经是在党的领导下进行革命活动了。"黄华当时是燕京大学的学生领袖,他对斯诺的学生会议记忆犹新。他于1996年写信给海伦,"他把我带回到了1935—1936年间北平东城盔甲厂胡同13号。我们那勇敢无畏的青春岁月。60年后的今天,回首艰险的历史时刻,我感到我们没有辜负人民的期望。……任何力量都无法改变中美两国人民根深蒂固的友谊与相互理解以及我们日益紧密的关系。"[26]

在1935年12月9日的游行中,新闻系学生陈翰伯是燕京大学队伍的总领队,他带领的队伍在西直门受阻,无法进城前往集合地点新华门。队伍一直呼叫口号到傍晚才返校。当天斯诺夫妇在北平内城的街头为另一批学生拍照。[27]152 当学生为华北即将落入日本军国主义之手而哭泣时,斯诺脱口而出:"哭有什么用,我们得行动!"[28] 在这一瞬间,斯诺夫妇同中国的不解之缘就此结下。[29]421 当时与斯诺联系的中共党员黄敬就是北平地下党的负责人,斯诺并不知晓，误认为"一二·九"爱国示威"就是在我们的居室内酝酿和筹划的"[16]66。60年代知道详情后，他订正道，游行是"党员"策划的，"外国人的参加只是偶然的，新闻记者的参加也不例外，即使他们曾起到了保护作用；而我的建议、意见和鼓动也是偶然的，即使它们促成了那次游行"[30]。斯诺也因此得到了中共组织为其去陕北采访开出的介绍信[31]20。

1937年卢沟桥事变爆发以后，北平沦陷。斯诺掩护很多学生离开北平，奔赴革命圣地延安。他还同意一些东北的流亡革命者在他的住所安放收发报机，斯诺为此说"我的住所很快成了某种地下工作部了，我肯定不再是一个'中立者'了"[12]35。

四 斯诺与中国文化

在燕京大学工作期间，斯诺和海伦还专门找了一位满族的老师学习汉语。斯诺学习了中国普通话，不仅能帮助他了解另一种文化，而且有利于他避免因为文化差异而影响报道。方汉奇先生认为从1894年第一个美国记者到中国采访到现在，来中国采访过的美国记者已经数以千百计，斯诺是他们最杰出几个人中的代表："他认识大概1500个汉字，中国人民对斯诺也怀有同样深厚的感情。"[32] 到北京后，斯诺聘请了老师指导自己学汉语，学到了"足够应用的'国语'"，"能够与人进行简单的交谈"，"能够阅读一些'白话'文章了"[33]152,[38]。斯诺对中国文化的痴迷与掌握使他在文章中能够娴熟地加以运用，如在《复始之旅》的扉页引用庄子《秋水》作为题解的点睛之笔："知天地之为稊米也，知毫末之为丘山也，则差数睹矣……消息盈虚，终则有始。"[33]扉页,[38] 所以，这本书也就有了"复始"这个名字。

斯诺思想的变迁在很大程度上是来源于他对中国文化越来越深入的了解。斯诺超越了一般意义上的"中国通"，他一生所写的11部著作中有9部是关于中国的，他被称为"中国问题的权威解释者"，"中国实际上已成为他垄断的专利品了"[33]引言。从一定意义上来讲，也是中国影响了斯诺，是鲁迅、宋庆龄等人促成了斯诺的思想变迁，是中国文化鼓舞了他去发现"中国的红星"。在燕京大学学习的黄华回忆说，1935年他认识了斯诺，后来经常在他家里讨论中国的情况，包括他所知道的中国的情况。他曾从反法西斯的角度，看到中国的法西斯所做的一切。他在上海的时候接触了鲁迅先生和其他一些进步的记者，这使他的思想有了一些改变。到陕北采访，更使他看到决定中国未来的希望所在。这样的领导、这样的政策、这样的人，独立自主不是按照苏联的模式、不是照抄其他的模式，而是根据中国的情况制定自己的政策，开拓中国人自己的革命模式。于是他下定决心，他在自己的后半生将为此做出一番努力。[34]11

最初，斯诺撰写了《鲁迅——白话大师》。后来，在鲁迅的帮助和支持下他把左翼作家的小说翻译成《活的中国》出版。斯诺说："《活的中国》是中国文学中现代反抗精神和同情心的最初证据，也是最广泛的社会公平的证据，这是中国历史上第一次确认'平民百姓'的重要性。它使我深刻地领悟了知识分子的不满。它使我从各方面了解了与我年纪相仿的中国人的思想。"[16]479《活的中国》一书共收录了中国15篇优秀的现代文学作品。此书在1936年8月由英国伦敦乔治·C.哈拉普公司出版，在国外产生了很大影响，为斯诺以后采写《西行漫记》打下了基础。

鲁迅在与友人的通信中曾这样赞誉斯诺："S君是明白的。有几个外国人之爱中国，远胜于有些同胞自己……"[35]鲁迅告诉斯诺："没有疑问。我们应该向苏联学习，也可向美国学习。但是，对中国说来，只能够有一种革命——中国的革命，我们也要向我们的历史学习。"[36]斯诺认为"鲁迅是教我懂得中国的一把钥匙"[37]。他还认为："中国的小说和哲学比外国人几千页的歪曲报道更有价值。"[25],[8]24

斯诺将编译的中国小说选集命名为《活的中国》，并将它献给敬爱的宋庆龄。书的卷首，斯诺写着：

献给S·C·L·（宋庆龄）
她的坚贞不屈，勇敢忠诚和她的精神美，是活的中国最卓越的象征。

宋庆龄对斯诺的影响很大，他说："早期结识宋庆龄使我明白了为什么中国人能够从根本上改变他们的国家，并迅速从世界最底层跃至其历史和民众在世界上应得的地位。"[38] 由于宋庆龄的帮助和联系，斯诺成为第一个进入陕北的外国记者。

五　斯诺与中国革命

斯诺1936年到达保安，在红区采访了5个月。曾经在1919年参加北京大学新闻学研究会学习[39]的毛泽东非常重视斯诺这次来访。有人评价斯诺是"世纪独家新闻"的记者，他在中国采访了毛泽东和其他领导人，算是选对了地方。毛泽东在1938年接受一名德国记者采访时这样评价斯诺："当我们被整个世界遗忘的时候，只有斯诺来到这里来认识我们，并把这儿的事情告诉外面的世界。所以我们将永远记住斯诺对中国的巨大帮助。"[40] 毛泽东在与斯诺谈话时指出："我们认为美国人民和美国政府对中国是有远见的，形势注定美国政府要对中国和日本的未来起非常积极的作用。我们希望并且相信，他们将同中国结成统一战线，以反对日本帝国主义。"[41]130 毛泽东与斯诺共谈了六组问题：外交问题；反对日本帝国主义；内政问题；中共与共产国际和苏联的关系；联合战线问题；个人生平和红军长征史。[42]709

毛泽东和中国共产党的外交思想很快通过斯诺传到了全世界。《每日先驱报》《纽约太阳报》《大美晚报》《生活画报》等英美报刊相继刊载了斯诺的一系列通讯报道和采访照，1937年和1938年英美两国相继出版斯诺的《红星照耀中国》一书，该书后来被译成几十种文字，在世界各地产生巨大影响，为世界人民打开了了解中国革命和中国共产党真实情况的窗口。[43]

六　斯诺与新闻记者

斯诺被美国评论界认为是最好的政治记者之一，在《星期六晚邮报》读者调查中，斯诺名列战地记者第一。作为最出色的战地记者，斯诺显示的是他的专业功底和职业精神。"坦白直率，尊重客观事实，同谎言作斗争，斯诺讨厌任何形式的空洞宣传，他本人就从不进行这种宣传。他一贯都是一个职业新闻工作者，力求以最好的方式打动他人数众多的美国读者的心。"[44]87 这是海伦·福斯特·斯诺对斯诺作品的评价。斯诺最爱说这样一句话:"我是一个密苏里人",这是一句美国谚语,意思是"拿出证据,眼见为实"。[45] 正如20世纪30年代美国驻华外交官约翰·谢伟思所说,作为记者,他对帮助西方认识和了解中国国内所发生的巨变做出了(而且不断做出)巨大贡献。……许多西方人被誉为中国的朋友和解释者。但是,埃德加·斯诺很可能是历史上第一个既被现代中国又被西方一致确认不疑地列入这一范畴的人。[46]345-346 "斯诺精神"最核心的应该是"用事实说话"。

让世界了解中国,这在今天比在斯诺所处的时代更重要。斯诺曾经说过:"中国是世界上充满了新事物的地方。"[47]9 方汉奇先生在2005年斯诺百年诞辰国际学术研讨会上"呼唤斯诺式记者的诞生":"从1894年第一个美国记者到中国采访到现在,来中国采访过的美国记者已经数以千百计,斯诺是他们当中最杰出几个人当中的代表。我们感谢斯诺,感谢他为上个世纪的中国所做的求真的报道。同时,也呼唤能够有更多的斯诺式的记者诞生。这是追求中美两国人民伟大的长期友好和平发展的善良的人们的共同的愿望。"[33]8

参考文献

[1] 孙华、王芳:《埃德加·斯诺研究》,湖南师范大学出版社2012年版。

[2] 孙华:《论埃德加·斯诺对中美关系的影响》,博士学位论文,北京大学国际关系学院,2009年6月。

[3] 肖东发主编、邓绍根增订:《新闻学在北大》,北京大学新闻学研究会2005年内部资料,2008年增订。

[4] 张小鼎:《永恒的"红星"在世界闪耀——纪念斯诺百年华诞》,《鲁迅研究月刊》2006年第11期,第36—44页。

[5] 〔美〕埃德加·斯诺:《西行漫记》,董乐山译,外语教学与研究出版社2005年版。

[6] 孙华:《埃德加·斯诺研究综述》,《北京大学学报》2009年第3期,第149—151页。

[7] 〔美〕埃德加·斯诺:《漫长的革命——紫禁城上话中国》,新疆大学出版

社 1994 年版。

[8]〔美〕约翰·马克斯韦尔·汉密尔顿：《埃德加·斯诺传》，辽宁大学出版社 1990 年版。

[9]《论语》，北京联合出版公司 2018 年版，第 109 页。

[10] 孙华：《和而不同——和平发展中的对外传播理念》，《传媒》2009 年第 5 期，第 70 页。

[11] 孙华：《〈西行漫记〉的传播对中共领导的抗日战争及中美关系的影响》，《出版发行研究》2009 年第 6 期，第 72—75 页。

[12] 肖东发、杨虎：《埃德加·斯诺先生的燕园情怀》，《百年斯诺》，北京大学出版社 2006 年版。

[13]〔美〕洛伊斯·惠勒·斯诺：《我热爱中国》，董乐山译，生活·读书·新知三联书店 1978 年版。

[14]《中国国际友人研究会会长黄华宣布关于在北京大学成立中国埃德加·斯诺研究中心的决定》，《中国埃德加·斯诺研究中心通讯》1994 年第 1 期。

[15] 邵华泽：《斯诺：新闻记者的楷模》，《百年斯诺》，北京大学出版社，2006 年版。

[16]〔美〕埃德加·斯诺：《复始之旅》，宋久、柯楠、克雄译，《斯诺文集 I》，新华出版社 1984 年版。

[17] Mary Clark Dimond, *Edgar Snow* 1905-1972, Edgar Snow Memorial Fund, 1980.

[18]〔美〕苏尔塞：《最了解中国和毛泽东的美国人》，《洛桑日报》1972 年 2 月 6 日。

[19]〔美〕伯纳德·托马斯：《冒险的岁月——埃德加·斯诺在中国》，吴乃华等译，世界知识出版社 1999 年出版。

[20]《斯诺通讯特写选》，新华出版社 1985 年版。

[21]《拯救 25 万生灵》，《密勒氏评论报》1929 年 8 月 3 日。

[22]〔美〕埃德加·斯诺：《中国洪水纪实》，《纽约先驱论坛报》1931 年 12 月 6 日。

[23]〔美〕埃德加·斯诺：《中国洪水纪实》，《斯诺通讯特写选》，新华出版社 1985 年版。

[24] 埃德加·斯诺给哥哥霍华德的信，1934 年 5 月 8 日，中国埃德加·斯诺研究中心藏复印件。

[25] 陈翰伯:《在斯诺的小客厅里》,载《斯诺在中国》,生活·读书·新知三联书店 1982 年版。

[26] 〔美〕谢莉尔·福斯特·毕绍福编:《架桥:海伦·斯诺画传》,安危、牛曼丽译,北京出版社 2015 年版。

[27] 〔美〕海伦·斯诺:《旅华岁月——海伦·斯诺回忆录》,华谊译,世界知识出版社 1985 年版。

[28] Peter Rand, *China Hands*, Simon and Schuster, 1995.

[29] 〔美〕谢莉尔、福斯特·毕绍夫:《感谢您,理想和友谊的架桥人》,《伟大的女性——纪念海伦·福斯特·斯诺》,陕西旅游出版社 1997 年版。

[30] Edgar Snoo *Red Star over China*, New York: Grove Press, 1968.

[31] 蒋建农、曹志为:《走近毛泽东》,团结出版社 1990 年版。

[32] 方汉奇:《感谢斯诺》,龚文庠主编《百年斯诺》,北京大学出版社 2006 年版。

[33] 谭外元、郭六云:《斯诺》,辽海出版社 1998 年版。

[34] 黄华:《我与斯诺的交往》,龚文庠主编《百年斯诺》,北京大学出版社 2006 年版。

[35] 鲁迅:《1936 年 1 月 8 日致郑振铎信》,《鲁迅全集》,人民文学出版社 1981 年版,第 13 卷。

[36] 〔美〕埃德加·斯诺,安危译:《鲁迅同斯诺谈话整理稿》,《新文学史料》1987 年第 3 期。

[37] 萧乾:《斯诺与中国新文艺运动——记〈活的中国〉》,《新文学史料》1978 年第 1 期。

[38] E. Edgar Snow, *Journey to the Beginning*, New York: Random House, p. 84.

[39] 肖东发主编:《新闻学在北大》,北京大学新闻学研究会内部印刷,2008 年。

[40] 《毛泽东和斯诺之间的真诚友谊》,《人民日报》1982 年 2 月 15 日。

[41] 《毛泽东 1936 年同斯诺的谈话》,人民出版社 1979 年版。

[42] 赵佳楹编著:《中国现代外交史》,世界知识出版社 2005 年版。

[43] 孙华:《斯诺与中美关系》,《中共党史资料》2009 年第 1 期,第 186—195 页。

[44] 尹均生、安危:《埃德加·斯诺》,人民日报出版社 1996 年版。

［45］李放：《略论斯诺民主抗战思想的理论基础》，《沈阳师范学院学报（社会科学版）》，2000年第5期，第52—57+96页。

［46］裘克安：《斯诺在中国》，生活·读书·新知三联书店1982年版。

［47］凌青：《斯诺：中国人民的朋友》，《百年斯诺》，北京大学出版社2006年版。

职业与科学之争：燕大新闻系对"新闻学"的本土理念探索

张萌秋[*]

摘 要 在20世纪20年代至40年代的中国，中国新闻学界针对新闻学的科学性问题进行了本土化探索。在这一时期，吸收西方新闻教育理念并努力融入中国社会文化的燕大新闻系也在积极对这一问题进行本土化思考。这种思考为人们对新闻学这一学科的科学性认识提供了一个独特的视角。为此，本文结合相关史料，考察了这一时期燕大新闻系关于新闻学之科学性的相关讨论，以及相关讨论是否帮助新闻学实现了科学性转向及其原因。研究表明，燕大新闻系一方面认同新闻学的跨学科特性，另一方面对于新闻学是一门与现实结合紧密的应用科学也形成了学科共识。然而，这一认识并未促使早期新闻学从职业教育转变为一门科学教育。

关键词 燕大新闻系；新闻学；本土化

一 引言

"五四"以降，中国新闻学在20世纪30年代甫具规模，并形成了从知识到方法乃至方法论的学术潮流。[1] 这表明，西方新闻学自引进并成为中国大学一门独立的学科后，[2] 学界在不断思考新闻学的本土化问题。为使新闻学完成由术入学的科学任务，早期中国新闻学界围绕"新闻学与科学的关系"这一核心议题展开了重要讨论。有学者指出，早期中国新闻学以

---

[*] 作者张萌秋，系北京大学新闻与传播学院博士研究生。

西方拿来式为主，从而造成了中国新闻学科的天生缺陷。[3] 这一说法忽视了对早期中国新闻学的历史考察。文献表明，早期中国新闻学积极地与本土学术进行交流互动，对科学性的追求构成了一种明确的学术自觉。[4]

近年来，学界考察了有关早期中国新闻学的科学性论述。有学者指出，在新闻学发轫之时，因为内容贫乏而混乱，所以20世纪30年代新闻学界对新闻学的科学性存疑。[5]422 由此，对于早期中国新闻学的科学性问题，部分学者认为其认识论基础在于"新闻学是科学"是"新闻有学"的"等价置换"。[6] 而纵观国内对新闻学科学性问题的探讨，王中认为大体可以分为三类：一是新闻无学，二是新闻学是政治学，三是新闻学自成为一门科学。[7] 在更大视域内，有学者认为新闻的科学性问题是人文和科学是否可以在一个学科体内并存的问题。[8]

早期美国新闻学界对于新闻学的科学性认识也是存在争议的。1927年，世界第一所新闻学院密苏里新闻学院虽已建院19年，部分人依然认为新闻学是一门不可被教授的学问。[9] 新闻是否能成为一门专业也是20世纪20年代美国新闻界的一个焦点话题。[10] 在这种背景下，燕大新闻系作为一个积极吸纳美国密苏里新闻学院理念的教育实体，也在积极探讨如何对西方理念进行本土化调整和实践。

在将西方的学术理念与中国本土实践相结合的过程中，燕大新闻系展现了其特有的贡献与意义。燕大新闻系不仅是在模仿或复制西方的新闻教育模式，更重要的是，它在接纳外来知识的同时，努力将其融入中国的社会文化土壤之中，进行创造性的本土化实践。因此，燕大新闻系的这一探索过程，不仅对于我们理解中西教育文化的交流与融合具有重要价值，同时也为我们对新闻学这一学科的认识提供了一个独特的视角。

根据以上梳理，在对早期新闻学学术史史料研究的基础上，本文尝试回答新闻学的科学性讨论为何源起、燕大新闻系对这一问题进行了怎样的讨论和本土化探索、这些讨论是否帮助新闻学实现了科学转向等问题。本文通过史料发掘，重考了新闻学的科学论证的学术史意义、历史起源等方面，以探寻新闻学引入初期，燕大新闻系如何在中国本土知识背景下界定新闻学的科学性这一核心问题。

二　作为职业教育的新闻学

新闻学究竟属于何种性质的科学是早期中国新闻学界的一个重要的基础问题。先从新闻学在中国的源头来看，北京大学新闻学研究会最终未能在北京大学建立专门的学系，从此我们可以窥见在当时"大学乃研究高深学问之地"的德国大学理念下，新闻学还未充分成熟。这一点在北京大学新闻学研究会导师邵飘萍的言论中得到了论证："新闻业既不发达，则所谓'新闻学'者乃尚如婴儿之未学步……新闻知识应列为国民普通知识之一，尽不问其将来所操何业，要不能与新闻完全无接触也当……是亦无力升学者一种职业之途径也。"[11]

邵飘萍认为，我国新闻学虽有进步之趋势，但由于当时的新闻业不发达，新闻学应被列为一种普通知识，且是职业发展的一种途径。这一观点表明新闻学是一种职业教育。无独有偶，杜绍文则看到新闻学作为事业和职业结合的实例，认为这种融合是丰富新闻学的关键。他进一步指出，新闻学是一门与大众紧密相连的学科，它的生长和发展源于大众的需求，因此，新闻学不能局限于理论的探讨，而应该深入繁忙的街道，与实际生活紧密结合。由此可见，相较于其他学术领域，新闻学与现实世界的联系更为紧密。[12]

在美国，将新闻作为一种职业教育也是一种主流意识。如美国哥伦比亚大学新闻学院创办人普利策说："我办这个新闻学院，目的是为提高新闻职业的标准，使新闻记者同律师工程师同样的受人尊敬。"[13]

普利策这一言论揭示了美国新闻教育的职业化特征。正如燕大新闻系系主任聂士芬对美国教育的观察，"本世纪第一个十年新闻院系的建立并不是冲动的教育先驱的结果，也不是像当时许多人认为的那样，是美国教育家对时尚的所谓偏好的选择。这些新的学术单位是四十年来关于这种专业和职前教育的广泛讨论和一些经验的产物"[14]7。

从新闻教育观的发展来看，中美呈现了一个共同点，即新闻是一种职业教育。在这一点上，无论是中国早期的新闻教育体系还是美国的新闻教育体系，都强调理论与实践的结合，旨在通过从业者实际操作经验的积累和培训,将新闻作为从业者的一种职业途径,培养出能为报界、大众及社会服务的新闻记者。然而,将新闻学教育视为职业教育的观点引发了一个争议,即新闻学是否能够被视为一门科学,并因此有资格成为大学课程的一部分。例如,哈钦斯认为大学应当是专注于追求纯粹学术的地方,而新闻学这样与大众紧密相关的领域不应被纳入高等教育体系。[15] 那么,燕大新闻系对于这一问题又持何种态度呢?

三 以《新闻学概观》为代表的科学性探索

随晚清现代学术思潮的发展,新闻学与其他传统中学发生交集。查阅民国时期相关书籍,不难发现20世纪30年代新闻学与文学已经有了密切的联系。如在部分文学类书籍中,新闻学被归属到文学门类。1933年,高丕基著《中国文学史》以通史的范式,按上古、中古、近古、近世的分期方法,叙述了文学的起源及发展[16],"新闻学之刃作"就是近世的节选内容之一。1936年,由中华图书馆协会出版的《文学论文索引三编》把新闻学和杂志归到中编文学系列一栏。[17] 不仅如此,在新闻学内部,由学者黄天鹏撰写的《新闻文学概论》一书于1930年出版。[18] 从其书名而言,《新闻文学概论》合并新闻和文学两个学术门类,体现了作者对新闻文学性的跨学科认识。

可见,新闻学虽取法西学,但在本土的传播过程中也吸收了中学的理念。在取法西学和转承中学的跨学科背景下,新闻学的科学性问题不只是新闻学的内部问题,新闻学与其他科学的关系也值得进一步探讨。燕大新闻系出版的《新闻学概观》便是在这样的跨学科视角下对新闻学科学性问题进行了全面的探讨。彼时燕大新闻系主任梁士纯在该书的序言中如是说:"以不同的立场对于新闻学作一种有统系的观察和评判。由这些观察中,吾人深感到新闻学(journalism)与各种科学及人的整个生活,是有一种极密切而不可分离的关系的。"[19]3

历史学家洪业对新闻学的科学性论断可谓深入浅出。他认为新闻学和历史学大同小异。就像历史学可以分为历史和史学两个部分一样,新闻学也可分成两部分——科学的新闻学和营业的新闻学。而在理想范围内,科学的新闻学应当就是历史学。在学术界内外对新闻学是否能成为一门科学的质疑之下，这一观点为新闻学的科学性大大提升了信度。洪业对此举证："自从有了报纸以来，写时事的历史家几乎难见了。并非没有，他们不过改称为新闻记者而已。而报纸中的熟新闻，烂新闻，甚至于社论，广告，都是研究史学的人所不敢轻视的史料。"[19]23-24

在整个近代印刷和传媒行业的冲击之下，新闻记者替代了历史家记录时事的部分职能，洪业对这一传媒现象不仅有足够的认识，还据此把新闻看作史学的重要材料。不光是史学，在哲学内部，博晨光也将新闻记者的记载作为哲学家考察的事实之一，且其共同性在于二者都需要记录和探讨，[19]16-17 这与洪业把新闻学看作历史学史料的观点不谋而合。

但洪业同时也提出，新闻学不仅是科学的，其中还有营业的部分，涉及广告、报馆组织等问题。[19]25 社会学家陶孟和对新闻学之社会营业现象就做了深入的分析，并发表了"中国新闻纸的前途"的主题演讲。在这篇演讲中，陶孟和认为新闻纸并不是纯粹的，它或完全以营业为目的，或代表社会上部分的利益，或完全是政府的言论机关。[19]1-7 教育学家高厚德对新闻纸的社会效应也有所认识。他认为除了学校教育外，报纸和杂志是广义教育的重要手段。[19]8

总体而言，陶孟和与高厚德侧重从社会效益层面分析新闻学，也就是洪业所说的营业新闻学。博晨光、洪业二人则侧重从科学层面分析新闻学。在这一层面，二者把新闻看成哲学、历史学的重要材料，且认为新闻学与哲学、历史学都密切相关，新闻学还可成为其他科学的组成部分。然而，这些观点也反映了早期中国新闻学界的某种局限性：对新闻实践现象分析较多，而对新闻原理阐释不够。有学者指出，晚清新闻学主要效仿欧美学术，其主体知识多属经验性的狭义新闻学，对新闻实践虽体贴有余，但知识抽象度较弱。[20] 或许这也是早期中国新闻学界"在术不在学"的学术局限。

而在整个晚清西学思想席卷之下，以章太炎、王国维为首的求是之学重传统学问之考证，以康有为、梁启超为首的致用之学重西学思想之吸收，两种学术主张虽不同，却掀起了20世纪中国学术路径之争。如梁启超在《清代学术概论》中对求是之学和新学之学的关系的论述，就表达出要用新学整治旧学之观念："社会日复杂，应治之学日多，学者断不能如清儒之专研古典；而固有之遗产，又不可蔑弃。则将来必有一派学者焉，用最新的科学方法，将旧学分科整治，撷其粹。存其真。"[21] 陈平原认为这场求是和致用的分歧"并非是一般意义上的学术之争，更多的是体现适应传统变革要求以及面对西方思想文化冲击时中国知识分子的两难境地"[22]28。晚清中西学术路径的思潮同样对新闻学学者形成了冲击，而《新闻学概观》能融合不同派别之见，把求是之学与致用之学放在同一主题下进行讨论，这既是新闻学内部的学术创新，也可谓现代应用学术思潮的创新。

四 燕大新闻系内部学者的科学性论争

《新闻学概观》体现了一种跨学科视野，从不同学科的视角探讨了新闻学的科学性问题。除此之外，燕大新闻系学者从学科内部进行了科学性的探讨。需要指出的是，燕大新闻系是一个国际化程度较高的学系，来自西方的教员是师资力量的重要组成部分，这些接受西方学科理念的学者如何看待新闻学在中国的科学性问题，是中西比较视野下关于科学本土化的重要问题。

在西方教育者当中，包括美国的聂士芬和德国的罗文达在内的一些人持有这样的观点：新闻学不是一个独立的科学领域，而是一个跨学科的领域，它融合了历史、经济、政治、社会等多个学科的知识和方法。[23]1-3 这种观点强调了新闻学的综合性质，指出新闻学的研究和实践涉及广泛的学术领域。

与此同时，二人虽然认为新闻学不是独立的科学领域，但新闻学的科学程度与欧美相差较多。[23]1-3 而对于新闻学在中国的情况，二人认为目前设立新闻学系的三大校主要模仿美国制度，而这些美国制度与中国还有尚不协调的地方。[23]1-3 这显示了二人对于新闻学科学性的讨论不仅体现在其理论的系统性和方法的科学性上，还体现在其能否适应特定社会和文化背景的实际需求上。这凸显了新闻学应用科学的学科特点。

新闻学的科学性需要适应特定社会和文化背景也是当时燕京大学对新闻学的一个整体科学定位。一份燕京大学的英文版小册子指出，燕京大学是中国最大、装备最好的基督教大学之一，是一所特别强调职业教育的学校。例如，其宗教和新闻学院提供了一系列课程。燕京大学培养的学生不仅填补了教育领域的空白，也活跃在新闻、医疗、宗教服务、家政、农业等应用科学领域。[24]

在这一思想基础上，聂士芬进一步阐述了自己的观点，认为新闻学属于应用社会科学的范畴。在回应哈钦斯将新闻学仅视为职业教育而非学术领域的观点时，聂士芬做了一个比较，新闻学与医学相似，后者被认为是应用自然科学，涵盖了生物学、化学等多个学科。他指出，如果从医学中剥离生物学、化学等基础科学知识，医学本身的理论深度并不会超过新闻学。基于这种逻辑，聂士芬认为，由于新闻学涉及广泛的知识领域，它完全有资格被视为一门应用社会科学。[14]47-48

以上观点体现了西方学者对于新闻学科学性这一问题的理论思考，其中心思想是新闻学是一门应用科学，汲取了历史、经济、政治、社会等多学科的知识，并形成了自己的研究领域。但其作为一门应用科学的特性，要求其必须不断地调整和改进，以适应不同国家和地区的具体情况。这就意味着，无论是在中国还是在其他国家，新闻学都需要不断地本土化，寻找最适合自身科学模式的研究理论和研究方法。

对燕大新闻系的本土学者来说，新闻学的科学性也是他们努力解决的重要问题。正如梁士纯所说，他们一方面确保课程内容能够真正满足当前新闻行业的实际需求，另一方面也在努力加强课程的学术性和理论性。[25]1-2这种双重追求反映了新闻教育面临的挑战，即如何兼顾实践技能的培养与学术理论的深化。

对新闻学的科学性解答，刘豁轩在其作品《报学论丛》中明确指出，"作报"是一种科学，而高等教育机构将新闻学进行细致分类教学，正符合现代新闻行业的基本需求。[26]12这一观点不仅强调了新闻学作为科学的正当性，也反映了学界对新闻教育系统化、科学化教学方法的迫切需求。

燕京大学新闻系教员管翼贤在其文章《新闻广告》中，对新闻学中的广告学科进行了深入探讨，并特别强调了"广告科学研究"的重要性。他提出，研究广告的图案设计必须采用科学方法。在美国，许多大型广告公司依托心理学等领域的专家进行研究，这些从事广告研究的人员通常接受过高等教育，并且很多是在学校专门学习广告学的毕业生。[27] 管翼贤的这一观点不仅展示了他将广告视为科学领域的学术立场，也隐含了一种逻辑：如果广告这一新闻学的分支可以被视为科学，那么更为广泛的新闻学领域同样具备作为科学的资格，这一点应当是毫无疑问的。同时，这种论断不仅明确了广告学乃至整个新闻学科的科学地位，也强调了在新闻和广告教育中采用科学方法的重要性。通过将广告学科纳入科学的范畴，管翼贤进一步强化了新闻学作为一门综合性学科的科学基础。

相较于前面较为明确的科学论，蒋荫恩认为新闻学得以成立必须依赖于其他科学，并强调了新闻学的跨学科特性。[28] 基于对新闻学的跨学科认识，蒋荫恩认为在构建新闻学课程体系时，除了那些绝对必要的课程外，应当尽可能地进行精简。蒋荫恩在领导燕大新闻系期间，依据这一理念，努力对课程进行优化，将那些能够提高教学效率和挖掘教学深度的课程进行了整合，对于那些内容重复或与新闻学核心素养关联不大的课程进行了裁撤。这一做法旨在通过精简课程，去除冗余，确保学生能够集中精力学习实质性的新闻学知识，同时能够多学新闻学以外的课程内容。

有趣的是，燕大新闻系本土学者在探讨新闻学科学性的过程中，经常引用欧美新闻学的科学理论和方法作为论证基础，这与燕大新闻系中的西方学者持有的观点存在一定的差异。例如，管翼贤在讨论广告科学时，就深入阐述了美国广告行业的实践。这一现象表明，尽管中西方学者都将欧美新闻学作为参考框架，但他们对科学性的理解和论证路径有所不同。总的来说，本土学者倾向于借鉴欧美新闻学的理论和方法来评估中国新闻学的科学性；而西方学者如聂士芬和罗文达则指出，鉴于欧美和中国新闻业发展阶段不同，直接将欧美新闻学的理念应用于中国新闻学的情境中可能并不恰当。

尽管在科学性的论证方法上存在差异，但中西方学者在对新闻学学科本质的理解上体现了一些相似性。一方面，他们普遍认同新闻学作为一个知识体系，涵盖了多个学科领域，显示出其本质的跨学科特性。另一方面，他们对于新闻学是一门与现实结合紧密的应用科学也形成了共识。无论这种跨学科性和应用科学的认识是否可以帮助学界完成新闻学的科学转向，它毕竟指向了早期中国新闻学在科学史上所具有的应用科学地位。

五 从职业的新闻学走向"未完成"的新闻学

通过对早期中国新闻学界"由术入学"的科学转型,以及燕大新闻系学者观点的深入讨论,我们可以看到新闻学的科学性、跨学科性以及其作为应用科学的特征之间存在密切的联系。然而,从现实角度来看,新闻学科学性的转型仍然是未完成的。在今日,新闻学被批判为无学之学,关于其科学性的界定依旧是老生常谈。那么,究竟是什么导致这一问题无法从根本上解决?梳理新闻学科学转向未完成的原因,笔者尝试提出以下思考。

首先,科学史表明,当认识论出现危机,并在明确的理论和范式下出现反例时,科学家们会设计和修改已有的理论,以消除危机。如果反例和危机不构成局部刺激,就有助于构建新的科学分析理论和范式。[29]72 联系当时以欧美新闻学范式为主的中国新闻学界,营业的新闻学是新闻学的主体部分,局部刺激和反例显然不足以对报业实践造成危机。有研究提出,新闻的本质常被约定俗成为职业取向,[30] 而这种认识论特征也导致了新闻学在知识来源、研究目的与教育实践上的职业性特征。[31] 也就是说,新闻学的科学性问题虽被早期中国新闻学界所认识,但职业性范式仍是开展新闻实践的主要工具,这种范式也主导着早期中国新闻学重实践、轻学术的学科走向。

其次,科学转向的未完成或许折射出早期中国新闻学界对元问题的忽视,即对"什么是科学"的忽视。在西方新闻界,尤其是在与中国新闻学密切相关的美国新闻界,关于新闻学的科学认识也并非铁板一块。[32] 如在同时期的美国,在某些州新闻专业学位很难获得批准和授权。从这一点而言,美国新闻学内部对于新闻学的科学性认识是存有争议的。那么移植于美国并受中学影响的中国新闻学的科学内涵则更为复杂。在西方科学史的讨论中,波普尔认为自然科学并不是纯粹的科学和知识,它属于意见的领域,是理解思想史的重要部分。[33]542 照此说法,如新闻学之类的应用学科也不应属于纯科学。

最后,早期中国新闻学在依托于其他学科寻求科学转向时,其他科学内部也伴随着危机。从西方学术来看,康德认为哲学的起源包含历史知识和纯粹理性知识两部分。在历史知识内部,历史、地理学、人文学以及经验性知识都属于此列。纯粹理性知识内部则包含纯粹数学、纯粹哲学、自然形而上学和道德形而上学。[34]24 随着各门科学的分化和演变,庞杂的哲学被分化为一门门独立的科学,但自黑格尔主义兴起以来,哲学被指摘为不掌握事实的哲学论述,这意味着科学与哲学之间存在一道危险的鸿沟。[33]95

在社会科学内部,当孔德和穆勒用逻辑和科学的方法对个体和社会行为加以研究时,波普尔批判了社会科学研究的科学性。他提出社会科学面对的是观念对象而非孔德所称的社会物理学的科学对象。[35]8 因此,波普尔认为理论的社会科学的任务是"探索人类有目的活动的出乎意料的社会反应",但这种理论的科学原理是一种实用技术规则,它既不能从规律中预测历史,也不能与实验自然科学画等号。[33]481-488 在历史学认识论里,针对历史是否为一门科学的问题也言人人殊。如怀特认为历史和自然科学一样是科学,李本森把历史的部分视作科学。[36] 在哲学、历史学、社会科学还无法被确立为科学的情况下,早期中国新闻学通过向外寻求科学转向只能是草创未就。

向内无法转换新闻学的职业性范式,向外无法解决其他科学的局部危机,使得早期中国新闻学的科学转向之路必然是未完成的。而此时以应用学科冠名的新闻学仍旧践行着为社会之需要的教育理念,如燕大新闻系明确提出"为培养报业或其他宣传事业之专门人才"[37]的教育宗旨。新闻学要完成科学转向也尚待时日。

六 结论

在检视20世纪中国新闻学术遗产时我们发现,20世纪20年代至40年代正值中国新闻学术史观的萌芽期。[38] 本文以职业和科学为问题意识,挖掘燕大新闻系相关史料,对萌芽期新闻学的科学性予以关注,从不同视角窥探新闻学学科观念的形成。或许正如梁启超对新时代学术思潮所言的"若今日者,正其启蒙期矣",新闻学在各种学术思潮的猛烈冲击下,涌现了一些具有学术史意义和方法论意义的科学启蒙思想,这些思想在燕大新闻系学人中具有充分的体现。作为一种自主的科学性探索,燕大新闻系对致用之学的冲击并非全盘接受和西化，而是与不同学术思潮产生跨学科互动、形成跨学科观念。

然而，以职业性为范式的新闻学并未借助跨学科性完成科学转向，跨学科更像是新闻学起步的方法工具，以从其他已有学科中获取理论和方法。任博德（Rens Bod）认为这正是新兴学科的特点，而新兴学科要完全建立自己的方法，就要与它源于其中的领域相分离，这一点文学理论耗去了整个19世纪才实现。[39]374 历经了整个20世纪的新闻学或许本应如文学理论一样实现完全的独立，但西方传播学的引进再次革新了中国新闻学的学科面貌，也让中国新闻学的跨学科性再次凸显。而在当代新闻学范式亟待更新的今天，昨日的跨学科性论争不仅没有变成今日的历史，还在呼唤跨学科的当下继续发挥着它在中国新闻学中的学术活力。但当代中国新闻学究竟是借助跨学科性完成未完成的科学转向，还是把它作为一种借取资源？关于这一问题的答案有待未来给出。

参考文献

[1] 朱至刚：《作为方法论的"阶级"：试论1930年代初中国"新的新闻学"的缘起和展开》，《国际新闻界》2019年第10期，第126—146页。

[2] 李秀云：《试论民国时期新闻学理论体系之建构》，《学术交流》2015年第3期，第197—202页。

[3] 姜英、赵星植、侯沁奕：《近代中国新闻学界对外国新闻事业的研究概况（1935—1949）》，《国际新闻界》2011年第9期，第96—102页。

[4] 涂凌波、李泓江：《现代化自觉与中国新闻学构建——基于20世纪中国新闻学经典文本的学术史考察》，《现代出版》2023年第4期，第85—95页。

[5] 丁淦林、商娜红：《聚焦与扫描：20世纪中国新闻学与传播学研究》，新华出版社2005年版。

[6] 姜红：《现代中国新闻学科的合法性建构——"新闻有学无学"论争新解》，《新闻与传播研究》2007年第1期，第52—61页。

[7] 王中：《谈谈新闻学的科学研究》，《新闻大学》1993年第3期，第12—14页。

[8] 谢建东：《人文性与科学性融合并存：对新闻学科学化的思考》，《当代传

播》2017年第3期,第25—29页。

[9] George Mantin, "*Missionaries of Missouri. A University Source of Sound Journalism*"报纸,密苏里州哥伦比亚历史档案馆藏,25012533。

[10] William Allen White, "*Is Journalism a Profession*?"报纸,密苏里州哥伦比亚历史档案馆藏,92212533。

[11] 邵飘萍:《我国新闻学进步之趋势:新闻学应列为普通学科》,《东方杂志》1924年第21卷第6期,第24—26页。

[12] 杜绍文:《事业与职业 新闻学刍见之四》,《前线日报》1946年6月28日,第8版。

[13] 《两种新闻教育》,《大公报》(天津版)1936年8月3日,第11版。

[14] Vernon Nash, *Education for Journalism*, Ph. D. dissertation, Columbia University, 1938.

[15] R. M. Hutchins, "The Higher Learning in America," *The Journal of Higher Education*, Vol. 70, No. 5, 1999, pp. 524-532.

[16] 高丕基:《中国文学史》,上海商务印书馆藏1933年版。

[17] 刘修业:《文学论文索引三编》,中华图书馆协会1936年版。

[18] 黄天鹏:《新闻文学概论》,光华书局1930年版。

[19] 燕京大学新闻系编:《新闻学概观》,燕京大学新闻学系刊印1935年版。

[20] 张涛甫:《构建广义新闻学》,《新闻大学》2021年第8期,第2页。

[21] 梁启超:《清代学术概论》,商务印书馆1921年版,第180—181页。

[22] 陈平原:《中国现代学术之建立——以章太炎、胡适为中心》,北京大学出版社1998年版。

[23] 聂士芬、罗文达:《中国报业前进的阻力》,《报人世界》1936年第6期,第1—3页。

[24] "The Dawn of a New Hope!",燕京大学英文介绍手册,密苏里州哥伦比亚历史档案馆藏,107012533。

[25] 燕京大学新闻学系编:《今日中国报界的使命》,燕京大学新闻学系刊印,出版年份不详,第1—2页。

[26] 刘豁轩:《报学论丛》,益世报社1946年版。

[27] 燕京大学新闻学系编:《新闻学研究》,燕京大学新闻学系刊印1932年版。

[28] 蒋荫恩:《新闻教育感想》,《中国新闻学会年刊》1944年第2期,第106—

113页。

[29]〔美〕托马斯·库恩：《科学革命的结构》，金吾伦、胡新和译，北京大学出版社2003年版。

[30] 王辰瑶：《新闻，新问：如何超越传统新闻学的"职业"取向》，《新闻与写作》2021年第11期，第13—19页。

[31] 杨保军、李泓江：《新闻学的范式转换：从职业性到社会性》，《新闻与传播研究》2020年第8期，第5—25页。

[32] Y. Z. Volz, C.-C. Lee, "American Pragmatism and Chinese Modernization: Importing the Missouri Model of Journalism Education to Modern China," *Media, Culture and Society*, Vol. 31, No. 5, 2009, pp. 711-730.

[33]〔奥〕卡尔·波普尔：《猜想与反驳——科学知识的增长》，傅季重、纪树立、周昌忠、蒋弋译，上海译文出版社2005年版。

[34] 李秋零主编：《康德著作全集第7卷：学科之争》，中国人民大学出版社2008年版。

[35]〔英〕埃莉奥诺拉·蒙图斯基：《社会科学的对象》，祁大为译，科学出版社2018年版。

[36] 周振鹤：《历史学：在人文与科学之间》，《复旦学报（社会科学版）》2002年第5期，第41—46页。

[37] 燕大本科各学院课程概要，燕京大学档案：YJ1936011，北京大学档案馆藏。

[38] 李松蕾：《北大新闻学茶座（49）——李秀云教授谈"中国新闻学术史的过去、现在及未来"》，《国际新闻界》2016年第1期，第167—169页。

[39]〔荷〕任博德：《人文学的历史：被遗忘的科学》，徐德林译，北京大学出版社2017年版。

Table of Contents & Abstracts

Hybridity and Embeddability: Artificial Intelligence Generated Content (AIGC) Assists in the International Communication of Chinese Culture

Liu De-huan, Zhao Jing-he / 1

Abstract: In the era of artificial intelligence, generative artificial intelligence technology has been applied to various fields, and international communication of Chinese culture also needs to update the communication path to meet the challenges of the new era. This paper proposes that in the process of Chinese culture communication in the new era, we should pay more attention to content production, creating better Chinese culture through AIGC. Besides, we needs to utilize multimodal technologies to integrate various forms of content, which may enrich multi-sensory communication. Also, in view of the characteristics of audiences in different cultural contexts, emotion-oriented and precise communication have been realized. The integration of generative AI technology and Chinese culture will contribute to new creativity in international communication of Chinese culture.

Keywords: AIGC; Chinese Culture; External Communication; Hybridity and Embeddability

"Reconstructing the Subject": The Shift from "Subjectivism" to "Relationism" in International Communication in the Era of Data Intelligence

Shi Zeng-zhi / 11

Abstract: Affirming that the power of international communication centered on the nation-state is not diminishing but strengthening, and recognizing the importance of social acceleration, cognitive resilience, as well as aesthetic empathy brought about by technology, this paper proposes that the new order of global communication in the ear of data intelligence requires theoretical rethink on the profound practical significance of reconstructing the subject within a shift from a subjectivism approach to a relationism approach in international communication. Communication as power, under the guidance of the idea that "technology is the way truth happens", suggests a paradigm shift in the ontological study of international communication. It unfolds a self-revolution in international communicators' self-awareness within a clarified "ignorance", enabling the self to continually extend and invert concepts and meanings within its relations with others. This reveals another possibility in international communication beyond grand narratives such as nationalism or ethnic nationalism—the potential for spaces of conversation and dialogue constructed through shared feelings and emotions. It constructs a political aesthetics based on people's willing and human nature, enhances respect and understanding for different cultures and civilizations by small narratives, and strives to abandon arrogance and prejudice in thoughts and actions before dangers and crises arise. It is important to implement the idea of "peace, development, cooperation, and win-win situation" and "the trend of people's hearts and the general trend" in flexible and effective embodied conversations and communications in international communication contexts. When facing and solving future ignorance and problems, it helps our human avoid the occurrence of violent conflicts and wars as much as possible.

Keywords: International Communication; Political Aesthetics; Subjectivism; Relationism; Subject Reconstruction

Information Dissemination Networks and Organizational Adaptation in Emergency Response
  —An Exploratory Case Study of Henan Rainstorm   Wang Xi-ling, Liu Yi-chun / 21

Abstract: China's disaster governance pattern is characterized by government-led, multi-party participation, coordination and joint response. Local governments, the media and other regular organizations need to cooperate with the sudden birth of citizen groups and social organizations to launch social mobilization, deploy social resources and implement relief efficiently. Therefore, the efficiency of disaster information dissemination and the degree of adaptation of emergent and regular organizations profoundly affect the effectiveness of emergency response. This paper proposes a research framework for emergency response based on a combination of complex adaptive systems, organizational substitution theory and information theory. It thus explores the impact of information flow in disaster situations. This study takes the "7. 20" extraordinary rainstorm in Zhengzhou, Henan Province in 2021 as an example, and uses observation, interviews and public data to construct a disaster information dissemination and relief action network of multiple actors in the rainstorm using social network analysis, and summarizes the desirability and shortcomings of each actor's collaborative disaster relief practice.

Keywords: Disaster Relief Information; Disaster Relief Actions; Social Network; Emergency Response

Interaction Rituals for Middle-aged and Elderly Rural Female Users on Short Video Platforms

—A Qualitative Research Based on Grounded Theory　　　　He Xue-cong / 39

Abstract: Short video platforms have become new tools for social connection among middle-aged and elderly groups. Understanding how these people form social connections on short video platforms is crucial for reflecting on the role of new media in promoting active aging. Based on Interactive Ritual Theory, this paper employs Semi-structured Interview and Grounded Theory on 20 rural middle-aged and elderly female users on Douyin to explore the interaction rituals of these people on short video platforms. The research reveals that this group has developed three layers of interaction rituals to form tightly knit and orderly social connections: firstly, "responding to follows and likes" entails responding to every follow and like, through which middle-aged and elderly individuals establish social circles through reciprocal interactions; secondly, "positive commenting" involves interaction through positive comments, where rural middle-aged and elderly women respond to each other's entertainment and emotional needs, forming an "emotional community"; finally, "rejecting private messaging" entails refusing private message exchanges, through which middle-aged and elderly women delineate the boundaries of online social interaction. This paper argues that middle-aged and elderly individuals demonstrate agency on short video platforms. Addressing digital discrimination against them is essential, while meeting their needs and reflecting on aging concepts are crucial for improving their digital survival.

Keywords: Middle-aged and Elderly Rural Women; Interaction Ritual; Grounded Theory

How Does the Internet Empower?
——A Study on the Employment of Young Persons with Disabilities from the Perspective of Platform Labor   Li Min-rui, Zhou Ru-nan / 56

Abstract: The development of digital technology and the digital economy has broadened the employment channels for people with disabilities in China and increased their employment opportunities. Most of the labor on internet platforms adopts crowdsourcing production methods and piece rate wages. The labor location and time of workers are flexible, and disabled people can temporarily break away from their status during the labor process on internet platforms, realizing the legitimacy and sense of gain of work. At the same time, in the specific work process, people with disabilities cleverly integrate the disability into their emotional labor process, becoming a labor strategy to achieve maximum personal labor benefits. Finally, in the process of employment on internet platforms, people with disabilities fully utilize the social attributes of the platform, not only gaining income, but also weakening the risk of social relationships gradually shrinking in real life. Internet platform labor is closely tied to social media, and people with disabilities continuously accumulate a sense of collective belonging and identity during the digital labor process.

Keywords: Platform Labor; Emotion Labor; Identity; Employment for Persons with Disabilities

Paradigm Transformation and Shared Framework
—— Rethinking the Rhetorical Path of Communication Discipline in the Age of Digital Intelligence   Zhao Lei / 73

Abstract: As one of the sources of communication science, rhetoric is one of the basic methods for human beings to gain consensus and think about mutual relationships. Ancient rhetoric still has its value in the era of digital intelligence, where information technology is rapidly updating and iterating. This article systematically analyzes the role and function of rhetoric in communication research, and believes that the rhetorical path in communication research cannot be ignored. Especially in the age of digital intelligence, digital rhetoric provides assistance for communication science to address the current challenges. The revival and development of rhetorical pathways in communication research are needed, and rhetoric needs to be re valued in multiple dimensions. The rediscovery of rhetorical pathways in communication research is also one of the necessary conditions for addressing the challenges in the age of digital intelligence and participating in global discourse practice.

Keywords: The Age of Digital Intelligence; Digital Rhetoric; Text

From Technological Dependence to Technological Independence
—Chinese Path to Modernization and Innovation in 1990s Communication Technology

Chen Yu-kun, Zhang Hui-yu / 85

Abstract: Since the 1980s, China has been importing digital switching systems from abroad to develop modern communication technology. This has given rise to various business models that absorb foreign communication technology. These models have shown different development approaches in internal research and organizational mechanisms for developing communication technology, and have undergone a process from technological dependence to independence. This article examines the role of the government and representative enterprises in the development of digital switching technology in China in the 1990s. It argues that adopters of technological innovation not only need to position the issues of development but also need to identify the key roles of organizational mechanisms, national policies, and social interactions through innovation practices to accumulate their own innovation capabilities. This article hopes to reflect on the role of communication technology in the context of Chinese path to modernization in the 1990s in the global southern countries, imagining a broader space for development.

Keywords: Digital Switching Systems; Communication Technology; Autonomous Innovation; Chinese Path to Modernization

DTC Conceptual Discernment and 4C Analysis of DTC Models in the Chinese Context

Zhang Ke-yu / 103

Abstract: With the further development of Internet social media, the Direct-to-Consumer (DTC) model has been booming in China's marketing field in recent years, mainly due to the construction of private traffic. The concept of "DTC" first emerged in the United States, where it was applied to pharmaceutical sales. It has evolved into a general marketing method across various fields in China. However, there is still a lack of comprehensive understanding and analysis of this concept. In academia, there are widespread misinterpretations and conflations of the related concepts of "DTC", which urgently need clarification. Furthermore, applying the "DTC" model often suffers from oversimplification and arbitrariness, indicating a need for further development and maturity. This research addresses these issues by conducting participatory observations in DTC communities and interviewing relevant industry personnel. Using the 4C theory as a theoretical framework, this paper will analyze the DTC model and discuss its validity in the Chinese context, its advantages, and how it can be leveraged.

Keywords: DTC; Private Traffic; 4C Theory; Distinction of Concepts; Qualitative Research

Meta Governance: Model Selection for Modernization of Network Ecological Governance

Luo Kun-jin, Xu Jia-xin / 115

Abstract: The report of the 20th National Congress of the Communist Party of China has repeatedly stressed the need to promote the formation of a good network ecology, and the modernization of network ecological governance is an important component of Chinese path to modernization. The current perspective of network ecological governance in China mainly includes hierarchical supervision, multi-departmental co-management, and strict regulatory management. However, hierarchical supervision is not suitable in the era of Web 2.0, which is detached from time and space; there is a lack of coordination between departments and entities in multi subject co governance; regulatory strict management emphasizes bottom line thinking and lacks preventive guidance and soft constraints. Overall, there is a lack of long-term mechanisms for network ecological governance in China. The theory of meta governance adapts to the current situation of network ecological governance in China in terms of value orientation, practical conditions, and practical experience. This article attempts to construct a network ecological governance meta governance model based on the theory of meta governance, with the Party's values as the top-level control and the government's deployment as the middle-level arrangement. Internet platforms, industry organizations, online communities, and individual netizens each play their respective roles.

Keywords: Network Ecological Governance Modernization; Network Ecological Governance; Internet Governance; Meta Governance

The Lost Spatial Media: The Media Life History of the Beijing Newsstand (1904 – 2022) Jiang Mei, Li Ai-si, Zhang Yi-fei, Wang Yi, Wang Hong-zhe / 129

Abstract: Considering the newsstand as spatial media, this paper traces back to the historical development of Beijing's newsstands from the aspects of policy management, operation modes, and functional orientations, and conducts field research. Taking Beijing's newsstands as an example, this paper is dedicated to clarifying the complex entanglement between the newsstand as a spatial media and society in different historical periods. This paper has found that in China, as a public infrastructure, the newsstand has been involved in publicness since its birth, and adapted to the needs of the country's development by continually renewing its spatial roles. Nevertheless, its spatial characteristic of citizen interaction remains invariable. Therefore, it's a narrow way to discuss the rise and fall of the newsstand merely by economic standards. The demise of newsstands is not purely an economic consequence of changes in media ecology but has a deeper connection to the planning and governance of urban space. Moreover, the digital transformation of the newsstand reflects an impoverished imagination about modern urban development.

Keywords: Newsstand; Spatial Media; Urban Planning; Infrastructure

Form Ontology to Axiology: Turning of Research on 3D Film Aesthetics and the Chinese Path Su Yue-huan / 143

Abstract: In recent years, the research vision of 3D film aesthetics has turned from ontology to axiology in the world wide. Its ontology as the foreign research focus has been gradually deepening and enriching in recent 100 years, while the research results are unable to touch the essential level for its empirical and rational methods limited to the phenomenological field. And Husserl's phenomenological methodology efficient for essential problems has no universal applicability and is difficult to prove itself like methodology of Chinese traditional philosophy. So its pure ontology can't be solved in the field of philosophy and science, but this dilemma has tuned around in Chinese academic circles. Its axiology which taking human's physical and mental health as the standard, and aesthetic, virtue and legality as the logical path, has become a new territory opened up by Chinese scholars, in which its axiology is not completely different from ontology, but may be mutually implicated.

Keywords: 3D Film Aesthetics; Ontology; Axiology; Methodology; Chinese Path

Communicating with Books: The Gift of Books as a Symbol of Etiquette Culture from the Perspective of Propagation Rituals   Yang Hui-jia, Zhao Sheng / 157

Abstract: Giving books has been a matter of grace since ancient times. Books giving donation is not only an "instrumental" gift, but also a symbol of Chinese etiquette culture, representing knowledge, emotion, respect and care. In the context of Chinese social relations, the complexity of interpersonal relationships is quite present in the act of giving books, and the books flowing in the act of giving carry so rich social values becoming the bond of interpersonal relationships. With the inheritance of generations and the formation of experience, giving books has gradually become a kind of ritual with the function of emotional expression. This paper will focus on the book donation behavior of Chinese writers in modern and modern history, discuss the book donation behavior from the perspective of communication ritual, and explore the order in the book donation behavior based on the analysis of the role and metaphor in the book donation behavior, aiming to deeply understand the cultural background and social significance of book donation, and discuss the modern enlightenment of book donation behavior to the publishing industry.

Keywords: Giving Books; Communication Ritual; Etiquette Culture

Reflection on AI-generated Painting: Dematerialization, Idea, and "the End of Artists"   Wang Zi-chang / 170

Abstract: AI-generated models, such as Midjourney and DALL-E 2, have further promoted the dematerialization of painting, using the text-image generation model to transform the process of creating artworks into textual descriptions. Looking back at the history of contemporary visual art, the trend of dematerialization has long arisen. In the field of AI-generated paintings, the dematerialization trend is mainly reflected in non-substance, disembodiment, and mobility of images. These characteristics will guide the tendency towards unknowability and false civilianization of artistic creation, along with the risk of totalitarianism. The trend of dematerialization also leads us to reflect on the "idea" in human artistic creation. In the face of AI-generated paintings, humans no longer occupy the position of the sole subject of artistic creation, but this does not mean that human artists will face the end. The potential risk of totalitarianism in generative art, its lack of criticality, and the bias behind the logic of statistics mean that human artists and their idea in creation still have a solid foothold.

Keywords: AI-generated Painting; Dematerialization; Idea; The End of Artists; Generative Models

Publisher's Ability to Write Powerfully in the Era of Digital Intelligence: Cases of Outstanding Publishers   Yang Hu, Zhou Li-jin / 187

Abstract: Entering the New Era, publishers find it urgent and necessary to strengthen "the ability to write powerfully". It is an important pathway for publishers to study and implement Xi Jinping Though on Culture, conform to the trend of the era of digital intelligence, boost the development of publishing studies, and achieve career value. Practices of outstanding publishers have provided modern-day publishers with the models and examples to follow in strengthening "the ability to write powerfully". Publishers' ability to write powerfully is explained here in five layers, i. e. , the ability to write pragmatically, the ability to refine works, the ability to accumulate professional knowledge and experiences, the ability to contribute to theoretical studies, and the ability to conduct scholarly research. Publishers shall view enhancement of "the ability to write powerfully" as a self-conscious pursuit in career development, laying emphasis on a whole-new "ability to write powerfully" which highlights the combination of artificial intelligence and self-innovation. Meanwhile, enterprises, universities, research institutes and end-users shall seize the opportunity in building up publishing studies as an academic discipline to jointly refine the talent cultivation mechanism centering on "the four abilities" with "the ability to write powerfully" as a core element.

Keywords: Four Abilities; The Ability to Write Powerfully; The Era of Digital Intelligence; Building Up Publishing Studies As an Academic Discipline

Consumer Decision-Making Styles of Young Chinese Automobile Consumers

Xu Jin-can, Liu Nian, Li Shi / 201

Abstract: This research applies the Consumer Style Inventory (CSI) to measure the consumer decision-making styles of young Chinese automobile consumers. Through exploratory factor analysis and confirmatory factor analysis, this paper finds that CSI has good reliability and validity in the Chinese context. Young Chinese automobile consumers mainly have the following six consumer decision-making styles, namely brand & fashion consciousness, high quality & perfectionism, confused by overchoice consumer, price & value consciousness, time conserving consumer, recreation & enjoyment. The ANOVA analysis further shows that the consumer decision-making styles of young Chinese automobile consumers have statistically significant differences in many demographic characteristics such as gender, age, marital status and family structure. Finally, this paper discusses the enlightenment of consumer decision-making style to related enterprises to conduct advertising and marketing communication activities.

Keywords: Consumer Decision-Making Style; Consumer Style Inventory (CSI); Exploratory Factor Analysis; Confirmatory Factor Analysis

An Exploration of the Research Progress and Analysis Framework of Digital Advertising in China

Gao Teng-fei / 217

Abstract: Digital advertising is one of the core industries of the digital economy. This paper uses the data visualization method to measure and analyze the research focus and hotspots of digital advertising in Chinese literature during 1997–2023 and try to construct a three-dimensional analysis framework of digital advertising research in the Chinese context based on the evolution logic of "context-path-result." Finally, we put forward the outlook around the conceptual analysis, quantitative analysis, and regulation of digital advertisement. We will also discuss the development of digital advertising in China. Finally, it puts forward the outlook on conceptual analysis, quantitative analysis, and regulation of digital advertising. Generally speaking, the number of digital advertising literature in China has fluctuated, and the topics are rich and diversified. In terms of context, the development of digital advertising in China mainly stems from the changes in the technological paradigm, economic paradigm, and communication paradigm; in terms of path, digital advertising has formed a spiral growth path with data and digital technology as the core kinetic energy and continuous optimization; in terms of results, digital advertising has driven the rise of computational advertising, and facilitated the high-quality development of the digital economy, the change of the advertising industry, and the transformation of advertising agencies.

Keywords: Digital Economy; Digital Advertising; Communication; Media

Death as the Beginning of Life: Life Narrative in Films and Television Works and the Meaning Construction of "Death" He Tian-ping, Yan Zi-xuan / 233

Abstract: Death is a personal life experience, which gains sociality by its universality and inevitability. Life narrative has provided the possibility of returning to the individuality of Death. Through the analysis of life narrative surrounding death in films and television works, this article identifies three narrative strategies: the dissipation of memory as the representation of the dying process, the reconstruction of the living's identity as the meaning of Death, the immortality and interactivity between the dead and the living as the imagination of "After Life". These strategies succeed in re-telling life by Death, forming the life narrative of "Death as the Beginning of Life". It has also constructed three dimensions of "Being", namely memory, identity, and technology, under the hypothesis of the duality of body and soul. Life narrative in films and television has constructed Death as the metaphysical acknowledgment of life, which enables the potential publicity. Still, the life narrative requires more emphasis on the embodiment and materiality of Death.

Keywords: Life Communication; Hospice Care; Digital Immortality; Body and Soul

The Evolution and Possible Future of the ideas of GAME in Western Game Theories
Liu Xin / 246

Abstract: Since the dawn of the 21st century, gaming has become one of the key terms in understanding contemporary culture and development. However, its referential ambiguity and semantic complexity often lead discussions into what might be described as Wittgenstein problems. This paper discusses the linguistic barriers of the "concept" of play and employs the history of ideas as a method to critically examine the "concept" of play that lies at the heart of established discourses. It points out that in Western game theory, the notion of "play" has evolved from an original phenomenon to a pure idea, to a universal human behavior, and finally to a process of ever-diversifying forms of play. This evolution has led the once holistic meaning of play to gradually enter a dichotomy of play and games, form and content, and play and reality.

Keywords: Game Theory; Ideas of Game; History of Game Thought; Philosophy; Video Games

We-Media Narratives: A Type of Technologies of the Self Embedded in Everyday Life　　　　　　　　　　　　　　　　　　　　　　　　Fu Li-le / 261

Abstract: The popularity of we-media has made sharing self-storytelling a part of individual users' daily lives. This article argues that everyday life forms the primary content of such narratives, and the resulting narrative content has formed an interconnected network of internet memories, where self-writing takes on a nomadic nature in the cross-media environment. This phenomenon not only reflects the alternation of individual empowerment and counter-empowerment, but also demonstrates the involvement and promotion of social interaction by spontaneously formed narrative networks. Individuals are both the subjects to narrative and to be constructed by their own shared stories. By using we-media for self-expression, users engage in narrative practices, depicting, reflecting, and connecting complex virtual and real-life experiences in the online space.

Keywords: We-media Narratives; Everyday Life; Self-technology; Individuals

Edgar Snow and Yenching University　　　　　　　　　　　　　　　Sun Hua / 297

Abstract : Edgar Snow, an American reporter, overcame cultural and ideological differences and truthfully introduced China to the world. In particular, in his work Red Star over China, which was completed in Yenching University, he introduced to the world a true revolutionary base led by the CPC. He made a great contribution to the American's understanding about New China. In China, Snow is regarded as a bridge between Chinese and American while his works has become the most authoritative materials for American government to understand China. After being aware of the differences between China and US, he managed to minimize these differences. His understanding on the significant events was largely attributed to his research on Chinese culture. By interpreting the political situation of China at that time, he described the direction of Chinese society with accurate and inclusive view points, and managed to predict the big events that would happen to China in the future. This article implies that the research on Edgar Snow's work today has particular significance for China's international communication in the peaceful era.

Keywords: Edgar Snow; Yenching University; Red Star Over China; International Communication

The Debate Between Profession and Science: The School of Journalism of Yenching University's Exploration of Local Concepts in Journalism   Zhang Meng-qiu / 312

Abstract: In China from the 1920s to the 1940s, the journalism academic community engaged in localized explorations regarding the scientific nature of journalism. During this period, the School of Journalism of Yenching University, absorbing western concepts of journalism education and striving to integrate them into Chinese social and cultural contexts, actively pondered this issue from a localized perspective. This contemplation provided a unique angle on the scientific understanding of the journalism discipline. By examining relevant historical materials, this paper investigates the discussions on the scientific nature of journalism within the School of Journalism of Yenching University, during this era, as well as whether these discussions aided in the scientific transformation of journalism and the reasons behind it. The study reveals that, on one hand, the School of Journalism of Yenching University, recognized the interdisciplinary nature of journalism. On the other hand, there was a consensus that journalism is an applied science closely intertwined with reality. However, this interdisciplinary and applied scientific characteristic did not facilitate the early transition of journalism from vocational education to a scientific discipline.

Keywords: The School of Journalism of Yenching University; Journalism; Localization

附录1　征稿启事

《北大新闻与传播评论》近期新出版的《重现日常生活：数字、人文与传播》和《虚实共生：真实、创造与传播》两辑，以持续追问的方式，从学科自主知识体系探索、国际传播与国家形象、平台社会与认同传播、数字基础设施建设与社会平等、传播思想与价值观转向、生命传播与虚实共生等方面，探讨当下社会面临的机遇与挑战，为新闻与传播学应对时代的需要、以跨学科的姿态介入人之本质乃至生命提供了理据。

在此基础上，本刊现向海内外专家、学者诚邀佳作，旨在通过聚焦大数据、人工智能、平台社会等具象化的社会现象，以跨学科的方式直面数智时代全球传播与技术中所面临的机遇与挑战。

一、征稿主题（不限于）

（一）中国式现代化与新闻传播学

1. 习近平文化思想与新闻传播学科发展
2. 中国式现代化与新闻传播理论和历史
3. 马克思主义新闻观前沿问题
4. 新时代新闻传播史的书写范式与研究方法

（二）新闻传播学科建设与发展

1. 新闻传播学科自主知识体系建构的再思考
2. 中国特色新闻传播学理论与影响力提升
3. 跨学科研究的意义与路径探索
4. 新文科建设与新闻传播专业教育改革
5. 出版业高质量发展的理论与实践

（三）国际传播与跨文化对话

1. 数智文明中的中国、世界与人类文明
2. 跨文化交流中的差异性与同一性

3. 国家形象建构与媒体角色
4. 国际传播视阈下的权力博弈与数字伦理
5. 中国话语中国叙事体系构建与中华文明的传播力影响力

（四）全球命运共同体与全球治理
1. 网络空间全球治理基础理论创新
2. 网络空间规则与互联网治理体系建构
3. 数字合作新机制与数字主权发展
4. 数字文明与网络命运共同体建设

（五）数智时代的传播研究新范式
1. 传播研究本土化的历史溯源与媒介史观
2. 传播研究的观念转换与理论创新
3. 传播效果评价指标体系的建立与应用
4. 媒介重构中的叙事策略与传播机制革新

（六）数字化传播、营销与广告
1. 大数据、计算广告与产业趋势
2. 数字化广告的传播实践与行业经验
3. 整合营销传播理论创新与案例分析
4. 中国互联网企业的海外形象塑造

（七）生成式人工智能与虚实共生
1. 生成式人工智能的应用前景与伦理风险
2. 生成式人工智能技术范式下的社会平等与社会信任
3. 元宇宙、区块链与虚拟现实发展
4. 数字基础设施建设与中国式现代化发展
5. 平台社会中的劳动、资本与经济

（八）生成式人工智能与知识生产
1. 生成式人工智能对知识生产的影响
2. 生成式人工智能在新闻传播学研究领域的机遇与挑战
3. 生成式人工智能与新闻传播学学术发表的规范与伦理

（九）生命传播与跨媒介叙事
1. 重返部落化与共情传播

2. 交谈、真实、创造与数字生命

3. 生命传播视阈下的的跨媒介叙事

4. 多元数字平台与生命体验、生命叙事

二、来稿须知

（一）来稿必须为未正式发表的文章，请勿一稿多投，请勿一次投递多篇稿件，如遇此类情况作退稿处理。

（二）来稿应符合学术规范，具有创新性的视角与见解，使用较新文献资料，文章查重率不超过15%，所投稿件应为作者未曾在其他刊物公开发表过的最新研究成果。请作者遵循学术规范和道德，不得抄袭、剽窃他人的研究成果。

（二）本刊对来稿一律采取双向匿名审稿，择优录用。来稿在截稿日期编辑部收到稿件3个月后如未被采用，作者可自行处理。

（三）投稿论文字数（包含摘要、关键词、参考文献及注释）10000－12000字，投稿者须按照本刊的论文格式规范写作（见附录2）。稿件格式及引文注释是否合规将直接影响您论文的编审进度，格式不符者作退稿处理。

（四）来稿文责自负，本刊编辑部有权修改、编辑、加工文稿，如不同意删改者，请在来稿中注明。

（五）来稿请于邮件正文注明作者简介，包括姓名、单位、职称（在读研究生请规范注明"博士研究生"或"硕士研究生"；在站博士后请规范注明博士后流动站名称或所在二级学院和"在站博士后"）、研究方向、通讯地址、邮编、电话及电子邮箱。若有多个作者，请用分号隔开。获得基金资助的项目，请注明项目名称及项目编号。

（六）本刊投稿邮箱：**xwcbpl@ pku. edu. cn**，邮件请以"主题+标题+姓名+作者单位"命名，来稿附件请用Word文件。

附录 2　稿件规范

（一）标题。主标题黑体小三号字，副标题（若有）黑体小四号字，居中，不宜超过 20 字。英文标题字号类同，字体为 Times New Roman。

（二）摘要和关键词。论文需提供中英文摘要和关键词。摘要应简明阐述研究目的及主要内容，具有相对独立性，以 150—300 字为宜。摘要后列出 3—5 个关键词，关键词之间用分号分隔。"摘要"二字和"关键词"三字为宋体小四号字，加粗；摘要的文句和关键词词语为宋体小四号字，不加粗；两端对齐并缩进两个字符。英文字号类同，字体为 Times New Roman；英文关键词每个单词首字母大写，关键词之间用分号隔开。

（三）正文。条理清晰，行文规范。1 级标题用"一、"标示，黑体四号字，居中；2 级标题用"（一）"标示，黑体小四号字，两端对齐并缩进两个字符；3 级标题用"1."标示，宋体小四号字、加粗，两端对齐并缩进两个字符。正文为宋体小四号字，每段两端对齐并缩进两个字符，1.5 倍行距。范例见附录 3。

（四）凡是在书中出现的外文姓名、专有名词（例如某机构的名称及其缩写、某协议或文件、条约名称等），请一律在文章首次出现时译成中文，并在其后以括号标注原文，第二次后出现采用译文或缩写即可。

（五）请仔细核查文章中的数据、图、表、公式、单位的正确性，避免出现计算、推导错误，核查图表的标题和序号，保证图表及其排序的全书格式统一。图片不低于 300 像素、不小于 3MB，图片应确保获得授权或无版权问题，并在图下注明版权信息出处（格式参见参考文献要求）。

（六）参考文献。采用顺序编码制置于文末，在引文处按文献引用的顺序，以带方括号的阿拉伯数字连续编码，如"[1]"，用上角标表示。具体格式见附录3。

（七）注释。如对文章篇名、作者及某一特定内容做必要的解释或补充说明，可使用页下脚注，序号用带圆圈的阿拉伯数字的上角标表示，如"①"，每页另起编码，宋体、五号字。

附录3 稿件规范范例

北大新闻与传播评论*（主标题小三黑体）

张三　张三丰**（小四宋体）

作者信息与基金或项目信息以<u>脚注形式</u>置于论文第一页底端。

摘要（小四黑体）：《北大新闻与传播评论》创刊于2004年，曾为中文社会科学引文索引（CSSCI）来源集刊（2017-2018）。（小四宋体）

关键词（小四黑体）：新闻与传播；评论；学术期刊（小四宋体）

Journalism and Communication Review（小三加粗）

Zhang San, Zhang San-feng（小四）

Abstract（小四加粗）：This research ....（小四）

Keywords（小四加粗）：Journalism；Communication（小四）

（注：英文均使用 Times New Roman 字体）

一　北大新闻与传播评论（四号黑体）

---

*　本文系国家社科基金项目"XXXXXXXXXX 研究"（项目编号：XXXXXX）的研究成果。（五号宋体）

**　XX，XX 大学 XX 学院 XX 系主任、教授、博士生导师，研究方向为 XXX；XX，北京大学大学 XX 学院博士研究生/硕士研究生，研究方向为 XXX。

（一） 北大新闻与传播评论（小四黑体）

1. 北大新闻与传播评论（小四宋体加粗）

《北大新闻与传播评论》作为一本学术研究期刊，本刊自创办起便以学术质量为重，始终坚持"理论联系实际"[1]，不仅关注新闻传播学研究领域的前沿问题，也致力于推动跨学科的交流与合作。……参考文献为**参考观点的**，参考文献标注号置于标点符号的里面。原文引用的，参考文献标注位置分两种：

埃德加·莫兰认为纽约这座城市是一幅杰作，而其"生命仍然是悲惨的"[2]12。部分引文，参考文献标注号置于标点符号的**里面**。但是，他接着说："如果那些折磨你的死亡力量唤醒了你的生存意志，那么纽约足以使你眼花缭乱。"[2]10 完整的引文，参考文献标注号置于标点符号的**外面**。

参考文献（小四黑体，顶格）：

［1］阎学通等：《中国崛起：国际环境评估》，天津人民出版社1998年版。

［2］吴承明：《论二元经济》，《历史研究》1994年第2期，第98页。

（小四宋体）

注：著作类文献（如专著、译著、编著）所引用的**页码统一置于文内**，同一文献如被反复引用，用同一序号标示，并在引文具体位置的序号后注明页码或章、节、篇名。如：[1]57,126。

期刊类文献引用页码统一置于文末参考文献处。

参考文献范例

一 一般中文著作参考文献体例

（一）引用

一般中文著作的标注次序是：著者姓名（多名著者间用顿号隔开，编者姓名应附"编"字）、文献名、卷册序号、出版单位、出版时间。作者三人以上，可略写为XX（第一作者）等。

特别提醒："著"可以省略，"编著""编""主编"等要写上。

1. 专著

阎学通等：《中国崛起：国际环境评估》，天津人民出版社1998年版。

2. 编著

倪世雄主编：《冲突与合作：现代西方国际关系理论评介》，四川人民出版社1988年版。

3. 译著

〔美〕孔飞力：《叫魂》，陈兼、刘昶译，上海三联书店1999年版。

4. 期刊

邓剑：《日本游戏批评思想地图——兼论游戏批评的向度》，《日本学刊》2020年第2期，第58—75页。

5. 报纸

符福渊、周德武：《安理会通过科索沃问题决议》，《人民日报》1999年6月11日，第1版。（此例适合署名文章。）

6. 通讯社消息

《和平、繁荣与民主》，美新署华盛顿1994年2月24日英文电。（写明电文题目、通讯社名称、发电地、发电日期和发电文种。）

7. 政府出版物

中华人民共和国外交部研究室编：《中国外交：1998年版》，世界知识出版社1998年版。

8. 会议论文

任东来：《对国际体制和国际制度的理解和翻译》，全球化与亚太区域化国际研讨会，南开大学，2000年6月5日至16日，第2页。

9. 学位论文

孙学峰：《中国国际关系理论研究方法20年：1979—1999》，中国现代国际关系研究所硕士学位论文，2000年1月。

10. 互联网资料

国家统计局：《2018年国民经济和社会发展统计公报》，2019年2月28日，http://www.stats.gov.cn/tjsj/zxfb/201902/t20190228_1651265.html，2019年9月3日访问。

特别提醒：慎用互联网资料。如需引用，请选择权威网站，比如中国政府网、人民网、新华网等；禁止引用百度百科、百度知道、维基百科、知乎、贴吧、360图书馆、道客巴巴、豆瓣、豆丁、微信公众号等的资料。引用时，要写明作者（如无，则不写）、题目、发布日期、网址，最后注明访问日期。

11. 未刊手稿、函电等

标明作者、文献标题、文献性质、收藏地点和收藏者、收藏编号。

《蒋介石日记》，毛思诚分类摘抄本，中国第二历史档案馆藏。

《陈云致王明信》，1937年5月16日，缩微胶卷，莫斯科俄罗斯当代文献保管与研究中心藏，495/74/290。

（二）转引

将原始资料出处按上述要求注出，用句号结束。用"转引自"表明转引，再把载有转引资料的资料出处注出来。

胡乔木：《胡乔木回忆毛泽东》，人民出版社1992年版，第88—89页。转引自杨玉圣《中国人的美国观——一个历史的考察》，复旦大学出版社1996年版。

二 英文参考文献体例

（一）引用

同中文一般著作注释一样，引用英文资料需将资料所在文献的作者姓名、文献名、出版地、出版时间一并注出。

1. 专著（Monograph）

Kenneth Waltz, *Theory of International Politics*, Reading, Mass：Addison-Wesley Publishing Company, Inc., 1979. （作者姓名按通常顺序排列，即名在前，姓在后；姓名后用逗号与书名隔开；书名使用斜体字，手稿中用下划线标出；括号内，冒号前为出版地，后面是出版者和出版时间，如果出版城市不是主要城市，要用邮政中使用的两个字母简称标明出版地所在国，例如UK。）

Hans J. Morgenthau, *Politics Among Nations：The Struggle for Power and Peace*, 6th ed. New York：Alfred A. Knopf Inc., 1985. （主标题与副标题之间用冒号相隔。）

Robert Keohane and Joseph Nye, *Power and Interdependence：World Politics in*

Transition, Boston: Little Brown Company, 1977. （作者为两人，作者姓名之间用 and 连接；如为两人以上，则在第一作者后面加 et al.，意思是 and others。）

2. 编著（Compilations）

David Baldwin, ed., *Neorealism and Neoliberalism: The Contemporary Debate*, New York: Columbia University Press, 1993.

Klause Knorr and James N. Rosenau, eds., *Contending Approaches to International Politics*, Princeton, New Jersey: Princeton University Press, 1969. （如编者为多人，须将 ed. 写成 eds.。）

3. 译著（Translations）

Homer, *The Odyssey*, trans. Robert Fagles, New York, Viking, 1996.

4. 文集中的文章（Articles from Corpus）

Robert Levaold, "Soveit Learning in the 1980s," in George W. Breslauer and Philip E. Tetlock, eds., *Learning in US and Soviet Foreign Policy*, Boulder, CO: Westview Press, 1991. （文章名用双引号引上，不用斜体。）

5. 期刊中的文章（Articles from Journals）

Stephen Van Evera, "Primed for Peace: Europe after the Cold War," *International Security*, Vol. 15, No. 3, 1990/1991. （期刊名用斜体，15 表示卷号，3 表示期号。）

Ivan T. Boskov, "Russian Foreign Policy Motivations," *MEMO*, No. 4, 1993, p. 27. （此例适用于没有卷号的期刊。）

Nayan Chanda, "Fear of Dragon," *Far Eastern Economics Review*, April 13, 1995, pp. 24-28.

6. 报纸（Newpaper）

Clayton Jones, "Japanese Link Increased Acid Rain to Distant Coal Plants in China," *The Christian Science Monitor*, November 6, 1992, p. 4. （报纸名用斜体；此处 p. 4 指第 4 版。）

Rick Atkinson and Gary Lee, "Soviet Army Coming apart at the Seams," *Washington Post*, November 18, 1990, pp. A1, A28-29.

7. 通讯社消息（News）

"Beijing Media Urge to Keep Taiwan by Force," Xinhua, July 19, 1995.

8. 政府出版物（Publications issued by the Government）

Central Intelligence Agency, Directorate of Intelligence, *Handbook of Economic Statistics*, 1988, Washington, D.C.: US Government Printing Office, 1988.

9. 国际组织出版物（Publications of International Organization）

报告：*United Nation Register of Conventional Arms*, Report of the Secretary General, UN General Assembly Document A/48/344, October 11, 1993.

文件的注释应包括三项内容：报告题目、文件编号（包括发布机构）、发布日期；题目用斜体。

决议：UN Security Council Resolution 687, April 3, 1991.（决议的注释应当包括两项内容：发布机构和决议号、生效日期。）

10. 会议论文（Conference Papers）

Albina Tretyakava, "Fuel and Energy in the CIS," paper delivered to Ecology '90 conference, sponsored by the America Enterprise Institute for Public Policy Research, Airlie House, Virginia, April 19–22, 1990.

11. 学位论文（Dissertations）

Steven Flank, *Reconstructing Rockets: The Politics of Developing Military Technologies in Brazil, Indian and Israel*, Ph.D. dissertation, MIT, 1993.

12. 互联网资料（Online Resources）

Astrid Forland, "Norway's Nuclear Odyssey," *The Nonproliferation Review*, Vol. 4, Winter 1997, http://cns.miis.edu/npr/forland.htm.

对于只在网上发布的资料，如果可能的话，也要把作者和题目注出来，并注明发布的日期或最后修改的日期。提供的网址要完整，而且在一段时间内能够保持稳定。

（二）转引（Quotations）

F. G. Bailey ed., *Gifts and Poisons: The Politics of Reputation* (Oxford: Basil Blackwell, 1971), p.4, inferred from Paul Ian Midford, Making the Best of A Bad Reputation: Japanese and Russian Grand Strategies in East Asia, Dissertation, UMI, No. 9998195, 2001.

图书在版编目(CIP)数据

北大新闻与传播评论.第十五辑/师曾志主编.--北京：社会科学文献出版社,2024.9.--ISBN 978-7-5228-3926-4

Ⅰ.G2-53

中国国家版本馆CIP数据核字第20240YK152号

北大新闻与传播评论（第十五辑）

主　　编 / 师曾志

出 版 人 / 冀祥德
责任编辑 / 张建中
责任印制 / 王京美

出　　版 / 社会科学文献出版社·文化传媒分社（010）59367004
　　　　　　地址：北京市北三环中路甲29号院华龙大厦　邮编：100029
　　　　　　网址：www.ssap.com.cn
发　　行 / 社会科学文献出版社（010）59367028
印　　装 / 三河市龙林印务有限公司

规　　格 / 开本：787mm×1092mm　1/16
　　　　　　印张：22.25　字数：351千字
版　　次 / 2024年9月第1版　2024年9月第1次印刷
书　　号 / ISBN 978-7-5228-3926-4
定　　价 / 99.00元

读者服务电话：4008918866

版权所有 翻印必究